内 容 简 介

建设创新型国家,核心是要增强自主创新能力。创新引领,方法先行。

苏联科学家阿奇舒勒投入毕生精力,致力于创新研究。他率领团队创建了一种由解决技术问题、实现技术创新的各种方法组成的理论体系——TRIZ。长期以来,国家科技部等有关部委多次明确指出要"推进 TRIZ 等国际先进技术创新方法与中国本土需求融合……特别是推动 TRIZ 中成熟方法的培训……"

本书从创新思维与创新方法的教育与培训出发,涉及的知识面广,编排系统又充分考虑了教学的特点,内容涉及创新思维与创新方法的重要概念、发明问题的传统方法、创新思维技法、系统分析方法、S 曲线与技术系统进化法则、发明原理与应用、技术矛盾与矛盾矩阵、物理矛盾与分离方法、物场分析与标准解、科学效应与知识库应用、用 TRIZ 解决发明问题、破坏性创新与突破性创新以及知识产权保护与专利申请。全书共 13 章和 6 个内容丰富又实用的附录。

各章都精心设计安排了习题和实验与思考环节,实操性强,把创新思维与创新方法的概念、理论和技术知识融入实践中,帮助读者加深认识和理解,熟悉创新方法的实际应用。作为学习辅助,书后附录提供了部分习题与实验问题的参考答案,是有关创新思维与创新方法的一本理论与实践相结合的优秀教材。

本书可作为高等院校各个专业开展创新教育,学习创新思维与创新方法的应用型主教材,也可供科技工作者和工程技术人员参考,或作为继续教育的教材。

本书封面贴有清华大学出版社防伪标签,无标签者不得销售。
版权所有,侵权必究。举报: 010-62782989,beiqinquan@tup.tsinghua.edu.cn。

图书在版编目(CIP)数据

创新思维与 TRIZ 创新方法/周苏主编. —2 版. —北京: 清华大学出版社,2018(2024.1重印)
ISBN 978-7-302-50011-7

Ⅰ. ①创… Ⅱ. ①周… Ⅲ. ①创造学 Ⅳ. ①G305

中国版本图书馆 CIP 数据核字(2018)第 076795 号

责任编辑: 张 玥
封面设计: 常雪影
责任校对: 梁 毅
责任印制: 宋 林

出版发行: 清华大学出版社
网　　址: https://www.tup.com.cn, https://www.wqxuetang.com
地　　址: 北京清华大学学研大厦 A 座　　邮　编: 100084
社 总 机: 010-83470000　　邮　购: 010-62786544
投稿与读者服务: 010-62776969, c-service@tup.tsinghua.edu.cn
质 量 反 馈: 010-62772015, zhiliang@tup.tsinghua.edu.cn
课 件 下 载: https://www.tup.com.cn, 010-83470236

印 装 者: 三河市龙大印装有限公司
经　　销: 全国新华书店
开　　本: 185mm×260mm　　印张: 23.25　　插页: 1　　字数: 555 千字
版　　次: 2015 年 7 月第 1 版　2018 年 8 月第 2 版　　印次: 2024 年 1 月第 11 次印刷
定　　价: 59.50 元

产品编号: 078686-01

创新思维与
TRIZ创新方法
（第2版）

周 苏 主编
张丽娜 陈敏玲 副主编

清华大学出版社
北京

本书是 2016 年度杭州市高校精品课程项目"创新思维与创新方法"建设成果之一。

本书是 2017 年 Google 高职大学生创新创业教育项目"以技术创新为导向的提升创新创业教育示范课程"建设成果之一。

本书得到下列创新方法工作专项的支持：
2016IM020100（国家科技部项目）　浙江省创新方法应用推广与示范
2016F30003（浙江省科技厅项目）　浙江省创新方法推广应用与服务

第2版前言

PREFACE

大众创业,万众创新。建设创新型国家,核心是要增强自主创新的能力,**创新引领**,**方法先行**。

本书第1版自2015年出版发行以来,得到全国范围内创新工程师培训和高校相关课程的广泛采用,获得了很大的成功。本书第2版在第1版基础上,根据教学与应用实践全面修订和调整了教材的学习内容,重点提升了以下几个方面:

(1) 增加了对国家标准《**创新方法应用能力等级规范**》的介绍。

(2) 增加了新的一章——系统分析方法,包括系统与系统思维、功能分析、组件分析、因果分析、资源分析和裁剪分析等新增和加强的内容。

(3) 增加了新的一章——知识产权保护与专利申请,加强了TRIZ创新方法源自专利分析,助推专利产生与等级提升的内涵。

(4) 增加了新的一章——破坏性创新与突破性创新,对创新驱动,由跟随到引领,加速创新发展提供了更新、更好的方法。

(5) 各章均增加了习题环节,全面修订了各章的实验与思考环节,新设计了若干课程实践内容。

实践表明,运用TRIZ创新,能够帮助人们突破思维定式,从不同角度分析问题,进行理性的逻辑思维,揭示问题的本质,确定问题的进一步探索方向。能根据技术进化规律预测未来发展趋势,最终抓住机会来彻底解决问题,并开发出富有竞争力的创新产品。

TRIZ是一种方法学,理论上可以解决多领域的问题。本教材的内容包括了创新思维的基本方法、TRIZ原理和工具的介绍以及运用TRIZ原理来解决创新问题的一些实践案例,是学习创新思维和创新方法的一本理论与实践相结合的优秀教材。

本书是浙江安防职业技术学院2018年度课程建设项目"创新思维与创新方法"和教材建设项目"创新思维与创新方法"的建设成果之一。本书的编写工作得到2017年Google高职大学生创新创业教育项目"以技术创新为导向的提升创新创业教育示范课程"和2016年度杭州市高校精品课程项目"创新思维与创新方法"的支持,得到2016IM020100(国家科技部项目)"浙江省创新方法应用推广与示范"、2016F30003(浙江省科技厅项目)"2016浙江省创新方法推广应用与服务"等项目的支持。本书得到浙江安防职业技术学院、浙江省科技人才教育中心、常州工程职业技术学院、浙江商业职业技术学院、浙江大学城市学院等单位的支持。参加本书编写的还有戴海东、戴银燕、杜存臣、许鸿飞、褚赟、王文等。欢迎教师索要为本书配套制作的丰富教学资料并交流。作者的联系方式如下：E-mail 为 zhousu@qq.com，QQ 为 81505050，个人博客为 http：//blog.sina.com.cn/zhousu58。

2018 年 3 月于杭州西湖

第1版前言

PREFACE

研究表明,创新的先锋团队——众多的诺贝尔获得者的成功途径,一是科学发现,二是科学仪器,三是科学方法。其中科学方法的核心是创新方法,几乎有三分之一的诺贝尔奖获得者是靠科学的创新方法实现研究的突破性进展的,可见创新方法对于科学研究的极端重要性。

1946年,苏联科学家根里奇·阿奇舒勒(1926—1998)开始了"发明问题解决理论"(TRIZ)的研究工作。在以后的数十年中,这位科学家投入其毕生精力,致力于创新研究。在他的带领下,苏联的几十所学校、研究部门和企业,组成专门机构。他们先后分析了世界的几十万份发明专利,总结出技术进化所遵循的普遍规律,以及解决各种技术矛盾和物理矛盾时采用的创新法则,创建了一种由解决技术问题、实现技术创新的各种方法组成的理论体系——TRIZ。

2007年,为了落实国家中长期科技规划纲要,从源头推进我国的自主创新,科学技术部决定联合有关部委组织实施创新方法的研究与推广应用工作。2008年,国家科学技术部、发展与改革委员会、教育部、科学技术协会四部委联合颁布了《关于加强创新方法工作的若干意见》,文件中明确指出要"推进TRIZ等国际先进技术创新方法与中国本土需求融合……特别是推动TRIZ中成熟方法的培训……"

所谓创新,是指一种技术与经济相关联的活动。不管是发明、创造还是革新,最终都应该转化成生产力,产生经济效益,才能称得上是创新。阿奇舒勒所提出的"发明问题解决理论",强调通过发明来解决实际问题,实现发明的实用化,这符合创新的基本定义。因此,阿奇舒勒所说的"发明"基本上与创新是同义的。

实践表明,运用TRIZ创新,能够帮助人们突破思维定式,从不同角度分析问题,进行理性的逻辑思维,揭示问题的本质,确定问题的进一步探索方向,能根据技术进化规律,预测未来的发展趋势,最终抓住机会来彻底解决问题,并开发出富有竞争力的创新产品。

TRIZ是一种方法学,理论上可以解决多领域的问题。本教材的内容包括了创新思维的基本方法、TRIZ原理和工具的介绍以及运用TRIZ原理来解决创新问题的一些实践案例,是学习创新思维和创新方法的一本理论与实践相结合的优秀教材。

本书的编写工作得到 2013IM020900 浙江省创新方法应用推广与示范项目、2014F30031 浙江省创新方法推广应用与服务基地建设(一期)和 2014F30008 浙江省科技人才教育培训课程体系建设研究项目的支持,得到浙江省科技人才教育中心、浙江大学城市学院、浙江商业职业技术学院等单位的支持。参加本书编写的还有张丽娜、柳俊、吴林华等。欢迎教师索取与本书配套的丰富教学资料并交流,E-mail 为 zhousu@qq.com,QQ 为 81505050,个人博客为 http://blog.sina.com.cn/zhousu58。

周 苏

2015 年 5 月于杭州西湖

课程教学进度表

课程号：_____ 课程名称：创新思维与创新方法 学分：__2__ 周学时：__2__

总学时：__32__（理论学时：__32__ 课外实践学时：__26__）

主讲教师：__周　苏__

序号	校历周次	章节（或实验、习题课等）名称与学习内容	学时	教学方法	课后作业布置
1	1	引言与第1章 TRIZ基础	2	课堂教学	
2	2	第1章　TRIZ基础、实验指导	2	课堂教学	习题与实验1
3	3	第2章　发明问题的传统方法	2	课堂教学	习题与实验2
4	4	第3章　创新思维技法	2	课堂教学	习题与实验3
5	5	第4章　系统分析方法	2	课堂教学	
6	6	第4章　系统分析方法、习题课	2	课堂教学	习题与实验4
7	7	第5章　S曲线与技术系统进化法则	2	课堂教学	
8	8	第5章　S曲线与技术系统进化法则、习题课	2	课堂教学	习题与实验5
9	9	第6章　发明原理与应用	2	课堂教学	习题与实验6
10	10	第7章　技术矛盾与矛盾矩阵	2	课堂教学	习题与实验7
11	11	第8章　物理矛盾与分离方法	2	课堂教学	习题与实验8
12	12	第9章　物场分析与标准解	2	课堂教学	习题与实验9
13	13	第10章　科学效应与知识库应用	2	课堂教学	习题与实验10
14	14	第11章　用TRIZ解决发明问题	2	课堂教学	习题与实验11
15	15	第12章　破坏性创新与突破性创新	2	课堂教学	习题与实验12
16	16	第13章　知识产权保护与专利申请、课程学习与实验总结	2	课堂教学	课程实验总结

目 录

CONTENTS

第 1 章 TRIZ 基础 ··· 1
  1.1 发明与创新的基础概念 ··· 1
    1.1.1 发现和发明 ·· 2
    1.1.2 创造与创新 ·· 3
    1.1.3 典型问题和非典型问题 ·· 4
  1.2 TRIZ 的起源与发展 ··· 5
    1.2.1 经典 TRIZ 的理论体系结构 ································· 6
    1.2.2 TRIZ 的发展历程 ··· 7
  1.3 发明的五个级别 ·· 8
    1.3.1 发明的创新水平 ··· 8
    1.3.2 发明级别的划分 ·· 10
    1.3.3 发明级别划分的意义 ··· 13
  1.4 TRIZ 的核心思想 ··· 14
  1.5 TRIZ 的未来发展 ··· 14
  1.6 国家标准：创新方法应用能力等级规范 ······················ 15
  1.7 习题 ·· 16
  1.8 实验与思考：在线学习创新方法 ································ 17
    1.8.1 实验目的 ··· 17
    1.8.2 工具/准备工作 ·· 17
    1.8.3 实验内容与步骤 ·· 17
    1.8.4 实验总结 ··· 20
    1.8.5 实验评价（教师） ·· 20

第 2 章 发明问题的传统方法 ··· 21
  2.1 试错法 ·· 21
  2.2 头脑风暴法 ·· 22
    2.2.1 基本规则 ··· 23
    2.2.2 小组成员 ··· 24
    2.2.3 方法实施 ··· 25
    2.2.4 使用技巧 ··· 26

2.2.5　方法的优点与局限性 ·· 27
　2.3　形态分析法 ·· 28
　　2.3.1　方法的特点 ·· 28
　　2.3.2　方法的实施 ·· 29
　　2.3.3　方法的优缺点 ·· 30
　2.4　和田十二法 ·· 30
　2.5　习题 ·· 32
　2.6　实验与思考：头脑风暴法实践 ·· 33
　　2.6.1　实验目的 ·· 33
　　2.6.2　工具/准备工作 ·· 33
　　2.6.3　实验内容与步骤 ·· 33
　　2.6.4　实验总结 ·· 34
　　2.6.5　实验评价（教师） ·· 34

第3章　创新思维技法 ··· 35
　3.1　思维定式 ·· 35
　　3.1.1　四种思维定式 ·· 35
　　3.1.2　泛化思维视角 ·· 37
　3.2　创造性思维方式 ·· 37
　　3.2.1　发散思维与收敛思维 ·· 38
　　3.2.2　横向思维与纵向思维 ·· 40
　　3.2.3　正向思维与逆向思维 ·· 42
　　3.2.4　求同思维与求异思维 ·· 43
　　3.2.5　转换问题 ·· 45
　3.3　创造性思维技法 ·· 46
　　3.3.1　整体思考法 ·· 46
　　3.3.2　多屏幕法 ·· 48
　　3.3.3　尺寸-时间-成本分析 ··· 53
　　3.3.4　资源-时间-成本分析 ··· 54
　　3.3.5　金鱼法 ·· 56
　3.4　最终理想解方法 ·· 58
　　3.4.1　理想度 ·· 58
　　3.4.2　理想系统 ·· 59
　　3.4.3　最终理想解 ·· 59
　　3.4.4　理想化方法的应用 ·· 61
　3.5　习题 ·· 63
　3.6　实验与思考：创造性思维技法的实践 ·· 63
　　3.6.1　实验目的 ·· 63

  3.6.2 工具/准备工作 ········· 64
  3.6.3 实验内容与步骤 ········· 64
  3.6.4 实验总结 ········· 71
  3.6.5 实验评价(教师) ········· 71

第4章 系统分析方法 ········· 72
4.1 系统与系统思维 ········· 72
  4.1.1 系统的层级 ········· 72
  4.1.2 系统思维 ········· 73
  4.1.3 系统分析 ········· 74
4.2 功能分析 ········· 76
  4.2.1 功能 ········· 76
  4.2.2 功能分解与功能结构 ········· 77
  4.2.3 功能模型分析 ········· 78
4.3 组件分析 ········· 80
  4.3.1 建立组件列表 ········· 81
  4.3.2 建立结构关系 ········· 82
  4.3.3 建立组件模型 ········· 83
4.4 因果分析 ········· 83
  4.4.1 三轴分析法 ········· 84
  4.4.2 五个"为什么" ········· 84
  4.4.3 鱼骨图分析 ········· 85
  4.4.4 因果轴分析 ········· 86
4.5 资源分析 ········· 88
  4.5.1 资源的特征 ········· 88
  4.5.2 资源的分类 ········· 89
  4.5.3 资源分析方法 ········· 90
  4.5.4 使用资源的顺序 ········· 92
4.6 裁剪分析 ········· 93
  4.6.1 裁剪原理和过程 ········· 95
  4.6.2 裁剪对象选择 ········· 96
  4.6.3 基于裁剪的产品创新设计过程模型 ········· 97
4.7 习题 ········· 98
4.8 实验与思考：关于眼镜的系统组件分析 ········· 98
  4.8.1 实验目的 ········· 98
  4.8.2 工具/准备工作 ········· 99
  4.8.3 实验内容与步骤 ········· 99
  4.8.4 实验总结 ········· 100

4.8.5　实验评价(教师) ·················· 100

第5章　S曲线与技术系统进化法则 ·················· 101
5.1　技术系统定义 ·················· 101
5.2　技术系统进化规律的由来 ·················· 102
5.3　S曲线及其作用 ·················· 103
　　5.3.1　S曲线 ·················· 103
　　5.3.2　技术预测 ·················· 107
5.4　技术系统进化法则 ·················· 108
　　5.4.1　3条生存法则 ·················· 109
　　5.4.2　5条发展法则 ·················· 113
　　5.4.3　技术系统进化法则的本质 ·················· 119
　　5.4.4　技术系统进化法则的应用 ·················· 120
5.5　习题 ·················· 122
5.6　实验与思考：深入理解S曲线与技术系统进化法则 ·················· 122
　　5.6.1　实验目的 ·················· 122
　　5.6.2　工具/准备工作 ·················· 122
　　5.6.3　实验内容与步骤 ·················· 122
　　5.6.4　实验总结 ·················· 126
　　5.6.5　实验评价(教师) ·················· 126

第6章　发明原理与应用 ·················· 127
6.1　发明原理的由来 ·················· 127
6.2　原理1：分割 ·················· 130
6.3　原理2：抽取 ·················· 132
6.4　原理10：预先作用 ·················· 133
6.5　原理13：反向作用 ·················· 134
6.6　原理15：动态特性 ·················· 135
6.7　原理18：机械振动 ·················· 137
6.8　原理19：周期性作用 ·················· 138
6.9　原理28：机械系统替代 ·················· 140
6.10　原理32：颜色改变(改变颜色、拟态) ·················· 141
6.11　原理35：物理或化学参数改变 ·················· 142
6.12　习题 ·················· 144
6.13　实验与思考：熟悉与应用嵌套(套娃)原理 ·················· 145
　　6.13.1　实验目的 ·················· 145
　　6.13.2　工具/准备工作 ·················· 145
　　6.13.3　实验内容与步骤 ·················· 145

6.13.4　实验总结 ··· 150
　　6.13.5　实验评价（教师）·· 150

第7章　技术矛盾与矛盾矩阵 ·· 151
7.1　TRIZ中的矛盾 ··· 151
7.2　技术矛盾 ·· 152
7.3　39个通用工程参数 ·· 153
7.4　矛盾矩阵 ·· 157
7.5　利用矛盾矩阵求解技术矛盾 ·· 158
　　7.5.1　分析技术系统 ··· 158
　　7.5.2　定义技术矛盾 ··· 159
　　7.5.3　解决技术矛盾 ··· 160
7.6　矛盾矩阵的发展 ·· 163
7.7　习题 ·· 165
7.8　实验与思考：应用矛盾矩阵获取问题解决方案 ································· 166
　　7.8.1　实验目的 ··· 166
　　7.8.2　工具/准备工作 ·· 166
　　7.8.3　实验内容与步骤 ·· 166
　　7.8.4　实验总结 ··· 170
　　7.8.5　实验评价（教师）·· 170

第8章　物理矛盾与分离方法 ·· 171
8.1　物理矛盾 ·· 171
　　8.1.1　定义物理矛盾 ··· 172
　　8.1.2　物理矛盾的定义步骤 ·· 173
　　8.1.3　技术矛盾与物理矛盾的关系 ··· 174
8.2　分离方法 ·· 174
　　8.2.1　时间分离 ··· 175
　　8.2.2　空间分离 ··· 176
　　8.2.3　条件分离 ··· 177
　　8.2.4　系统级别上的分离 ·· 178
8.3　利用分离方法求解物理矛盾 ·· 179
　　8.3.1　分析技术系统 ··· 180
　　8.3.2　定义物理矛盾 ··· 181
　　8.3.3　解决物理矛盾 ··· 181
8.4　将技术矛盾转化为物理矛盾 ·· 182
8.5　用发明原理解决物理矛盾 ··· 183
8.6　习题 ·· 185

8.7 实验与思考：用分离方法解决物理矛盾 …………………………………………… 185
  8.7.1 实验目的 ……………………………………………………………………… 185
  8.7.2 工具/准备工作 ……………………………………………………………… 185
  8.7.3 实验内容与步骤 ……………………………………………………………… 186
  8.7.4 实验总结 ……………………………………………………………………… 187
  8.7.5 实验评价（教师） …………………………………………………………… 187

第9章 物场分析与标准解 …………………………………………………………………… 188

9.1 物场分析的概念 ……………………………………………………………………… 188
  9.1.1 物质 …………………………………………………………………………… 188
  9.1.2 场 ……………………………………………………………………………… 189
  9.1.3 物场模型 ……………………………………………………………………… 189
9.2 物场分析方法 ………………………………………………………………………… 191
9.3 物场模型类型 ………………………………………………………………………… 193
9.4 物场分析的一般解法 ………………………………………………………………… 195
9.5 物场模型分析的应用 ………………………………………………………………… 198
9.6 标准解系统 …………………………………………………………………………… 202
  9.6.1 建立标准解 …………………………………………………………………… 202
  9.6.2 76个标准解 …………………………………………………………………… 203
  9.6.3 应用标准解的步骤 …………………………………………………………… 204
9.7 标准解的应用案例 …………………………………………………………………… 216
  9.7.1 建立物场模型并确定问题的类型 …………………………………………… 217
  9.7.2 求标准解对系统进行改进 …………………………………………………… 217
9.8 习题 …………………………………………………………………………………… 218
9.9 实验与思考：物场分析与标准解系统应用 ………………………………………… 219
  9.9.1 实验目的 ……………………………………………………………………… 219
  9.9.2 工具/准备工作 ……………………………………………………………… 219
  9.9.3 实验内容与步骤 ……………………………………………………………… 219
  9.9.4 实验总结 ……………………………………………………………………… 225
  9.9.5 实验评价（教师） …………………………………………………………… 225

第10章 科学效应与知识库应用 ……………………………………………………………… 226

10.1 科学效应的作用 ……………………………………………………………………… 226
10.2 TRIZ理论中的科学效应 ……………………………………………………………… 228
  10.2.1 专利与科学效应 …………………………………………………………… 228
  10.2.2 科学效应库 ………………………………………………………………… 237
  10.2.3 应用科学效应解决创新问题 ……………………………………………… 238
10.3 创新的知识资源 ……………………………………………………………………… 240

10.3.1 产品创新设计中的知识资源 240
  10.3.2 产品创新设计中的知识类型 240
 10.4 支持产品创新设计的知识库 242
  10.4.1 发明原理实例库 242
  10.4.2 专利知识库 242
  10.4.3 领域知识库 243
  10.4.4 专题知识库 243
 10.5 习题 244
 10.6 实验与思考：科学效应应用实践 244
  10.6.1 实验目的 244
  10.6.2 工具/准备工作 244
  10.6.3 实验内容与步骤 244
  10.6.4 实验总结 247
  10.6.5 实验评价（教师） 247

第 11 章 用 TRIZ 解决发明问题 248
 11.1 航空燃气涡轮发动机的技术进化 248
 11.2 飞机机翼的进化 250
  11.2.1 问题描述 250
  11.2.2 问题分析 250
  11.2.3 设计思路 252
  11.2.4 最终方案 253
 11.3 提高智能吸尘器的清洁效果 253
  11.3.1 初始问题情境 254
  11.3.2 定义问题模型 254
  11.3.3 研究理想解决方案 254
  11.3.4 具体解决方案 255
 11.4 宝马汽车的外形设计 255
  11.4.1 问题描述 255
  11.4.2 问题分析 256
  11.4.3 问题解决 256
 11.5 油漆灌装系统的裁剪 257
  11.5.1 功能分析 257
  11.5.2 裁剪 258
  11.5.3 利用 TRIZ 工具得到创新解 260
 11.6 发明问题解决算法 ARIZ 261
  11.6.1 ARIZ 解题模块 261
  11.6.2 ARIZ 解题过程 262

11.7 习题 ······ 262
11.8 实验与思考：TRIZ 创新方法应用实践 ······ 263
11.8.1 实验目的 ······ 263
11.8.2 工具/准备工作 ······ 263
11.8.3 实验内容与步骤 ······ 263
11.8.4 实验总结 ······ 265
11.8.5 实验评价(教师) ······ 265

第 12 章 破坏性创新与突破性创新 ······ 266
12.1 破坏性技术创新 ······ 266
12.1.1 破坏性创新的定义 ······ 267
12.1.2 科技创新的三大层次 ······ 268
12.1.3 破坏性创新的类型 ······ 269
12.1.4 破坏性创新的特征 ······ 270
12.2 破坏性创新的运用 ······ 273
12.2.1 破坏性创新是大公司的黑洞 ······ 273
12.2.2 产品破坏性创新 ······ 274
12.2.3 市场破坏性创新 ······ 275
12.3 突破性创新 ······ 277
12.3.1 突破性创新是基于突破性技术的创新 ······ 277
12.3.2 突破性创新与破坏性创新的关系 ······ 278
12.4 演讲：破坏性创新技术最初都是个笑话 ······ 278
12.4.1 从铜时代到氧气时代 ······ 279
12.4.2 个人数据才是大未来 ······ 279
12.4.3 介入网络的能力重于所有权 ······ 279
12.4.4 所有生意都是数据生意 ······ 280
12.4.5 现在只是分享时代的早期 ······ 280
12.4.6 增强现实、新交互界面与视觉跟踪 ······ 281
12.4.7 远距离图像与视频技术 ······ 281
12.4.8 注意力在哪儿，钱就在哪儿 ······ 281
12.4.9 人工智能是可购买的智慧 ······ 282
12.5 习题 ······ 282
12.6 实验与思考：课程论文——谈"我消灭你，与你无关" ······ 283
12.6.1 实验目的 ······ 283
12.6.2 工具/准备工作 ······ 283
12.6.3 实验内容与步骤 ······ 283

第13章　知识产权保护与专利申请 ··· 286
 13.1　知识产权概述 ·· 286
 13.2　专利及分类 ·· 288
  13.2.1　专利的概念及特点 ·· 288
  13.2.2　专利的类型 ·· 289
 13.3　专利权 ·· 291
  13.3.1　专利权人 ·· 291
  13.3.2　专利权法 ·· 292
  13.3.3　专利权的获得 ·· 293
 13.4　国内专利申请程序 ·· 294
  13.4.1　申请受理阶段 ·· 294
  13.4.2　初步审查阶段 ·· 296
  13.4.3　发明专利申请公布阶段 ·· 296
  13.4.4　发明专利申请实质审查阶段 ·· 297
  13.4.5　授权阶段 ·· 297
 13.5　国外专利申请程序 ·· 297
  13.5.1　国际阶段 ·· 298
  13.5.2　国家阶段 ·· 299
 13.6　专利检索 ·· 300
  13.6.1　专利检索的意义 ·· 300
  13.6.2　专利检索方法 ·· 301
 13.7　课程学习与实验总结 ·· 302

附录 ·· 307
 附录A　40个发明原理 ··· 307
  IP1：分割原理 ·· 307
  IP2：抽取原理 ·· 307
  IP3：局部质量原理 ·· 308
  IP4：增加不对称性原理 ·· 309
  IP5：组合（合并）原理 ·· 310
  IP6：多功能性（多用性、广泛性）原理 ·· 311
  IP7：嵌套（套娃）原理 ·· 311
  IP8：重量补偿原理 ·· 311
  IP9：预先反作用原理 ·· 312
  IP10：预先作用原理 ·· 313
  IP11：预补偿（事先防范）原理 ·· 314
  IP12：等势原理 ·· 314
  IP13：反向作用原理 ·· 315

    IP14：曲面化原理 ……………………………………………………… 316
    IP15：动态特性原理 …………………………………………………… 318
    IP16：未达到或过度作用原理 ………………………………………… 318
    IP17：空间维数变化（一维变多维）原理 …………………………… 319
    IP18：机械振动原理 …………………………………………………… 321
    IP19：周期性作用原理 ………………………………………………… 322
    IP20：有益（效）作用的连续性原理 ………………………………… 323
    IP21：减少有害作用的时间（快速通过）原理 ……………………… 324
    IP22：变害为利原理 …………………………………………………… 325
    IP23：反馈原理 ………………………………………………………… 325
    IP24：借助中介物原理 ………………………………………………… 326
    IP25：自服务原理 ……………………………………………………… 327
    IP26：复制原理 ………………………………………………………… 328
    IP27：廉价替代品原理 ………………………………………………… 329
    IP28：机械系统替代原理 ……………………………………………… 329
    IP29：气动与液压结构原理 …………………………………………… 330
    IP30：柔性壳体或薄膜原理 …………………………………………… 330
    IP31：多孔材料原理 …………………………………………………… 331
    IP32：颜色改变（拟态）原理 ………………………………………… 331
    IP33：同质（均质）性原理 …………………………………………… 332
    IP34：抛弃和再生原理 ………………………………………………… 332
    IP35：物理或化学参数改变原理 ……………………………………… 333
    IP36：相变原理 ………………………………………………………… 333
    IP37：热膨胀原理 ……………………………………………………… 334
    IP38：加速氧化（使用强力氧化剂）原理 …………………………… 334
    IP39：惰性环境原理 …………………………………………………… 335
    IP40：复合材料原理 …………………………………………………… 335
附录B　物理效应 ……………………………………………………………… 336
附录C　化学效应 ……………………………………………………………… 338
附录D　几何效应 ……………………………………………………………… 340
附录E　部分习题与实验参考答案 …………………………………………… 340
附录F　39×39矛盾矩阵 ……………………………………………………… 349

参考文献 ……………………………………………………………………………… 351

TRIZ 基础

人类发展及科学技术进步中的每一次重大跨越和重要发现都与思维创新、方法创新、工具创新密切相关。离开了"创新",人类社会不可能向前迈进,科学技术也不可能有实质性的进步。可以说,"创新"已经成为现代社会发展与进步的基本动力。

创新理论和实践都证明,创新是人人都具有的一种潜在的能力,而且这种能力可以通过一定的学习和训练得到激发和提升。同时,创新是有规律可循的。人类在解决工程技术问题时所采用的方法都是有规律的,这些规律可以通过总结和学习加以掌握和应用。

创新思维是在客观需要的推动下,以新获得的信息和已储存的知识为基础,综合运用各种思维形态或思维方式,克服思维定式,经过对各种信息、知识的匹配、组合,或者从中选出解决问题的最优方案,或者系统地加以综合,或者借助于类比、直觉等创造出新办法、新概念、新形象、新观点,从而使认识或实践取得突破性进展的思维活动。创新思维具有新颖性、灵活性、探索性、能动性和综合性等特点,是创新过程中最基本的手段。对创新思维的内在规律加以总结归纳,形成有助于方案产生或问题解决的策略,即为创新思维技法。在具体的问题解决和方案生成中,对创新思维技法的系统化应用以及辅助工具的支持也是非常关键的。

相对于传统的创新方法,比如试错法、头脑风暴法等,作为一套成熟的理论和方法体系,TRIZ(发明问题解决理论)具有鲜明的特点和优势。实践证明,运用 TRIZ 理论,可大大加快人们创造发明的进程,帮助人们系统地分析问题情境,突破思维障碍,快速发现问题本质或矛盾,确定问题探索方向。

1.1 发明与创新的基础概念

在生活中,人们习惯把科学和技术联系在一起,统称为"科学技术"或"科技"。实际上,科学和技术既有密切联系,又有重要区别。

科学要解决的问题,是发现自然界中确凿的事实和现象之间的关系,并建立理论,把这些事实和现象联系起来;技术的任务则是将科学的成果应用到实际问题的解决中去。科学主要是与未知的领域打交道,其进展程度(特别是重大突破)往往是难以预料的;技术是在相对成熟的领域内工作,可以作比较准确的规划。

因此,对科学和技术的定义是:

科学(science):如实反映客观事物固有规律的系统知识。

技术(technique)：完成复杂的或科学的任务的系统步骤。

1.1.1 发现和发明

发现(discovery)是对客观世界中前所未知的事物、现象及其规律的一种认识活动。发现的结果本身是客观存在的，是不以人的意志为转移的。无论人类是否对其有所认识，它都按照自身的规律存在于客观世界中。对这种结果进行认识的活动过程就是发现。例如，物质的本质、现象、规律等，不管是否为人类所发现，它们本来就是客观存在的，后来被人类认识到了，就是发现。科学研究的目的就是发现这些客观存在的、还没有被人类认识到的规律。发现也称为科学发现(scientific discovery)。

发明(invention)是指具有独创性、新颖性、实用性和时间性的技术成果。通常指人类通过技术研究而得到的前所未有的成果。这种成果包括有形的物品和无形的方法等，在被发明出来之前客观上是不存在的。发明最注重的是独创性和时间性(或称为首创性)。我国的《专利法》中指出：发明是指对产品、方法或者其改进所提出的新的技术方案。

简单地说，发现和发明的区别主要是：发现是认识世界，发明是改造世界。发现要回答"是什么""为什么""能不能"等问题，属于非物质形态财富；发明要回答"做什么""怎么做""做出来有什么用"等问题，是知识的物化，能够直接创造物质财富。科学发现在我国是不授予专利权的。对于那些具有新颖性、创造性和实用性的发明，发明人可以申请专利，利用法律的手段来保护自己的合法权益。

我国是一个文明古国，在漫长的中国历史上，我们的祖先创造了灿烂的科技文化。在16世纪以前长达数千年的历史时期，中国人一直走在世界科技创新的前列，为推动人类的进步与发展做出了不可磨灭的贡献。

如表1-1所示，从公元前4000年算起，截止到明代末年，世界科技史上的100项重大发明的前27项中，有18项是属于中国人的发明。16世纪前的中国，真可谓发明大国。四大发明曾在世界文明史上写下了一页页光辉的篇章；其他众多的发明，也在同期名列世界前茅，富有创新精神的中华民族对人类的科技、经济发展起着巨大的推动作用。

表1-1 古代世界科技史上100项重大发明的前27项

序号	发明年代/年	国家/地域	发明者	发明名称	评价或影响
1	前4000	埃及	不明	陶器	人类最早的人造容器
2	前3500	美索不达米亚	不明	青铜器	人类最早的金属制品
3	前3000	西亚	不明	玻璃	影响久远的新材料
4	前2000	中国	不明	丝绸	开创丝绸产业，提高人们衣着质量
5	前770—前746	中国	不明	冶铁术	创造历史上起革命作用的最重要原料之一
6	前600	古希腊	不明	瓦	对房屋建筑产生深远影响
7	前507—前444	中国	不明	磨	对人类的机械制造具有极大的示范作用

续表

序号	发明年代/年	国家/地域	发明者	发明名称	评价或影响
8	前400	中国	不明	自来水	开创人类自来水产业
9	前206	中国	不明	十进位	李约瑟曾说:"如果没有这个十进位制,几乎不可能出现我们现在这个统一化的世界了。"
10	前105	中国	蔡伦	纸	对人类文化的传播产生了广泛、久远的影响
11	前60	古罗马	恺撒	报纸	传播人类文化的最早载体
12	25	中国	不明	瓷器	对世界文明的独特贡献
13	25	中国	不明	水车、风箱	人类利用水力鼓风的早期工具
14	220	中国	不明	算盘	世界上最早的手动计算机
15	220—280	中国	马钧	指南车	一切自动控制机械的祖先之一
16	215—282	中国	皇甫	针灸术	中医学中最具独特风格的发明
17	约500	印度	西萨	象棋	世界上影响最久远的智力玩具
18	808	中国	不明	火药	曾改变了整个世界事物的面貌和状态
19	900	中国	不明	指南针	航海技艺方面的巨大改革
20	1000	中国	不明	曲酿酒术	为人类奉献了美酒佳酿
21	1041—1048	中国	毕昇	活字印刷术	人类印刷术史上的第一次革命
22	1247	中国	秦九韶	秦九韶法	世界数学史上解高次方程的最早发明
23	1453	德国	古登堡	印刷机	推动了世界铅字印刷机械化发展
24	1508	阿拉伯	不明	玻璃眼镜	人类第一种增强视力、有利于学习文化的新工具
25	1556	德国	阿古里科拉	螺丝钉	用于机件连接用途广泛的新元件
26	1567—1572	中国	不明	人痘接种法	世界医学史上人工免疫预防传染病的重大发明
27	1536—1610	中国	朱载堉	十二平均率	科学美学史上一个革命性的变革

在过去千百万年的历史长河里,我们的祖先已经用自己智慧的头脑和勤劳的双手,在根本不知创新方法学的情况下做出了众多的发明。

1.1.2 创造与创新

"创造"一词是对创造活动的综合概括。在《现代汉语词典》里,"创造"被解释为"想出新方法、建立新理论、做出新的成绩或东西"。

可以说,创造是人们应用已知信息,产生某种新颖而独特的、具有社会价值或个人价值的产品的过程,是"破旧立新",打破世界上已有的,创立世界上尚未有的精神和物质的活动。作为创造的成果,这种产品可以是新概念、新设想、新理论,也可以指新技术、新工艺、新产品。其特征是新颖、独特,具有一定的社会价值或个人价值。

创新是从英文innovate(动词)或innovation(名词)翻译过来的。根据《韦氏词典》所下的定义,创新的含义为:引进新概念、新东西和革新。

创新理论(Innovation Theory)最早是由奥地利经济学家熊彼特(J. A. Schumpeter, 1883—1950)于1912年在其成名作《经济发展理论》一书中首先提出来的。此书在1934年译成英文时,使用了"创新"(innovation)一词。按照熊彼特的观点,"创新"是指新技术、新发明在生产中的首次应用,是指建立一种新的生产函数或供应函数,是在生产体系中引进一种生产要素和生产条件的新组合。他认为创新包括五个方面的内容:

(1) 引入新产品或提供产品的新质量。
(2) 开辟新的市场。
(3) 获得一种原料或半成品的新的供给来源。
(4) 采用新的生产方法(主要是工艺)。
(5) 实现新的组织形式。

创新是对已有创造成果的改进、完善和应用,是建立在已有创造成果基础上的再创造。这说明已有创造成果既可以是有形的事物(如各种产品),也可以是无形的事物(如理论、技术、工艺、机构等)。

从一般意义上讲,创造强调的是新颖性和独特性,而创新强调的则是创造的某种具体实现。创造与创新在概念上的差别体现在以下几个方面:

(1) 创造比较强调过程,创新比较强调结果。
(2) 在程度上,创造强调"首创""第一""无中生有""破旧立新",主要是指自身的新颖性,不一定有比较对象;创新是建立在已经创造出的既有概念、想法、做法等基础之上,其着眼点在于"由旧到新",强调与原有事物相比较。因此,在某种程度上,可以将创新看作是创造的目的和结果。例如,黑白电视机的出现可以看作是一种创造成果的诞生,因为在其出现之前根本就没有电视机;而彩色电视机的出现是一种创新,因为它是在黑白电视机的基础上,利用其他的科学理论和技术进行改造后而出现的一种全新的产品。再如,蒸汽机的出现是一种创造,而将它应用到其他工业领域,则是创新。
(3) 在思维过程上,创造应是独到的,其思维始终站在新异的尖端;创新则是在已经创造出的既有概念、想法和做法等的基础上,将别人的原始想法组织起来,应用到自己的思维活动中去。
(4) 在范畴上,创造一般指的是知识、概念、理论、艺术等方面;创新一般指的是技术、方法、产品等。
(5) 在目的上,创造注重的是科学性和探索性;创新更注重经济性和社会性。

1.1.3 典型问题和非典型问题

很多哲学家认为,只有在面对问题的时候,人才会开始思考,且思考过程是以问题为起点开始进行的。当看到了问题的现状,并设想了问题被解决后应该实现什么样的状态时,就会想办法改变问题的现状。在解决问题的过程中,如果用那些已经熟知的典型解决方法无法解决问题,人们就会考虑采用非典型方法来解决问题。

典型解决方法:是指可以在学校中通过专业教育学习到的处理问题的常规方法。对于专业人士来说,典型解决方法是他们工作中经常用到的、非常熟悉的那些解决本领域问题的方法。现有的典型解决方法绝大多数都是前人通过试错法得到的。专业人士通过学习,掌握了这些方法后,就可以将它们作为"拿来就用"的工具。

典型问题:是指那些用典型解决方法可以解决的问题。

非典型问题:是指那些用典型的解决方法无法解决的问题。

对于一个非典型问题来说,既然无法使用典型解决方法来解决,就需要使用具有创造性、创新性的思维方法来找到一种解决方法。这种能够解决非典型问题的,具有创造性、创新性的解决方法对于该问题来说就是一种非典型方法。因此,非典型问题也被称为创新问题。TRIZ 的主要作用就是解决创新问题。当然,非创新问题也可以用 TRIZ 来解决。

面对非典型问题的时候,人们往往会先用各种典型解决方法来尝试着求解。当各种典型解决方法都无能为力的时候,专业人士就会绞尽脑汁去寻找某非典型解决方法。一旦所找到的这种非典型方法解决了该非典型问题,这种方法很快就会在该领域的专业人士之间传播开来,并最终成为该领域中的一种典型解决方法。这里的"绞尽脑汁"就是人们在面对非典型问题时的真实写照。在绞尽脑汁的过程中,有人通过"顿悟"找到了非典型方法;有人通过四处寻找,从其他领域找到了可以解决本领域中非典型问题的方法。这种方法在其原有领域中可能已经是典型方法了,但是对于这个领域来说就是一种非典型方法。因此,一种方法是典型方法还是非典型方法是相对的。

为了找到解决非典型问题的方法,处于同一时代的两位先驱者从不同的角度提出了不同的理论。以美国的亚历山大·奥斯本为代表的学者们开创了"创造学"这种以创造主体的心理活动为主的创新方法体系;苏联的根里奇·阿奇舒勒通过对大量专利的研究、分析和总结,发现了隐藏在专利背后的规律,提出了发明问题解决理论(TRIZ)。

1.2 TRIZ的起源与发展

TRIZ 源于"发明问题解决理论"的俄文单词的首字母缩写,按照国际标准 ISO/R9-1968E 的规定,把俄文转换成拉丁字母以后,就成为 TRIZ。因此,TRIZ 只是一个特殊缩略语,既不是俄文,也不是英文,其实际含义就是"发明问题解决理论"。

"发明问题解决理论"有两个基本含义,表面的意思是强调解决实际问题,特别是发明问题;隐含的意思是由解决发明问题而最终实现(技术和管理)创新。

70 多年前(1946 年),苏联军方技术人员、发明家根里奇·

图 1-1 发明家阿奇舒勒

阿奇舒勒(Genrich S. Altshuller,如图 1-1 所示)和他的同事们,在研究来自世界各国的上百万个专利(其中包含二十多万个高水平发明专利)的基础上,提出了一套体系相对完整的"发明问题解决理论",为 TRIZ 的问世和发展奠定了基础。

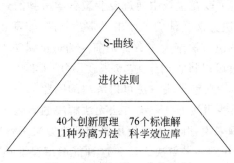

图 1-2 经典 TRIZ 中的规律

1.2.1 经典 TRIZ 的理论体系结构

在分析专利的过程中,阿奇舒勒从不同的角度,利用不同的分析方法分析这些专利,总结出了多种规律。如果按照抽象程度由高到低进行划分,可以将经典 TRIZ 中的规律表示为一个金字塔结构,如图 1-2 所示。

随着 TRIZ 的不断发展和完善,TRIZ 不仅增加了很多新发现的规律和方法,还从其他学科和领域中引入了很多新的内容,从而极大地丰富和完善了 TRIZ 的理论体系。经典 TRIZ 的理论体系结构如图 1-3 所示。

从图 1-3 中可以看出:

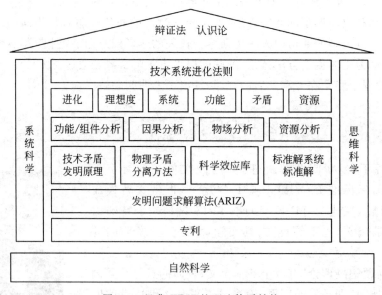

图 1-3 经典 TRIZ 的理论体系结构

(1) TRIZ 的理论基础是自然科学、系统科学和思维科学。

(2) TRIZ 的哲学范畴是辩证法和认识论。

(3) TRIZ 来源于对海量专利的分析和总结。

(4) TRIZ 的理论核心是技术系统进化法则。

(5) TRIZ 的基本概念——进化、理想度、系统、功能、矛盾和资源。

(6) TRIZ 的创新问题分析工具包括：功能/组件分析、因果分析、物场分析和资源分析等。

(7) TRIZ 的创新问题求解工具包括：技术矛盾发明原理、物理矛盾分离方法、科学效应库、标准解系统和标准解。

(8) TRIZ 的创新问题通用求解算法是发明问题求解算法（ARIZ）。

1.2.2 TRIZ 的发展历程

1946 年，年仅 20 岁的阿奇舒勒成为苏联里海舰队专利部的一名专利审查员，也就是从这个时候开始，他有机会接触并对大量的专利进行分析研究。在研究中，阿奇舒勒发现发明是有一定规律的，掌握了这种规律有助于做出更多、更高级别的发明。从此，阿奇舒勒花费了将近 50 年的时间，揭示出隐藏在专利背后的规律，构建了 TRIZ 的理论基础，创立并完善了 TRIZ。

在阿奇舒勒看来，人们在解决发明问题过程中，所遵循的科学原理和技术系统进化法则是一种客观存在。大量发明所面临的基本问题是相同的，其所需要解决的矛盾（在 TRIZ 中称为技术矛盾和物理矛盾），从本质上说也是相同的。同样的技术创新原理和相应的解决问题的方案，会在后来的一次次发明中被反复应用，只是被使用的技术领域不同而已。因此，将那些已有的知识进行整理和重组，形成一套系统化的理论，就可以用来指导后来者的发明和创造。正是基于这一思想，阿奇舒勒与苏联的科学家们一起，对数以百万计的专利文献和自然科学知识进行研究、整理和归纳，最终建立起一整套系统化的、实用的、解决发明问题的理论和方法体系，这就是 TRIZ，如图 1-4 所示。

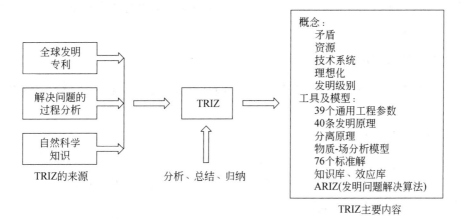

图 1-4 TRIZ 的来源与内容

在冷战①期间，TRIZ的内容并不为西方国家所掌握。直至苏联解体后，在20世纪90年代初、中期，随着部分TRIZ研究人员移居到欧、美等西方国家，TRIZ才系统地传到了西方，并引起学术界和企业界的关注。特别是在TRIZ传入美国后，在密歇根州等地成立了TRIZ研究咨询机构，继续对TRIZ进行深入的研究，使TRIZ得到了更加广泛的应用和发展。

在我国学术界，少数研究专利的科技工作者和学者在20世纪80年代中期就已经初步接触TRIZ，并对其做了一定的资料翻译和技术跟踪。20世纪90年代中后期，国内部分高校开始研究和跟踪TRIZ，在一定范围内开展了持续的研究和应用工作。进入21世纪，TRIZ开始从学术界走向企业界。如今，作为一个比较实用的创新方法学，TRIZ在我国已经逐步得到企业界和科技界的青睐，也得到国家领导人的高度重视。自2007年开始，国家科学技术部和地方政府科技厅陆续展开了对TRIZ的大范围的推广与普及活动。

2008年，国家科技部、发展改革委、教育部、中国科协联合发布了《关于加强创新方法工作的若干意见》，明确了创新方法工作的指导思想、工作思路、重点任务及其保障措施等。

1.3 发明的五个级别

在人类进化发展的历史长河中，无数先贤们利用其创造力推动了人类社会的发展。今天回顾历史的时候，我们往往只注意到那些给人类社会发展带来巨大影响的发明创造，例如：制陶技术为人类提供了最早的人造容器；冶炼技术为人类提供了最早的金属制品——青铜器；十进位计数法为科学的发展奠定了基础；造纸术对人类文化传播产生了广泛、久远的影响；指南针对航海产生了深远的影响；火药改变了整个世界事物的面貌和状态等。但很少有人会注意那些对已有事物进行的修修补补式的小发明、小创造。而正是由于有了这些小发明、小创造，才有了现在所看到的各种各样功能相对完善、结构相对简单的生产工具和生活用品。所以，伟大的发明给社会的发展提供了巨大的推动力，而那些小的发明创造却是伟大发明的基础，只有在无数小发明、小创造的推动下，伟大的发明才得以出现，并逐步趋于完善。

1.3.1 发明的创新水平

在18世纪，为了鼓励、保护、利用发明与创新成果，以促进产业发展，各个国家纷纷制

---

① 冷战(Cold War)是指1947年至1991年之间，以美国、北约为主的资本主义集团和与苏联、华约为主的社会主义集团之间的政治、军事斗争。

1946年3月，英国前首相丘吉尔在美国富尔顿发表"铁幕演说"，正式拉开了冷战序幕。1947年，美国杜鲁门主义出台，标志着冷战开始。1955年，华约成立标志着两极格局的形成。1991年，苏联解体，说明了苏联模式下的社会主义失败，标志着冷战的结束，同时也标志两极格局的结束。美国成为了世界上唯一的超级大国(世界格局走向"一超多强"的多极化)。

当时，美国和苏联同为世界上的"超级大国"，为了争夺世界霸权，两国及其盟国展开了数十年的斗争。在这段时期，虽然分歧和冲突严重，但双方都尽力避免世界范围内的大规模战争(第三次世界大战)爆发，其对抗通常通过局部代理人战争、科技和军备竞赛、外交竞争等"冷"方式进行，即"相互遏制，却又不诉诸武力"，因此称之为"冷战"。

定了专利法。在阿奇舒勒开始对大量专利进行分析、研究之初,他就遇到了一个无法回避的问题:如何评价一个专利的创新水平?

众所周知,一项技术成果之所以能通过专利审查,获得专利证书,必定有其独到之处。但是,在众多的专利当中,有的专利只是在现有技术系统的基础上进行了很小的改变,改善了现有技术系统的某个性能指标;而有的专利则是提出了一种以前根本不存在的技术系统。显然,这两种专利在创新水平上是有差别的,但是,如何制定一个相对客观的标准来评价它们在创新水平上的差异呢?

从法律的角度来看,专利的定义会随着时间的变化而改变。即使在同一历史时期,不同国家对专利的定义也有所差异。专利的作用就是准确地确定一个边界,只有在这个范围之内,用法律的形式对技术领域的创新进行经济利益的保护才是有意义的。但是,从技术的角度来看,判断一个产品或一项技术是否具有创新性,其创新的程度有多高,更重要的是要识别出该产品或技术的创新的核心是什么,这个本质从来没有变过。

从技术角度来说,一项创新通常表明完全或部分地克服了一个技术矛盾。克服技术系统中存在的矛盾,一直是创新的主要特征之一。

弗·恩格斯在《步枪史》一文中详细介绍了步枪的进化历史,并介绍了步枪进化过程中所克服的种种技术矛盾。其中最主要的技术矛盾之一就是"灵便而迅速地装弹"与"射程和射击精度"之间的矛盾,如下所述:

> 到目前为止所谈的步枪都是前装枪(图1-5)。然而,很早以前就有了许多种后装火器。后装火炮比前装火炮出现得早。最古老的军械库中有二三百年前的带活动尾部的长枪和手枪,它们的装药从枪尾部填放,而不用探条从枪口装填。一个很大的困难是怎样连接活动的枪尾部和枪管,使它既便于开关,又联结得很牢固,能承受火药爆炸的压力。在当时技术不够发达的情况下,这两个要求不可能兼顾——或者是联结枪尾部和枪管的装置不够坚固耐用,或者是开关的过程非常慢——这是毫不奇

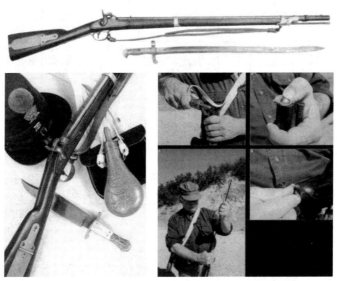

图1-5　1814年,美国M1841密西西比步枪(前膛枪)

怪的。于是后装武器被弃置不用（因为前装的动作要迅速得多），探条占着统治地位，这也是毫不奇怪的。到了现代，军人和军械师都想设计一种火器，它既能像旧式火枪那样灵便而迅速地装弹，又具有步枪那样的射程和射击精度；这时后装方法自然又受到了重视。只要枪尾部有合适的联结装置，一切困难都能克服了。

M1841步枪（图1-5）的装弹过程：①从膛口倒入适量黑火药；②将用布条包裹的弹丸放入膛口；③用推弹杆将弹丸从枪管中推入弹膛；④盖上底火窝，就可以进行射击了。

从上述论述中可以看出，对于前装枪来说，要想灵便而迅速地装弹，就需要缩短枪管的长度。但是，射程和射击精度是与枪管长度密切相关的，缩短枪管的长度将会降低射程和射击精度。于是"灵便而迅速地装弹"与"射程和射击精度"之间就构成了一对技术矛盾。而采用后装方法就可以很好地解决这个矛盾，在实现不缩短枪管长度的前提下实现"灵便而迅速地装弹"。

1.3.2 发明级别的划分

发明的独特之处就在于解决矛盾，解决现有技术系统中存在的问题。但是在获得专利证书的专利当中，也有大量简单的、毫无意义的、类似于常规设计的专利。如何从多如牛毛的专利中找出那些具有分析价值的专利呢？阿奇舒勒在研究中提出了一种评价专利创新性的标准。按照创新性的不同，阿奇舒勒将专利分为五个级别，如表1-2所示。

表1-2 发明的五个级别

发明级别	创新程度	知识来源	试错法尝试	比例/%
第一级	对系统中个别零件进行简单改进 常规设计	利用本行业中本专业的知识	<10	32
第二级	对系统的局部进行改进 小发明	利用本行业中不同专业的知识	10～100	45
第三级	对系统进行本质性的改进，大大提升了系统的性能 中级发明	利用其他行业中本专业的知识	100～1000	18
第四级	系统被完全改变，全面升级了现有技术系统 大发明	利用其他科学领域中的知识	1000～10 000	4
第五级	催生了全新的技术系统，推动了全球的科技进步 重大发明	所用知识不在已知的科学范围内，是通过发现新的科学现象或新物质来建立全新的技术系统	>100 000	<1

1. 第一级发明

这种发明是指在本领域范围内的正常设计，或仅对已有系统作简单改进与仿制所做的工作。这一类问题的解决，主要依靠设计人员自身掌握的常识和一般经验就可以完成，是级别最低的发明,即不是发明的发明。利用试错法解决这样的问题,通常只需要进行10次以下的尝试。

例如,增加隔热材料,以减少建筑物的热量损失;将单层玻璃改为双层玻璃,以增加窗户的保温和隔音效果;用大型拖车代替普通卡车,以实现运输成本的降低。

该类发明大约占人类发明总数的32%。

2. 第二级发明

这种发明是指在解决一个技术问题时,对现有系统某一个组件进行改进,是解决了技术矛盾的发明。这一类问题的解决,主要采用本专业内已有的理论、知识和经验,设计人员需要具备系统所在行业中不同专业的知识。解决这类问题的传统方法是折中法。这种发明能小幅度地提高现有技术系统的性能,属于小发明。利用试错法解决这样的问题,通常需要进行10~100次尝试。

例如,在气焊枪上增加一个防回火装置;把自行车设计成可折叠状,如图1-6所示。

图1-6 可折叠自行车

该类发明约占所有发明的45%。

3. 第三级发明

这种发明是指对已有系统的若干个组件进行改进。这一类问题的解决,需要运用本专业以外但是在一个学科以内的现有方法和知识(如用机械方法解决机械问题,用化学知识解决化学问题)。在发明过程中,人们必须解决系统中存在的技术矛盾。设计人员需要来自于其他行业的知识。

这些是解决了物理矛盾的发明。如果系统中的一个组件彻底改变,就是很好的发明(如改变某物质的状态,由固态变成液态等)。可以用一些组合的物理效应(可能是不为人们所熟知的)来解决这类问题,解决问题的过程中也可以巧妙地利用一些人们熟知的物理效应。例如,利用电动控制系统代替机械控制系统;汽车上用自动换挡系统代替机械换挡系统;在冰箱中用单片机控制温度等。

这种发明能从根本上提升现有技术系统的性能,属于中级发明。利用试错法解决这样的问题,通常需要进行100~1000次尝试。

该类发明约占所有发明的18%。

4. 第四级发明

这种发明一般是在保持原有功能不变的前提下,用组合的方法构建新的技术系统,属于大发明,通常是采用全新的原理来实现系统的主要功能,属于突破性的解决方案,能够全面升级现有的技术系统。

由于新的系统不包含技术矛盾,所以给人的错觉是新技术系统在发明过程中并没有克服技术矛盾。实际上并非如此,因为在原有的技术系统——系统原型中是有技术矛盾的,这些矛盾通常是由其他科学领域中的方法来消除的,设计人员需要来自于不同科学领域的知识。需要多学科知识的交叉,主要是从科学底层的角度而不是从工程技术的角度出发,充分挖掘和利用科学知识、科学原理来实现发明。

在解决第四级发明问题时所找到的原理,通常可以用来解决属于第二级发明和第三级发明的问题。例如,内燃机替代蒸汽机、核磁共振技术替代B超和X光技术、世界上第一台内燃机的出现、集成电路的发明、充气轮胎等。

利用试错法解决这样的问题,通常需要进行1000~10 000次尝试。该类发明在所有发明中所占比例小于4%。

5. 第五级发明

这种发明催生了全新的技术系统,推动了全球的科技进步,属于重大发明。利用试错法解决这样的问题,通常需要进行10万次以上的尝试。

这里,问题的解决方法往往不在人们已知的科学范围内,是通过发现新的科学现象或新物质来建立全新的技术系统。

对于这类发明来说,首先是要发现问题,然后再探索新的科学原理来解决发明任务。本级发明中的低端发明为现代科学中许多物理问题的解决带来了希望。支撑这种发明的新知识为开发新技术提供了保证,使人们可以用更好的方法来解决现有的矛盾,使技术系统向最终理想迈进了一大步。

一般的设计人员通常没有能力解决这类问题。这一类问题的解决,主要是依据人们对自然规律或科学原理的新发现。例如,计算机、蒸汽机、激光、晶体管等的首次发明。例如,轮子、半导体、形状记忆合金、X光透视技术、微波炉、蒸汽机、飞机。

该类发明大约占人类发明总数的1%或者更少。

1.3.3 发明级别划分的意义

在以上的五个级别的发明中,第一级发明其实谈不上创新,它只是对现有系统的改善,并没有解决技术系统中的任何矛盾;第二级和第三级发明解决了矛盾,可以看作是创新;第四级发明也改善了一个技术系统,但并不是解决现有的技术问题,而是用某种新技术代替原有技术来解决问题;第五级发明是利用科学领域发现的新原理、新现象推动现有技术系统达到一个更高的水平。

阿奇舒勒认为,第一级发明过于简单,不具有参考价值;第五级发明对于工程技术人员来说又过于困难,也不具有参考价值。于是,他从海量专利中将属于第二级、第三级和第四级的专利挑出来,进行整理、研究、分析、归纳、提炼,最终发现了蕴藏在这些专利背后的规律。

TRIZ 是在分析第二级、第三级和第四级发明专利的基础上归纳、总结出来的规律。因此,利用 TRIZ 能帮助工程技术人员解决第一级到第四级的发明问题。而第五级的发明无法利用 TRIZ 来解决。阿奇舒勒曾明确表示:利用 TRIZ 方法可以帮助发明家将其发明的级别提高到第三级和第四级水平。

阿奇舒勒认为:如果问题中没有包含技术矛盾,那么这个问题就不是发明问题,或者说不是 TRIZ 问题。这就是判定一个问题是不是发明问题的标准。需要注意的是,第四级发明是利用以前在本领域中没有使用过的原理来实现原有技术系统的主要功能,属于突破性的解决方法。

"发明级别"对发明的水平、获得发明所需要的知识以及发明创造的难易程度等有了一个量化的概念。总体上看,"发明级别"有以下几方面的特征。

(1) 发明的级别越高,完成该发明时所需的知识和资源就越多,这些知识和资源涉及的领域就越宽,搜索所用知识和资源的时间就越多,因此就要投入更多、更大的研发力量。

(2) 随着社会的发展、人类的进步、科技水平的提高,已有"发明级别"也会随时间的变化而不断降低。因此,原来级别较高的发明,逐渐变成人们熟悉和容易掌握的东西。而新的社会需求又不断促使人们去做更多的发明,生成更多的专利。

(3) 对于某种核心技术,人们按照一定的方法论,按照年份、发明级别和数量分析该核心技术的所有专利以后,可以描绘出该核心技术的"S 曲线"。S 曲线对于产品研发和技术的预测有着重要的指导意义。

(4) 统计表明,一、二、三级发明占了人类发明总量的 95%,这些发明仅仅是利用了人类已有的、跨专业的知识体系。由此,也可以得出一个推论,即人们所面临的 95% 的问题,都可以利用已有的某学科内的知识体系来解决。

(5) 四、五级发明只占人类发明总量的 5% 左右,却利用了整个社会的、跨学科领域的新知识。因此,跨学科领域的知识获取是非常有意义的工作。当人们遇到技术难题时,不仅要在本专业内寻找答案,也应当向专业外拓展,寻找其他行业和学科领域已有的、更为理想的解决方案,以求获得事半功倍的效果。人们从事创新,尤其是进行重大的发明时,就要充分挖掘和利用专业外的资源,正所谓"创新设计所依据的科学原理往往属于其他领域"。

TRIZ 源于专利,服务于生成专利(应用 TRIZ 产生的发明结果多数可以申请专利),TRIZ 与专利有着密不可分的渊源。充分领会和认识专利的发明级别,可以让人们更好地学习和领悟 TRIZ 的知识体系。

1.4　TRIZ 的核心思想

阿奇舒勒发现:技术系统进化过程不是随机的,而是有客观规律可以遵循,这种规律在不同领域反复出现。TRIZ 的核心思想是:

(1) 在解决发明问题的实践中,人们遇到的各种矛盾以及相应的解决方案总是重复出现。

(2) 用来彻底而不是折中解决技术矛盾的创新原理与方法,其数量并不多,一般科技人员都可以学习、掌握。

(3) 解决本领域技术问题的最有效的原理与方法,往往来自其他领域的科学知识。

阿奇舒勒发现,"真正的"发明专利往往都需要解决隐藏在问题当中的矛盾。于是,阿奇舒勒规定:是否出现矛盾,是区分常规问题与发明问题的一个主要特征。发明问题指必须要至少解决一个矛盾(技术矛盾或物理矛盾)的问题。

由于 TRIZ 来源于对高水平发明专利的分析,因此通常人们认为,TRIZ 更适用于解决技术领域里的发明问题。目前,TRIZ 已逐渐由原来擅长的工程技术领域,向自然科学、社会科学、管理科学、生物科学等多个领域逐渐渗透,尝试解决这些领域遇到的问题。据统计,应用 TRIZ 的理论与方法,可以增加 80%~100%的专利数量并提高专利质量;可以提高 60%~70%的新产品开发效率;可以缩短 50%的产品上市时间。

1.5　TRIZ 的未来发展

TRIZ 可以指导人们发现新原理和总结新知识,也使 TRIZ 本身可以随着科学技术的发展和社会的进步而不断完善。TRIZ 今后的研究和应用方向主要有两个:第一个是TRIZ 本身的不断完善;第二个是进一步拓展 TRIZ 的应用领域。

(1) TRIZ 是前人知识的总结和升华,受到了一定的时代限制。如何适应新的时代要求,进一步完善它的内容和体系,一直是人们关注的焦点和研究的主要方向之一。如果把阿奇舒勒的所有理论成就定义为经典 TRIZ,那么在阿奇舒勒去世后,TRIZ 已经派生出了不同的流派与分支。

(2) 进一步探讨和拓展 TRIZ 的理论内涵,尤其是把信息技术、生命技术、社会科学等方面的原理和方法融入 TRIZ 中,从而让 TRIZ 指导发明创新的能力变得更加强大。

(3) 全面拓展 TRIZ 的应用范围,从工程领域拓展到其他领域,使人们能够利用TRIZ 去解决更广泛领域内的各种矛盾和发明问题,使 TRIZ 的受益面更广。

(4) 要把利用 TRIZ 解决实际问题的实践和方法进一步软件化和工具化,尽快开发出适合更广阔领域、满足各种不同专业用途的系列化软件。

(5) 在中国推广以 TRIZ 为核心的创新方法,还要涉及 TRIZ 本土化的问题。与电灯、汽车、计算机、微积分、进化论等科学技术一样,TRIZ 是"舶来品",如何让其适应中国的国情,根植于中国文化,在中国发扬光大,是研究与推广创新方法的首要任务之一。

(6) TRIZ 主要解决设计中如何(How)做的问题,但对设计中做什么(What)的问题未能给出合适的方法。大量的工程实例表明,TRIZ 的出发点是借助于经验,发现设计中的矛盾。矛盾发现的过程,是通过对问题的定性描述来完成的。其他的设计理论,特别是质量功能展开(Quality Function Development,QFD)法,恰恰能解决做什么的问题,稳健设计则特别适合于详细设计阶段的参数设计。将 QFD、TRIZ 和稳健设计集成在一起,能形成从产品定义、概念设计到详细设计的强有力支持工具,发挥各自的优势,更有助于产品创新。因此,三者的有机集成,已成为设计领域的重要研究方向。

相对于传统的创新方法,基于 TRIZ 的计算机辅助创新技术的出现,是 TRIZ 应用的全新发展。传统的创新方法大多停留在对创新的外围认识和创新技法技巧水平,从心理因素方面尽可能激发个人的创造性思维能力,而没有转化为真正的问题解决方法。它们在一定程度上显得比较抽象,可操作性差,创新效率比较低,无法面对当前各种各样大量的技术难题和创新需求。而 TRIZ 则成功地揭示了创造发明的内在规律和原理。相对于传统的创新方法,它着力澄清和强调系统中存在的矛盾,其目标是完全解决矛盾,而不是采取折中或者妥协的做法;而且,它基于产品技术的发展演化规律,研究的是整个设计与开发过程,而不再是随机的行为。尤其是它采用了科学的问题求解方法,将特殊的问题归结为 TRIZ 的一般性问题,应用 TRIZ 寻求标准解法,在此基础上演绎形成初始问题的具体解决方案,充分体现了科学的问题求解思想和技术特征。

1.6 国家标准:创新方法应用能力等级规范

当前,我国正处在经济社会和科技事业发展的重要战略机遇期,在建设创新型国家的过程中,推进创新方法工作对有效提升创新能力和水平起到重要支撑作用。由全国创新方法标准化技术委员会(SAC/TC 542)提出并归口,由国家科学技术部科研条件与财务司等单位起草的推荐型国家标准 GB/T 31769—2015《创新方法应用能力等级规范》于 2015 年 6 月 2 日发布,2015 年 7 月 1 日实施。

国家标准《**创新方法应用能力等级规范**》规定了创新方法应用能力的术语和定义、等级划分和能力要求,适用于创新方法专业人员应用能力评估。该标准的制定和执行是完善我国创新方法工作评估体系和增强我国创新方法应用能力的重要手段,对于我国整体科技发展水平的提高具有重大意义。

本标准指出:所谓**创新方法**(innovation method),是指"应用一种或多种科学思维、科学方法、科学工具实现创新的技术"。**创新方法应用能力**(applied competence of innovation method)是指"经证实的掌握创新方法的专业人员具有的个人素质和解决工程技术与管理问题的本领"。

本标准定义了创新思维、发明问题解决理论(TRIZ)、工业工程等方面的术语。本标准定义了创新方法应用能力等级,共分六级,六级为最高。

例如,创新方法应用能力一级应达到的能力要求是:

(1) 创新思维技法。

① 了解阻碍创造性思维的思维定式类型和突破方法。

② 掌握创造性思维方式。

③ 熟练应用 2 种或 2 种以上创新思维技法。

(2) TRIZ 方法。

① 了解 TRIZ 的工具体系和解题模式。

② 了解产品进化的 S 曲线和技术系统进化法则。

③ 能够判断当前产品研发和设计过程中的矛盾问题,掌握确定矛盾的方法和步骤,掌握分析和解决矛盾问题的流程。

④ 能够运用流程与方法解决实际工程问题,产生有效的创新方案构思。

(3) 工业工程方法。

① 熟悉工业工程基本概念及组织架构。

② 了解工作研究、人因工程、物流工程、生产运作与管理以及生产系统信息化的基本方法。

③ 熟悉精益生产的基本概念,了解精益生产的技术体系、精益物流与现场管理技术。

④ 熟悉六西格玛的基本概念,了解六西格玛的方法与管理体系以及 DMAIC 实施过程。

1.7 习 题

1. 单选题

(1) 所谓典型解决方法,是指可以在学校中通过专业教育学习到的处理问题的(　　)。专业人士通过学习,掌握了这些方法后,就可以将它们作为"拿来就用"的工具。

  A. 研究方法　　　B. 常规方法　　　C. 创新方法　　　D. 工程方法

(2) 以下阐述 TRIZ 的句子中,错误的是(　　)。

  A. TRIZ 的理论基础是自然科学、系统科学和思维科学

  B. TRIZ 来源于对海量专利的分析和总结

  C. TRIZ 是传统的,解决创新问题的方法

  D. TRIZ 的理论核心是技术系统进化法则

2. 多选题

(1) 为了找到解决非典型问题的方法,以美国的亚历山大·奥斯本为代表的学者们开创了一种以创造主体的心理活动为主的创新方法体系,这就是(　　);苏联的根里奇·阿奇舒勒通过对大量专利的研究、分析和总结,发现了隐藏在专利背后的规律,提出了(　　)发明理论。

  A. 创造学　　　B. 拓扑学　　　C. 波浪理论　　　D. TRIZ

(2) TRIZ 的理论体系架构包含（　　）。
    A. 40 条创新原理　　　　　　　　B. 技术系统进化法则
    C. 矛盾矩阵　　　　　　　　　　D. 物场模型
    E. 标准解法

1.8　实验与思考：在线学习创新方法

1.8.1　实验目的

(1) 理解和熟悉创新发明的基础概念。
(2) 了解 TRIZ 理论的发展历程和核心思想。
(3) 熟悉阿奇舒勒的五个发明级别，了解 TRIZ 的适用范围。
(4) 浏览"创新方法研究会"等网站，了解"国际 TRIZ 协会认证"，提升自己的就业和从业能力。

1.8.2　工具/准备工作

在开始本实验之前，请回顾教科书的相关内容。
需要准备一台能够访问因特网的计算机。

1.8.3　实验内容与步骤

(1) TRIZ 理论的核心思想是什么？
答：_____
_____
_____

(2) TRIZ 理论体系中包含哪些工具？
答：_____
_____
_____
_____
_____

(3) 发明的级别。
请简述划分发明级别的意义。
答：_____
_____
_____

在浩如烟海的技术系统中，有些技术系统对人类有着重大的影响。请根据发明级别的定义分析下列发明属于哪个发明级别：

① 晶体管的发明,使制造体积更小、结构更为紧凑的计算机成为可能,成就了今天所有关于"信息化"的技术基础:属于(　　　)级发明。你的理由是:_____
_____

② 数百年前,人们就使用锉刀作为金属加工的工具:属于(　　　)级发明。你的理由是:_____

③ 杯子对于人们的日常生活很重要:属于(　　　)级发明。你的理由是:_____

④ 冰箱作为制冷设备可以为食物保鲜:属于(　　　)级发明。你的理由是:_____

⑤ 因特网连接着全世界千百万台计算机,实现了全球用户间信息的交换:属于(　　　)级发明。你的理由是:_____

⑥ 书本作为传播媒体,将知识与文化代代相传:属于(　　　)级发明。你的理由是:_____

⑦ 收音机借助电磁波,可以实现远距离广播节目的传送,属于(　　　)级发明。你的理由是:_____

(4) 请根据各级别发明的特点,举出一些发明实例。

一级发明:_____

二级发明:_____

三级发明:_____

四级发明:_____

五级发明:_____

(5) 请简述为什么要学习和研究 TRIZ。

答:_____

提示：值得指出的是，某些一级发明和五级发明似乎都是"首次"出现的事物，但是一级发明仅仅是首次复现了自然界中已经存在的功能（如竹筒、椰子壳、葫芦等可以有"盛水"的功能），根据既有的原理，用不同的材料把它们做成了产品而已；而五级发明则是创造出自然界从未有过的东西；其他发明级别是对一级发明产品的逐步"升级与再造"。以杯子为例：有盖子的杯子、不烫手的杯子可以算作是二级发明（改进一个组件）；带内胆、有密封饮嘴、有杯盖的保温杯可以算作是三级发明（改进几个组件）；属于四级发明的杯子在"盛水"的基本功能方面必须要有原理上的变化，具体的实现例子留给读者去思考。

(6) 请分析上面的提示，以杯子为例，什么样的杯子可以算做四级发明，为什么？
答：_____
_____
_____
_____

(7) 浏览创新方法专业网站。
看看哪些网站在做着创新方法的技术支持工作？请在表1-3中记录搜索结果。

提示：一些创新方法专业网站的例子包括：
http://www.chinaims.org/（创新方法研究会）
http://www.chinatriz.net.cn/（创新方法网·四川）
http://www.iwint.com.cn/（亿维讯）
http://www.creap.cn/（创新设计服务平台·四川大学）

表1-3 创新方法专业网站实验记录

网站名称	网　　址	内容描述

你习惯使用的网络搜索引擎是：_____
你在本次搜索中使用的关键词主要是：_____
请记录：综合分析，你认为各创新方法专业网站当前的知识热点是：
① 名称：_____
主要内容：_____

② 名称：_____
主要内容：_____

③ 名称：_____
主要内容：_____
_____

(8) 浏览"国际 TRIZ 协会认证"网（站）页。
请记录：
① 什么是"国际 TRIZ 协会认证"？
_____
_____

② 在我国，负责组织"国际 TRIZ 协会认证"的培训和报名机构是：
_____
_____

③ 相应的官方网站的网址是：_____

1.8.4　实验总结

_____
_____
_____
_____

1.8.5　实验评价（教师）

_____
_____
_____

发明问题的传统方法

在长期的自然与社会实践中,人们已经创造和发展了很多解决发明问题的传统方法,例如人们习惯使用的试错法、头脑风暴法、和田十二法及形态分析法等。单独使用这些传统的创新方法曾经收到过较好的发明创新效果。这些传统的创新方法往往要求使用者具有较高的技巧、比较丰富的经验和较大的知识积累量,因此,使用这些方法进行创新的效率普遍不高。特别是遇到一些较难且复杂的问题时,仅仅依赖"灵机一动"很难解决问题,尤其是在人们对某些问题未找到理想的方案时,想只凭经验找到解决方案就显得极为困难。

传统的创新方法基本都是以心理机制为基础的,它们的程序、步骤、措施大都是为人们克服发明创新的心理障碍而设计的。传统的创新方法撇开了各领域的基本知识,在方法上高度概括与抽象,因此具有形式化的倾向。这些倾向于形式化的传统创新方法,在运用中受到使用者经验、技巧和知识积累水平的制约。

但是,当这些传统的创新方法与 TRIZ 结合在一起的时候,却能收到更好的效果。例如,在由具体问题抽象成 TRIZ 的问题模型时,以及将 TRIZ 的解决方案模型演绎成具体解决方案时,都或多或少地需要应用头脑风暴法、形态分析法等传统创新法。因此,在倡导推广应用 TRIZ 创新理论的同时,还应该了解和掌握常用的传统创新方法,力求做到 TRIZ 创新理论与传统创新方法的有机结合,以获取最佳的创新效果。

2.1 试 错 法

试错法是指人们通过反复尝试运用各式各样的方法或理论,使错误(或不可行的方案)逐渐减少,最终获得能够正确解决问题的方法的一种创新方法,这是一种随机寻找解决方案的方法。

千百年来,人们一直在使用试错法来求解发明问题。当尝试利用一种方法、物质、装置或工艺来求解某一问题时,如果找不到问题的解决方案,就进行第二次尝试,如果还没找到问题的解决方法,则进行第三次尝试,以此类推。这就是试错法解决问题的思路和过程。

当用尽了所有常规方法后,就会尝试去猜想是否有正确的解决方案。这要经过一个漫长的寻找过程,也可能碰巧走对路子并解决问题,但取得这种结果的概率是很小的。多数情况下,对所想到的可能方案均进行了尝试之后仍不能解决问题,就需要考虑其他可能的解决方案。甚至因条件限制，尝试无法继续进行，只能精疲力竭地宣告终止。

阿奇舒勒的学生与合作者尤里·萨拉马托夫对试错法做过这样的评价，"人类在试错法中损失的时间和精力，远比在自然灾害中遭受的损失要惨重得多"。20世纪时，"在发达资本主义国家中，50%的研究刚刚开展，就因为没有发展前途而被迫终止了；在苏联，有2/3的研究根本无法进入生产领域"。由此可见，用试错法解决问题具有一定的盲目性，所付出的代价（人力与财力）是巨大的。

例 2-1 爱迪生为人类带来光明。

很多人都读过爱迪生的发明故事。爱迪生（Edison，图 2-1）是位举世闻名的美国电学家和发明家，他除了在留声机、电灯、电话、电报、电影等方面有许多的发明和贡献以外，在矿业、建筑业、化工等领域也有不少著名的创造和真知灼见。相信每个人都知道爱迪生的那句名言：天才就是百分之二的灵感加上百分之九十八的汗水。爱迪生不仅有聪慧过人的头脑，更有不懈努力的精神，因此，他得到了巨大的成功。据记载，在发明电灯时，他和他的助手们历经13个月，用过的灯丝材料有1600多种金属材料和6000多种非金属材料，试验了7000多次，终于找到了有实用价值的灯丝材料，为人类带来了光明。

图 2-1　爱迪生发明灯泡

爱迪生的发明，为人类的文明和进步做出了巨大贡献。他勇于试验、不畏失败的探索精神和执着的研究态度令人敬佩，值得人们学习。爱迪生发明电灯所采用的方法就是试错法。

对解决简单的发明问题（第一、二级），试错法效果明显，此时可能的解决方案的数目不超过10个或20个，找到正确的解决方案并不困难。而对于较复杂的发明问题（第三级），由于可能存在成百上千个可能的解决方案，试错法的效率就非常低，解决发明问题的周期较长，所付出的代价很高。

2.2　头脑风暴法

头脑风暴法是美国的奥斯本（Osborn）于1939年首次提出的，他于1953年在《应用想象》一书中正式发表了这种激发创造性思维的方法。

头脑风暴法也称为智力激励法、自由思考法或诸葛亮会议法，通常指一群人开动脑筋，进行自由、创造性的思考与联想，并各抒己见，在短暂的时间内提出大量解决问题的构想的一种方法。这种方法是当今最负盛名，同时也是最具实用性的一种集体创造性地解决问题的方法，与会者可以在没有任何约束的情况下发表个人的想法，提出自己的创意。参与的人甚至可以提出看起来异想天开的想法。

2.2.1 基本规则

头脑风暴法会议之所以会导致大量新创意的诞生,主要有以下原因:一是在轻松、融洽的气氛中,每个人都能敞开想象,自由联想,各抒己见;二是能够产生互相激励,互相启发的效果。每个人的创意都会引起他人的联想,引起连锁反应,形成有利于解决问题的多种创意;三是在会议讨论时更能激发人的热情,激活思维,开阔思路,益于突破思维定式和旧观念的束缚;四是竞争意识的使然。争强好胜的天性,会使与会者积极开动脑筋,发表独到见解和新奇观念。

使用头脑风暴法解决问题时,为了减少群体内的社交抑制因素,激励新想法的产生,提高群体的创造力,必须遵守以下基本规则。

1. 暂缓评价

在头脑风暴会议上,会议主持人和会议参与者对各种意见、方案的正确与否,不要当场做出评价,更不能当场提出批评或指责。对现有观点的批评不仅会占用宝贵的时间和脑力资源,而且容易使与会者人人自危,发言谨慎保守,从而遏制新观点的诞生。因为所有的想法都有潜力成为好观点、好方法,或者能够启发他人产生新的想法。参与者着重于对想法进行丰富和拓展。这种将评论放在后面的"评价阶段"进行的"延迟评判"策略,可以产生一种有利于畅所欲言的气氛。

2. 鼓励提出独特的想法

与会者在轻松的氛围下各抒己见,避免人云亦云、随波逐流、思维僵化,有利于提出独特的见解,甚至是异想天开的、荒唐的想法。这样便可能开辟新的思维方式,提供比常规想法更好的解决方案。若要产生独特的想法,可以反过来看问题,也可以换一个角度考虑问题等。

3. 追求数量

如果追求方案的质量,容易将时间和精力集中在对该方案的完善和补充上,从而影响其他方案的提出和思路的开拓,也不利于调动所有成员的积极性。如果头脑风暴会议结束时有大量的方案,就极可能发现一个非常好的方案。因此,头脑风暴法强调所有的活动应该以在给定的时间内获得尽可能多的方案为原则。为此,与会者应该解放思想,无拘无束地、独立地思考问题,每个与会者不必顾虑自己的想法或说法是否离经叛道或荒唐可笑。

4. 重视对想法的组合和改进

可以将他人好的想法进行组合,取长补短,进行改进,以形成一个更好的想法,从而达到 $1+1>3$ 的效果。与单纯提出新想法相比,对想法进行组合和改进可以产生出更好、更完整的想法。所以,头脑风暴法能更好地体现集体智慧。

现代发明创新课题涉及技术领域广泛,因而靠个别发明家单枪匹马式的冥思苦想来求得问题解决的方法收效甚微。相比之下,类似头脑风暴法这种群体式的发明战术则会显得效果更好。

2.2.2 小组成员

奥斯本认为,包含主持人和记录员在内,实施头脑风暴法小型会议的参加人数以6~7人为宜。头脑风暴法小组人数的多少取决于主持人风格、小组成员个体的情况等因素,小组人数太多或太少,效果都不太理想。人数过多时,会使某些人没有畅所欲言的机会;过少时,则会场面冷清,影响参与者的热情。

在实施过程中,对小组成员和主持人的要求是:

1. 小组中不宜有过多的专家

参与者最好职位相当,对所要解决的问题都感兴趣,但是不必皆属同行。

在进行"头脑风暴"的过程中,如果专家太多,就很难做到"暂缓评价"。权威在场必定会对与会者产生"威慑"作用,造成心理压力,难以形成自由的发言氛围。

然而,在实际操作"头脑风暴"的时候,会议参加者往往都是从企业的各个部门汇集而来的各专业领域的专家里手。在这种场合中,无论主持人还是参加者,都应注意不要从专业角度发表评论,否则会引起争议,打破暂缓评价的和谐局面,产生不良效果。

还有一点很重要,这就是专家的人选应严格限制,以便参加者把注意力集中于所涉及的问题上,具体选取原则如下:

(1) 如果参加者相互认识,要从同一职位(职称或级别)的人员中选取,领导人员不应参加,否则可能会对某些参加者造成某种压力。

(2) 如果参加者互不认识,可从不同职位(职称或级别)的人员中选取。在这种情况下,不应宣布参加人员的职称或职务。与会者不论职称或职务级别的高低,都应同等对待。

(3) 参加者的专业应力求与所论及的决策问题相一致。这并不是专家组成员的必要条件,但是,专家中最好包括一些学识渊博,对所论及问题有较深理解的其他领域的专家。

2. 小组成员最好具有不同学科背景

如果小组成员具有相同的学科背景,他们都是同一方面的专家,那么很可能会沿着固有专业方向的常规思路来开发思想、产生观念。这样,同学科或相近学科的成员所产生的构想范围就会有限,而不能发挥头脑风暴法的优势。相反,如果小组成员背景不同,他们就有可能从不同的层面、不同的方向、不同的角度提出千差万别的观点,从而更有利于获得"头脑风暴"效应。

3. 参与者应具备较强的联想思维能力

参与者具有较强的联想能力是头脑风暴法获得良好效果的重要保证。进行"头脑风暴"时,组织者应尽可能提供一个有助于把注意力高度集中于讨论问题的环境。在头脑风暴会议上,有的人提出的设想可能是其他准备发言的人已经思考过的设想。其中一些最有价值的设想,往往是在已提出设想的基础上,经过"头脑风暴"迅速发展起来的设想,或对两个或多个设想进行综合所得到的设想。因此,头脑风暴法产生的结果是成员集体创造的成果,是头脑风暴小组成员互相感染激励、互相补充完善的总体效果。

4. 头脑风暴小组主持人的确定

只有主持人对整个头脑风暴过程进行适度控制和协调,才能减少头脑风暴的抑制因素,激励新想法,发挥小组群体的创造力,获得预期的效果。由此可见,头脑风暴小组中的主持人非常重要。

主持人必须能够做好以下3点:

(1) 能掌控会议,并使头脑风暴会议的成员严格遵循头脑风暴法的基本规则。

(2) 要使会议保持热烈而轻松的气氛。

(3) 要保证让全体参与者都能畅所欲言,献计献策。

头脑风暴小组会议的主持人必须具有丰富的经验,能够充分把握讨论问题的本质。主持人应乐于接受头脑风暴法产生的奔放而接近狂热的会议气氛,努力使参加者忘却自我,变得更加自由。主持人应及时发现参加者朝哪个方向提出设想,并巧妙地将脱离正确方向的参加者引回到既定的目标方向上来。

为了更好地掌控头脑风暴会议,主持人可以运用以下技巧,使头脑风暴达到既定目标:

(1) 在参加者发言气氛相当热烈时,可能会出现许多违背头脑风暴法基本原则的现象,如哄堂大笑,甚至公开评论他人意见等,此时主持人应当立即制止,并号召大家给予发言者鼓励。

(2) 当许多灵感已被陆续激发出来,而参与者也开始表现为疲惫状态,灵感激发速度明显下降时,主持人可以用"每人再提两个点子就结束"之类的话语激发创意灵感。

(3) 主持人应控制好时间,一般建议将会议控制在30分钟左右,以免参加者太疲倦而产生反感甚至厌恶情绪。

(4) 会议结束时,主持人应对会议的成果表示肯定,对与会者表示感谢。

2.2.3 方法实施

头脑风暴法可分为会前准备、会议过程和创意评价三个阶段。

1. 准备工作

(1) 确定讨论主题。讨论主题应尽可能具体,最好是实际工作中遇到的亟待解决的问题,目的是为了进行有效的联想和激发创意。

(2) 如果可能,应提前对提出初始问题的个人、集体或部门进行访谈调研,了解解决该问题的限制条件、制约因素、阻力与障碍以及任务最终目标分别是什么。

(3) 确定参加会议人选,并将这些问题写成问题分析材料,在召开头脑风暴会议之前的几天内,连同会议程序及注意事项一起发给各位与会人员。

(4) 举行热身会。在正式进行头脑风暴会议前召开一个预备会议。这是因为在多数情况下,小组成员缺乏参加头脑风暴会议的经验,同时,要他们做到遵守"延迟评价"原则也比较困难。

所确定讨论主题的涉及面不宜太宽。主持人将讨论主题告诉会议参加者,并附加必要的说明,使参加者能够收集确切的资料,并且按正确的方向思考问题。

在热身会上,要向与会人员说明"头脑风暴法"的基本规则,解释创意激发方法的基本技术,并对成员所做的任何有助于发挥创造力的尝试都予以肯定和鼓励,从而让参与者形成一种思维习惯,以适应头脑风暴法,并尽快适应头脑风暴法的气氛。

2. 头脑风暴会议

(1) 由会议的主持人叙述议题,要求小组人员讲出与该问题有关的创意或思路。

(2) 与会者想发言的先举手,由主持人指名开始发表设想,发言力求简单扼要,一句话的设想也可以,注意不要做任何评价。发言者一开始要首先提出由自己事先准备好的设想,然后再提出受别人的启发而得出的思路。从这一阶段开始,就存在着"头脑风暴"的创造性思维方法。

(3) 若是头脑风暴法进行到人人都已山穷水尽的地步,主持人必须使讨论发言再继续一段时间,务必使每人尽力想出妙计,因为奇思妙计往往是在挖空心思的压力下产生。在遇到会议陷于停滞时,主持人可采取其他创意激发方法。

(4) 创意收集阶段实质上是与创意激发和生成阶段同时进行的。执行记录任务的可以是组员,也可以是其他组织成员。可以根据提出设想的速度考虑应配备记录员的数目。每一个设想必须以数字注明顺序,以便查找。必要时可以用录音机辅助记录,但不可以取代笔录。记录下来的创意是进行综合和改善所需要的素材,所以应该放在全体参加者都能看到的地方。

在小组人员提出设想的时候,主持人必须善于运用激发创意的方法。语言要妙趣横生,使气氛轻松融洽。同时,主持人还要保证使参与者坚守头脑风暴法的基本规则,即任何发言者都不能否定和批评别人的意见,只能对别人的设想进行补充、完善和发挥。一次会议创意发表不完的,可以再次召开会议,直至将各种创意充分发表出来为止。

3. 创意评价

先确定创意的评价和选取的标准,比较通用的标准有可行性、效用性、经济性、大众性等。在风暴会议之后,要对创意进行评价和选择,以便找到最佳的解决问题的办法。

对设想的评价,不要在进行头脑风暴法的同一天进行,最好过几天再进行。

2.2.4 使用技巧

经过多年的研究和实践,人们总结了大量简便有效的经验,下面简单介绍一些小技巧,以便在实际操作中产生更好的实施效果。

(1) 确定讨论问题非常重要,问题设置不当,头脑风暴会议便难以获得成功。

在讨论内容的问题设置方面,应做到以下几点:

① 设置问题时必须注意头脑风暴法的适用范围。

② 讨论的问题要具体、明确,不要过大。
③ 讨论问题也不宜过小或限制性太强,例如,不要出现讨论"A 与 B 方案哪个更好"之类的问题。
④ 不要将两个或两个以上的议题同时拿出来讨论。

主持人要对那些首次参加头脑风暴会议的人给予关注,让新参加者熟悉该类会议的特点,并能遵守基本规则。

(2) "停停走走"是头脑风暴法一个常用的技巧,即 3 分钟提出设想,然后 5 分钟进行考虑,接着用 3 分钟的时间提出设想……这样 3 分钟与 5 分钟过程反复交替,形成有行有停的节奏。

(3) "一个接一个"是头脑风暴法又一个常用的技巧,与会者根据座位的顺序一个接一个提出观点,如果轮到的人没有新构想,就跳到下一个人。如此循环,直至会议结束。

(4) 参加会议的成员应当定期更换,应在不同部门、不同领域挑选不同的人参加,这样才能防止群体形成固定的思维方式。

(5) 参加会议成员的构成应当考虑男女搭配比例,适当的比例会极大地提高产生构想的数目。

2.2.5 方法的优点与局限性

头脑风暴法具有以下优点:

(1) 消除了妨碍自由想象的清规戒律,使小组成员人人平等,在轻松愉悦的氛围中自由联想,有助于新创意的出现。

(2) 集体讨论能够满足人们进行社会交往的需要,能大大提高工作效率。在相同的时间内,集体活动总比个体活动容易产生更多的创意,因而也就更有可能产生高质量的问题解决方案。

(3) 在集体中更容易创造出适合创造性思维的环境,成员间相互启发,能产生更多的高质量创意。

(4) 充分体现集体的智慧。头脑风暴环境,有利于将他人的创意加以综合与发展,从而形成更有价值的问题解决方案。

头脑风暴法也有自身的一些局限性:

(1) 小组成员之间若有矛盾或冲突,就会形成不愉快的气氛,从而抑制了思维的自由性,抑制了新创意的产生。

(2) 有时因为头脑风暴会议的失控,使头脑风暴会议违背了"暂缓评价"的规则,出现消极的评价,甚至相互批评或谴责,这些必将使人们的创意热情受到"激冷",从而减少了产生的创意数量,降低创意质量。

(3) 小组成员中的一些具有支配欲的人控制讨论进程的试图,会引起会议讨论方向偏离目标方向,并会减少其他人参与讨论的机会。

(4) 一些地位较高的人或权威,可能会对其他成员施加有形或者无形的压力,使他们很难产生突破性的创意。

(5) 集体讨论会花费更多时间,因此当要解决的事情很紧急时,集体创意方法可能并不适用。

虽然头脑风暴法在实施中存在一些问题,但是这些问题可通过一些措施解决。比如,选择一个有经验的会议组织者及会议主持人,就能够有效减少讨论中可能出现的不利情况,控制讨论进程和方向;通过恰当地选择与会人员,可以避免个别人或权威带来的不利影响,营造轻松自由的氛围。同时还可以运用一些技巧来减少或避免这些不利的情况。

作为一种令人愉悦的活动,头脑风暴法通常被参与者欣然接受。总体上说,头脑风暴法适合解决那些相对比较简单并被严格确定的问题,如研究产品名称、广告口号、销售方法、产品的多样化研究等。因此,头脑风暴法对于解决第一和第二级发明问题是有效的。但在更加复杂的发明问题中,使用这种方法不可能立即猜想出解决方案,不是一种能快速"收敛"到发明结果的方法。

2.3 形态分析法

试错法、头脑风暴法等方法无法有效解决十分复杂的发明问题。因此,20世纪50年代末,一种基于系统式查找可能解决方案的方法应运而生,即形态分析法。

形态分析法是一种从系统论的观点看待事物的创新思维方法。这种方法是由美国加州理工学院教授兹维基与矿物学家里哥尼合作创建的,它对搜索问题的解决方案所设置的限制很有用处,利用它可以对解决方案的可能前景进行系统的分析。

1943年第二次世界大战期间,兹维基参加了美国火箭研制小组,他把数学中常用的排列组合原理应用于新颖技术方案的设计中,将火箭的各个主要部件可能具有的各种形态进行了不同的组合,得到了令人惊奇的结果:他在一周之内交出了576种不同的火箭设计方案,这些方案几乎包括了当时所有的制造火箭的可能设计方案。后来才知道,就连美国情报局挖空心思都没能弄到手的德国正在研制的带脉冲发动机的F-1型和F-2型巡航导弹的设计方案也包括其中。于是,兹维基的才华受到人们的关注。1948年,兹维基发表了他的构思技巧——形态分析法。

2.3.1 方法的特点

形态分析法的特点是从系统论的角度看待事物。首先把研究的对象或问题分为一些基本组成部分。然后单独处理每一个基本组成部分,分别提出解决问题的办法或方案。最后,通过不同的组合形成若干个解决整个问题的总体方案。为了确定各个总体方案是否都可行,必须采用形态学方法进行分析。

因素和形态是运用形态分析法时要用到的两个非常重要的基本概念。所谓因素,就是指构成某种事物各种功能的特性因子;所谓形态,是指实现事物各种功能的技术手段。例如,对于一种工业产品,可将反映该产品特定用途或特定功能的性能指标作为基本因素,而将实现该产品特定用途或特定功能的技术手段作为基本形态。

比如,对于机械上使用的离合器,可将其"传递动力"这个功能作为基本因素,那么"摩擦力""电磁结合力"等技术手段是该基本因素所对应的基本形态。

2.3.2 方法的实施

形态分析法的操作程序如下：

（1）确定研究课题。这并不是提出一个准确的、具体的设想方案。

（2）因素提取。就是确定发明对象的主要组成即基本因素，把问题分解成若干个基本组成部分。确定的基本因素在功能上应是相对独立的。因素的数目不宜太多，也不宜太少，一般以 3～7 个为宜。

（3）形态分析。即按照发明对象对诸因素所要求的功能列出各因素全部可能的形态。完成这一步需要有很好的知识基础和丰富的工作经验，对本行业及其他行业的各种技术手段了解得越多越好。

（4）编制形态表，进行形态组合。按照对发明对象的总体功能要求，分别组合各因素的不同形态方式，而获得尽可能多的合理方案。

（5）优选。即从组合方案中选优，并具体化。

例 2-2 确定汽车前照灯的设计方案。

汽车前照灯是汽车的重要部件之一（图 2-2）。首先，前照灯是汽车的眼睛，是汽车漂亮时髦的外表的重要特征。其次，有了可靠且性能良好的照明，方能提高汽车的夜间行驶速度，同时对确保汽车的安全行驶非常重要。最后，汽车前照灯的结构型式直接影响到汽车前端的外形，对构建低空气阻力的流线型车身外廓极为重要。考虑到这些功能，要求对前照灯的外形、光源类型、散光玻璃类型、控制方式等因素的各种形态进行分析，编制形态表，如表 2-1 所示。

(a) JEEP指南者-卤素灯

(b) 凯迪拉克XTS-氙气灯

(c) 奥迪A8L-LED灯

图 2-2 汽车前照灯

表 2-1 汽车前照灯形态表

形态 \ 因素	前照灯外形	前照灯光源	散光玻璃材质	控制方式
1	方形	卤素灯泡	玻璃	手控开关
2	圆形	气体放电灯	树脂	光感应
3	椭圆形	LED		
4	柳叶形			

根据表 2-1，进行各种可能性组合，得到 4×3×2×2＝48 种设计方案。然后，考虑生

产成本、重量、可靠性与耐久性、消费者的认可度等,对这些方案进行分析对比,从中可选出最优的方案。

2.3.3 方法的优缺点

形态分析法最大的优点是对每个总体方案都要进行可行性分析,有利于找到最佳的解决方案。

形态分析法的主要缺点是使用不便,工作量大。如果一个系统由10个部件组成(因素),而每个部件又有10种不同的制造方法(形态),那么组合的数目就会达到100。如果使用手工的方法进行形态分析,则费时费力,极不方便。计算机可以完成这样数量级的组合,而人则无法分析数量如此巨大的信息。对大量的方案进行可行性分析,往往会使发明的目标变模糊。如果采用选择性形态分析,就可忽略不适当的组合。例如,在前述确定汽车前照灯设计方案的例子中,可以根据车型和消费定位去掉某些不合适的组合。若为微型家庭轿车设计的前照灯,应尽量降低成本,所以氙气灯(气体放电灯)和光感应的自动开关控制这些高档配置就不需要考虑了。

形态分析法特别适用于下列几个方面的观念创新:
(1) 新产品或新型服务模式。
(2) 新材料应用。
(3) 新的市场分割及市场用途。
(4) 开发具有竞争优势的新方法。
(5) 产品或服务的新颖推销技巧。
(6) 新的发展机遇的定向确认。

但是,在仅存在唯一一种问题描述方法、开发项目规模很小、涉及问题的概念特性只有一个方面等情况下,不宜采用形态分析法。

2.4 和田十二法

稽核表法,或称为检核表法、检验表法,是由形态分析法演变而来的,就是用一张一览表对需要解决的问题进行逐项核对,从各个角度诱发多种创造性设想,以实现创造、发明、革新,或解决工作中某一问题的开发创意的方法。使用稽核表法时,为了获得解决问题所需的数据,需要构造问题列表。表中所提出的问题,可以是最意想不到的,这样有利于削弱思维定式。通过稽核表法,可以获得对问题的详述和查找规定问题解决方案的附加数据。早期最有影响的稽核表是奥斯本于1964年设计的。奥斯本的稽核表提纲达75条之多,后来经过简化归纳为9个方面(用途、类比、增加、减少、改变、代替、变换、颠倒、组合)。这种稽核表在后来的创意实践中又得到修正与发展。

利用稽核表法进行构思创意,应从以下几个方面(角度)进行思考:
(1) 现有发明的用途是什么? 是否可以扩充?
(2) 现有发明能否吸收其他技术,引入其他创造构思?
(3) 现有发明的造型、颜色、制造方法等能否改变?

(4) 现有发明的体积、尺寸和重量能否改变?改变后的结果怎样?
(5) 现有发明的使用范围能否扩大?寿命能否延长?
(6) 现有发明的功能是否可以重新组合?
(7) 现有发明能否改变型号或改变顺序?
(8) 现有的发明可否颠倒过来?

例如,为了开发职工的创新能力,美国通用汽车公司给每个职工发稽核表,如表 2-2 所示。

表 2-2 通用汽车公司的稽核表

序号	内　　容
1	可否利用其他适当的机械来提高工作效率
2	现有设备有无改进余地
3	改变流水线、传送带、搬运设备的位置或顺序,能否提高工作效率
4	为使各种操作同时进行,能否采用某些专用工具及设备
5	改变工序能提高零部件的质量吗
6	能否用低成本的材料来替代目前使用的材料
7	改变现有的材料切削方法,能否节省材料
8	能不能使员工的操作更安全
9	怎样能去掉无用的程序
10	现在的操作能否再简化

和田十二法,又叫"和田创新法则"或"和田创新十二法",是我国学者许立言、张福奎在奥斯本稽核问题表的基础上,借用其基本原理,加以创造而提出的一种思维技法。它既是对奥斯本稽核问题表法的一种继承,又是一种大胆的创新。比如,其中的"联一联""定一定"等,就是一种新发展。同时,这些技法更通俗易懂,简便易行,便于推广。

"和田十二法",即指人们在观察、认识一个事物时,考虑是否可以:

(1) 加一加:加高、加厚、加多、组合等。
(2) 减一减:减轻、减少、省略等。
(3) 扩一扩:放大、扩大、提高功效等。
(4) 变一变:变形状、颜色、气味、音响、次序等。
(5) 改一改:改缺点、改不便、不足之处。
(6) 缩一缩:压缩、缩小、微型化。
(7) 联一联:原因和结果有何联系,把某些东西联系起来。
(8) 学一学:模仿形状、结构、方法,学习先进。
(9) 代一代:用别的材料代替,用别的方法代替。
(10) 搬一搬:移做他用。
(11) 反一反:能否颠倒一下。

(12)定一定：定个界限、标准，能提高工作效率。

如果按这十二个"一"的顺序进行核对和思考，就能从中得到启发，诱发人们的创造性设想。所以，和田技法是一种打开人们创造思路、从而获得创造性设想的"思路提示法"。

"和田十二法"简洁、实用，我国在普及这种方法后已取得了丰硕的成果，例如：

加一加：南京的小学生丛小郁发现，上图画课时，既要带调色盘，又要带装水用的瓶子很不方便。她想要是将调色盘和水杯"加一加"，变成一样东西就好了。于是，她提出了将可伸缩的旅行水杯和调色盘组合在一起的设想，并将调色盘的中间与水杯底部刻上螺纹，这样，可涮笔的调色盘便产生了。

缩一缩：石家庄市第一中学的王学青同学发现地球仪携带不方便，便想到，如果地球仪不用时能把它压缩、变小，携带就方便了。他想若应用制作塑料球的办法制作地球仪就可以解决这个问题。用塑料薄膜制的地球仪，用的时候把气吹足，放在支架上，可以转动；不用的时候把气放掉，一下了就缩得很小，携带很方便了。

联一联：澳大利亚曾发生过这样一件事，在收获季节里，有人发现一片甘蔗田里的甘蔗产量提高了 50%。这是由于甘蔗栽种前一个月，有一些水泥洒落在这块田地里。科学家们分析后认为，是水泥中的硅酸钙改良了土壤的酸性，而导致甘蔗的增产。这种将结果与原因联系起来的分析方法经常能使人们发现一些新的现象与原理，从而引出发明。由于硅酸钙可以改良土壤的酸性，于是人们研制出了改良酸性土壤的"水泥肥料"。

定一定：例如，药水瓶印上刻度，贴上标签，注明每天服用几次，什么时间服用，服几格；城市十字路口的交通信号灯红灯停、绿灯行。这些都是一些规定，有了这些规定，人们的行为才能准确而有序。应该运用定一定的方法发现一些有益的规定及执行"规定"。

简单的十二个字"加""减""扩""缩""变""改""联""学""代""搬""反""定"，概括了解决发明问题的 12 条思路。

2.5 习 题

1. 单选题

(1) 解决发明问题的传统方法，主要是（　　），这种方法对解决简单的发明问题（第一、二级）效果明显。

　　A. 德尔菲法　　　B. 试错法　　　C. 稽核表法　　　D. 拓扑法

(2) 创新方法是科学思维、科学方法和科学工具的总称。在创新实践活动中，创新方法多种多样。请问下面哪一种方法是针对某一主题，营造自由愉快、畅所欲言的气氛，让所有参加者自由提出想法或点子，并以此相互启发、相互激励，引起联想、产生共振和连锁反应，从而诱发出更多的创意及灵感？（　　）

　　A. 德尔菲法　　　B. 激烈讨论法　　C. 头脑风暴法　　D. 小矮人法

(3) 在运用头脑风暴法的过程中，与会者在轻松的氛围下各抒己见，避免人云亦云、随波逐流、思维僵化，鼓励提出（　　）。这样便可能开辟新的思维方式，提供更好的解决方案。

A. 一致的想法　　B. 独特的见解　　C. 统一的纲领　　D. 有效的措施

(4) 应该将试错法等传统的解决发明问题的方法与 TRIZ 等创新方法(　　),以求获得更好的效果。

A. 区分开来　　B. 分别运用　　C. 平等对待　　D. 结合起来

2.6　实验与思考:头脑风暴法实践

2.6.1　实验目的

(1) 理解和熟悉发明问题的传统方法。

(2) 理解和熟悉头脑风暴创新方法,了解该方法的基本规则和组织方法。

(3) 通过实践,实际体会和掌握头脑风暴法的运用,尝试依靠传统创新方法提升自己的创新思维和实践能力。

2.6.2　工具/准备工作

在开始本实验之前,请回顾教科书的相关内容。

需要准备一台能够访问因特网的计算机。

2.6.3　实验内容与步骤

请记录:

(1) 什么是试错法?

答:＿＿＿＿＿＿＿＿＿＿＿＿＿＿＿＿＿＿＿＿＿＿＿＿＿＿＿＿＿＿＿＿

＿＿＿＿＿＿＿＿＿＿＿＿＿＿＿＿＿＿＿＿＿＿＿＿＿＿＿＿＿＿＿＿＿＿

(2) 什么是和田十二法?

答:＿＿＿＿＿＿＿＿＿＿＿＿＿＿＿＿＿＿＿＿＿＿＿＿＿＿＿＿＿＿＿＿

＿＿＿＿＿＿＿＿＿＿＿＿＿＿＿＿＿＿＿＿＿＿＿＿＿＿＿＿＿＿＿＿＿＿

(3) 头脑风暴法有哪些基本规则?

答:＿＿＿＿＿＿＿＿＿＿＿＿＿＿＿＿＿＿＿＿＿＿＿＿＿＿＿＿＿＿＿＿

＿＿＿＿＿＿＿＿＿＿＿＿＿＿＿＿＿＿＿＿＿＿＿＿＿＿＿＿＿＿＿＿＿＿

＿＿＿＿＿＿＿＿＿＿＿＿＿＿＿＿＿＿＿＿＿＿＿＿＿＿＿＿＿＿＿＿＿＿

(4) 头脑风暴法的主要实施步骤有哪些?

答:＿＿＿＿＿＿＿＿＿＿＿＿＿＿＿＿＿＿＿＿＿＿＿＿＿＿＿＿＿＿＿＿

＿＿＿＿＿＿＿＿＿＿＿＿＿＿＿＿＿＿＿＿＿＿＿＿＿＿＿＿＿＿＿＿＿＿

(5) 选定一个创新动议,来组织一次小型的头脑风暴会议。

头脑风暴会议的讨论议题是:_____

头脑风暴会议的与会者分别是:
① _____,专业背景:_____
② _____,_____
③ _____,_____
④ _____,_____
⑤ _____,_____
⑥ _____,_____
⑦ _____,_____

其中,主持人是:_____

头脑风暴会上,收集的创意数量是_____个。

请具体描述本次头脑风暴会的情况:

答:_____
_____
_____
_____
_____
_____
_____

请评价:你认为此次头脑风暴会成功吗?
☐ 很成功　　　☐ 成功　　　☐ 一般　　　☐ 不成功

2.6.4　实验总结

_____
_____
_____
_____

2.6.5　实验评价(教师)

_____
_____
_____

创新思维技法

创新思维是指以新颖独创的方法解决问题的思维过程。它突破常规思维的界限,以超常规甚至反常规的方法、视角去思考问题,提出与众不同的解决方案,从而产生新颖的、独到的、有意义的思维成果。创新思维的本质在于将创新意识的感性愿望提升到理性的探索上,实现创新活动由感性认识到理性思考的飞跃。

创新思维的运用目的,就是让人们具有"新的眼光",克服思维定式,打破技术系统旧有的阻碍模式。一些看似很困难的问题,如果投以"新的眼光",站到更高的位置,采用不同的角度来看待,就会得出新奇的答案。

3.1 思维定式

在长期的思维活动中,每个人都形成了自己惯用的思维模式,当面临某个事物或现实问题时,便会不假思索地把它们纳入已经习惯的思想框架进行思考和处理,即思维定式(Thinking Set)。

思维定式也称"惯性思维",是指由先前活动造成的一种对活动的特殊心理准备状态或活动的倾向。在环境不变的条件下,思维定式使人能够应用已掌握的方法迅速解决问题。而在情境发生变化时,则会妨碍人们采用新的方法。消极的思维定式是束缚创造性思维的枷锁。

3.1.1 四种思维定式

思维定式有如下两个特点:一是形式化结构,思维定式不是具体的思维内容,而是许多具体的思维活动所具有的逐渐定型的一般路线、方式、程序和模式;二是强大的惯性或顽固性,不仅逐渐成为思维习惯,而且深入到潜意识,成为处理问题时不自觉的反应。

思维定式有益于日常对普通问题的思考和处理,但不利于创造性思维,它阻碍新思想、新观点、新技术和新形象的产生。因此,创造性思维过程中需要突破思维定式。思维定式多种多样,不同的人有不同的思维定式,常见的思维定式有从众型、书本型、经验型和权威型。

1. 从众型思维定式

指没有或不敢坚持自己的主见,总是顺从多数人意志的一种广泛存在的心理现象。

在生活中,从众型思维定式普遍存在,例如走到十字路口,看到红灯已经亮了,本应该停下来,但看到大家都在往前冲,自己也会随着人群往前冲。破除从众型思维定式,需要在思维过程中不盲目跟随,具备心理抗压能力;在科学研究和发明过程中,要有独立的思维意识。

2. 书本型思维定式

书本知识对人类所起的积极作用是显而易见的。现有的科学技术和文学艺术是人类两千多年来认识世界、改造世界的经验总结,其中大部分都是通过书本传承下来的。因此,书本知识是人类的宝贵财富,必须认真学习与继承。对于书本知识的学习,需要掌握其精神实质,活学活用,不能当作教条死记硬背,不能作为万事皆准的绝对真理,否则将形成书本型思维定式,这是把书本知识夸大化、绝对化的片面有害观点。

当今社会不断发展,而书本知识未得到及时有效的更新,导致书本知识相比客观事实存在一定程度的滞后性。如果一味地认为书本知识都是正确的,或严格按照书本知识指导实践,将严重束缚、禁锢创造性思维的发挥。为了破除思维定式,需要认识到任何一般原理都必须与具体实践相结合,认识到对任何问题都应该了解相关的各种观点,以便通过比较进行鉴别。

3. 经验型思维定式

经验是人类在实践中获得的主观体验和感受,是通过感官对个别事物的表面现象、外部联系的认识,是理性认识的基础,在人类的认识与实践中发挥着重要作用。但经验并未充分反映出事物发展的本质和规律。经验型思维定式是指人们处理问题时按照以往的经验去办的一种思维习惯,照搬经验,忽略了经验的相对性和片面性,制约了创造性思维的发挥。

经验型思维有助于人们处理常规事物时少走弯路,提高办事效率。要把经验与经验型思维定式区分开来,破除经验型思维定式,提高思维灵活变通的能力。

4. 权威型思维定式

在思维领域,不少人习惯引证权威的观点,甚至以权威作为判定事物是非的唯一标准,一旦发现与权威相违背的观点,就唯权威是瞻,这种思维习惯或程式就是权威型思维定式。权威型思维定式是思维惰性的表现,是对权威的迷信、盲目崇拜与夸大,属于权威的泛化。权威型思维定式的形成来源于多个方面:一方面是由于不当的教育方式造成的,在婴儿、青少年教育时期,家长和老师把固化的知识、泛化的权威观念采用灌输式教育方式传授下来,缺少对教育对象的有效启发,使教育对象形成了盲目接受知识、盲目崇拜权威的习惯;另一方面在社会中广泛存在个人崇拜现象,一些人采用各种手段建立或强化自己的权威,不断加强权威定式。

在科学研究中,要区分权威与权威定式,破除权威型思维定式,坚持"实践是检验真理的唯一标准"。

3.1.2 泛化思维视角

思维定式束缚了创造性思维的发挥,从这个意义上讲,思维定式是一种消极的因素,它使大脑忽略了思维定式之外的事物和观念。而从社会学、心理学和脑科学的研究成果来看,思维定式又是难以避免的,解决思维定式常见的方法是尽量多的增加头脑中的思维视角,拓宽思维的广度,学会从多种角度观察同一个问题,即泛化(扩展)思维视角。

大多数人对问题的思考,首先是按照常情、常理、常规去想,或者是顺着事物发生的时间、空间顺序去想。常规的思考方向是沿着事物发展的规律进行,容易找到切入点,解决问题的效率比较高,但也往往容易陷入思维误区,制约创造性思维,因此需要改变原有的思考方向,以获得更多的思维视角。

常见的改变思考方向的方法有:

(1) 变顺着想为倒着想。当顺着想不能很好地解决问题时,倒着想就是一种新的选择。例如:原联邦德国一造纸厂,因工人疏忽,生产过程中少放了一种胶料,制成了大量不合格的纸。用墨水笔在这种纸上写字,墨水很快就被吸干,根本形成不了字迹。报废会造成巨大损失,肇事者拼命地想,也没办法。一天,漫不经心的他将墨水洒在了桌子上,他随手用这种纸来擦,结果墨水被吸得干干净净。"变废为宝"的念头在他头脑中一闪而过,终于,"倒着想"的结果是这批纸被当作吸墨水纸全部卖了出去。

(2) 从事物的对立面出发。鉴于事物对立双方是既对立又统一的,改变这一方不行时,可改变另一方。例如:有位加拿大人叫格德,复印时不小心把瓶子里的液体洒在文件上,被浸染过的那部分复印后一团黑。由此,他想到是否可以用这种液体浸染文件,避免文件被偷偷复印,后来他多次试验,发明了一种浸泡文件后就不能再复印的液体,成功解决了机密文件被人偷偷复印的问题。

(3) 换位思考。是指思考者换个角度思考问题。例如,过去的冰箱都是冷冻室在上面,冷藏室在下面。下面说个小故事:

妻子正在厨房炒菜。

丈夫在她旁边一直唠叨不停:"慢些,小心!火太大了。赶快把鱼翻过来,油放太多了!"

妻子脱口而出:"我懂得怎样炒菜,不用你指手画脚的。"

丈夫平静地答道:"我只是想要让你知道,我在开车时,你在旁边喋喋不休,我的感觉如何……"

3.2 创造性思维方式

创造性思维方式是从创新思维活动中总结、提炼、概括出来的具有方向性、程序性的思维模式。在创造性思维活动中,发散思维与收敛思维、横向思维与纵向思维、正向思维与逆向思维、求同思维与求异思维这4组思维方式,看似对立但又辩证统一。它们相互联系、相互结合,共同作用。

3.2.1 发散思维与收敛思维

思想家托马斯·库恩认为,科学革命时期发散思维占优势,常规科学时期收敛思维占优势,一个好的探索者要在发散思维和收敛思维之间保持必要的张力。

1. 发散思维

发散思维是由美国心理学家 J. P. 吉尔福特在《人类智力的本质》中作为与创造性有密切关系的思考方法提出的,是对同一问题从不同层次、不同角度、不同方向进行探索,从而提供新结构、新点子、新思路或新发现的思维过程。发散思维具有流畅性、灵活性和独特性的特点,如图 3-1 所示。

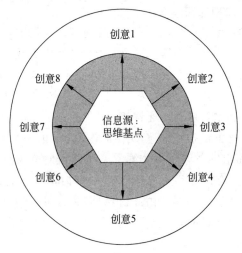

图 3-1 发散思维示意图

流畅性是思想的自由发挥,指在尽可能短的时间内生成并表达出尽可能多的思维观念以及较快地适应、消化新的思想概念,是发散思维量的指标。例如,在思考"取暖"有哪些方法时,可以从取暖方法的各个方向发散,有晒太阳、烤火、开空调、电暖气、电热毯、剧烈运动、多穿衣等,这些都是同一方向上数量的扩大,方向较为单一。

灵活性是指克服人们头脑中僵化的思维框架,按照某一新的方向来思索问题的特点。灵活性常常通过借助横向类比、跨域转化、触类旁通等方法,使发散思维沿着不同的方面和方向扩散,以呈现多样性和多面性。灵活性是较高层次的发散思维,使得发散思维的数量多、跨度大。

独特性表现为发散的"新异""奇特"和"独到",即从前所未有的新角度认识事物,提出超乎寻常的新想法,使人们获得创造性成果。

发散思维的具体形式包括用途发散、功能发散、结构发散和因果发散等。

用途发散:是以某个物品为扩散点,尽可能多地列举材料的用途。例如,把回形针经过发散可得到各种用途:把纸和文件别在一起;拉开一端,能在水泥板或泥地上画印痕;拉直了可用作纺织工的织针;可变形制作挂钩等。

功能发散：是以某种功能为发散点，设想出获得该功能的各种可能性。例如，对"物质分离"进行功能发散，可采用过滤、蒸发、结晶等方法来实现。再如，对"照明"采用功能发散，可得到很多结果：开电灯、点蜡烛、点火把、用手电筒、用镜子反射太阳光等。

结构发散：是以某个事物的结构为发散点，尽可能多地设想出具有该结构的各种可能性。例如，由三角形结构发散，可以得到三角尺、三角窗、三角旗、屋顶的三角结构、金字塔等。

因果发散：是以某个事物发展的结果为发散点，推测造成该结果的各种原因，或以某个事物发展的起因为发散点，推测可能发生的各种结果。例如，对玻璃杯破碎进行因果发散，找寻原因，可得到：手没抓稳，掉在地上碰碎了；被某种东西敲碎了；冬天冲开水时爆裂了；杯子里的水结冰胀裂了等。

例 3-1 发散思维的应用。

"孔"结构在工程实例中广泛应用，利用发散思维，可用"孔"结构解决很多问题，例如：

（1）整版邮票用直线"齿孔"把一枚一枚分隔开来，零售时就方便多了，另一个优点是带齿孔的邮票比无齿孔的邮票美观。

（2）钢笔尖上有一条导墨水的缝，缝的一端是笔尖，另一端是一个小孔，最早生产的笔尖是没有这个小孔的，既不利于存储墨水，也不利于在生产过程中开缝隙。

（3）钢笔、圆珠笔之类的商品常常是成打（12 支）平放在纸盒里的，批发时不便一盒一盒拆封点数和查看笔杆颜色，有人想出在每盒盒底对应每一支笔的下面开一个较大的孔，查验时只要翻过来一看，就可知道够不够数、是什么颜色，省时又省力。

（4）有一种高帮球鞋，两边也开有通风孔，有利于运动时散热。

（5）弹子锁最怕钥匙断在里面或被人塞纸屑、火柴梗进去，很难钩取出来。如果在制造锁时，在钥匙口对面预留一个小孔，再出现上述情况，用细铁丝一捅就出来了。

（6）电动机、缝纫机的机头上留小孔，便于添加润滑油。

（7）防盗门上有小孔，装上"猫眼"能观察门外来人。

采用发散思维，可以尽可能多地提出解决问题的办法，最后再收敛，通过论证各种方案的可行性，最终得出理想方案。

2. 收敛思维

收敛思维是将各种信息从不同的角度和层面聚集在一起，尽可能利用已有的知识和经验，将各种信息重新进行组织、整合，实现从开放的自由状态向封闭的点进行思考，从不同的角度和层面，把众多的信息和解题的可能性逐步引导到条理化的逻辑序列中，以产生新的想法，寻求相同目标和结果的思维方法，形成一个合理的方案，如图 3-2 所示。收敛思维具有封闭性、综合性和合理性的特点。

在收敛思维的过程中，要想准确地发现最佳的方法或方案，必须综合考察各种发散思维成果，并对其进行归纳、分析比较。收敛式综合并不是简单的排列组合，而是具有创新性的整合，即以目标为核心，从内容到结构上对原有的知识进行有目的的评价、选择和重组。

发散思维所产生的众多设想或方案，一般来说多数都是不成熟或者不切实际的。因

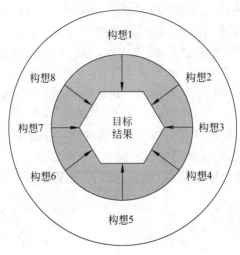

图 3-2 收敛思维示意图

此,必须借助收敛思维筛选发散思维的结果,这需要按照实用、可行的标准评判众多设想或方案,得出最终合理可行的方案或结果。

例 3-2 隐形飞机。

隐形飞机(图 3-3)的制造是一种多目标聚焦的结果。要制造一种使敌方的雷达探测不到,红外及热辐射仪等追踪不到的飞机,需要分别实现雷达隐身、红外隐身、可见光隐身、声波隐身 4 个目标,每个目标中还有许多具体的小目标,通过具体地解决一个个小目标,最终制造出隐形飞机。

图 3-3 隐形飞机

3.2.2 横向思维与纵向思维

横向思维是一种共时性的思维,它研究同一事物在不同环境中的发展状况,并通过同周围事物的相互联系和比较找出该事物在不同环境中的异同。纵向思维是一种历时性的比较思维,它是从事物自身的过去、现在和未来的分析对比中发现事物在不同时期的特点及前后联系而把握事物本质的思维过程。横向思维与纵向思维的综合应用能够对事物有更全面的了解和判断,是重要的创造性思维技巧之一。

1. 横向思维

横向思维是由爱德华·德·波诺于1967年在《水平思维的运用》中提出的。横向思维从多个角度入手,改变解决问题的常规思路,拓宽解决问题的视野,从而使难题得到解决,在创造活动中发挥着巨大作用。横向思维具有同时性、横断性和开放性的特点。

在横向思维的过程中,首先把时间概念上的范围确定下来,然后在这个范围内研究各方面的相互关系,同时性的特点使横向比较和研究具有更强的针对性。

横向思维对事物进行横向比较,即把研究的客体放到事物的相互联系中去考察,可以充分考虑事物各方面的相互关系,从而揭示出不易觉察的问题。

横向思维突破问题的结构范围,是一种开放性思维,思维过程中将事物置于很多的事物、关系中进行比较,从其他领域的事物获得启示,从而得到最终的结果。

爱德华·德·波诺提出了一些促进横向思维的技巧,比如,对问题本身产生多种选择方案(类似于发散思维);打破思维定式,提出富有挑战性的假设;对头脑中冒出的新主意不要急着做是非判断;反向思考,用与已建立的模式完全相反的方式思考,以产生新的思想;对他人的建议持开放态度,让一个人头脑中的主意刺激另一个人头脑里的东西,形成交叉刺激;扩大接触面,寻求随机信息刺激,以获得有益的联想和启发等。

例3-3 彼特·尤伯罗斯组织1984年洛杉矶奥运会。

彼特·尤伯罗斯(1937—)因成功地组织了1984年的洛杉矶奥运会,被世界著名的《时代周刊》评选为1984年度的"世界名人"。在尤伯罗斯之前,举办现代奥运会简直是一场经济灾难,1976年蒙特利尔奥运会亏损10亿美元,1980年莫斯科奥运会用去资金90亿美元,而第23届奥运会洛杉矶政府没有提供任何资金,居然获利2.25亿美元,令全世界为之惊叹。这个创举要归功于尤伯罗斯在奥运经费问题上采用了横向思维。奥运会经费的横向思维如图3-4所示。

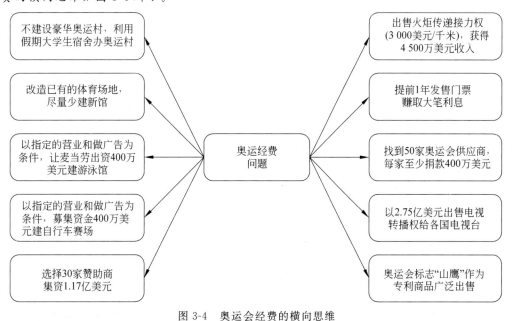

图3-4 奥运会经费的横向思维

尤伯罗斯运用横向思维,通过拍卖奥运会的电视转播权、出售火炬传递接力权、引入新的赞助营销机制等方式扩大了收入来源。在开源的同时,尤伯罗斯全力压缩开支,充分利用已有设施,不盖新的奥林匹克村,招募志愿人员为大会义务工作。凭借着天才的商业头脑和运作手段,尤伯罗斯使不依赖政府拨款的洛杉矶奥运会盈利2.25亿美元,成为近代奥运会恢复以来真正盈利的第一届奥运会,也因此被誉为奥运会的"商业之父"。

2. 纵向思维

纵向思维被广泛应用于科学和实践之中。事物发展的过程性是纵向思维得以形成的客观基础,任何一个事物都要经历一个萌芽、成长、壮大、发展、衰老和死亡的过程,并且在这个发展过程中可捕捉到事物发展的规律性,纵向思维就是对事物发展过程的反映。纵向思维具有历时性、同一性和预测性的特点。

纵向思维是按照由过去到现在,由现在到将来的时间先后顺序来考察事物的。历时性揭示事物发展的过程,在考察事物的起源和发生时具有重要作用。历时性思维方法被现代众多学科所运用,如各类发生学理论:人类发生学、认识发生学、思维发生学等。对那些周期性重复的事物,历时性考察是重要的方法。

纵向思维是在事物的历史发展中考察事物,考察的事物必须是同一的,具有自身的稳定性和可比性,如果违反纵向思维的统一性,思维的结果就会失真。

纵向思维对未来的推断具有预测性,其预测结果可能符合事物发展的趋势。在现实社会中,通过对事物现有规律的分析预测未知的情况相当普遍,纵向思维方法在气象预测、地质灾害预测等领域广泛应用,对于指导人们的行为、决策和规划起着较大作用。

纵向思维的关键是进行挖掘,包括向下挖掘和向上挖掘两种基本形式。

向下挖掘就是针对当前某一层次的某个关键因素,努力利用发散和联想并按照新的方向、新的角度、新的观点进行分析与综合,以发现与这个关键因素有关的新属性,从而找到新的联系和观点的方法。

向上挖掘就是针对当前某一层次出现的若干现象的已知属性,按照新的方向、新的角度、新的观点去进行新的抽象和概括,从而挖掘出与这些现象相关的新因素的方法。

前苏联发明家根里奇·阿奇舒勒通过对大量专利的分析发现:任何系统或产品都按技术系统进化的模式进化,同一代产品进化分为婴儿期、成长期、成熟期、衰退期四个阶段,提出了产品的分段S曲线。通过确定产品在S曲线上的位置预测产品的技术成熟度,该预测结果可为企业决策指明方向:处于婴儿期和成长期的产品,应对其结构、参数等进行优化,使其尽快成熟,为企业带来利润;处于成熟期与衰退期的产品,企业赚取利润的同时,应开发新的核心技术并替代已有的技术,推出新一代产品,使企业在未来市场竞争中取胜。

3.2.3 正向思维与逆向思维

正向思维是按常规思路,以时间发展的自然过程、事物的常见特征、一般趋势为标准的思维方式,是一种从已知到未知来揭示事物本质的思维方法。逆向思维在思维路线上与正向思维相反,它是在思考问题时,为了实现创造过程中设定的目标,跳出常规,改变思考对象的空间排列顺序,从反方向寻找解决办法的一种思维方法。正向思维与逆向思维相互补充、相互转化,在解决问题中共同使用,经常取得事半功倍的效果。

1. 正向思维

正向思维法是依据事物发展过程建立的,是人们经常用到的思维方式。正向思维法一次只对某一种或一类事物进行思考,它是在对事物的过去、现在充分分析的基础上推知事物的未知部分,提出解决方案。

正向思维具有如下特点:在时间维度上是与时间的方向一致的,随着时间的推进进行,符合事物的自然发展过程和人类认识的过程;认识具有统计规律的现象,能够发现和认识新事物及其本质;面对生产生活中的常规问题时,正向思维具有较高的处理效率,能取得很好的效果。

2. 逆向思维

逆向思维法利用了事物的可逆性,从反方向进行推断,寻找常规的岔道,并沿着岔道继续思考,运用逻辑推理去寻找新的方法和方案。逆向思维法的特点主要有普遍性、批判性和新颖性。

逆向性思维在各种领域、活动中都有适用性。它有多种形式,如性质上对立两极的转换:软与硬、高与低等;结构、位置上的互换、颠倒:上与下、左与右等;过程上的逆转:气态变液态或液态变气态、电转为磁或磁转为电等。不论哪种方式,只要从一个方面想到与之对立的另一方面,都是逆向思维。

3.2.4 求同思维与求异思维

英国心理学家、哲学家和经济学家约翰·穆勒(1806—1873)在《逻辑学体系》(1843)中提出了后来以他的姓氏著称的穆勒五法,即契合法、差异法、契合差异并用法、共变法、剩余法。

契合法就是考察出现某一被研究现象的几个不同场合,如果各个场合除一个条件相同外,其他条件都不同,那么这个相同条件就是某被研究现象的原因。这种方法是异中求同,又叫求同法。

差异法是就是比较某现象出现的场合和不出现的场合,如果这两个场合除一点不同外,其他情况都相同,那么这个不同点就是这个现象的原因。因这种方法是同中求异,又称为求异法。

1. 求同思维

求同思维是指在创造活动中,把两个或两个以上的事物,根据实际的需要,联系在一起进行"求同"思考,寻求它们的结合点,然后从这些结合点中产生新创意的思维活动。求同思维是从已知的事实或者已知的命题出发,通过沿着单一的方向一步步推导,来获得满意的答案,以获得客观事物共同本质和规律,基本方法是归纳法,把归纳出的共同本质和规律进行推广的方法是演绎法。在这些过程中,肯定性的推断是正面求同,否定性的推断是反面求同。

求同思维是沿着单一的思维方向,追求秩序和思维缜密性,能够以严谨的逻辑性环环相扣,以实事求是的态度,从客观实际出发,来揭示事物内部存在的规律和联系,并且要通过大量的实验或实践来验证和检验结论。

求同思维进行的是异中求同,只要能在事物间找出它们的结合点,基本就能产生意想不到的结果。组合后的事物所产生的功能和效益,并不等于原先几种事物的简单相加,而是整个事物出现了新的性质和功能。

例 3-4 活版印刷机(见图 3-5)。

图 3-5 古登堡发明活版印刷机

在欧洲中世纪,古登堡(1397—1468)发明了活版印刷机,据说,古登堡首先研究了硬币打印机,它能在金币上压出印痕,可惜印出的面积太小,没办法用来印书。接着,古登堡又看到了葡萄压榨机,那是两块很大的平板组成,成串的葡萄放在两块板之间,便能压出葡萄汁。古登堡仔细比较了两种机械,从"求同思维"出发,把二者的长处结合起来,经过多次试验,终于发明了欧洲第一台活版印刷机。它使长期被僧侣和贵族阶层垄断的文化和知识迅速传播开来,为欧洲科学技术的繁荣和整个社会的进步做出了巨大贡献。

2. 求异思维

求异思维是指对某一现象或问题进行多起点、多方向、多角度、多原则、多层次、多结果的分析和思考,捕捉事物内部的矛盾,揭示表象下的事物本质,从而选择富有创造性的观点、看法或思想的一种思维方法。

遇到重大难题时,采用求异思维常常能突破思维定式,打破传统规则,寻找到与原来不同的方法和途径。求异思维在经济、军事、创造发明、生产生活等领域被广泛应用。求异思维的客观依据是任何事物都有的特殊本质和规律,即特殊矛盾表现出的差异性。要进行求异思维,必须积极思考和调动长期积累的社会感受,给人们带来新颖的、独创的、具有社会价值的思维成果。

在求异思维中,常用到寻找新视角、要素变换、问题转换等具体方法。

例 3-5 松下无绳电熨斗(见图 3-6)。

在日本,松下电器的熨斗事业部很有权威性,因为它在20世纪40年代发明了日本第一台电熨斗。虽然该部门不断创新,但到了80年代,电熨斗还是进入滞销行列,如何开发

图 3-6 无绳电熨斗

新品,使电熨斗再现生机,是当时该部门很头痛的一件事。

一天,被称为"熨斗博士"的事业部部长召集了几十名年龄不同的家庭主妇,请他们从使用者的角度来提要求。一位家庭主妇说:"熨斗要是没有电线就方便多了。""妙,无线熨斗!"部长兴奋地叫起来,马上成立了攻关小组研究该项目。

攻关小组首先想到用蓄电池,但研制出来的熨斗很笨重,不方便使用,于是研发人员又观察、研究妇女的熨衣过程,发现妇女熨衣并非总拿着熨斗一直熨,整理衣物时,就把熨斗竖立一边。经过统计发现,一次熨烫最长时间为 23.7 秒,平均为 15 秒,竖立的时间为 8 秒。于是根据实际操作情况对蓄电熨斗进行了改进,设计了一个充电槽,每次熨后将熨斗放进充电槽充电,8 秒钟即可充足,这样使得熨斗重量大大减轻。新型无线熨斗终于诞生了,成为当年最畅销的产品。这个简单的例子告诉我们,求异思维经常会产生意想不到的收获。

3.2.5 转换问题

工程实践中的问题是多种多样的,但彼此之间有相通的地方。对于难以解决的问题,与其死盯住不放,不妨把问题转换一下。

(1) 把复杂的问题转换为简单的问题。在解决复杂问题时,化繁为简就会产生一种新的视角。

例 3-6 测量梨形灯泡的容积。

一次,爱迪生让其助手帮助自己测量一个梨形灯泡的容积。事情看起来很简单,但由于梨形灯泡形状不规则,计算起来相当困难。助手接过活,立即开始了工作,他一会儿拿标尺测量,一会儿又运用一些复杂的数学公式计算。可几个小时过去了,他忙得满头大汗,还是没有计算出灯泡的容积。当爱迪生看到助手面前的一摞稿纸和工具书时,立即明白了是怎么回事。于是,爱迪生拿起灯泡,朝里面倒满水,递给助手说:"你去把灯泡里的水倒入量杯,就会得出我们所需要的答案。"助手顿时恍然大悟。

(2) 把自己生疏的问题转换为熟悉的问题。对于从未接触过的生疏问题,可将其转化为自己熟悉的问题,以利于问题的解决。例如:发明钢筋混凝土的既不是建筑业的科学家,也不是著名的工程师,而是一位法国的园艺师约瑟夫·莫尼哀。他为了设计一种牢固坚实的花坛,把花坛的构造转换成植物的根系,把根系再转换为一根一根的钢筋,用水泥包住钢筋,就制成了新型的花坛。这样,不仅花坛造出来了,而且还发明了钢筋水泥,引起了建筑材料的一场革命。

(3) 把直接变为间接。在解决比较复杂、困难的问题时,直接解决往往遇到极大的阻力。这时,就需要扩展思维视角,或退一步来考虑,或采取迂回路线,或先设置一个相对简单的问题作为铺垫,为实现最终目标创造条件。

3.3 创造性思维技法

创造性思维技法是人们在创新实践基础上,提出的用于辅助人们产生创新思维的策略和手段,是有效、成熟创造性思维的规律化总结与结构化表达。有关创造性思维技法的研究,已走过近百年的发展历程,总结出来的创造性思维技法有数百种之多。

3.3.1 整体思考法

整体思考法是一种全面思考问题的模型,它提供了"横向思考"的工具,避免把时间浪费在相互争执上。这种方法将思维方式分为6类,而每次思考时,思考者只能用一种方式思考,这样可有效避免思维混杂,为在需要一种确定类型的思维时提供形式上的方便。同时,可将一般争辩型思维向制图型思维转化,从而形象地展示出思考的路线,这有利于思维的展开和整理,如图3-7所示。

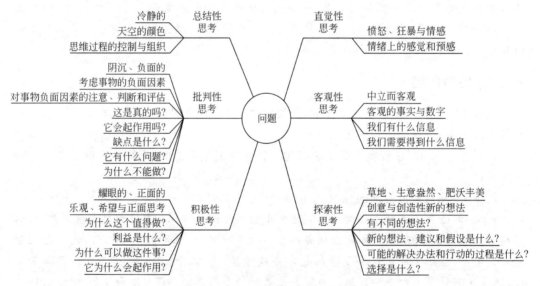

图 3-7 整体思考法的不同思维角度

1. 整体思考法的内涵

客观性思考:当进行客观思考时,思考者要撇开所有建议与辩论,而仅对事实、数字和信息进行思考。通过提以下问题和回答罗列出已有信息和需求信息:已得到什么信息?缺少什么信息?想得到什么信息?怎样得到这些信息?

探索性思考:尽可能多地提出各类新奇建议,创造出新观念、新选择。探索性思考在创造性思维中是极其重要且最有价值的思考方式。尽管获得的思考结果有些不一定即可行,但其中所包含的价值通过其他思考方式加工处理后,可逐步变成切实可行的方案。

积极性思考:是以一种积极的态度和看法思考事物的优点,基于逻辑寻找事物发展的可能性。例如:它为什么有利?它为什么能做?为什么它是一件要努力做好的事情?其中包含了什么潜在价值?有时一些概念所包含的优势一开始并不是十分明显,需要刻意地去寻找。

批判性思考:思考者要在事实基础上对问题提出质疑、判断、检验,甚至逻辑否定,并批判性地找到方案不可行的原因。例如:它起作用吗?它安全吗?它同事实相吻合吗?这事能做吗?批判性思考可以纠正事物中存在的错误和问题本身,是非常有价值的思考。同时,需要注意的是,不要由于思考习惯而过度使用批判性思考,并下意识地将其带入其他的思考方式中,对事物过早地做出否定,从而扼杀一些看似荒谬实则很有价值的创造性想法。

总结性思考:对思考方案及时总结,对下一步进行安排。进行总结性思考时,思考者要控制思维的进程,时刻保持冷静,以决定下一个思考步骤所使用的思考模式,或者评价所运用的思维,并及时对思考结果进行总结。

直觉性思考:在进行直觉思考时,要表达出对项目、方法的感觉、预感或其他情绪,但并不要求给出原因。例如,觉得项目有没有前景?使用这种方法能不能达到目的?直觉与感情可能是思考者在某一领域多年的经验,在潜意识中进行的综合判断。尽管有时候没办法将直觉背后的原因说清楚,但它在思考过程中可能非常有用。同时,也应明白直觉并不总是正确的,它也会出现错误。因此,在直觉思维之后,还应用一些其他的思考方法对其结果加以验证。

2. 整体思考法的实施

整体思考法是一种集问题分析、方案生成、方案评价于一体的创造性思考过程的集合。其应用的关键在于使用者用何种方式去排列思考模式,也就是组织思考的流程。几种思考方式并不存在唯一正确的序列,因为序列会随着思考内容的具体性质而改变。但如何选择使用顺序,也存在一定的指导原则。例如:在需要找出困难、危险或者考虑方案是否正确可行时,使用批判性;经过逻辑否定后,允许使用直觉思考表达"我觉得这个想法仍有潜力"的感觉。下面是一个一般性思考的顺序:

(1) 客观性思考:收集可加以利用的有用信息。
(2) 探索性思考:对进一步探索和想出可供选择的信息进行考虑。
(3) 积极性思考:对每一种选择的可行性和利益做出评估。
(4) 批判性思考:对每一种选择的危险性和弱点做出评估。
(5) 探索性思考:对最富有前景的选择进行进一步拓展,并做出决策。
(6) 总结性思考:对目前为止已经取得的成果进行总结与评估。
(7) 批判性思考:对所作选择做出最后的评判。
(8) 直觉性思考:找出对结果的感受。

以上列举的这一思考顺序只是给思考者提供一个参考。在实际运用时,应针对不同的问题性质,结合思考方式自身的思维特点来安排顺序。

3. 注意事项

（1）合理组织思考方式的序列。几类思考方式可按思考者的需要排序使用，任意一种思考方式也可随思考者的需要重复使用或不使用。没有必要每一种思考方式都用，可以连续使用两种、三种甚至更多思考方式，也可以单独使用某一种思考方式。

（2）遵守思考纪律。讨论组成员必须遵循某一时刻使用合适的思考方式。思考方式不能用来描述想说什么，而是引导思考的方向。

（3）控制思考时间。为了使人们更加集中精力来解决问题，减少无目的的争论，一种思考方式的思考时间应尽量短一些。

3.3.2 多屏幕法

多屏幕法（又称九屏幕法）是典型的TRIZ"系统思维"方法，即对情境进行整体考虑，不仅考虑目前的情境和探讨的问题，还有它们在层次和时间上的位置和角色。多屏幕法具有可操作性、实用性强的特点，可以更好地帮助使用者质疑和超越常规，克服思维定式，为解决实践中的疑难问题提供清晰的思维路径。根据面对发明问题的难易不同，系统思维的多屏幕法分为普通多屏幕法和高级多屏幕法。

1. 普通多屏幕法

根据系统论的观点，系统由多个子系统组成，并通过子系统间的相互作用实现一定的功能，简称为系统。系统之外的高层次系统称为超系统，系统之内的低层次系统称为子系统。我们所要研究的、问题正在发生的系统，通常也称作"当前系统"（简称系统）。例如，如果把汽车作为一个当前系统，那么轮胎、发动机和方向盘都是汽车的子系统。因为每辆汽车都是整个交通系统的一个组成部分，交通系统就是汽车的一个超系统。当然，大气、车库等也是汽车的超系统，如图3-8所示。

子系统　　　当前系统　　　　　　超系统

图 3-8　当前系统、子系统和超系统

当前系统是一个相对的概念。如果以轮胎作为"当前系统"来研究，那么轮胎中的橡胶、子午线等就是轮胎的子系统，而汽车、驾驶员、大气、车库等都是汽车的超系统。

分析和解决问题的时候，多屏幕法不仅要考虑当前的系统，还要考虑它的超系统和子系统；不仅要考虑当前系统的过去和将来，还要考虑超系统和子系统的过去和将来，如图3-9所示。

为了便于理解,以汽车为例来进行多屏幕法分析,如图 3-10 所示。

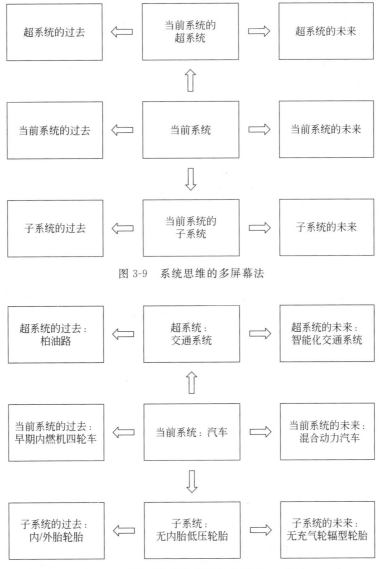

图 3-9　系统思维的多屏幕法

图 3-10　系统思维的多屏幕法的例子——汽车

多屏幕法是理解问题的一种很好的手段,它可以帮助我们重新定义任务或矛盾,找出解决问题的新途径。它多层次、多方位地从一切与当前问题所在系统(如汽车)相关的系统去分析问题,这样才能更好地理解当前的问题及找到解决方案。

考虑"当前系统的过去"是指考虑发生当前问题之前该系统的状况,包括系统之前运行的状况、其生命周期的各阶段情况等,考虑如何利用过去的各种资源来防止此问题的发生,以及如何改变过去的状况来防止问题发生或减少当前问题的有害作用。

考虑"当前系统的未来"是指考虑发生当前问题之后该系统可能的状况,考虑如何利用以后的各种资源,以及如何改变以后的状况来防止问题发生或减少当前问题的有害作用。

当前系统的"超系统"元素,可以是各种物质、技术系统、自然因素、人与能量流等。人们通过分析如何利用超系统的元素及组合,来解决当前系统存在的问题。

当前系统的"子系统"元素,同样可以是各种物质、技术系统、自然因素、人与能量流等。人们通过分析如何利用子系统的元素及组合,来解决当前系统存在的问题。

当前系统的"超系统的过去"和"超系统的未来"是指分析发生问题之前和之后超系统的状况,并分析如何利用和改变这些状况来防止或减弱问题的有害作用。

当前系统的"子系统的过去"和"子系统的将来"是指分析所发生问题之前和之后子系统的状况,并分析如何利用和改变这些状况来防止或减弱问题的有害作用。

进行这些分析后,再来寻找这个问题的解决方案,就会发现一系列完全不同的观点:新的任务定义取代了原有任务定义,产生了一个或若干个考虑问题的新视角,发现了系统内没有被注意到的资源等。

多屏幕思维方式是一种分析问题的手段,它体现了如何更好地理解问题的一种思维方式,也确定了解决问题的某个新途径。另外,各个屏幕显示的信息,并不一定都能引出解决问题的新方法。如果实在找不出好的办法,可以暂时先空着它。但不管怎么说,每个屏幕对于问题的总体把握,肯定是有所帮助的。练习多屏幕思维方式,可以锻炼人们的创造力,也可以提高人们在系统水平上解决任何问题的能力。

例 3-7 太空钢笔。

据说,早期美国航天员在太空中用钢笔写不出字来,这是因为太空中缺乏重力的缘故。于是,美国航空航天局决定划拨100万美元的专款,进行攻关,研究是在极其秘密的状态下进行的,经过半年多夜以继日的集中攻关,最后研制出了一款专用的、十分精密的"太空钢笔"。

在庆祝会上,宇航局的一位官员突生疑问:我们如此费力,那么苏联航天员在太空中,是用什么笔写字的呢?谍报人员费尽周折侦察之后,回来报告:苏联航天员用的是铅笔!

以上只是一则幽默。但是,它提醒人们不要固守一种定式思维,否则永远无法领略创新的真谛和魅力。

我们借研发太空笔这个问题来练习使用多屏幕思维分析。如图3-11所示,当前系统是普通钢笔,当前问题是在失重的情况下写不出字。

由分析可见,钢笔"系统的过去"形式之一是铅笔;钢笔"子系统的过去"形式之一是铅芯。可以由图3-11引导得出结论:笔是一种留下书写痕迹的工具。普通钢笔在太空失重的情况下无法正常书写,而铅笔则不受重力影响,不管在太空还是地面都可以实现书写功能,而且结构简单,成本低廉。

但是,尽管早期太空活动中的美国宇航员也都是使用铅笔,铅笔却不是理想的太空用笔。因为铅笔书写后的字迹很容易被弄模糊,因此保存字迹的可靠性不高;而且铅笔尖容易折断,折断后的铅笔尖飘浮在空间站内,而铅笔尖是导电的石墨材料,容易引发电器短路。

因发明了圆珠笔通用笔芯而发了大财的保罗·费舍尔意识到宇航员使用安全、可靠

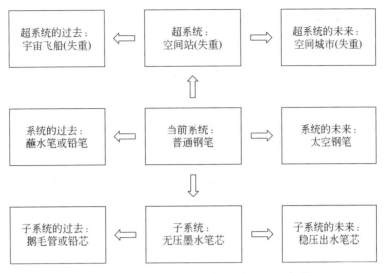

图 3-11 系统思维的多屏幕法的例子——钢笔

的书写工具的迫切性,自掏腰包进行研制,花了两年时间和两百万美元费用后,于 1965 年研制成了能在太空环境下使用的圆珠笔——太空笔(图 3-12)。其工作原理是:采用密封式气压笔芯,上部充有氮气,靠气体压力把油墨推向笔尖。经过严格的测试后,太空笔被美国宇航局采用,并于 1969 年 7 月 20 日跟随阿姆斯特朗和奥尔德林上了月球。

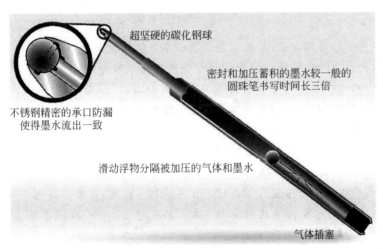

图 3-12 太空笔的结构

太空笔是全天候的圆珠笔,除了太空环境,还可在其他各种极端恶劣(如寒冷的高山上和深海底)的条件下使用,并适用于各种角度书写,使用寿命长达几十年。

再回到图 3-11,从"子系统的未来"中看到,稳压出水笔芯是太空钢笔的一个很好的解决方案。试想,在早期太空活动时,如果太空钢笔的研发人员能够使用多屏幕法来分析问题,也许太空钢笔的面世还要早几年。

2. 高级多屏幕法

高级多屏幕法不仅考虑当前系统,也同时考虑当前系统的反系统、反系统的过去和将来、反系统的超系统和子系统以及它们的过去和将来,如图 3-13 所示。

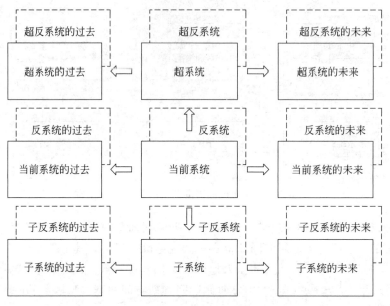

图 3-13　系统思维的高级多屏幕方法

采用高级多屏幕思维方法,意味着当解决技术系统升级问题时,还要考虑反系统的 9 个屏幕。可以把反系统理解成一个功能与原先的工程系统刚好相反的技术系统。例如,为了改进铅笔的特性,不仅需要考察铅笔的多屏幕方案,还需要考察橡皮的多屏幕方案。这种方法获得的信息,有助于发现更加有效的问题解决方案。

例 3-8　橡皮头与铅笔。

有一个美国画家,他的家境很贫寒,经常是铅笔用到了很短也舍不得扔,橡皮用到了很小也舍不得扔。一天,他在认真画一幅画,沉浸其中。但是当他发现画面上有错误要修改时,却找不到那块小小的橡皮。等他好不容易找到了橡皮,却又不知道那一小截铅笔扔到哪里去了。为了避免再出现这种麻烦,画家想来想去,用一根线将橡皮头与铅笔联起来。

这种方式被画家的一个朋友看见了,于是又想出更好的办法:用铁皮将橡皮固定在铅笔的顶端。这种橡皮与铅笔合一的方法,后来被申请了专利。

可以采用高级多屏幕法,对铅笔与橡皮这样一对"写字"与"消字"的工具进行系统与反系统的分析,如图 3-14 所示。

图中分析结果显示,在"子系统的将来"里有液体铅笔芯,这体现了圆珠笔的基本书写原理;而在"子反系统将来"里有液体橡皮擦,这又体现了消字水的基本原理。如果将两者叠加,就可以作为后续产品创新的新思路——带消字功能的圆珠笔。

在创新思维中,平常加平常可以等于不平常。关键在于,平常的叠加产生了不平常的

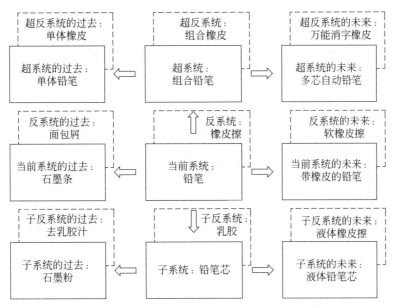

图3-14 系统思维的多屏幕方法——铅笔和其反系统橡皮

功能。橡皮头和铅笔都是司空见惯的日常用品,但将两者结合起来,就产生了一个广受欢迎的新产品。善于创新者绝不会对常见的东西熟视无睹,而是把这些东西作为自己创新的起点和条件。

此类多角度考虑问题的方法,可将所探讨的问题视为一组相互关联的问题,这样便可对其进行更为全面的理解。由于这些新问题中有些可提供更易寻找和实施的解决方案,因此这种方法可大大提高求解问题的效率。另外,尽管思维的多屏幕方法总是能扩展问题的情境及看待问题的视野,但是它不一定能保证提示新的问题求解方法。

3.3.3 尺寸-时间-成本分析

从物体的尺寸(Size)、时间(Time)、成本(Cost)三个方面来做6个智力测试,重新思考问题,以打破固有的对物体的尺寸、时间和成本的认识,称为STC算子。它是一种让人们的大脑进行有规律的、多维度思维的发散方法。它比一般的发散思维和头脑风暴,能更快地得到我们想要的结果。

例如,使用活动的梯子来采摘果子的常规方法,劳动量是相当大的。如何让这个活动变得更加方便、快捷和省力呢?

为了解决这个问题,使用STC算子方法,从尺寸、时间和成本这三个角度来考虑问题。事实上,这三个角度为思考提供了一种思维的坐标系,使问题变得容易解决。这一坐标系具有很强的普示意义,可以在其他很多问题的解决中灵活运用。

如图3-15所示,在这种思维的坐标轴系统中,可以沿着尺寸、时间、成本三个方向来做6个维度的发散思维尝试。

(1) 假设果树的尺寸趋于零高度。在这种情况下,就不需要活梯。那么,第一种解决方案就是种植低矮的果树。

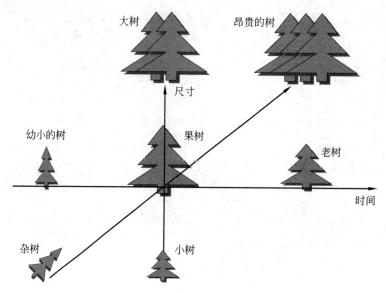

图 3-15 按尺寸-时间-成本坐标显示的果树

（2）假设果树的尺寸趋于无穷高。在折中情况下，可以建造通向果树顶部的道路和桥梁。将这种方法转移到常规尺寸的果树上，就可以得出一个解决方案：将果树的树冠变成可以用来摸到果子的形状，比如带有梯子的形状。这样，梯子形的树冠就可以代替活梯，让人们方便地采摘果子。

（3）假设收获的成本费用必须为零。那么，最廉价的收获方法就是摇晃果树。

（4）如果收获的成本费用可以允许为无穷大，而没有任何限制，就可以使用昂贵的设备来完成这个任务。这种情况下的解决方案，就可以是发明一台带有电子视觉系统和机械手控制器的智能型摘果机。

（5）如果要求收获的时间趋于零，即必须使所有的果子在同一个时间落地。这是可以做到的，例如，可以借助于轻微爆破或者压缩空气喷射。

（6）假设收获时间是不受限制的。在这种情况下，不必去采摘果子，而是任由其自由掉落而保持完好无损即可。为此，只需在果树下放置一层软膜，以防止果子落下时摔伤。当然，也可以在果树下铺设草坪或松散土层。如果让果园的地面具有一定的倾斜角度，足以使果子在落地时滚动，则果子还会在斜坡的末端自动地集中起来。

总之，多角度地看待问题的思维方式，可以协助思维进行有规律的、多维度的发散而并非胡思乱想，最终让许多看似很困难、无从下手的问题变得非常简便，易于解决。而通过这些多角度提出的解决方案，也多是有效的创新方案。

3.3.4 资源-时间-成本分析

从物体的资源（Resource）或尺度、时间（Time）和成本（Cost）三个方面重新思考问题，以打破固有对物体尺寸、时间等的认识，称为RTC算子。RTC算子的作用并不是直接提供解决问题的方案，而是帮助人们找出解决问题的新思路。

资源是指可供人们在创新过程中能够自由选择创新尺度的一个空间，在这个空间里，人们同时放大物体三个维度的尺度,直到无限大,或缩小物体的三个维度的尺度,可小到零。如果这样还不能使物体的特性发生明显变化,就先固定一个维度的大小,而改变另两个维度的大小,直到满意为止。

时间是指逐步增加或减少物体完成功能过程的长短。

成本是指增加或减少物体本身功能所需的成本,以及物体完成主要功能所需辅助操作的成本。

执行 RTC 的过程如图 3-16 所示。其操作主要包括以下 6 个维度的思维尝试:

图 3-16　RTC 算子执行流程

(1) 设想逐渐增大物体的尺度,使之自动超过真实物体的尺度,直至无穷大。

(2) 设想逐渐缩小物体的尺度,使之自动小于真实物体的尺度,直至为零。在改变物体尺寸时,应注意到每个物体都有三个维度,即长度、宽度和高度。通常放大或缩小物体的尺寸均在三个方向上同时进行。但如果这样改变尺寸还不能使物体有明显的特性变化,就需要先固定一个维度,放大或缩小其他两个维度,来观察物体特性的显著变化。

(3) 设想逐渐增加物体作用的时间,使之自动超过真实物体作用的时间,直至无穷大。

(4) 设想逐渐减少物体作用的时间,使之自动少于真实物体作用的时间,直至为零。一般将物体完成有用功能所需要的时间理解为"时间"算子所指的时间。

(5) 设想增加物体的成本,使之自动超过现有物体的成本,直至无穷高的成本。

(6) 设想减少物体的成本,使之自动少于现有物体的成本,直至成本为零。

"成本"算子通常被理解为不仅包括物体本身的成本,也包括物体完成主要功能所需各项辅助操作的成本。

应用 RTC 算子,需遵循下述原则:

(1) 不得改变初始问题。

(2) 上述 6 个过程需要全部进行,直至获得一种变化了的新特性。每个过程需要分阶段进行。在每个阶段,必须多次改变物体的参数,来观察和分析每一次改变所引起的物体特性变化。

(3) 必须完成各参数所有阶段的变更,不能因为中间找到了一个答案就停止,直到最后都要一直不断地反复比较。

(4) 可将物体分成几个单独的子部分,也可组合几个相似物体来进行分析。

3.3.5 金鱼法

在创新过程中,有时候产生的想法看起来并不可行甚至不现实,但是,此种想法的实现却绝对令人称奇。如何才能克服对"虚幻"想法的自然排斥心理呢?金鱼法(图3-17)可帮助人们解决此问题。

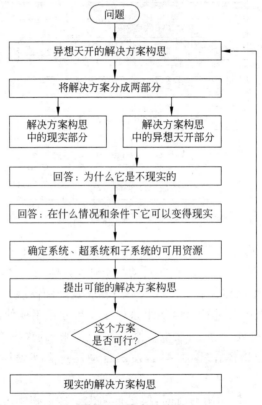

图 3-17 金鱼法流程

金鱼法的基础,是将一个异想天开的想法分为两个部分:现实部分及非现实(幻想)部分。接着,把非现实部分再分为两部分:现实部分及非现实部分,继续划分,直到余下的非现实部分有时会变得微不足道,而想法看起来却愈加可行为止。

金鱼算法具体做法是:

(1) 将不现实的想法分为两个部分:现实部分与非现实部分。精确界定什么样的想法是现实的,什么样的想法看起来是不现实的。

(2) 解释为什么非现实部分是不可行的。尽力对此进行严密而准确的解释,否则最后可能又得到一个不可行的想法。

(3) 找出在哪些条件下想法的非现实部分可变为现实的。

(4) 检查系统、超系统或子系统中的资源能否提供此类条件。

(5) 如果能,则可定义相关想法,即应怎样对情境加以改变,才能实现想法的看似不可行的部分。将这一新想法与初始想法的可行部分组合为可行的解决方案构想。

(6) 如果无法通过可行途径来利用现有资源,为看起来不现实的部分提供实现条件,则可将这一"看起来不现实的部分"再次分解为现实与非现实部分。然后重复步骤(1)~(5),直到得出可行的解决方案构想。

金鱼法是一个反复迭代的分解过程,其本质是将幻想的、不现实的问题求解构想,变为可行的解决方案。

例 3-9 让毛毯飞起来。

步骤 1:将问题分为现实和幻想两部分。

现实部分:毯子是存在的;幻想部分:毯子能飞起来。

步骤 2:幻想部分为什么不现实?

毯子比空气重,而且它没有克服地球重力的作用力。

步骤 3:在什么情况下,幻想部分可变为现实?

施加到毯子上向上的力超过毯子自身重力。毯子的重量小于空气的重量。

步骤 4:列出所有可利用资源。

① 超系统资源:空气;风(高能粒子流);地球引力;阳光和重力。

② 系统资源:毯子的形状和重量。

③ 子系统资源:毯子中交织的纤维。

步骤 5:利用已有资源,基于之前的构想(步骤3)考虑可能的方案。

① 毯子的纤维与太阳释放的粒子流相互作用可使毯子飞翔。

② 毯子比空气轻。

③ 毯子在不受地球引力的宇宙空间。

④ 毯子上安装了提供反向作用力的发动机。

⑤ 毯子由于下面的压力增加而悬在空中(气垫毯)。

⑥ 磁悬浮。

……

步骤 6:构想中的不现实方案,再次回到步骤1。

选择不现实的构想之一:毯子比空气轻,回到步骤1。

步骤 1:分为现实和幻想两部分。

现实部分:存在着重量轻的毯子,但它们比空气重。

幻想部分:毯子比空气轻。

步骤 2:为什么毯子比空气轻是不现实的?

制作毯子的材料比空气重。

步骤 3:在什么条件下,毯子会比空气轻?

制作毯子的材料比空气轻;毯子像尘埃微粒一样大小;作用于毯子的重力被抵消。

步骤 4:考虑可利用资源。

① 超系统资源:空气;风(高能粒子流);地球引力;阳光和重力;

② 系统资源：毯子的形状和重量；

③ 子系统资源：毯子中交织的纤维。

步骤5：结合可利用资源，考虑可行的方案。

① 采用比空气轻的材料制作毯子；

② 使毯子与尘埃微粒的大小一样，其密度等于空气密度。

③ 毯子由于空气分子的布朗运动而移动；在飞行器内使毯子飞翔，飞行器以相当于自由落体的加速度向上运动，以抵消重力。

步骤6：构想中的不现实方案，再次回到步骤1。

选择不现实的构想之一：采用比空气轻的材料制作毯子。继续回到步骤1进行分析，直到找到切实可行的解决方案。

3.4 最终理想解方法

在研究中，阿奇舒勒发现所有的技术系统都在沿着增加其理想度的方向发展和进化。技术系统的理想度与有用功能之和成正比，与有害功能之和成反比，理想度越高，产品的竞争能力越强。可以说，创新的过程，就是提高系统理想度的过程。因此，在发明创新中，应以提高理想度的方向作为设计的目标。人类不断地改进技术系统，使其速度更快、更好和更廉价的本质就是提高系统的理想度。以理想度的概念为基础，引出了理想系统和最终理想解的概念。

3.4.1 理想度

每个技术系统之所以被设计、制造，就是为了提供一个或多个有用功能（Useful Function，UF）。一个技术系统可以执行多种功能，在这些有用功能中，有且只有一个最有意义的功能，这个功能是技术系统存在的目的，称为主要功能（Primary Function，PF），主要功能也被称为首要功能或基本功能。一个系统往往具有多个有用功能，但是到底哪个有用功能才是主要功能，需要具体问题具体分析。另外，为了使主要功能得以实现，或提高主要功能的性能，技术系统往往还会有多个辅助性的有用功能，称为辅助功能（Auxiliary Function，AF）或称伴生性功能。同时，每个技术系统也会有一个或多个人们不希望出现的效应或现象，称为有害功能（Harmful Function，HF）。

例如，坦克的主要功能是消灭敌人。同时，为了使这个主要功能得以实现，且能够更好地实现，坦克还需要防护、机动、瞄准、自动装弹等有用功能的辅助。实现有用功能的同时，坦克在运行过程中也会引起空气污染，放出大量的热，产生振动，发出噪声，这些在TRIZ中都被看作是有害功能。

对于一个技术系统来说，从它诞生的那一刻起，就开始了其进化的过程。在进化过程中具体表现为：在数量上，技术系统能够提供的有用功能越来越多，所伴生的有害功能越来越少；在质量上，有用功能越来越强，有害功能越来越弱。

下面的理想度定义公式就表示了技术系统的这种进化趋势。对于理想度（Ideality）的定义，阿奇舒勒是这样描述的：系统中有益功能的总和与系统有害功能和成本的比率。

$$I = \frac{\sum_{i==1}^{\infty} U_i}{(\sum_{j=1}^{0} C_j + \sum_{k=1}^{0} H_k)} = \infty$$

其中，I 为理想度；U 为技术系统的有用功能；C 为成本；H 为有害功能；i 为变量 U 的数量；j 为变量 C 的数量；k 为变量 H 的数量。

从上式可以看出，随着技术系统的进化，系统的理想度不断增大，最终趋向于无穷大。

将上式中的有用功能用技术系统的效益来表示，将有害功能细化为系统的成本（如时间、空间、能量、重量）和系统产生的有害作用之和。明确指出了在技术系统的进化过程中，其效益不断增加，有害作用不断降低，成本不断减小（系统实现其功能所需要的时间、空间、能量等不断减少，同时系统的体积和重量也不断减小），系统的理想度不断增大，最终趋向于无穷大。

根据定义，可以用以下三种方法来提高系统的理想度：

(1) 增加有用功能。

(2) 降低有害功能或成本。

(3) 将上述两点结合起来。

3.4.2 理想系统

随着技术系统的不断进化，其理想度会不断提高，即技术系统会变得越来越理想。当技术系统的有用功能趋向于无穷大，有害功能为零，成本为零的时候，就是技术系统进化的终点。此时，由于成本为零，所以技术系统已经不再具有真实的物质实体，也不消耗任何资源。同时，由于有用功能趋向于无穷大，有害功能为零，表示技术系统不再具有任何有害功能，且能够实现其应该实现的一切有用功能。这样的技术系统就是理想系统（Ideal System）。

在 TRIZ 中，理想系统是指，作为物理实体它并不存在，也不消耗任何的资源，但是却能够实现所有必要的功能。即系统的质量、尺寸、能量消耗无限趋近于零；系统实现的功能趋近于无穷大。因此，也可以说理想技术系统没有物质形态（即体积为零，重量为零），也不消耗任何资源（消耗的能量为零、成本为零），却能实现所有必要的功能。

理想系统只是一个理论上的、理想化的概念，是技术系统进化的极限状态，是一个在现实世界中永远也无法达到的终极状态。但是，理想系统就像北极星一样，为设计人员和发明家指出了技术系统进化的终极目标，是寻找问题解决方案和评价问题解决方案的最终标准。

在现实世界中，设计人员和发明家的使命就是通过不断地改善系统的有用功能、消除有害功能和降低成本，使技术系统逐步向理想系统逼近。

3.4.3 最终理想解

产品创新的过程就是产品设计不断迭代，理想化的水平不断由低级向高级演化的过程，无限逼近理想状态。当设计人员不需要额外的花费就实现了产品的创新设计时，就称为最终理想结果(Ideal Final Result，IFR)，或者，基于理想系统的概念而得到的针对一个特定技术问题的理想解决方案，称为最终理想解。

最终理想解(IFR)的实现可以这样来表述：系统自己能够实现需要的动作，并且同时没有有害作用的参数。通常 IFR 的表述需包含以下两个基本点：系统自己实现这个功能；没有利用额外的资源，并且实现了所需的功能。

最终理想解是从理想度和理想系统延伸出来的一个概念，是用于问题定义阶段的一种心理学工具，是一种用于确定系统发展方向的方法。它描述了一种超越了原有问题的机制或约束的解决方案，指出了在使用 TRIZ 工具解决实际技术问题时应该努力的方向。这种解决方案可以看作是与当前所面临的问题没有任何关联的、理想的最终状态。

例如：高层建筑物玻璃窗的外表面需要定期清洗。目前，清洁工作需要在高层建筑物的外面进行，是一种高危险、高成本的工作，只有那些经过特殊培训和认证的"蜘蛛人"才能够胜任(图 3-18)。能不能在高层建筑物的内部对玻璃进行清洁呢？针对该问题，其最终理想解可以定义为：在不增加玻璃窗设计复杂度的情况下，在实现玻璃现有功能且不引入新的有害功能的前提下，玻璃窗能够自己清洁外表面。

图 3-18 "蜘蛛人"清洗大楼外观

通过这个例子可以看出，最终理想解是针对一个已经被明确定义出来的问题所给出的一种最理想的解决方案。通过将问题的求解方向聚焦于一个清晰可见的理想结果，最终理想解为后续使用其他 TRIZ 工具来解决问题创造了条件。

最终理想解的确定和实现可以按下面提出的问题分为 6 个步骤来进行：

(1) 设计的最终目的是什么？
(2) IFR 是什么？
(3) 达到 IFR 的障碍是什么？
(4) 出现这种障碍的结果是什么？
(5) 不出现这种障碍的条件是什么？
(6) 创造这些条件时可用的资源是什么？

上述问题一旦被正确地理解并描述出来，问题也就得到了解决。当确定了创新产品或技术系统的最终理想解后，检查其是否符合最终理想解的特点，并进行系统优化，以确认达到或接近最终理想解为止。最终理想解同时具有以下4个特点：

(1) 保持了原系统的优点。

(2) 消除了原系统的不足。

(3) 没有使系统变得更复杂。

(4) 没有引入新的不足。

因此，设定了最终理想解，就是设定了技术系统改进的方向。最终理想解是解决问题的最终目标，即使不能100%地获得理想的解决方案，但最终理想解会引导人们得到最巧妙和有效的解决方案。

以定义最终理想解作为解决问题的开端，有以下好处：

(1) 有助于产生突破性的概念解决方案。

(2) 避免选择妥协性的解决方案。

(3) 有助于通过讨论来清晰地设立项目的边界。

这个强有力的工具不仅可以用在TRIZ中，也可以用于其他的科学领域。它是研发人员确定理想目标的有效方法——如何在不增加系统复杂度的前提下得到所需的功能。

3.4.4 理想化方法的应用

理想化方法是科学研究中创造性思维的基本方法之一，它主要是在大脑中设立理想的模型，把对象简化、钝化，使其升华到理想状态，通过思想实验的方法来研究客体运动的规律。一般的操作程序为：首先对经验事实进行抽象，形成一个理想客体，然后通过思维的想象，在观念中模拟其实验过程，把客体的现实运动过程简化，并上升为一种理想化状态，使其更接近理想指标。在科学的历史上，很多科学家正是通过理想化获得划时代的科学发现，如伽利略的惯性原理、牛顿的抛体运动实验等。

就"理想化"而言，其所涉及的范围非常广泛，可以是理想系统、理想过程、理想资源、理想方法、理想机器、理想物质等。

(1) 理想系统就是既没有实体和物质，也不消耗能源，但是能实现所有需要的功能，而且不传递、不产生有害的作用(如废弃物、噪声等)。

(2) 理想过程就是只有过程的结果，无须过程的本身，从提出了需求后的一瞬间就获得了所需要的结果。

(3) 理想资源就是存在无穷无尽的资源，供随意使用，而且不必支付成本(如空气、重力、阳光、风、泥土、地热、地磁、潮汐等)。

(4) 理想方法就是不消耗能量和时间，仅通过系统自身调节就能够获得所需的功能。

(5) 理想机器就是没有质量、体积，但能实现所需要的功能(类似理想系统)。

(6) 理想物质就是没有物质，但是功能得以实现。

从以上描述可以看出，真正的理想系统是不存在的。但是，通过创新的方法巧妙应用，可以让现实中的系统无限趋近理想化的系统，即一步步提高现实系统的理想化程度(即理想度)。

就提高某种产品或者某个技术系统的理想度而言，可以从以下6个方向来做努力：

(1) 通过增加新的、有用的功能，或从外部环境(最理想就是自然环境)获得功能。

(2) 提高有用功能的级别,把尽可能多的功能高效传输到工作元件上。

(3) 降低成本,充分利用内部或外部已存在的、可利用的资源,尤其是免费的理想资源。

(4) 减少有害功能的数量,尽量剔除那些无效、低效、产生副作用的功能。

(5) 降低有害功能的级别,预防和抑制有害功能产生,或者将有害功能转化为中性功能。

(6) 将有害功能移到外部环境中去,不再成为系统的有害功能。

总之,理想度是一个综合表述技术系统的成本、经济效益与社会效益的客观指标。它可以作为评估某项技术创新成果,评估某种引进技术,或者评估重大技术专项的重要评估指标。

例 3-10 运送矿渣。

炼铁时,高炉里生成矿渣以及融化的镁、钙等氧化物的混合物,炼钢高炉如图 3-19 所示。炽热的矿渣达到 1000℃,倒进大的钢水包里,然后放在铁路平板车上运去加工。

图 3-19 炼钢高炉

目前,在开口的料斗里运送矿渣,由于表面冷却产生硬的外壳。这样不仅损失原料部分,还很难倒出矿渣。在工厂,为了捣碎这部分矿渣,要用专门的设备敲击外壳。但有窟窿的硬壳同样阻挡矿渣,以致移动起来特别费力。在传统的产品改进思路中,设计者首先想到的就是要为料斗做隔热的盖子,这将使料斗特别沉重。盖上和打开盖子时,不得不使用吊车,这不仅增加子系统的复杂性,而且增加的子系统也降低了系统的可靠性。显然,这不符合最终理想解(IFR)4 个特点中的后 2 个。那么理想的盖子是什么样的呢?应该是不存在盖子,却实现了盖子的功能,即将矿渣和空气隔绝。

如果用最终理想解来分析,会得到截然不同的创新设计方案。

(1) 设计的最终目的是什么?

答:矿渣不会冷却,能够很好地保温。

(2) 最终理想解是什么?

答:矿渣自己保温。

(3) 达到最终理想解的障碍是什么?

答:料斗周围有冷空气。

(4) 出现这种障碍的结果是什么?

答:矿渣变硬,不容易倒出。

(5) 不出现这种障碍的条件是什么?

答:矿渣上面有隔绝冷空气的物质。

(6) 创造这些条件可用的资源是什么?

答:矿渣、空气。

解决方案:在液体矿渣上洒冷水,泼上的水和热矿渣相互作用产生了矿渣泡沫,泡沫是很好的保温体和很好的盖子,而且很容易将液体矿渣倒出来。这里,解决问题的资源是矿渣本身,矿渣和冷水结合可以产生新的特性。

3.5 习 题

1. 单选题

(1) 以下对九屏幕法的描述,不正确的是( )。

   A. 九屏幕法是拓展思维的方法

   B. 九屏幕法可以帮助人们寻找解决问题的资源

   C. 九屏幕法就是建议不要在当前系统中寻找解决问题的方法

   D. 九屏幕法是创新思维方法之一

(2) STC算子方法中,S、T、C分别代表( )。

   A. 科学、技术、成本　　　　　　B. 科学、技术、成果

   C. 尺寸、时间、成本　　　　　　D. 尺寸、时间、成果

(3) 对理想的技术系统的描述,不正确的是( )。

   A. 可以实现所有必要的功能　　　B. 不消耗任何资源

   C. 作为实体并不存在　　　　　　D. 消耗少量资源实现必要功能

(4) 理想度定义公式表示了技术系统的进化趋势。下列选项中,哪个不是定义理想度公式中的内容?( )

   A. 理想系统　　B. 有用功能　　C. 成本　　D. 有害功能

3.6 实验与思考:创造性思维技法的实践

3.6.1 实验目的

(1) 了解什么是思维定式。

(2) 了解创造性思维方式中的发散思维与收敛思维、横向思维与纵向思维、正向思维与逆向思维、求同思维与求异思维。

(3) 熟悉创造性思维技法,通过实践,掌握创造性思维技法的应用方法。

(提示:此部分实践内容较为丰富,可以安排专门的讨论课、实验课来讨论完成。)

3.6.2 工具/准备工作

在开始本实验之前,请回顾教科书的相关内容。

需要准备一台能够访问因特网的计算机。

3.6.3 实验内容与步骤

(1) 请简述,思维定式对人的影响是什么?

答:_____

_____

_____

(2) 请利用功能发散,列举出激光技术可以应用在哪些方面。

答:_____

_____

_____

_____

(3) 请对下列事物或现象进行逆向思维,得出不同的事物或现象:黑板、电池、复印机、电动机、吹风机、安眠药。

答:_____

_____

_____

_____

_____

_____

(4) 为防止钢铁生锈,通常会在其表面涂上一层油漆,以抗氧化。运用逆向思维方法考虑,你还有别的方法吗?

答:_____

_____

_____

_____

_____

(5) 水上快速性是两栖汽车的重要性能之一,现有汽车需要通过减少阻力来保证其快速性,请运用整体思考法对其进行创造性思考。

① 客观性思考:收集可加以利用的有用信息;

答:_____

② 探索性思考:对进一步探索和想出可供选择的信息进行考虑;

答:_____

③ 积极性思考：对每一种选择的可行性和利益做出评估；
答：_____
_____

④ 批判性思考：对每一种选择的危险性和弱点做出评估；
答：_____
_____

⑤ 探索性思考：对最富有前景的选择进行进一步拓展，并做出决策；
答：_____
_____

⑥ 总结性思考：对目前为止已经取得的成果进行总结与评估；
答：_____
_____

⑦ 批判性思考：对所作选择做出最后的评判；
答：_____
_____

⑧ 直觉性思考：找出对结果的感受。
答：_____
_____
_____
_____

（6）棕榈树一般都有约20米高，以前都是用人爬到树上去割取树汁的，既不安全也不方便。为方便快捷地割取棕榈树树汁，请使用多屏幕法分析此问题（请填空完成图3-20）。

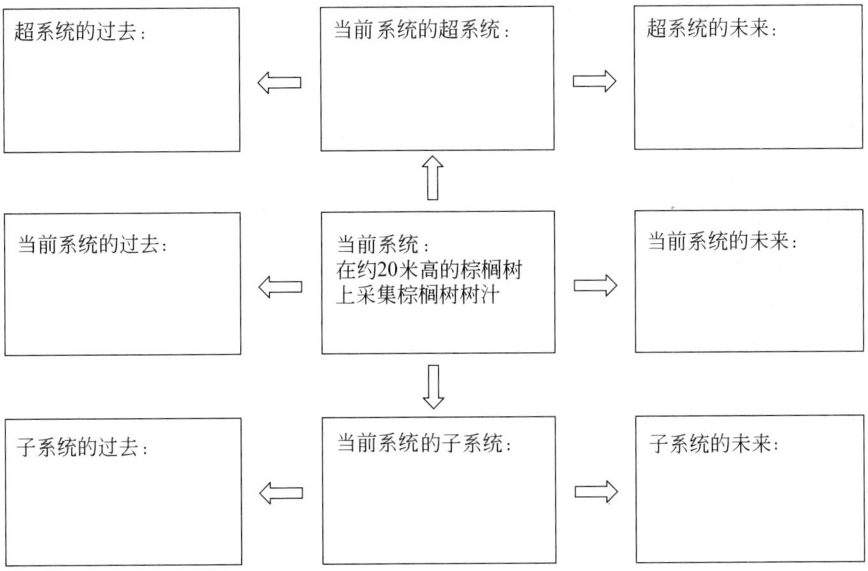

超系统的过去：	当前系统的超系统：	超系统的未来：
当前系统的过去：	当前系统： 在约20米高的棕榈树上采集棕榈树树汁	当前系统的未来：
子系统的过去：	当前系统的子系统：	子系统的未来：

图 3-20 分析割取棕榈树树汁

(7) 请使用多屏幕法，讨论如何安全地测量一条毒蛇的长度。条件是既不能被蛇咬伤，也不能将毒蛇弄死。

把放在透明玻璃容器中的毒蛇作为当前系统。

屏幕"过去"：毒蛇之前会爬行、吃东西、休息，利用毒蛇的这个特点，可以有如下想法：

① _____。
② _____。
③ _____。
④ _____。

屏幕"未来"：毒蛇以后还会爬行、吃东西、休息，并且还会冬眠，利用毒蛇的这个特点，可以有如下想法：

① _____。
② _____。
③ _____。
④ _____。

屏幕"超系统"：超系统可以是玻璃容器甚至房间，因此可以利用玻璃容器、树枝、空气等，可以有如下想法：

① _____
_____。
② _____
_____。
③ _____
_____。

屏幕"子系统"：蛇的子系统包含蛇皮、蛇头，可以有如下想法：

① _____。
② _____。

通过上述分析，请在图3-21中填空完成：

(8) 请使用金鱼法，分析"用空气赚钱"。

步骤1：将不现实的想法分为两个部分：

现实部分：_____
不现实部分：_____

步骤2：解释为什么非现实部分是不可行的。

答：_____

步骤3：找出在哪些条件下想法的非现实部分可变为现实的。

答：_____
_____
_____

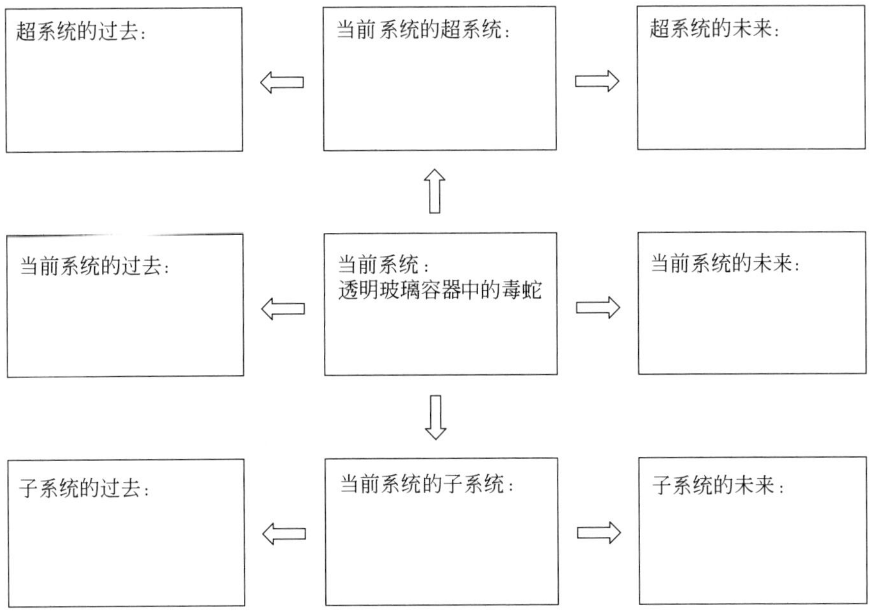

超系统的过去：	当前系统的超系统：	超系统的未来：
当前系统的过去：	当前系统： 透明玻璃容器中的毒蛇	当前系统的未来：
子系统的过去：	当前系统的子系统：	子系统的未来：

图 3-21 多屏幕法分析测量毒蛇的长度

步骤 4：检查系统、超系统或子系统中的资源能否提供此类条件。

答：_____

步骤 5：如果能，则可定义相关想法，即应怎样对情境加以改变，才能实现想法的看似不可行的部分。将这一新想法与初始想法的可行部分组合为可行的解决方案构想。

答：_____

步骤 6：如果无法通过可行途径来利用现有资源，为看起来不现实的部分提供实现条件，则可将这一"看起来不现实的部分"再次分解为现实与非现实部分。然后，重复步骤 1～步骤 5，直到得出可行的解决方案构想。

答：_____

请记录：对于这个例子，还可以继续进行考虑（如果有）：

答：_____

通过上述分析,请在图 3-22 中填空完成:

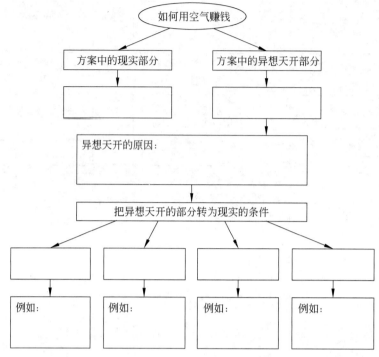

图 3-22　金鱼法:用空气赚钱

(9) 什么叫技术系统的理想度?

答:_____
_____
_____

(10) 为什么说提高理想度进化法则是其他所有进化法则的基础?

答:_____
_____
_____

(11) 提高系统理想度的途径和方法有哪些?

答:_____
_____
_____

(12) 养兔子:农场主有一大片农场,放养大量的兔子。兔子需要吃到新鲜的青草,农场主不希望兔子走得太远而照看不到,也不愿意花费大量的劳动割草运回来喂兔子。这个问题的 IFR 是什么?尝试用 IFR 分析解决问题。

请分析并记录：
① 设计的最终目的是什么？
答：_____
② 问题的最终理想解是什么？
答：_____
③ 达到最终理想解的障碍是什么？
答：_____
④ 出现这种障碍的结果是什么？
答：_____
⑤ 不出现这种障碍的条件是什么？
答：_____
⑥ 创造这些条件时可用的资源是什么？
答：_____
解决方案：_____
_____
_____

(13) **直立的熨斗**：平时衣服起了褶皱，需要用熨斗来熨烫平整。但是使用熨斗一直有这样一个问题，假如熨衣服时突然来了电话，或者有人敲门等事情来打扰，可能你会离开熨衣板去处理这些事情，结果回来时发现熨斗就放在衣服上，衣服上已经被熨斗烧了一个大洞。

在这种情况下，你一定会想，如果熨斗能自行站立起来该有多好啊！如图3-23所示。这显然是熨斗设计的一个最终理想解。

图 3-23 安全熨斗

请分析并记录：
① 设计的最终目的是什么？
答：_____
② 最终理想解是什么？

答：_____
③ 达到最终理想解的障碍是什么？
答：_____
④ 出现这种障碍的结果是什么？
答：_____
_____

⑤ 不出现这种障碍的条件是什么？
答：_____
⑥ 创造无障碍条件的可用资源是什么？
答：_____
解决方案：_____
_____
_____

(14) 聪明草种的诞生：为了保持草坪平整漂亮，人们通常都使用割草机。割草机在割草时会发出噪声、消耗能源、产生污染、高速飞出的草或地面上的杂物有时会伤害到劳动者……如何克服上述的诸多缺陷？

在传统的产品改进思路中，设计者首先想到的就是要改进已有的割草机，解决噪声问题。为了达到降低噪声的目的，设计者一般都要为系统增加减震器、消声器等子系统，这不仅增加了子系统的复杂性，而且增加的子系统也降低了系统的可靠性。显然，这不符合最终理想解的 4 个特点中的后 2 个。

如果用最终理想解来分析，会得到截然不同的创新设计方案。

请分析并记录：
① 设计的最终目的是什么？
答：_____
② 最终理想解是什么？
答：_____
③ 达到最终理想解的障碍是什么？
答：_____
④ 出现这种障碍的结果是什么？
答：_____
_____

⑤ 不出现这种障碍的条件是什么？
答：_____
⑥ 创造无障碍条件的可用资源是什么？
答：_____
解决方案：_____

3.6.4 实验总结

3.6.5 实验评价(教师)

系统分析方法

在面对一个技术问题,尤其是面对一个棘手的创新问题的时候,牵涉的因素往往很多。这时,分析问题是解决问题的关键,要将抽象的系统转化为功能模型,以便了解产品所需具备的功能与特征,要理顺问题产生的原因,充分挖掘技术系统内外部资源,以找到最有效解决问题的方案。

4.1 系统与系统思维

"系统"一词源于古希腊语,它反映了人们对事物的一种认识论,即系统是由两个或两个以上的元素相结合的有机整体,系统的整体不等于其局部的简单相加。亚里士多德[①]说:"整体大于部分之和。""宇宙、自然、人类,一切都在一个统一的运转系统之中!世界是关系的集合体,而非实物的集合体。"这是人们早期对系统最朴素的认知。随着人们对自然系统认知的加深,形成了系统的原始概念。再由自然系统到人造系统和复合系统,逐渐深入,形成了系统的概念。

朴素的系统观是指一个能够自我完善,达到动态平衡的元素集合(生物链、环境链),如一个池塘。系统一般是一个可以自我完善的,并且能够动态平衡的物品集合,如季节周而复始的变化形成的气象系统、动物种群相互依存的食物链系统、水循环系统等。

系统这一概念揭示了客观世界的某种本质属性,有无限丰富的内涵和外延,其内容就是系统论或系统学。系统论作为一种普遍的方法论,是人类所掌握的最高级思维模式。

4.1.1 系统的层级

系统是由若干要素以一定结构形式联结构成的具有某种功能的有机整体。系统必备的三个条件是:

(1) 至少要有两个或两个以上的要素组成。

(2) 要素之间相互联系、相互作用、相互依赖和相互制约,按照一定方式形成一个整体。

(3) 整体具有的功能是各个要素的功能中所没有的。

系统的层级包括子系统、系统和超系统,即系统是由要素组成的,若组成系统的要素

---

① 亚里士多德(前384年—前322年),古希腊斯吉塔拉人,世界古代史上最伟大的哲学家、科学家和教育家之一。是柏拉图的学生,亚历山大的老师。

本身也是一个系统(即这些要素是由更小的要素组成),则称这样的要素为子系统。反之,若一个系统是较大系统的一个要素,则称较大系统为超系统。比如汽车系统如图 4-1 所示。

图 4-1　汽车系统

4.1.2　系统思维

系统思维就是把认识对象作为系统,从系统和要素、要素和要素、系统和环境的相互联系、相互作用中综合地考察认识对象的一种思维方法。系统思维不同于创造思维或形象思维等本能思维形态,它能极大地简化人们对事物的认知,给人们带来整体观。

系统思维方式的主要特征是整体性、结构性、立体性、动态性、综合性。

(1) 整体性。系统思维方式的整体性是由客观事物的整体性所决定的,是系统思维方式的基本特征,它存在于系统思维运动的始终,也体现在系统思维的成果之中。整体性是建立在整体与部分之辩证关系基础上的。整体与部分密不可分。整体的属性和功能是部分按一定方式相互作用、相互联系所造成的。而整体也正是依据这种相互联系、相互作用的方式实行对部分的支配。

(2) 结构性。系统思维方式的结构性,就是把系统科学的结构理论作为思维方式的指导,强调从系统的结构去认识系统的整体功能,并从中寻找系统的最优结构,进而获得最佳系统功能。

系统结构是与系统功能紧密相连的,结构是系统功能的内部表征,功能是系统结构的外部表现。系统中结构和功能的关系主要表现为:系统的结构决定系统的功能。在一定要素的前提下,有什么样的结构就有什么样的功能。问题在于,与人相联系的系统的结构决定其功能,表现为优化结构和非优化结构同功能的关系。优化结构就能产生最佳功能,非优化结构不能产生最佳功能,这是结构决定功能的一个具有方法论意义的观点。

(3) 立体性。系统思维方式是一种开放型的立体思维。它以纵横交错的现代科学知识为思维参照系,使思维对象处于纵横交错的交叉点上。在思维的具体过程中,系统思维方式把思维客体作为系统整体来思考,既注意进行纵向比较,又注意进行横向比较;既注意了解思维对象与其他客体的横向联系,又能认识思维对象的纵向发展,从而全面准确地把握思维对象。

(4) 动态性。系统的稳定是相对的。任何系统都有自己生成、发展和灭亡的过程。因此,系统内部诸要素之间的联系及系统与外部环境之间的联系都不是静态的,都与时间密切相关,并会随时间不断地变化。这种变化主要表现在两个方面:一是系统内部诸要素的结构及其分布位置随时间不断变化;二是系统都具有开放的性质,总是与周围环境进行物质、能量、信息的交换活动。因此,系统处于稳定状态,并不是讲系统没有什么变化,而始终处于动态之中、不断演化之中。

(5) 综合性。综合,本身是人的思维的一个方面,任何思维过程都包含着综合和综合的因素。然而,系统思维方式的综合性并不等同于思维过程中的综合方面,它是比"机械的综合""线性的综合"更为高级的综合。它有两方面的含义:一是任何系统整体都是这些或那些要素为特定目的而构成的综合体;二是任何系统整体的研究都必须对它的成分、层次、结构、功能、内外联系方式的立体网络作全面的综合的考察,才能从多侧面、多因果、多功能、多效益上把握系统整体。系统思维方式的综合已经是非线性的综合,是从"部分相加等于整体"上升到"整体大于部分相加之和"的综合,它对于分析由多因素、从变量、多输入、多输出的复杂系统的整体是行之有效的。

4.1.3 系统分析

从广义上说,系统分析就是系统工程;从狭义上说,系统分析就是对特定的问题,利用数据资料和有关管理科学的技术和方法进行研究,以解决方案和决策的优化问题的方法和工具。系统分析(System Analysis)这个词是美国兰德公司在20世纪40年代末首先提出的。最早应用于武器技术装备研究,后来转向国防装备体制与经济领域。随着科学技术的发展,其适用范围逐渐扩大,包括制订政策、组织体制、物流及信息流等方面的分析。

美国兰德公司的代表人物之一希尔认为,系统分析的要素有5点:

(1) 期望达到的目标。复杂系统是多目标的,常用图解方法绘制目标图或目标树。确立目标及其手段是为了获得可行方案。可行方案是诸方案中最强壮(抗干扰)、最适应(适应变化了的目标)、最可靠(任何时候可正常工作)、最现实(有实施可能性)的方案。

(2) 达到预期目标所需要的各种设备和技术。

(3) 达到各方案所需的资源与费用。

(4) 建立方案的数学模型。

(5) 按照费用和效果优选的评价标准。

系统分析的要素主要包括目的、方案和模型,其实质是:

(1) 应用科学的推理步骤,使系统中一切问题的剖析均能符合逻辑原则,顺乎事物发展规律,尽力避免其中的主观臆断性和纯经验性。

(2) 借助于数学方法和计算手段,使各种方案的分析比较定量化,以具体的数量概念来显示各方案的差异。

(3) 根据系统分析的结论,设计出在一定条件下达到人尽其才、物尽其用的最优系统方案。

进行系统分析必须坚持外部条件与内部条件相结合;当前利益与长远利益相结合;局部利益与整体利益相结合;定量分析与定性分析相结合的一些原则。系统分析的主要步骤是:

(1) 对研究的对象和需要解决的问题进行系统的说明,目的在于确定目标和说明该问题的重点和范围。

(2) 收集资料,在系统分析基础上,通过资料分析各种因素之间的相互关系寻求解决问题的可行方案。

(3) 依系统的性质和要求,建立各种数学模型。

(4) 运用数学模型对比并权衡各种方案的利弊得失。

(5) 确定最优方案。通过分析,若不满意所选方案,则可按原步骤重新分析。一项成功的系统分析需要对各方案进行多次反复循环与比较,方可找到最优方案。

TRIZ 的系统分析包括功能分析和组件分析两部分。

功能分析:是从系统抽象的功能角度来分析系统,分析系统执行或完成其功能的状况。

组件分析:是从系统具体的组件角度来分析系统,分析每一个组件实现功能的能力状况。

TRIZ 的系统分析流程如图 4-2 所示。

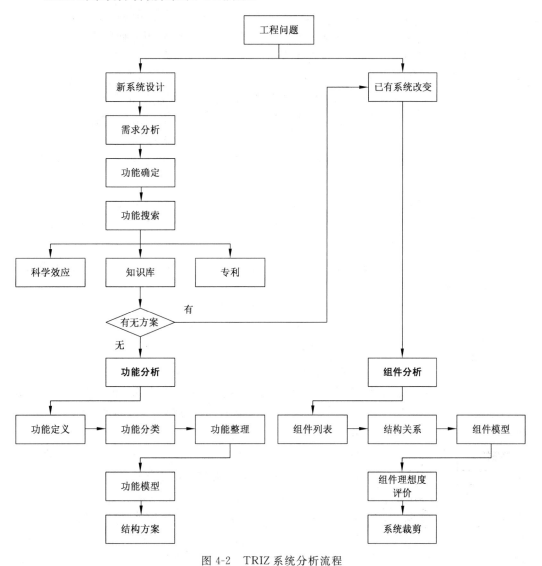

图 4-2 TRIZ 系统分析流程

4.2 功能分析

功能分析的主要目的是将抽象的系统具体化，以便于设计者了解产品所需具备的功能与特征。通过定义与描述系统元件所需达到的功能，以及元件之间或与外界环境的相互作用来分析整体系统，能够协助设计人员化繁为"简"，合理地进行创新设计。所以，功能分析方法在产品设计与制造、可靠性评估、自动化控制等许多领域得到广泛应用。

在功能分析过程中，最重要的一步是建立产品的功能结构或功能模型。

4.2.1 功能

美国通用电气公司的工程师迈尔斯于 19 世纪 40 年代首先提出功能（function）的概念，并把它作为价值工程研究的核心问题。他将功能定义为"起作用的特性"，认为顾客购买的不是产品本身，而是产品的功能。亦即功能是对产品具体效用的抽象描述，它体现了顾客的某种需要，应该是产品开发时首先考虑的因素。

功能的由来有两种：一种是人们的需求，另一种是人们从实体结构中抽象出来的。人们的需求是主动地提出功能，结构中抽象是被动地挖掘出功能。如汽车、飞机的出现，最初不是人们想要利用其运载人或物，而是随着时代的发展，人们逐渐发掘出其功能。因此，广义的功能定义为：研究对象能够满足人们某种需要的一种属性。

例 4-1 冰箱具有满足人们"冷藏食品"的属性；起重机具有帮助人们"移动物体"的属性。

企业生产的或者用户购买的，实际上都是产品的功能。如用户购买电冰箱，实际上是购买"冷藏食品"的功能。任何产品都具有特定的功能，功能是产品存在的理由，产品是功能的载体；功能附属于产品，又不等同于产品。

在 TRIZ 中，功能是产品或技术系统特定工作能力抽象化的描述，它与产品的用途、能力、性能等概念不尽相同。功能一般用"动词＋名词"的形式来表达，动词（主动动词）表示产品所完成的一个操作，名词代表被操作的对象，是可测量的。

例 4-2 钢笔的用途是写字，而功能是存送墨水；铅笔的用途是写字，而功能是摩擦铅芯；毛笔的用途是写字，而功能是浸含墨汁。

功能的描述应符合以下要求：

（1）简洁准确。简洁、明了地描述某个功能，能准确地反映该功能的本质，与其他功能明显地区别开来。例如，传动轴的功能是"传递扭矩"，变压器的功能是"转换电压"。对动词部分要求概括明确，对名词部分要求便于测定。

（2）定量化。是指尽量使用可测定数量的语言来描述功能。定量化是为了表述功能实现的水平或程度。当然在许多情况下，是很难对功能进行定量化描述的。

（3）抽象化。功能的描述应该有利于打开设计人员的设计思路，描述越抽象，越能促进设计人员开动脑筋，寻求种种可能实现功能的方法。例如，设计夹具的时候，可以有多种夹紧方式，如果描述为"机械夹紧"，则会使人想到"螺旋夹紧""偏心夹紧"等方法。如果抽象一点，描述为"压力夹紧"，则会使人想到气动、液动、电动等许多方式，设计方案会更丰富。

(4) 考虑约束条件。要了解可靠地实现功能所需要的条件,其中包括:功能的承担对象是什么(What)?为什么要实现(Why)?由什么要素来实现(Who)?在什么时间、什么位置实现(When, Where)?如何实现(How)?实现程度如何(How much)?虽然这些条件在描述功能时都省略了,但是决不能忘却这些条件。

作为TRIZ的基础,阿奇舒勒通过对功能的研究发现了如下的3条定律:

(1) 所有的功能都可分解为3个基本元件。
(2) 一个存在的功能必定由3个基本元件构成。
(3) 将相互作用的3个基本元件有机组合,将产生一个功能。

在TRIZ中,功能的基本描述如图4-3所示。

图中 F 为场,S_1 及 S_2 分别为物质。其意义为:场 F 通过物质 S_2 作用于物质 S_1 并改变 S_1。组成功能的每个元件都有其特殊的角色。S_1 为被动元件,是被作用、被操作、被改变的角色。S_2 为主动元件,起工具的作用,它操作、改变或作用于被动元件 S_1,S_2 又常被称为工具。F 为使能元件,它使 S_1 与 S_2 相互作用。

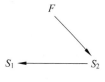

图 4-3 功能的基本图形表示

TRIZ中将功能分为5类。

(1) 有效完整功能:该功能的3个元件都存在,且都有效,是设计者追求的效应。其模型如图4-4(a)所示。

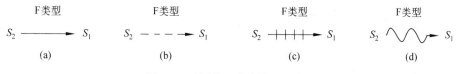

图 4-4 不同类型功能的图形表示

(2) 不完整功能:组成功能的3个元件中,部分元件不存在,需要增加元件来实现有效完整功能,或用一种新功能代替。

(3) 非有效完整功能:功能中的3个元件都存在,但设计者所追求的作用未能完全实现。如产生的力不够大、温度不够高等,需要改进以达到要求。其模型如图4-4(b)所示。

(4) 过剩完整功能:功能中的3个元件都存在,但设计者所追求的作用已超过。如产生的力太大、温度过高等,需要改进以达到要求。其模型如图4-4(c)所示。

(5) 有害功能:功能中的3个元件都存在,但产生与设计者所追求的结果相冲突。创新的过程要消除有害功能。其模型如图4-4(d)所示。

4.2.2 功能分解与功能结构

功能是从技术实现的角度对设计系统的一种理解,是系统或子系统输入/输出时,参数或状态变化的一种抽象描述。对于一个技术系统或产品而言,功能表现为系统具有的转化能量、物料、信息或其他物理量的特性,即技术系统输入量和输出量之间的关系(图4-5)。

复杂的用户需求通常由若干个具有内在联系的功能共同实现。为了便于寻求满足产

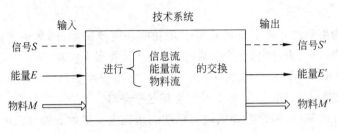

图 4-5 技术系统功能示意图

品总功能的原理方案,或者为了使问题的解决简单方便,通常将总功能分解成复杂程度相对较低的分功能,分功能分解为下一级子功能,一直分解到功能元。该分解过程称为功能分解。

产品的总功能是指待设计产品或系统总的输入/输出关系,输入/输出的实体称为流。经过高层次的抽象,流分为物质流、能量流和信号流。分功能是总功能的组成部分,它与总功能之间的关系是由约束或输入与输出之间的关系来控制。功能元是已有零部件、过程的抽象。

功能分解的目的是将复杂的设计问题简化。通过功能分解,产品的总功能分解成若干功能元,将系统的各个功能元用流有机地组合起来就得到功能结构。一个功能结构可以抽象地表达一件产品及顾客对它的需求。功能结构是产品设计知识、设计意图的最直接表达,在产品设计和分析中具有重要的作用。

功能结构的建立是通过用户需求分析确定总功能,进而将其分解为分功能、功能元的过程。功能元是已有零部件、过程的抽象,功能结构是功能分析结果的一种表达方式。

4.2.3 功能模型分析

功能模型分析是指对系统进行分解,得到标准、不足、过剩、有害作用,帮助工程技术人员更详细地理解工程系统中部件之间的相互作用。

由设计的观点看,任何系统内的元件必有其存在的目的,即提供功能。运用功能分析,可以重新发现系统元件的目的和其性能表现,进而发现问题的症结,并运用其他方法进一步加以改进。

运用功能分析,将已有产品或基础产品,以模块化的方式,将功能和元件具体表达出来。功能模型建立的过程分为两步:

(1)确定元件、制品、超系统。

(2)进行作用(或连接)分析。

在功能模型中,元件、制品与超系统以形状区别。矩形代表元件,六角形代表超系统,椭圆形代表制品(图 4-6)。

图 4-6 元件、制品及超系统的图形表示

元件：为所设计系统之组成分子。如同一个产品的组成零件,小到齿轮、螺母,大至一个由许多零件组成的系统,都可以认为是一个元件。

制品：系统所要达到的目的。

例4-3　汽车的主要功能是载货或人,因此,该系统的目的或制品是货物或人。

杯子的主要功能是装流体,因此,制品是流体。

电灯的主要功能是照明,因此,制品是光。

笔的主要功能是书写,因此,制品是墨水。

手表的功能是计时。时间是抽象的概念,不能作为制品,因此,这里的制品是时针、分针、秒针。根据它们的位置,才产生时间的概念,因此,以此作为制品才是恰当的。

超系统：为影响整个分析系统的要素,但设计者不能针对该类要素进行改进：

(1) 超系统不能删除或重新设计。

(2) 超系统可能使工程系统出现问题。

(3) 超系统可以作为工程系统的资源,也可以作为解决问题的工具。

超系统在对系统有影响时才列入。

例4-4　在公共汽车系统中发动机、轮子、车身、底盘等为元件,人为制品,路面为超系统。

通过建立产品功能模型的过程,可以发现有害作用、不足作用及过剩作用,之后应用TRIZ中的发明原理、分离原理、标准解以及相应的知识库等解决,最后完成现有产品的改进设计,推进产品进化的过程。

建立产品功能模型的过程如下。

第1步：选定现有产品或系统以及与之有输入/输出关系的各超系统。

第2步：确定系统与各超系统的输入与输出及系统的制品。

第3步：确定各功能元件。通常简单系统较容易确定各功能元件。

第4步：确定各个作用并判断其类型。

第5步：将作用连接各功能元件并绘制系统功能模型。

该过程的核心是第3步。

例4-5　安全气囊。

据分析,交通伤亡事故中有65%的原因是轿车正面碰撞。很多轿车安装有安全气囊,对这些轿车所发生的交通事故调查发现,安全气囊每保护20人,就会有1人因不能受到适当保护而死亡,而且死亡的人中一般身材较矮,如儿童与妇女。

轿车是一个系统,道路、交通控制系统、碰撞物(如另一辆汽车、行人、树木等)都是轿车的超系统。轿车可分解为多个功能元件,如车轮、前排乘客、司机、保险杠、座椅、安全气囊、底盘等。图4-7是轿车系统功能模型的主要部分。本实例主要研究轿车碰撞,轿车模型可以不包括轿车的全部功能元件,而包含必要的部分即可。

建立功能模型的目的是为了确定小问题。问题功能所涉及的功能元件是冲突发生的区域,小问题由问题功能确定。

安全气囊与司机及前排乘客是冲突发生区域。小问题是在汽车正面碰撞时安全气囊保护司机与乘客,但只保护了身材高的司机与乘客,而有可能伤害身材矮的司机与乘客。该问题可用如图4-8所示的功能模型描述。

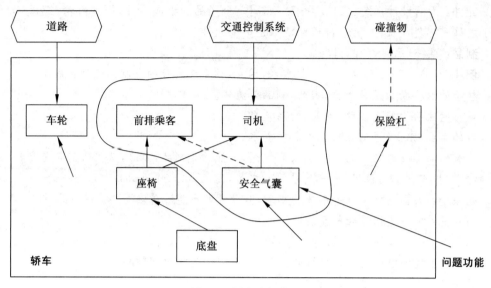

图 4-7 轿车功能模型

图中：F_M 为机械能；S_{1-1} 为身体较高的司机与乘客；S_{1-2} 为身体较矮的司机与乘客。

图 4-8 表明，安全气囊与司机及乘客构成的问题功能存在冲突。如果要进行创新设计，其标志是要彻底地克服现设计中存在的冲突，即新的安全气囊既要保护身材较高的司机与乘客，也要保护身材较矮的司机与乘客。改进后的模型应该如图 4-9 所示。

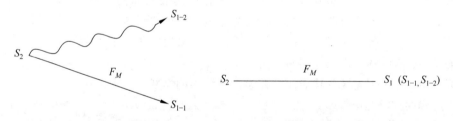

图 4-8　安全气囊与司机乘客物场模型　　图 4-9　改进设计后的安全气囊子系统

4.3 组件分析

由图 4-2 可知，组件分析是从系统的具体组件入手来分析系统，分清层级，建立组件之间的联系，明确组件之间的功能关系，构造系统功能模型的过程。组件分析的目的是：

(1) 明确各组件之间的相互关系，合理地匹配组件，优化结构；
(2) 降低成本，提高组件价值；
(3) 理清系统的功能结构，找出系统中价值低的组件，实施剪裁；
(4) 优化系统功能，减少实现功能的消耗，使系统以很小的代价获得更大的价值，从而提高系统的理想度。

组件分析的主要步骤是：建立组件列表、建立结构关系、建立组件模型。

4.3.1 建立组件列表

组件是技术系统的组成部分,它执行一定的功能,可以等同为系统的子系统。另外,系统作用对象是系统功能的承受体,属于特殊的超系统组件。

例4-6 眼镜作为一个技术系统,由镜片、镜框、镜脚组成,镜脚又由金属杆和塑料套组成,而手、眼睛、耳朵、鼻子和光线就是系统作用对象(见图4-10)。

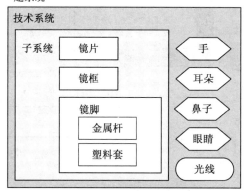

系统组件:矩形框
超系统组件:六菱形框
系统作用对象:圆角矩形

图4-10 眼睛系统组件

建立组件列表,将描述系统组成及系统各组件的层级。在这个步骤中,回答了技术系统是由哪些组件组成的,包括系统作用对象、技术系统组件、子系统组件,以及和系统组件发生相互作用的超系统组件。应该将技术系统至少分为两个组件级别,即系统级别和子系统级别。

超系统包括系统,是在系统外的更大的系统。超系统的特点主要有:
(1)超系统不能被删除或重新设计;
(2)超系统可能使系统出现问题;
(3)超系统可以为解决系统中的问题提供资源;
(4)超系统是分层级的,只有对系统有影响时才列入。

例4-7 典型的超系统组件。

生产阶段:设备、原料、生产场地等。

使用阶段:功能对象、消费者、能量源、与对象相互作用的其他系统。

储存和运输阶段:交通手段、包装物、仓库、储存手段等。

与系统作用的外界环境:空气、水、灰尘、热场、重力场等。

建立组件列表的原则是:
(1)在特定的条件下分析具体的技术系统;
(2)根据技术系统组件的层次建立组件列表;
(3)进一步分析完善组件列表;

(4) 针对技术系统的各个生命周期阶段,可建立独立的不同的组件列表。

组件列表包括超系统、系统、子系统组件。其中:超系统组件应该与系统组件有相互作用关系,技术系统生命周期的不同阶段具有不同的超系统。组件列表通常以表格形式呈现,其中应包括超系统组件、系统组件、子系统组件和子-子系统组件等。

例 4-8 桌子上放着一瓶可乐,请据此建立组件列表(见图 4-11)。

超系统组件	系统组件	子系统组件	子-子系统组件
桌子	瓶盖		
人	瓶体		
可口可乐	标签		
空气			

图 4-11 建立可乐瓶组件列表

4.3.2 建立结构关系

建立结构关系,将描述组件之间的相互关系,建立组件的结构关系主要基于组件列表。结构关系的建立模板包括结构矩阵和结构表格两部分,其中,矩阵用于检查每对组件之间的关系,表格用于详细描述这对组件之间的相互作用关系(见图 4-12)。

建立组件结构关系的原则是:

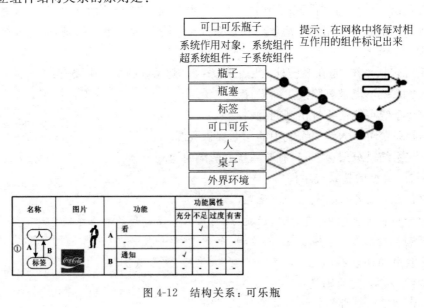

图 4-12 结构关系:可乐瓶

(1) 基于组件列表画出系统组件之间、组件与超系统组件间的相互关系,进而建立组件的结构关系。

(2) 结构关系用矩阵和表格依次建立,基于组件列表标明组件间的相互关系。

(3) 在技术系统生命周期的各个阶段,都可建立独立的、不同的组件结构关系;在技术系统发展的整个生命周期中,通过分析系统组件之间、组件与超系统组件间的相互作用,发现技术系统的新功能。

(4) 填写作用表格时,需对组件之间的相互作用做出功能质量的评价。依据每个功能对系统主要功能的关系分为有用作用(充分、不足、过度)和有害作用。

(5) 结构关系中组件间的作用可以有多个。

(6) 若结构关系中的某个组件只与一个组件有直接联系,要从结构关系中将该组件去掉,把它作为与其有关系的组件的子系统。

(7) 组件列表中存在这样的组件,它与系统中其他的组件都没有关系,要从作用关系中将该组件去掉。

4.3.3 建立组件模型

建立组件模型,是用规范化的功能描述,揭示整个技术系统所有组件之间的相互作用关系,以及所实现的系统功能。在组件模型中,各功能类型采用如图 4-4 所示线段,将各组件间的所有功能关系全部展示,形成系统组件模型图(见图 4-13)。

建立组件模型的原则是:

(1) 针对特定条件下的具体技术系统进行功能描述。

(2) 功能是在作用中体现的,在功能描述中必须有动词反映该功能。

功能载体	作用	功能受体	补充条件
可乐瓶	储存	可口可乐	长时间
可乐瓶	支撑	可口可乐	
标签	通知	人	可口可乐
瓶盖	密封	可口可乐	

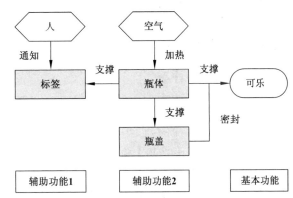

图 4-13 组件模型:可乐瓶

(3) 功能存在的条件是作用改变了功能受体的参数。

(4) 功能陈述包括作用与功能受体,使用作用的动词,能表明功能载体要做什么。

(5) 在陈述功能时可以增添补充部分,指明功能的作用区域、作用时间、作用方向等。

4.4 因果分析

常见的因果分析方法有五个"为什么"、故障树、鱼骨图分析、因果矩阵分析、失效模式与后果分析等。

4.4.1 三轴分析法

面对复杂纷繁的创新问题,如何理清分析的思路,着手开展有效的分析过程?在这个方面,三轴分析法是个较好的分析手段。所谓"三轴",是指问题的因果轴、操作轴和系统轴(见图 4-14)。

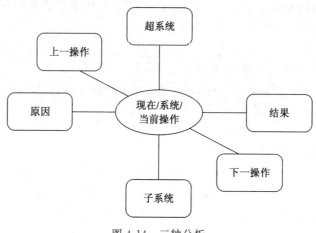

图 4-14 三轴分析

开展三轴分析,通过找原因、找方向、找资源,可以帮助研究者:
(1) 发现问题产生的根本原因;
(2) 寻找解决问题的"薄弱点";
(3) 分析解题资源,降低解决问题的成本。

4.4.2 五个"为什么"

在丰田公司的改善流程中,有一个著名的"五个为什么"分析法。要解决问题必须找出问题的根本原因,而不是问题本身;根本原因隐藏在问题的背后。举例来说,你可能会发现一个问题的源头是某个供应商或某个机械中心,即问题发生在哪里;但是,造成问题的根本原因是什么呢?答案必须靠更深入的挖掘。先问第一个"为什么",获得答案后,再问为何会发生,以此类推,问五次"为什么"。丰田的成功秘诀之一,就是把每次错误视为学习的机会,不断反思和持续改善,精益求精。通过识别因果关系链,来进行诊断。

这个方法的使用前提要求是对问题的信息充分了解,下面这个例子可以生动地理解这种方法的特点。

例 4-9 丰田汽车。

丰田汽车公司前副社长大野耐一先生,曾举了一个例子来找出停机的真正原因。

有一次,大野耐一发现一条生产线上的机器总是停转,虽然修过多次但仍不见好转。于是,大野耐一与工人进行了以下的问答:

一问:"为什么机器停了?"

答:"因为超过负荷,保险丝就断了。"

二问:"为什么超负荷呢?"
答:"因为轴承的润滑不够。"
三问:"为什么润滑不够?"
答:"因为润滑泵吸不上油来。"
四问:"为什么吸不上油来?"
答:"因为油泵轴磨损、松动了。"
五问:"为什么磨损了呢?"
再答:"因为,没有安装过滤器,混进了铁屑等杂质。"

经过连续五次不停地问"为什么",才找到问题的真正原因和解决的方法,在油泵轴上安装过滤器。如果没有这种追根究底的精神来发掘问题,很可能只是换根保险丝草草了事,真正的问题还是没有解决。

例 4-10 杰斐逊纪念堂的外墙。

杰斐逊纪念堂(见图 4-15)坐落于美国华盛顿,是为纪念美国第三任总统托马斯·杰斐逊而建的。1938 年在罗斯福主持下开工,至 1943 年杰斐逊诞生 200 周年时,杰弗逊纪念堂落成并向公众开放。杰斐逊纪念堂的外墙采用花岗岩,近年来脱落和破损严重,再继续下去就需要推倒重建,这要花纳税人一大笔钱,这需要市议会的商讨决议。在议员们投票之前需要请专家分析一下根本原因,并找出一些可行的解决方案。

杰斐逊纪念堂的外墙采用花岗岩,花岗岩经常脱落和破损,专家发现:

图 4-15 美国杰斐逊纪念堂

(1) 脱落和破损的直接原因是经常清洗,而清洗液中含有酸性成分。为什么需要用酸性清洗液?

(2) 花岗岩表面特别脏,因此,使用去污性能强的酸性清洗液,究其原因主要是由于鸟粪造成的。为什么这个大楼的鸟粪特别多?

(3) 楼顶常有很多鸟。为什么鸟愿意在这个大厦上聚集?

(4) 大厦上有一种鸟喜欢吃的蜘蛛。为什么大厦的蜘蛛特别多?

(5) 楼里有一种蜘蛛喜欢吃的虫。为什么这个大厦会滋生这种虫?因为大厦采用了整面的玻璃幕墙,阳光充足,温度适宜。

至此,解决方案就明显而简单了:拉上窗帘。

五个"为什么"分析方法并没有多么玄奥,只是通过一再追问为什么,就可以避免表面现象,而深入系统分析根本原因,也可避免其他问题。所以若能解决问题的根本原因,许多相关的问题就会迎刃而解。

4.4.3 鱼骨图分析

鱼骨图是由日本管理大师石川馨先生创建的,故又名石川图,这是一种发现问题"根本原因"的方法,也可以称之为"因果图"。鱼骨图分析法把问题以及原因,采用类似鱼骨的图样串联起来,鱼头是问题点,鱼骨则是原因,而鱼骨又可分为大鱼骨、小鱼骨、细鱼骨,小鱼骨是大鱼骨的支骨,细鱼骨又是小鱼骨的支骨,必要时,还可以再细分下去。大鱼骨是大方向,小鱼骨是大方向的子因,而细鱼骨则是子因的子因。鱼骨图分析法与头脑风暴法结合是比较有效的寻找问题原因的方法之一。

根据不同类型,可以有不同的鱼骨图模板(见图4-16)。

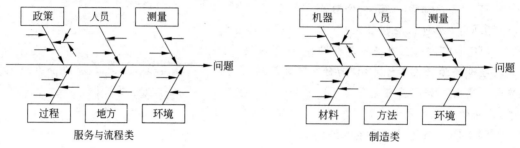

图 4-16 两种类型的鱼骨图模板

对于列举出来的所有可能的原因,还要进一步评价这些原因发生的可能性,用 V(非常可能)、S(有些可能)和 N(不太可能)三种类型来标志。

对标有 V 和 S 的原因,评价其解决的可能性,用 V(非常容易解决)、S(比较容易解决)和 N(不太容易解决)三种类型来标志。

对标有 VV、VS、SV、SS 的原因,进一步评价其实施纠正措施的难易度,用 V(非常容易验证)、S(比较容易验证)和 N(不太容易验证)三种类型来标志(见图4-17)。

验证难易度 发生与解决可能性	V	S	N
VV	VVV	VVS	VVN
VS	VSV	VSS	VSN
SV	SVV	SVS	SVN
SS	SSV	SSS	SSN

图 4-17 原因发生可能性、解决可能性和验证难易标示

为了全面了解上述各个方面,我们也可以通过图4-18的鱼骨图分析评估表,将以上内容合并到一起。

通过上述三个步骤的评价,我们将 VVV、VVS 等原因在鱼骨图中标识出来。图4-19是"X 研究所项目管理水平低下"所绘制的鱼骨分析图,并通过上述三方面评价以后,将比较容易解决的方面直接在图4-19中标识出来。

4.4.4 因果轴分析

凡是结果,必然有其原因。通常,为了解决某个实际上已经发生的问题,或者是防止某种不太严重的问题升级到无法接受的程度,我们不断寻找问题发生的原因,并发掘整个

序号	因素	发生可能性			解决可能性			验证难易度		
		V	S	N	V	S	N	V	S	N
1										
2										
3										
4										
5										
6										
7										
8										
9										
10										

图 4-18 合并后样式

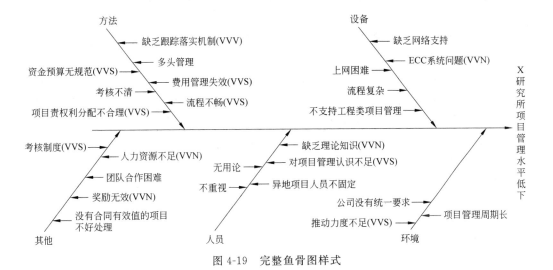

图 4-19 完整鱼骨图样式

原因链,分析原因之间的关系,找到根本原因或容易解决的原因,直接或间接地提出解决方案。我们可以通过各种方法来进行原因轴分析,例如,用五个"为什么"从逻辑上来分析原因之间的关系,用"鱼骨图"帮助结构化地思考原因,避免漏掉一些原因等。

在发掘整个因果链的时候,需要注意原因轴的结束条件,防止过度发掘带来成本以及效率的降低。一般在以下三种情况时,即可终止:

(1) 当不能继续找到下一层的原因时;
(2) 当达到自然现象时;
(3) 当达到制度/法规/权利/成本等极限时。

另一方面,对于因果轴的分析,除了原因轴之外,还需要对结果轴进行分析。结果轴是不断推测问题蔓延的结果,用于了解可能造成的影响,寻找可以控制原因发生和蔓延的时机和手段。结果轴对于防止某种不太严重的问题升级到无法接受的程度有着突出的意义。结果轴在遇到以下几种情况时也可以结束:

(1) 当不能继续找到下一层的结果时；

(2) 当达到重大人员、经济、环境损失时；

(3) 当达到技术系统的可控极限时。

因果轴分析可以发现问题产生的根本原因，并从发现问题产生和发展链中的"薄弱点"，为解决问题寻找入手点。对于原因和结果的描述应该与功能描述对应起来，需要对应到参数。而功能主要是通过相互作用来体现。为了规范化对原因和结果类型进行描述，一般我们定义以下四种。

缺乏：应该有的作用，但是没有。

存在：在提供有用作用的同时，伴随产生了有害作用。

有害：应该完全没有的作用，却出现了。

有用：应该有作用，但是效果不令人满意，这里又可以按照故障现象细分为过度、不足、不可控、不稳定。

上述所有类型中，有用作用都是需要参数的，其他不需要参数。

4.5 资源分析

"资源"最初是指自然资源。人类的进步伴随着可用资源的消耗，但一旦可用资源被消耗殆尽，人类将会遭受巨大灾难。因此，人们不断地发现、利用和开发新能源，并创造出很多新的设计和技术。例如，太阳能蓄电池、风力发电机、超级杂交水稻、基因技术等。这些新技术、新成果，大都来源于人们对现有资源的创造性应用。

TRIZ 在其不断发展的过程中，提出了对技术系统中"资源"这一概念的系统化认识，并将其结合到对问题应用求解的过程中。TRIZ 认为，对技术系统中可用资源的创造性应用，能够增加技术系统的理想度，这是解决发明问题的基石。

4.5.1 资源的特征

资源具有以下特征：

(1) 资源本体的生成性。所有的资源都是在一定的自然和社会条件下生长而形成的。生成性是一种存在着的事实，是资源运行中的一种规律。资源是可以培养或培植的，不能消极等待资源的出现，而是创造新的资源，满足生产活动的需要，应积极创造条件培育和发展人文资源和社会资源。

(2) 资源存在的过程性。任何资源都有始有终，从而具有有限性质，它的存在和变化都是有条件的并具有时效性。人们在开发利用资源时，要把握时机，一旦时机成熟，便抓住不放。

(3) 资源属性的社会性。资源是被人开发出来的，注入了人的智力和体力，是劳动的产物，它用于社会生产过程中，服从人的意志，反映人的利益和要求，是用于生产产品来满足人们的消费需求。资源作为商品投入市场进行交换将会产生如下 4 点影响：一是影响到价格；二是由价格影响到资源的分配；三是由这一分配结果又进一步影响到资源在生产中的实际利用以及利用结果，资源的节约或浪费；四是最终地影响到资源本身的开发与利用,由此影响到环境问题的发生。

(4) 资源数量的短缺性。是指任何现实的、可提供的资源数量,相对于社会生产的需要来说,都呈现不足的一种现象。自然资源面临着日益枯竭,自然资源在自然界的储量日益减少,社会资源和人文资源也同样短缺。人们需要克服在资源问题上的盲目状况,不要无节制地消耗和浪费。同时人们需要合理配制、合理利用资源,提高资源使用效率,这是一项全球性的共同行动。

(5) 资源使用的连带性。不同的资源形态之间在使用上互相连带、互相制约。对任何具体资源形态的考察,必须放到大资源背景中,要有一个系统观、大局观、整体观。如土地、森林、资本、人才、科技、信息等资源形态,作为具体存在,都是相对独立的,有着各自的存在形式和功能,及被开发利用的条件与环境。现实生活中,土地和森林密切相关,没有土地,森林无法生长,而森林一旦被破坏,土地也会流失或荒漠化。雄厚资本会招来大量人才,而人才的积聚又会使资本增加。这些资源之间呈现着一种既互相依赖又互相抵触、销蚀的关系。例如,用铁矿石冶炼钢铁的过程中,不仅需要铁矿石资源,而且还要投入煤炭炼成的焦炭作为能源,即使不用焦炭而改用电冶炼,同样需要投入电力资源。在发电过程中,则要消耗水资源、煤炭资源或者原子能资源。因此,对资源功能、开发利用条件及效果等方面要统合考察,从而获得全面有效的建议及有关资源趋势的预见。

4.5.2 资源的分类

资源有很多不同的分类方式。从资源的存在形态角度出发可将资源分为宏观资源和微观资源;从资源使用的角度出发可将资源分为直接资源和派生资源;从分析资源角度出发可将资源分为显性资源和隐性资源。显性资源指的是已经被认知和开发的资源,隐性资源指的是尚未被认知或虽已认知却因技术等条件不具备还不能被开发利用的资源。从资源与TRIZ中其他概念结合的角度出发可将资源分为发明资源、进化资源和效应资源。

TRIZ认为,任何技术都是超系统或自然的一部分,都有自己的空间和时间,通过对物质、场的组织和应用来实现功能。因此,资源通常按照物质、能量、时间、空间、功能、信息等角度来划分。

下面我们以这种典型的分类方式来介绍TRIZ中资源的类型及其含义。

(1) 物质资源是指用于实现有用功能的一切物质。系统或环境中任何种类的材料或物质都可看作是可用物质资源,例如废弃物、原材料、产品、系统组件、功能单元、廉价物质、水。应该使用系统中已有的物质资源解决系统中的问题。

(2) 能量资源是指系统中存在或能产生的场或能量流。一般能够提供某种形式能量的物质或物质的转换运动过程都可以称为能源。能源主要可分为三类:一是来自太阳的能量,除辐射能外,还经其转化为很多形式的能源;二是来自地球本身的能量,例如热能和原子能;三是来自地球与其他天体相互作用所引起的能量,例如潮汐能。

系统中或系统周围可用于其他用途的任何可用能量,都可看作是一种资源,例如机械资源(旋转、压强、气压、水压等)、热力资源(蒸汽能、加热、冷却等)、化学资源(化学反应)、电力资源、磁力资源、电磁资源。

(3) 信息资源是指系统中存在或能产生的信息。信息作为反映客观世界各种事物的特征和变化的新知识已成为一种重要的资源,在人类自身的划时代改造中产生重要的作用。其信息流将成为决定生产发展规模、速度和方向的重要力量,在信息理论、信息处理、信息传递、信息储存、信息检索、信息整理、信息管理等许多领域中将建立起新的信息科学。

(4) 时间资源是指系统启动之前、工作中以及工作之后的可利用时间。建议利用空闲时刻或时间周期,部分或全部未使用的各种停顿和空闲,以及运行之前、之中或之后的时间等。

(5) 空间资源是指系统本身及超系统的可利用空间。为了节省空间或者当空间有限时,任何系统中或周围的空闲空间都可用于放置额外的作用对象,特别是某个表面的反面、未占据空间、表面上的未占用部分、其他作用对象之间的空间、作用对象的背面、作用对象外面的空间、作用对象初始位置附近的空间、活动盖下面的空间、其他对象各组成部分之间的空间、另一个作用对象上的空间、另一个作用对象内的空间、另一个作用对象占用的空间、环境中的空间等。

(6) 功能资源是指利用系统的已有组件,挖掘系统的隐性功能。建议挖掘系统组件的多用性,例如将飞机机舱门用作舷梯。

此外,相对于系统资源而言,还有很多容易被我们忽视,或者没有意识到的资源,这些资源通常都是由系统资源派生而来。能充分挖掘出所有的资源,是解决问题的良好保证。

例 4-11 一次著名的心理学实验表明,观察表面以下的东西是非常重要的,实验内容如下:实验要求完成一项任务,需要用一种尖锐物体,在卡纸板上打一个洞。在第一组进行实验的房间内,桌上有多种物体,包括一根钉子。在第二组进行实验的房间内,也有很多物体放在桌上,但是没有一样尖锐物品,但墙面上突出一根钉子。第三组实验的房间与第二组相似,只是墙面上突出钉子上挂着一幅画。第一组能100%完成任务,第二组有80%能完成任务,第三组有80%的不能完成任务。实验表明,人们很难发现图画背后的钉子。

通常,现实问题中存在着各种不易被发现的资源,在TRIZ中,我们称之为潜在资源或隐藏资源。

4.5.3 资源分析方法

资源分析就是从系统的高度来研究和分析资源,挖掘系统的隐性资源,实现系统中隐性资源显性化,显性资源系统化,强调资源的联系与配置,合理地组合、配置、优化资源结构,提升系统资源的应用价值或理想度(或资源价值)。资源分析可以帮助我们找到解决问题所需要的资源,帮助我们在这些可能的方案中找到理想度相对比较高的解决方案。

资源分析的步骤分为以下四步:发现及寻找资源、挖掘及探究资源、整理及组合资源、评价及配置资源。

1. 发现及寻找资源

可以使用的工具有多屏幕法和组件分析法等。

(1) 多屏幕法按照时间和系统层次两个维度对情境进行系统地思考。它强调系统地、动态地、相关联地看待事物,将寻找到的资源填入表4-1中。

表 4-1 多屏幕方法资源列表

	物质资源	能量资源	信息资源	时间资源	空间资源	功能资源
系统						
子系统						
超系统						
系统过去						
系统未来						
子系统过去						
子系统未来						
超系统过去						
超系统未来						

（2）组件分析法是指从构成系统的组件入手，分清层级，建立组件之间的联系，明确组件之间的功能关系，构建系统功能模型的过程。

组件分析法强调从功能的角度寻找资源。将找到的资源填入表 4-2 中。

表 4-2 组件分析法资源列表

	物质资源	能量资源	信息资源	时间资源	空间资源	功能资源
工具						
系统						
子系统						
超系统						
系统作用对象						

2. 挖掘及探究资源

挖掘就是向纵深获取更多有效的、新颖的、潜在的、有用的资源。探索就是针对资源进行分类，针对系统进行聚集，以问题为中心寻找更深层级的资源及派生资源。

派生资源可以通过改变物质资源的形态而得到，主要有物理方法和化学方法两种：

① 改变物质的物理状态（相态之间的变化）。包括物理参数的变化，如形状、大小、温度、密度、重量等；机械结构的变化，包括直接相关（材料、形状、精度）、间接相关（位置、运动）。

② 改变物质的化学状态。包括物质分解的产物、燃烧或合成物质的产物。

派生资源可以通过以下规则得到：

规则 1：如果按照问题的描述无法直接得到需要的物质粒子，可以通过分解更高一级的结构而得到；

规则 2：如果按照问题的描述无法直接得到需要的物质粒子，可以通过构造或者集成更低一级的结构而得到。

3. 整理及组合资源

资源整合是指工程师对不同来源、不同层次、不同结构、不同内容的资源进行识别与选择、汲取与配置、激活并有机融合,使其具有较强的系统性、适应性、条理性和应用性,并创造出新的资源的一个复杂的动态过程。

资源整合是通过组织和协调,把系统内部彼此相关又彼此分离的资源,及系统外部既参与共同的使命又拥有独立功能的相关资源整合成一个大系统,取得1+1>2的效果。

资源整合是优化配置的过程,是根据系统的发展和功能要求对有关的资源进行重新配置,以突显系统的核心能力,并寻求资源配置与功能要求的最佳结合点。目的是要通过整合与配置来增强系统的竞争优势,提高资源的利用价值。

资源的整合包括资源的整理与组合。资源整理采用关联图法,目的是把资源同问题联系起来。资源组合采用矩阵图法,目的是把同解决问题相关的资源组合起来。

4. 评价及配置资源

在解决方案的过程中,最佳利用资源的理念与理想度的概念紧密相关。

事实上,某一解决方案中采用的资源越少,求解问题的成本就越小,理想度的指数就越高。这里所说的成本应理解成为广义的成本,而并非只是采购价格这一具体可见的成本。

对于资源的遴选,资源评估从数量上看有不足、充分和无限,从质量上看有有用的、中性和有害的;资源的可用度从应用准备情况看,有现成的、派生的和特定的,从范围看有操作区域内、操作时段内、技术系统内、子系统中和超系统中,从价格看有昂贵、便宜和免费等。最理想的资源是取之不尽、用之不竭、不用付费的资源。

资源配置是指经济中的各种资源(包括人力、物力、财力)在各种不同的使用方向之间的分配。资源配置的三要素就是时间、空间和数量。

技术系统中资源配置要关注资源的利用率,资源的利用率总是不断地提高,资源在今后的使用必然价值更高。我们应当关注资源的储存状况及获得资源的成本,注重开发资源的新功效,关注系统资源的开放性,区域间资源充分的流动性,遵循可持续发展的原则。

4.5.4 使用资源的顺序

资源利用的核心思想是:挖掘隐性资源,优化资源结构,体现资源价值。系统资源利用的一般原则是:

(1) 由实到虚:实物资源、虚物资源(微观资源、场)。

(2) 由内到外:内部资源、外部资源。

(3) 由静到动:静态资源、动态资源。

(4) 由直接到派生:直接资源、派生资源。为了解决问题需要用新的物质,但引入新的物质会使系统复杂化,或带来有害作用时。这时,需要新的物质,又不能引入新的物质,可以考虑使用派生资源,考虑使用资源的组合,如空物质等。

(5) 由贵到廉:贵重资源、廉价资源。

(6) 由自然到再生:自然资源、再生资源(循环利用)。

使用的资源顺序依次为:

(1) 执行机构的资源;

(2) 技术系统资源；
(3) 超系统的资源；
(4) 环境的资源；
(5) 系统作用对象的资源。

当系统内部的所有资源都不能解决问题时，才考虑从外部引入新的资源。内部资源指的是与问题直接相关的系统资源，如执行机构的资源。外部资源指的是与问题间接相关的系统资源。超系统资源指的是系统外与系统相关的其他的系统资源。如与系统相关的设备、工序、流程。环境和系统作用对象是特殊的超系统资源。

在分析资源的时候，系统作用对象被认为是不可改变的，所以尽量不要从系统作用对象中寻找资源。但有时可以考虑：

(1) 改变自身物理形态；
(2) 允许在系统作用对象的物质大量存在的地方做部分改变；
(3) 允许向超系统转化；
(4) 考虑微观级的结构；
(5) 允许与"空"结合；
(6) 允许暂时的改变。

4.6 裁剪分析

按照阿奇舒勒对产品进化定律的描述，产品进化有朝着先复杂再简化的方向进化。产品进化过程中的简化可以通过系统裁剪来实现。因此，系统裁剪是一条重要的进化路线，体现在组成系统的元素数量减少的同时，系统仍能保证高质量的工作。

裁剪是 TRIZ 中能够以低成本实现系统功能的重要方法之一，其基本原理是通过删减系统中存在问题的元素实现系统的改进。

例 4-12　PPSh41 冲锋枪。

苏联卫国战争初期，德军的攻势势如破竹，苏联的大部分兵工厂都被摧毁，而前线却迫切需要大量的武器装备，尤其是需求量最大的步枪和冲锋枪。在这种情况下，只有生产"最简单的结构、最经济的设计、最优良的火力"的冲锋枪才是上上之举。1941 年，PPSh 冲锋枪诞生了，命名为 PPSh41（俗称"波波沙"，见图 4-20）。

图 4-20　PPSh41（波波沙）

在整个"二战"期间，PPSh41 不停地被制造并装备苏联红军。苏军步兵战术原则中有一条："以坚定不移的决心逼近敌人，在近战中将其歼灭。"波波沙冲锋枪的外形格局明显模仿芬兰索米，但内部构造却大相径庭。结构非常简单，大部分零件如机匣、枪管护管都是用钢板冲压完成，工人只需作一些粗糙加工，如焊接、铆接、穿销连接和进行组装，再安装在一个木枪托上就完成了。制造工艺简单，没有复杂技术，冲压技术节省材料，造价低廉，制造速度很快，一般的学徒工稍加培训就可以轻松操作。到了1945年战争结束时，PPSh冲锋枪已经生产了惊人的550万支，居"二战"冲锋枪生产的榜首。

例4-13 苏联T-34坦克。

"二战"期间，苏联的技术基础较差，关键是工艺不过关，因此多靠简单而构思合理的设计去补拙，再以数量压倒对方。"二战"中的T-34坦克（见图4-21）的设计就说明了这一原则，它结构非常简单，但很合理。例如前壁制成坡形，即使得它的受弹角度利于弹开炮弹，又等于在不增加重量的前提下增加了坦克的装甲厚度。无论是装甲、大炮的口径和射程，都远远超过德国当时的主战坦克Panzer Ⅳ（见图4-22）。T-34的发动机是根据俄国的气候设计的，因此在严寒中也能轻松启动，不会像德国坦克那样冻死。履带较宽，不怕秋雨造成的西伯利亚平原上的无边泥泞，无论哪方面都远远超过了德国坦克。最大的优点，还是它设计简单，不需要复杂的机械传动装置，可以在一般的拖拉机厂内大规模粗制滥造出来。

图4-21 苏联T-34坦克的设计

图4-22 德国Panzer Ⅳ坦克

苏联在军工产品设计上一直秉承着这样一条原则，就是应用简单的结构实现强大的功能，那么遵循什么方法呢？就是裁剪。

苏联军械设计师沙普金有句名言："将一件武器设计得很复杂是非常简单的事情，设计得很简单却是极其复杂的事情。"他设计的冲锋枪（PPSh41）正是贯彻了这个理念。

4.6.1 裁剪原理和过程

由功能分析得到的存在于已有产品中的小问题可以通过裁剪来解决。通过裁剪,将问题功能所对应的元件删除,改善整个功能模型。元件被裁剪之后,该元件所需提供的功能可根据具体情况选择以下处理方式:

(1) 由系统中其他元件或超系统实现;
(2) 由受作用元件自己来实现;
(3) 删除原来元件实现的功能;
(4) 删除原来元件实现功能的作用物。

例 4-14 图 4-23(a)是已有牙刷的功能模型。将牙刷柄裁剪掉后,得到图 4-23(b)的功能模型。原来元件"牙刷柄"的功能由系统中其他元件——"手"来实现,简化了系统。

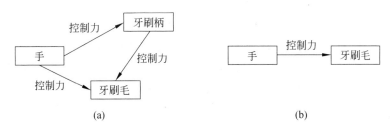

图 4-23 牙刷的功能模型

从进化的角度分析,功能裁剪一般发生在由原产品功能模型导出的最终理想解模型不能转化为实际产品的时候。例如用以下问题来描述裁剪的过程(见表 4-3),将这些问题分别对应技术系统的不同的进化模式,从而定义产品功能的理想化程度,应用裁剪与预测技术寻找中间方案。

表 4-3 功能裁剪的问题对应于技术进化的模式

进化定律	对应的裁剪问题
技术系统进化的四阶段	是否有必要的功能可以删除?
增加理想化水平	是否有操作元件可以由已存资源(免费、更好、现在)替换?
零部件的不均衡发展	是否有操作元件可以由其他元件(更高级)替换?
增加动态性及可控性	是否系统可以取代功能本身?
通过集成以增加系统功能	是否一些元件的功能或元件本身可以被替代?
交变运动和谐性发展	是否有不需要的功能可以由其他功能所排除?
由宏观系统向微观系统进化	是否有操作元件可以由其他元件(更小的)替换?
增加自动化程度,减少人的介入	是否有不需要的功能可以由其他功能(自动化控制的)所排除?

可以用描述功能裁剪的七个问题的具体过程(见表 4-4)来考量功能模型中元件功能之间的关系,并在具体操作中规范了裁剪的顺序与原则,指导裁剪动作的实施。

表 4-4　功能分析中裁剪的问句、顺序、原则

裁剪的问句	裁剪的顺序	裁剪的原则
此元件的功能是否是系统必需的？ 在系统内部或周围是否存在其他元件能完成此功能？ 是否已有资源能完成此功能？ 是否存在低成本可选资源能完成此功能？ 是否此元件必须能与其他元件相对运动？ 是否此元件能从与它的匹配部件中分离出来或材料不同？ 是否此元件能从组件中方便地装配或拆卸？	Ⅰ.许多有害作用、过剩作用或不足作用关联的元件应裁剪掉——那些带有最多这样功能（尤其是伴有输入箭头的，即元件是功能关系的对象）的元件是裁剪动作的首要选项。 Ⅱ.不同元件的相对价值（通常是金钱），最高成本的元件代表着最大的裁剪利益的机会。 Ⅲ.元件在功能层次结构中所处的阶层越高，成功裁剪的概率就越高。	A. 功能捕捉 B. 系统完整性定律 C. 耦合功能要求 ① 实现不同功能要求的独立性 ② 实现功能要求的复杂性最小

作为产品功能分析的重要步骤，功能裁剪的目的是为研究每个功能是否必需，如果必需，系统中的其他元件是否可完成功能。设计中的重要突破，成本或复杂程度的显著降低往往是功能分析与裁剪的结果。一种产品功能模型经过裁剪可能产生多种裁剪模型，因而会产生多种方案指导设计人员进行产品的创新设计。

4.6.2　裁剪对象选择

通过功能分析建立产品功能模型以后，对模型中的元件进行逐一分析，确定裁剪对象和顺序。多种方法可以帮助确定元件的删除顺序。从裁剪工具的角度来说，因果链分析、有害功能分析、成本分析为最重要的方法，因为这三种方法可以快速确定裁剪对象，其他方法可以作为辅助方法帮助确定裁剪顺序。其中优先删除的元件具有以下特性：

（1）关键有害因素：由因果链分析可以得知有害因素，可直接删除系统最底层的根本有害因素，进而删除其他相关较高阶层的有害因素。

因果链分析的主要作用是找出工程系统中最关键的有害因素。其方法为从目标因素回推找到产生问题的有害因素，直至找到最根本的原因。一般来说，因果链分析一般能找到大量的有害因素，但大部分有害因素都源于几个少数的根本有害因素。根本有害因素排除后，其后面的有害因素也就自然而然地被排除。

（2）最低功能价值：经由功能价值分析，可删除功能价值最低的元件；元件的功能价值可以由元件价值分析进行评估。通常，评估功能元件价值的参数有三个：功能等级、问题严重性和成本。若针对产品设计初期的概念设计，在功能价值评估过程中可以不考虑成本的问题。

（3）最有害功能：对元件进行有害功能分析，删除系统中有害功能最多的那个元件，增加系统的运作效率。

有害功能分析是将元件的有害功能数量的多少以及有害作用的加权数值来进行的，其中加权者为产品设计人员。

（4）最昂贵的元件：利用成本分析可删除成本最昂贵且功能价值不大的元件，这样

可以大幅降低系统的制造成本。成本分析是将系统元件的成本做一个比较,成本越高的删除的优先级别就越高。

4.6.3 基于裁剪的产品创新设计过程模型

裁剪是一种改进系统的方法,该方法研究每一个功能是否必需,如果必需,则研究系统中的其他元件是否可完成该功能,反之则去除不必要的功能及其元件。经过裁剪后的系统更为简化,成本更低,而同时性能保持不变或更好,剪裁使产品或工艺更趋向于理想解(IFR)。

应用裁剪主要针对已有产品,通过进行功能分析,删除问题功能元件,以完善功能模型。裁剪的结果会得到更加理想的功能模型,也可能产生一些新的问题。对于产生的新问题,可以采用 TRIZ 其他工具来解决。图 4-24 为基于裁剪的产品创新设计过程模型,主要包括以下几步:

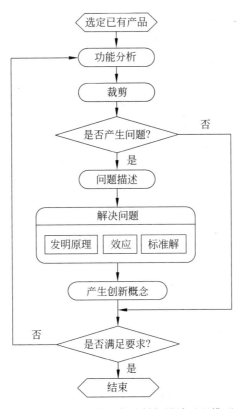

图 4-24 基于裁剪的产品创新设计过程模型

步骤 1:选择已有产品。

步骤 2:对选定的产品进行功能分析,建立功能模型,确定其有害作用、不足作用及过剩作用等小问题。

步骤 3:运用裁剪规则进行分析,确定裁剪顺序。进而进行裁剪,删除该功能元件。

步骤 4:判断裁剪后会产生什么问题。若裁剪后没有产生问题,则接步骤 6,否则接下一步。

步骤5：分析裁剪后产生的问题,应用 TRIZ 其他工具(发明原理,效应,标准解等)解决问题,形成创新概念。

步骤6：判断新设计是否满足要求。若满足要求,则结束流程,否则接步骤2,进行功能分析,并发现问题。

4.7 习　　题

1. 单选题

(1) 系统功能分析的步骤是(　　)。
　　A. 建立组件模型,建立功能模型,建立结构模型
　　B. 建立结构模型,建立组件模型,建立功能模型
　　C. 建立组件模型,建立结构模型,建立功能模型
　　D. 建立结构模型,建立功能模型,建立组件模型

(2) 对因果轴分析的步骤是(　　)。
　　A. 原因轴分析,结果轴分析,因果轴的规范化图示,选择解题的入手点
　　B. 原因轴分析,因果轴的规范化图示,结果轴分析,选择解题的入手点
　　C. 选择解题的入手点,原因轴分析,因果轴的规范化图示,结果轴分析
　　D. 选择解题的入手点,原因轴分析,结果轴分析,因果轴的规范化图示

2. 多选题

(1) 对系统作用对象描述正确的是(　　)。
　　A. 系统作用对象是系统功能的承受体　　B. 执行一定的功能
　　C. 可以等同为系统的子系统　　D. 属于特殊的超系统组件

(2) 建立结构模型的目的是什么？(　　)
　　A. 描述系统组成及各组件的层次
　　B. 描述组件之间的相互作用关系
　　C. 用规范化的功能描述,揭示整个技术系统所有组件之间的相互作用关系,以及如何实现系统功能
　　D. 描述组件之间的逻辑关系

4.8　实验与思考：关于眼镜的系统组件分析

4.8.1　实验目的

(1) 熟悉系统思维、功能分析、组件分析方法。
(2) 熟悉因果分析、资源分析等分析方法。

(3) 通过对眼睛系统的组件分析,掌握功能分析、组件分析的基本方法。

4.8.2 工具/准备工作

在开始本实验之前,请回顾教科书的相关内容。

需要准备一台能够访问因特网的计算机。

4.8.3 实验内容与步骤

(1) 请简述,系统分析的意义是什么?

答:_____
_____
_____
_____

(2) 功能分析是现代 TRIZ 中重要的工具,在功能分析中,识别系统的作用对象是其中一个重要的环节,请问家用吹风机的作用对象是什么?

答:_____
_____
_____

(3) 请简述组件分析的流程。

答:_____
_____
_____
_____
_____
_____

(4) "三轴分析"中的"三轴"指的是哪三个轴,每个轴的分析目的是什么?

答:_____
_____
_____
_____
_____

(5) 在因果分析时,可以用哪些方法来分析技术系统中问题的原因和结果?

答:_____
_____
_____
_____
_____
_____

(6) 资源分析的目的是什么？
答：_____
_____
_____
_____

(7) 系统裁剪的方法有哪些？裁剪目标如何选择？
答：_____
_____
_____
_____
_____

(8) 请参见图 4-10，眼镜作为一个技术系统，由镜片、镜框、镜脚组成，镜脚又由金属杆和塑料套组成，而手、眼睛、耳朵、鼻子和光线就是系统作用对象。请据此进行分析，依照图 4-12 和图 4-13，建立(绘制)眼睛系统的结构关系和组件模型，并至少给出 2 种裁剪的应用模型和结果。

(1) 眼睛系统的结构关系(为节省教材篇幅，请另用白纸画并粘贴如下并折页)：

------------------------- 眼镜系统结构关系粘贴线 -------------------------

(2) 眼睛系统的组件模型：

------------------------- 眼镜系统组件模型粘贴线 -------------------------

答：_____
_____
_____
_____
_____
_____

4.8.4 实验总结

_____
_____
_____

4.8.5 实验评价(教师)

_____
_____
_____

第5章 S曲线与技术系统进化法则

所谓技术系统的进化,就是不断地用新技术替代老技术,用新产品替代旧产品,实现技术系统的功能从低级到高级变化的过程。技术系统进化是 TRIZ 理论的核心内容之一。

TRIZ 强调技术系统一直处于进化之中,也就是在不断更新、发展中。不管人们是否认识了技术系统,技术系统的进化都在客观地进行着。认识和掌握技术系统的进化规律,有利于设计者开发出更先进的产品,从而提升产品的竞争力。同样地,对于一个具体的技术系统来说,人们对其子系统或元件不断地进行改进,以提高整个系统的性能,这个不断改进的过程也属于技术系统的进化过程。

5.1 技术系统定义

对自然科学学科和工程技术的研究表明:任何系统(生物学系统、技术系统、信息系统、社会系统等)的发展,在本质上都是相同的。人类通过研究,已经建立了关于生物学系统和经济系统的进化理论[①],而对技术系统的类似研究才刚刚开始。

关于技术系统(Technical System,TS)的概念,不同学者给出了不同的定义,目前为止还没有一个公认的、标准的定义。但是,已有的许多定义还是有许多共同点。在对这些定义进行分析的基础上,专家认为,作为一类特殊的系统,与自然系统(如自然生态系统、天体系统……)相比,技术系统应该具有如下两个鲜明的特征。

(1) 技术系统是一种"人造"系统。不同于自然系统,技术系统是人类为了实现某种目的而创造出来的。因此,技术系统与自然系统的最大差别就是明显的"人为"特征。

(2) 技术系统能够为人类提供某种功能。人类之所以创造某种技术系统,就是为了实现某种功能。因此,技术系统具有明显的"功能"特征。在对技术系统进行设计、分析的时候,应该牢牢把握住"功能"这个概念。

于是,我们对技术系统的定义如下:技术系统是指人类为了实现某种功能而设计、制

---

① 例如,研究表明,在近现代经济学的思想发展史上,曾经产生过三次大的"革命"与三次大的"综合"。其中,每一次"革命"都提出了与之前的经济学理论完全不同的研究范式,而每一次"结合"则把前后两种不同的研究范式统一在一个更大的理论框架中。这种以范式"革命"与范式"结合"交替形式出现的理论创新模式,实际上是科学发展的一般规律。就经济学而言,这种"革命"与"综合"的创新,既反映了人类经济历史不断前进的步伐,也反映了人类思想历史不断深化的过程。

造出来的一种人造系统。

作为一种特殊的系统,技术系统符合系统的定义,具有系统的5个基本要素(即输入、处理、输出、反馈和控制),也具有系统应该拥有的所有特性。

技术系统是相互关联的组成成分的集合。同时,各组成成分有其各自的特性,而它们的组合具有与其组成成分不同的特性,用于完成特定的功能。技术系统是由要素组成的,若组成系统的要素本身也是一个技术系统,即这些要素是由更小的要素组成,则称为子系统。反之,若一个技术系统是较大技术系统的一个要素,则称较大系统为超系统。这是技术系统的层次性。

层次性是指任何系统都有一定的层次结构,并可分解为一系列的子系统和要素。其中子系统仍是一个具有独特功能的有机体,而要素则是没有必要再分解的系统组成部分。反过来说,任何系统都可以看成是某个更高级、更复杂的大系统,功能越来越齐全、越来越高级,结构越来越复杂。任何系统都具有层次结构。另外,系统具有相对性和独立性,不同层级具有各自的性质,遵循各自的规律,层级间相互作用、相互转化。

例5-1 汽车是一个技术系统,它的子系统有汽车发动机、汽车轮胎、外壳等,同时,还可以把整个交通系统看做是它的超系统。而如果汽车发动机是一个技术系统,它的子系统就有变速齿轮、引擎、传动轴等,汽车则是它的超系统。

技术系统进化,是指实现技术系统功能的各项内容从低级向高级变化的过程。技术系统的进化过程可以描述为:新的技术系统刚刚诞生的时候,往往是简单的、粗糙的和效率低下的。随着人类对其要求的不断提高,需要不断地对技术系统中的某个或某些参数进行改善。

5.2 技术系统进化规律的由来

阿奇舒勒等人于20世纪70年代和80年代开始在TRIZ的框架中研究技术系统的进化。在研究过程中,他们广泛使用了辩证唯物主义哲学体系中的一些著名规律,如矛盾的对立统一、量变到质变、否定之否定等。

通过对大量专利的研究,阿奇舒勒发现,作为一个有机的整体,技术系统本身是在不断变化的。在环境变化的影响下,技术系统的这种变化就具有了一定的方向性。"好的"技术系统通过不断的自我调整来更好地适应变化着的环境,从而得以生存和发展;而对"差的"、不能适应环境变化的技术系统来说,灭亡是必然的结果。

对于生物系统来说,达尔文的自然选择理论指出了生物系统进化的根本原因——自然选择。其中,实施这种选择行为的是自然界,选择的标准是"生物对环境(即自然界)的适应能力"。阿奇舒勒认为,技术系统同样也面临"自然选择,优胜劣汰"的问题,只不过实施这种选择行为的是人类社会,选择的标准是"技术系统是否满足人类社会的需要"。由此,阿奇舒勒认为:技术系统的进化不是随机的,而是遵循一定的客观规律的;同生物系统的进化类似,技术系统也面临着自然选择,优胜劣汰。

这一论述后来被称为"TRIZ的核心思想",是对技术系统发展规律的高度概括和总结。其前半部分指出了技术系统进化的本质特征:客观规律性,是TRIZ理论的基石;后半部分指出了技术系统进化的原因和动力。

在同僚的协助下,通过对技术系统发展规律的进一步深入研究,阿奇舒勒最终提出了技术系统进化(Evolution of Technique,ET)理论,并将这种进化规律抽象为一些公理,以进化法则的形式进行表述。

5.3 S曲线及其作用

生物最重要的特征是适应环境并改造环境。作为地球上最高级的生物,人类具有制造并使用工具的能力,于是工具就成了人类征服自然和改造自然的利器。

如果观察相当长的时间段内,实现相同主要功能的技术系统家族,很容易就能发现该技术系统家族中发生的许多变化。虽然技术系统的某些特性或参数被改变了,但是主要功能却始终保持不变。其结果是,随着人类知识水平的提高,实现该功能的技术手段也提高了。例如,飞行设备、机动车辆、计算设备、录音设备等。在通常情况下,技术系统的进化过程可以被看作在时间轴上从技术系统产生的那一刻起,到现在,直至未来的一系列连贯事件。而时间轴上每个点,都可以看作是人类对于该技术系统的一次重大改进或称之为"发明"。

由于任何发明都能够提高系统的主要功能,因此,可以把时间轴同系统有用功能的增长轴等同起来。

5.3.1 S曲线

在对海量专利进行分析的基础上,通过对大量技术系统的跟踪研究,阿奇舒勒发现,技术系统的进化规律可以用S曲线来表示。对于当前的技术系统来说,如果没有设计者引入新的技术,它将停留在当前的水平上。只有向系统中引入新的技术,技术系统才能进化。因此,进化过程是靠设计者的创新来推动的。TRIZ中技术系统进化的S曲线如图5-1所示。

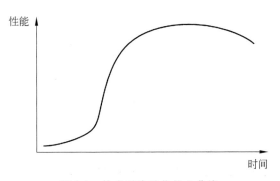

图 5-1　技术系统进化的 S 曲线

为了方便说明问题,常常将图5-1所示的S曲线简化为图5-2所示的形式,称为分段S曲线。其中,横轴表示时间,纵轴表示系统中某一个具体的重要性能参数。例如,在飞机这一技术系统中,飞机的速度、航程、安全性、舒适性等都是其重要的性能指标。进行S曲线分析,可以帮助评估系统现有技术的成熟度,合理地投入和分配,做出正确的研发决策。

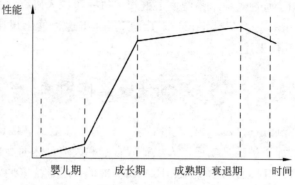

图 5-2 技术系统进化的分段 S 曲线

任何一种产品、工艺或技术,都会随着时间的推移向着更高级的方向发展。在其进化过程中,一般都要经历 S 曲线所表示的 4 个阶段:婴儿期、成长期、成熟期和衰退期。在每个阶段中,S 曲线都呈现出不同的特点。不仅如此,在 4 个不同的阶段中,专利的发明级别、专利的数量和经济收益方面也都有不同的表现如图 5-3 所示。

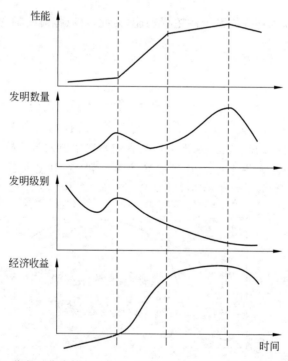

图 5-3 分段 S 曲线与发明数量、发明级别和经济收益之间的对应关系

1. 婴儿期

一个新技术系统的出现一般要满足两个条件:①人类社会对某种功能有需求;②存在满足这种需求的技术。

新的技术系统往往随着一个高水平的发明而出现,而这个高水平的发明正是为了满足人类社会对于某种功能的需求。在新的技术系统刚刚诞生的时候,一方面其本身的结构还不是很成熟;另一方面,为其提供辅助支持的子系统或超系统也还没有形成稳定的功能结构。所以,新系统本身往往表现出效率低、可靠性差等一系列问题,在其前进道路上还有很多技术问题需要解决,新系统的性能通常不如旧系统。同时,由于大多数人对新系统的未来发展并没有信心,因此,新系统的发展缺乏足够的人力和物力的投入。此时,市场处于培育期,对该产品的需求并没有明显地表现出来。

在这一阶段,系统呈现出的特性是:系统的发展十分缓慢;产生的专利的级别很高,但专利的数量很少;为了解决新系统中存在的主要技术问题,需要消耗大量资源,经济收益为负值。

对这个阶段系统改进的建议如下:

(1) 应该充分利用当时已有的系统部件和资源。例如,第一代 Modem 是和已有的电话线相匹配,协调发展的。

(2) 多考虑和当时比较先进的其他系统或部件相结合。混合动力汽车的发展结合了燃料电池和传统的内燃机。

(3) 主要精力应该放在解决阻碍产品进入市场的瓶颈上。例如,人工心脏的主要瓶颈之一是尺寸,对于一般人来说,它太大了,目前只使用于濒临死亡的人。

这个阶段面临着进入还是退出市场的抉择。在这个阶段结束的时候,最适应现有超系统的那个系统会生存下来(并不代表这个系统是最有前途的)。为系统确定最适合的细分市场非常重要,系统只需要有一方面的性能是独特的即可,其他的性能只需要达到最低要求。

讨论:(5分钟)请举出两种你认为是处于婴儿期的产品,并说明判断的依据。

2. 成长期

当社会认识到其价值和市场潜力的时候,新系统就进入了成长期。此时,通过婴儿期的发展,新系统所面临的主要技术问题已经解决,系统的效率提高,性能得到改善,市场前景开始显现。大量的人力和金钱被投入到系统的开发过程中,使系统的效率和性能快速提升,结果又吸引更多的资金投入系统的开发过程中,形成了良性循环,进一步推动了系统的进化过程。同时,市场对产品的需求增长很快,但供给不足,消费者愿意出高价购买产品。在这一时期,企业应对产品进行不断创新,迅速解决存在的技术问题,使其尽快成熟,为企业带来利润。

在这一阶段,系统呈现出的特征如下:

(1) 随着系统性能的改进,利润增长与其成正比。

(2) 应用领域和系统类型增加。例如,电脑朝多媒体、游戏娱乐和办公室应用方向发展。

(3) 系统各类型间的区别增加。例如,出现各种类型的 GPS 设备。

(4) 系统会具备一些和主功能相关的附加功能。例如手机的多功能发展。

(5) 出现系统专用的资源。例如,针对洗碗机出现了专用的洗涤剂。

(6) 和系统结合的超系统单元出现自我调整。例如,配合手机的使用出现了手机袋等各种携带方式。

在这个阶段,产生的专利在级别上开始下降;专利的数量大幅上升;系统的经济收益迅速上升并进入不同的细分市场;系统及其部件会有适度的改变,这也可以说是产品生命周期中最好的阶段。

在这个阶段,应该调整系统进入并适应新的应用领域,例如闪存的发展;可以利用折中法解决问题,即使得到的方案并没有彻底消除所存在的问题,例如有副作用的疫苗;可以利用超系统中的合适资源,例如互联网利用光缆;引入系统专用的资源,并朝这个方向发展,例如洗碗机。

讨论:(5分钟)请举出两种你认为是处于快速成长期的产品,并说明判断的依据。

3. 成熟期

由于成长期有大量的人力、物力和财力的投入,因此技术系统日趋完善。系统发展到成熟期时,性能水平达到了最高点,已经建立了相应的标准体系。新系统所依据原理的发展潜力也基本上都被挖掘出来了(即新系统是基于某个科学技术原理而开发的,此时该原理的资源已经基本耗尽),系统的发展速度开始变缓。只能通过大量低级别的发明或对系统进行优化来使系统性能得到有限的改进,再投入大量的人力、物力也很难使系统的性能有明显的提高。此时,产品已进入大批量生产阶段,并获得了巨额利润。在这一时期,应在保证质量、降低成本的同时,大量制造并销售产品,以尽可能多地赚取利润。同时,应该投入相应的人力、物力,着手开发基于新原理的下一代技术系统,以便在未来的市场竞争中处于领先地位。

这个阶段,系统性能已接近自然极限,例如光学测量的精度受光波长度所限;有害作用快速增多,例如汽车的发展带来了交通堵塞、停车难、空气污染、废旧汽车垃圾等诸多问题;面临经济和法律的限制,例如汽车速度受规定所限,国际法限制生化武器的发展;出现的矛盾会阻碍系统的发展,例如大油轮可以运输更多的原油,但是油轮太大,一旦出现事故就将是个灾难。

在这一阶段,系统呈现出的特征如下:

(1) 系统消耗大量的特定资源。例如汽车。
(2) 超系统部件会刻意地适应系统的要求。例如汽车。
(3) 对系统功能做很小的改进都会引起成本的急剧增加。
(4) 系统具有一些与其主要功能完全不相关的附加功能。例如,电视机的主要功能是让人们获取信息,其附加功能包括了健康身体。
(5) 系统发展寄希望于新的材料和技术,例如纳米材料。
(6) 替代系统的区别主要在外观。例如鼠标。

在这一阶段,系统趋于完善,局部有所改进,系统的发展速度变缓;生产量趋于稳定;产生的专利级别更低,但数量达到最大值;所获得的经济收益达到最大,但有下降的趋势。

此阶段要做出正确的研发决策。下一步的努力方向是:降低成本,发展相应的服务子系统,改善外观,例如灶具的发展;寻找基于新的工作原理的系统,例如音乐存储介质,磁盘必须大,以增加容量,但是必须小,以适应紧凑的设备。

讨论:(5分钟)请举出两种你认为是处于成熟期的产品,并说明判断的依据。

4. 衰退期

应用于该系统的技术已经发展到极限,很难取得进一步的突破。该技术系统可能不再有需求,因而面临市场的淘汰或将被新开发的技术系统所取代。此时,先期投入的成本已经收回,相应的技术已经相当成熟。在这一时期,企业会在产品彻底退出市场之前"榨"出最后的利润。因此,产品往往表现为价格和质量同时下降。随后,新的系统将逐步占领市场,从而进入下一个循环。

在这个阶段,新系统已经发展到第二阶段,迫使现有系统退出市场,例如计算尺与计算器;超系统的改变导致对系统需求的降低,例如自来水笔与圆珠笔;超系统的改变导致系统生存困难;保留下来的系统仅用于娱乐领域,例如明轮船(是指在船的两侧安有轮子的一种船,由于轮子的一部分露在水面上边,因此被称为明轮船。原始的明轮船是以人力踩踏木轮推进的,图5-4),用于体育项目,如标枪、弓箭、帆船;系统用于某特殊领域,如老式打火石与汽车电子打火。其他建议如第三阶段。

(a) 老式明轮船

(b) 现代娱乐用的明轮船

(c) 明轮船模型

图 5-4 明轮船的发展

在这一阶段,系统呈现出的特性是:系统的发展基本停止;产生的专利无论在级别上还是在数量上都明显降低;经济收益下降。

讨论:(5分钟)请举出两种你认为是处于衰退期的产品,并说明判断的依据。

5. S 曲线族

S 曲线描述了技术系统的一般发展规律,可以帮助我们确定系统的发展阶段,为研发决策提供参考作用。

在主要功能保持不变的基础上,实现该功能技术系统的这种持续不断的更新过程表现为多条 S 曲线,称这些 S 曲线为实现该主要功能的技术系统的 S 曲线族,如图 5-5 所示。

5.3.2 技术预测

对大量历史数据的分析研究表明:技术进化过程有其自身的规律与模式,是可以预测的,这种预测的过程称为技术预测。预测未来技术进化的过程,快速开发新产品,迎接未来产品竞争的挑战,对企业竞争力的提高起着重要的作用。因此,企业在新产品的开发

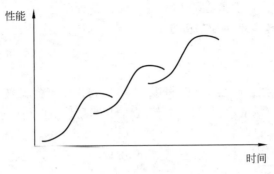

图 5-5　S 曲线族

决策过程中,需要准确地预测当前产品的技术水平及下一代产品的进化方向。

在长期的研究过程中,理论界提出了多种技术预测的方法。其中最有效的是 TRIZ 的技术系统进化理论。阿奇舒勒等人通过对大量专利的分析和研究,发现并确认了技术系统在结构上进化的趋势,即技术系统进化模式以及技术系统进化路线;他们同时还发现,在一个工程领域中总结出来的进化模式及进化路线可以在另一个工程领域实现,即技术进化模式与进化路线具有可传递性。该理论不仅能预测技术的发展,还能展示依据预测结果所开发出来的产品可能的状态,对于产品创新具有指导作用。

技术系统的进化与人类对自然界的认识是密切相关的,随着人类对自然规律认识的不断深入,利用这些规律创造出的技术系统的水平也会不断提高。因此,技术系统的进化与辩证唯物主义认识论中关于人类对事物的认识规律一样,都是螺旋式盘旋上升的过程。

5.4　技术系统进化法则

理查德·科克在其所著《极简法则》(江西人民出版社,2017)一书的前言中指出:法则(principles)是好东西,因为如果它们足够有力,能够让我们事半功倍,不撞南墙。在科学与商业领域,恰好就有这样一些法则。然而,尽管绝大多数科学家都对自己领域内的优美法则了然于心,但只有很少数的商业人士用法则来指导自己的日常工作,大部分人倾向于依靠法则更浅的一个层次——方法(methods)。但是,正如 19 世纪的哲学家拉尔夫·沃尔多·爱默生所说:"世间方法可能有千千万万,但法则却少之又少。抓住法则的人能够成功地挑选出适合自己的方法,但一味尝试方法却忽略法则的人必将陷于麻烦之中。"

从评判标准来看,法则必须具有压倒性的力量,是的,如你我一般的凡夫俗子,都能够仅凭一点点人类共识,通过小心仔细地遵循法则而非依靠个人才智,就能切实可信地创造出非凡的成果。

技术系统的进化是遵循某些客观规律的。阿奇舒勒花费了 30 多年的时间,在研究了大量的专利和已有技术系统的发展轨迹后,将这些客观规律概括、总结为多个进化法则与进化路线。进化法则指出技术系统进化发展的规律和宏观的模式与方向,进化路线反映了技术系统发展过程中经历的具体阶段和进化顺序。这些法则既可以用于发明新的技术系统,也可以用来系统化地改善现有系统。可以应用这些进化法则对新产品的预测分析给予建议,对于现有产品的改进方向给予建议和作为产品专利规避的有效工具。

对于进化法则的研究可以追溯到 TRIZ 发展的早期。1976 年,阿奇舒勒在《创造是精确的科学》一书中正式发表了这些法则。最初,这些进化法则在组织结构上还比较零散,并没有形成严密的逻辑结构。后来,很多研究者加入到对系统进化法则的研究中,并从不同的角度提出了各自的观点,极大地丰富了进化法则的内涵。阿奇舒勒提出的进化法则共有 8 个,可以分为两大类:生存法则和发展法则。

5.4.1 3 条生存法则

构建新系统的时候,通过将多个元素有机地组合成一个整体,并使其涌现出新的系统特性时,这个整体才能称为技术系统。所涌现出的系统特性是所有零件或组件按照某种确定的关系组合后才显现出来的。

例如,作为一个技术系统,飞机具有飞行这一特性。但是,"飞行"这一特性是这个系统中任意一个单独的零件或组件都不具备的。只有在明确了系统目标的前提下,按照一定的关系将所有的零件装配起来以后,才有可能涌现出"飞行"这一特性。怎样才能构建一个哪怕是具有最基本功能的技术系统,是否应该遵从某些最基本的原则呢?技术系统的生存法则就是这样的最基本的法则,以此来确保技术系统的产生和存在。

所谓生存法则就是,一个技术系统必须同时满足这些法则的要求,才能"生存",才能算是一个技术系统。生存法则共有 3 个:系统完备性法则、系统能量传递法则和系统各部分之间的韵律协调法则。

1. 完备性法则

技术系统存在的必要条件是存在最小限度的可用性。

要实现某项功能,一个完整的技术系统必须包含以下 4 个相互关联的基本子系统:动力子系统、传输子系统、执行子系统和控制子系统。如图 5-6 所示,矩形框中的 4 个子系统构成了一个最基本的技术系统。其中,动力子系统负责将能量源提供的能量转化为技术系统能够使用的能量形式,以便为整个技术系统提供能量;传输子系统负责将动力子系统输出的能量传递到系统的各个组成部分;执行子系统负责具体完成技术系统的功能,对系统作用对象(或称产品、工作对象或作用对象)实施预定的作用;控制子系统负责对整个技术系统进行控制,以协调其工作。

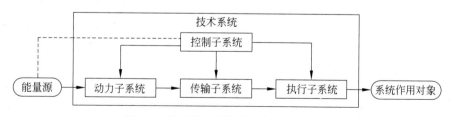

图 5-6 组成技术系统的 4 个基本子系统

动力子系统:从能量源获取能量,转化为系统所需的能源。
传输子系统:把能量或场传递给执行子系统。

执行子系统：对系统作用对象实施功能，常称为"工具"。

控制子系统：控制其他子系统如何协调，以实现功能。

完备性法则指出，技术系统保持基本效率的必要条件是必须同时具备这4个基本的子系统，且具有满足技术系统最低功能要求的能力；在4个基本的子系统中，如果任意一个子系统失效而无法正常工作，那么整个技术系统就无法正常工作。

任何技术系统都需要4个组成部分，每个部分都应具备所需的工作性能。但是，在建立和完善技术系统的过程中，人们还是经常违背这个法则。

由完备性法则可以得到如下推论：为了使技术系统可控，至少要有一个部分应该具有可控性。所谓可控性，是指根据控制者的要求改变系统特征/参数的行为。完备性法则有助于确定实现所需技术功能的方法并节约资源，利用它可对效率低下的技术系统进行简化。

初期的技术系统都是从劳动工具发展来的。当驱动装置代替人提供能量的时候，就出现了传动装置，利用传动装置将能量由驱动装置传向执行机构。这样，劳动工具就演变成了"机器的"执行机构，而人只完成控制执行机构的工作。例如，锄头和人并不是一套技术系统。技术系统是随着在新石器时代发明了犁（图5-7）之后才出现的：犁（执行子系统）翻地，犁辕（传输子系统）架在牲畜（能量源和动力子系统）身上，人（控制子系统）扶着犁把。

图 5-7 犁地

该法则可以帮助我们准确判断现有的组件集合是否构成技术系统。只有当执行机构安装了代替人的传输子系统和动力子系统时才形成技术系统。注意不要将动力子系统与能量源混淆（它们既可以是一体的，也可以是分开的）。能量（包括人力）可以从外部引入，然后在动力子系统中转换成技术系统所需的能量形式。例如，弓箭就是一个技术系统。因为它具备执行子系统（箭），传输子系统（弓弦）和动力子系统（拉紧的弦和弯曲的弓），人既是能量的来源，也是控制子系统（控制者）。需要注意的是，组件弓弦具有传输子系统和动力子系统的双重角色。这一特性（功能兼备）在展开技术系统（由简单系统转变为复杂系统）和压缩技术系统（在非初始阶段下用"聪明"的物质代替子系统和技术系统，用以简化系统）时经常遇到。

针对完备性进化法则的建议如下：

（1）新的技术系统经常没有足够的能力去独立地实现主要功能，所以依赖超系统提供的资源。

（2）随着技术系统的发展，系统逐渐获得需要的资源，自己提供主要的功能，如图5-8所示。

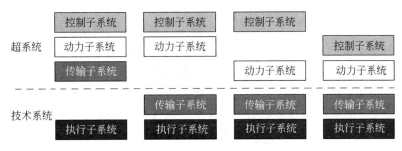

图5-8 新的技术系统逐步发展

（3）进化方向：系统不断自我完善，减少人的参与，以提高技术系统的效率。

2. 能量传递法则

技术系统存在的必要条件是能量要传递到该技术系统的各个部分（元件）。

从这个法则可以得到以下的重要推论：技术系统中的某个部分能够被控制的条件是，在该部分与控制子系统之间必须存在能量传递。

根据能量守恒定律，能量既不可能凭空产生，也不可能凭空消失。只要做功，就需要消耗能量。从本质上来说，技术系统就是工具。因此，只要它以某种形式做功，就需要消耗相应"数量"的能量。在技术系统内部也是如此，任何一个子系统之所以被"纳入"该技术系统，就是因为这个子系统能够实现某种技术系统所需要的功能。在实现功能的同时，就意味着能量的消耗。

因此，在任何一个技术系统内部，都需要有能量的传递和转换。所有在技术系统实现其功能的过程中需要做功的子系统，都需要得到相应"数量"的能量。如果能量不能贯穿整个系统，而是"滞留"在某处，那么技术系统的某些子系统就得不到能量，也就意味着这些子系统不能工作，从而导致整个技术系统无法正常实现其相应的功能。

外部输入的能量或动力装置内产生的能量用于维持技术系统中所有子系统的正常工作、补偿能量损失、监测或控制技术系统及其作用对象的性能参数。因此，在保证技术系统内部能量能够进行正常传递的基础上，还应该尽量将能量的损失（例如，能量转换过程中的损失、废物的产生、产品从技术系统中带出的能量）降到最低。能量从技术系统的一部分向另一部分的传递可以通过物质媒介（如轴、齿轮、冲击等）、场媒介（如磁场、电流等）或物-场媒介（如带电粒子流）。技术人员遇到的许多问题都是处理在给定条件下如何选择能量场和有效的能量传递方式。此时，应该遵守以下规则：

（1）在技术系统的产生和综合过程中，应该力求在系统的运行和控制过程中利用同一种场，即使用同一种形式的能量。这不仅可以保持能量形式的"纯洁性"，而且可以避免不同形式的能量在转换过程中的损耗。

在技术系统的进化过程中，系统中可能会加入新的子系统。新加入的子系统应该尽量利用系统内现有的能量或免费的能量(例如来自外部环境的能量、另一个系统多余的能量)来工作。

(2) 如果技术系统中包含某种不可取代(即不可替换)的物质,就应该使用对于技术系统中的各种物质都具有良好传导性的能量形式。

(3) 如果系统中各个组成部分的物质都是可以用其他物质来替换的,就可以把不易控制的场替换为易控制的场。同时,需要替换或引入物质,以确保能量的有效传递(对选定的场来说,引入的物质应该是"透明的")。按照可控性由低到高的顺序对场进行排序,其结果为:重力场→机械场→声场→热场→化学场→电场→磁场→辐射场。

技术系统的进化方向应该是沿着使能量流动路径缩短的方向发展,以减少能量损失。

练习: 某蔬菜大棚利用风能产生电能、产生热能,以对大棚植物进行加热。请讨论,按照能量传递法则,如何来提高这个系统的效率?

3. 协调性法则

技术系统存在的必要条件是系统中各个组成部分之间的韵律(结构、性能和频率等属性)要协调。

协调性法则指出:

(1) 技术系统朝着使多个子系统的参数之间彼此协调的方向进化。

(2) 技术系统朝着使系统参数与超系统参数之间更协调的方向进化。

(3) 对于高度发达的技术系统,其进化特征是:通过在多个子系统的参数间实现有目的的、动态的协调或反协调(也称为"匹配-错配"),从而使技术系统能够更加有效地发挥功能。

从上面的论述中可以看出,协调性法则可以分为3个层次:

首先,对于初级的技术系统来说,其进化是沿着各个子系统相互之间更协调的方向发展的,即:组成技术系统的各个子系统在保持协调的前提下充分发挥各自的功能。这也是整个技术系统能发挥其功能的必要条件。早在技术系统建立之初,为了使技术系统能够实现其功能,在选择子系统时,各个子系统的参数之间协调的必要性就已经很明显了:在保证各个子系统最小可工作性的基础上,各子系统必须以协调的方式,在参数上彼此兼容。

其次,对于中级的技术系统来说,其进化是沿着与其所处的超系统(环境)之间更协调的方向发展的,即组成技术系统的各个子系统通过有机的组合以后,所表现出来的、系统级别上的参数,要与其所在的超系统的相关参数彼此协调。只有这样,技术系统才能在其所处的环境中更好地发挥作用。

最后,对于已经成熟的、高级的技术系统来说,其进化是沿着各个子系统间、子系统与系统间、系统与超系统间的参数动态协调与反协调的方向发展的。这种动态的协调与反协调是协调性法则中的高级形式,反协调可以看作是一种更高层次上的协调。

协调性法则的进化路线可以具体表现为以下两种方式:

(1) 形状协调。例如,几何尺寸、质量等。

(2) 频率协调。例如性能参数(电压、力、功率等)的协调;又如工作节奏、频率上的协调,例如转动速度、振动频率等。

因此,技术系统应该在其子系统参数协调、系数参数与超系统参数协调的方向上发展进化。高度发展的技术系统的特征是:子系统为充分发挥功能,其参数要进行有目的的动态协调或反协调。

形状协调的进化路线有多个方面,包括表面属性、内部结构、几何形状等。

(1) 形状协调进化路线——表面属性的进化,如:

平滑表面→带有凸起和凹陷的表面→精细的轮廓表面→引入场和力

例如,鞋底的进化经历了:

光滑的→带有条纹的→各种各样的突起→带有细孔可以让鞋底呼吸

表面属性进化路线的目的如下:

① 使组件之间的相互作用更加匹配。
② 使组件与周围环境的接触面更加匹配。
③ 使组件表面具有更多的有用属性。

(2) 形状协调进化路线——内部结构的进化,如:

实心组件→引入空腔→形成几个空间→形成多个空间→引入场和力

例如,汽车保险杠的进化经历了:

实心组件→中空的缓冲器→蜂窝状结构→毛细结构→带有气囊的保险杠

内部结构进化路线的目的是:更加合理地利用内部的空间资源,优化内部的结构质量和强度,使系统更加紧凑。

(3) 形状协调进化路线——几何形状的进化,包括:

点→线→面→体 以及 几何形状复杂化

几何形状复杂化的进化,如:

体进化:立方体→柱体→球体→复杂体
面进化:平面→曲面→双曲面→富杂面
线进化:线→2D曲线→3D曲线→复杂线

例如,轴承接触方式的进化经历了:

球形→圆柱→油墨→磁场

例如,鼠标外观的进化经历了:

平坦表面→向一个方向弯曲的表面→表面大面积变性→复杂的复合表面

(4) 频率协调进化路线,如:

连续运动→脉冲→周期性作用→增加频率→共振

练习:吸尘器存在的问题是:吸力太大,吸嘴吸住了地毯。

请用频率协调的进化路线来解决这个问题。

5.4.2　5条发展法则

新的技术系统"诞生"以后,虽然它已经能够实现最基本的功能了,即能够"生存"了,但是,其各个方面的指标还很不理想。接下来,就会面临如何改善其可操作性、如何改善其可靠性、如何改善其效率等一系列的问题。

所谓发展法则,就是一个技术系统在其改善自身性能的发展过程中所遵循的一些最基本的法则。与生存法则不同,技术系统在发展过程中并不需要同时遵从所有的发展法则。不同的技术系统在发展过程中所遵从的发展法则可能是不同的。对同一个技术系统来说,在其"一生"中的不同发展阶段,所遵从的发展法则也可能是不同的。发展法则有5个,即提高理想度法则、动态性进化法则、子系统不均衡进化法则、向超系统进化法则、向微观级进化法则。

1. 提高理想度法则

系统理想度增加法则也称为提高理想度法则,该法则指出:所有技术系统都是朝着提高其理想度的方向进化的。在技术系统的理想度不断增加,无限趋近于无穷大的过程中,技术系统也无限趋近于理想系统。

本法则是技术系统发展进化的主要法则,是技术系统进化的总纲,其他的进化法则为本法则提供具体的实现方法。因此,本法则可以表述为以下两点:

(1) 技术系统是沿着提高其理想度,向理想系统的方向进化。

(2) 提高理想度法则代表着其他所有技术系统进化法则的最终方向。

提高理想度法则是 TRIZ 重要的组成部分之一,是 8 个进化法则中最基本的法则,而其他进化法则都是描述如何从不同的角度来提高技术系统的理想度。

在物质世界中,功能只能由物质对象提供。就是说,若要执行某项功能,必须有客观存在的专用材料(即物质)。而从理想度的角度来看,理想系统的理想度为无穷大,体积为零,重量为零,即这种专用材料不存在了。于是矛盾出现了,一方面,为了实现功能,物质必须存在;另一方面,为了使系统的理想度为无穷大,物质又不能存在。

这个矛盾可以借助于环境中的资源来解决,包括来自于其他技术系统的资源。这种利用一个技术系统的资源(或次要属性)来代替另一个技术系统的方式称为功能转移,其结果是技术系统 A 的功能由另外的一个或多个其他技术系统所实现,而技术系统 A 就可以从其所属的超系统中被优化掉了,从而使其所属的技术系统成为更加理想的技术系统。

提高理想度法则——简化路线,即:

完整的系统→移除一个组件→移除多个组件→最大限度地简化系统

例如,汽车仪表盘的进化经历了:

离散安置→仪表组合→图线现实→挡风玻璃显示(薄膜显示器)

2. 动态性进化法则

动态性进化法则指出:技术系统的进化应该沿着柔性、可移动性、可控性增加的方向发展,以适应环境状况或执行方式的变化,提高技术系统的高度适应性,指导人们以很小的代价获得高通用性、高适应性、高可控性的技术系统。

(1) 结构柔性进化路线

刚体→单铰接→多铰接→柔性体→液态/气态→场连接

例如,人们使用的散热工具的进化:

扇子→折扇→电风扇→空调

又例如，电脑显示器的进化：

不可移动的显示器→可移动的显示器→有圆铰接的显示器→有两个圆铰接的显示器→有球铰接的显示器→可以分离的显示器

(2) 可移动性进化路线

不可动→部分可动→高度可动→整体可动

例如，座椅的进化是这样的：

四腿椅→摇椅→转椅→滚轮椅

又例如，清扫工具的进化是这样的：

扫帚→吸尘器→地宝（扫地机器人）

(3) 可控性进化路线

不可控制→直接（手动）控制→间接控制（利用中介物、机械）→反馈控制→自动控制（智能反馈）

自动控制系统和各种物理、化学效应的应用提供了自我可控性。反馈装置是技术系统实现自我可控性的一个必要条件。

例如，温室天窗进化的过程是：

木棍支撑→按钮控制→温度控制→根据温度自动调节

例如，路灯进化的过程是：

分别开闭→总控开闭→自动感应开闭→自动感应开闭并自调节亮度

又例如，照相机进化的过程是：

手动调焦→按钮调焦→感应光线调焦→自动调焦

3. 子系统不均衡进化法则

子系统不均衡进化法则指出：系统中各个部分的进化是不均衡的。越是复杂的系统，其各个组成部分的进化越是不均衡。

完备性法则中已经指出，一个完整的技术系统至少应该包含动力子系统、传输子系统、执行子系统和控制子系统。子系统不均衡进化法则是指：

(1) 技术系统中的每个子系统都有自己的S曲线。

(2) 技术系统中的各个子系统是按照自己的进度来进化的，不同子系统的进化是不同步、不均衡的。

(3) 技术系统中不同的子系统在不同的时刻到达自己的极限，率先到达自身极限的子系统将"抑制"整个技术系统的进化。这种不均衡的进化通常会导致子系统之间产生矛盾，只有解决了矛盾，技术系统才能继续进化。

(4) 整个技术系统的进化速度取决于技术系统中进化最慢的那个子系统的进化速度。

掌握子系统不均衡进化法则，可以帮助技术人员及时发现并改进系统中最不理想的子系统，从而使整个技术系统的性能得到大幅提升。

技术系统中的每个子系统都是沿着自己的S曲线进化的，不同的子系统都按照自己的时间表进化。同时，不同的子系统在不同的时间点到达自己的极限，这将导致子系统间矛盾的出现。系统中最先到达极限的子系统将抑制整个系统的进化,整个技术系统的进化水平将取决于这个子系统。只有消除了这种矛盾,才能使得技术系统继续发展。在消除矛盾的时候,需要考虑技术系统的持续改进(以可持续发展的方式来消除矛盾)。

在技术系统的进化过程中,最先达到极限的子系统成了抑制整个技术系统进化的障碍。很明显,通过消除这种障碍,可以使技术系统的性能得到较大幅度的改善。但是,在实际工作中,人们往往忙于改善那些非关键性的子系统,而对于"瓶颈"子系统却视而不见。例如,早期的飞机被糟糕的空气动力学特性所限制。然而,在很长的一个时期,工程师们不是想着如何改善空气动力学特性,而是将注意力都放在了如何提高飞机发动机的动力上,导致飞机整体性能的提升一直比较缓慢。

例5-2 自行车的进化(图5-9)。

早在19世纪中期,自行车还没有链条传动系统,脚蹬直接安装在前轮轴上。此时,自行车的速度与前轮直径成正比。为了提高速度,人们采用了增加前轮直径的方法。但是一味地增加前轮直径,会使前后轮尺寸相差太大,从而导致自行车在前进中的稳定性变差,很容易摔倒。后来,人们开始研究自行车的传动系统,在自行车上装上了链条和链轮,用后轮的转动来推动车子的前进,且前后轮大小相同,以保持自行车的平稳和稳定。

图5-9 自行车的进化

4. 向微观级进化法则

一般来说,在技术系统中,组成元素首先是在宏观级别上进化,当资源耗尽时,就开始在微观级别上进化。

向微观级进化法则指出:在能够更好地实现原有功能的条件下,技术系统的进化应该沿着减小其组成元素尺寸的方向发展,其尺寸倾向于达到原子或基本粒子的大小,即元件从最初的尺寸向原子、基本粒子的尺寸进化。在极端情况下,技术系统的小型化意味着进化为相互作用的场。

在发展的早期阶段,技术系统发展的主要方向是增加子系统的数量,以丰富和完善技术系统的功能,这一阶段被称为技术系统的膨胀发展阶段。但是,这种子系统数量的增加会造成技术系统在能量消耗、尺寸和重量上的过度增加。而能量消耗、尺寸和重量的增加是与提高理想度相矛盾的,同时也是与环境要求相违背的,技术系统将很快达到其性能的极限。

膨胀发展阶段结束后,为了使技术系统的性能进一步提高,技术系统的发展必然会沿着减小重量、尺寸和能量消耗的方向发展。通过减小重量、尺寸和能量消耗,能够将技术系统中各个组成部分的成本控制在一个较低的水平上,这个过程称为向微观级进化,这标志着技术系统向密集型进化的开始。

向微观级进化是指由固体物质组成的技术系统元素的逐渐分化(裂)变小的过程。通过逐渐分化变小,可以提高技术系统组成元素间相互作用的柔性。技术系统中组成元素的不断分化将使得元素在尺寸上与分子不相上下。也就是说,技术系统开始使用液体或气体作为其组成元素。

原子级的相互作用通常发生在技术系统的化学反应中。随着分化程度的提高,会导致技术系统使用基本粒子作为其组成元素。而更高级别的分化会导致量子的使用,即场的应用(场也会以某种特定方式进一步分化)。

向微观级进化法则主要在系统螺旋进化阶段发挥作用。将本法则应用到与环境高度冲突的系统中是非常有效的。与环境的冲突清楚地表明,技术系统已经达到其性能的极限。在此情况下,如果还是按照以前的技术系统进化方向发展,必然会导致成本的急剧上升。但是,上述结论并不意味着不能在技术系统进化的早期阶段使用向微观级进化法则。

向微观级进化法则在微电子领域表现得特别明显。该领域的发展过程完美地体现了以往数十年间技术系统的进化过程。

向微观级进化法则的进化路线是提高物质的可分性,如:

实心组件→两个部分→多个部分→粒状和粉末状→膏状和凝胶状→液态→泡沫与雾状→气态→原子和等离子体→场作用→真空态

例如,螺旋桨进化的过程是:

单叶片螺旋桨→双叶片螺旋桨→多叶片→双排螺旋桨→涡轮螺旋桨→喷气引擎→离子发动机→光子引擎

5. 向超系统进化法则

向超系统进化法则指出:技术系统内部进化资源的有限性要求技术系统的进化应该沿着与超系统中的资源相结合的方向发展。技术系统与超系统结合后,原来的技术系统将作为超系统的一个子系统。

向超系统进化有以下两种形式:

(1) 技术系统是沿着"单系统→双系统→多系统"的方向进化的。将原有的技术系统与另外的一个或多个技术系统进行组合,形成一个新的、更复杂的技术系统。原有的技术系统可以看作是新技术系统的一个子系统,而新的技术系统就是原有技术系统的超系统。"单系统→双系统→多系统"的进化过程意味着初始的单系统可以通过两种途径成为超系统的一部分:

① 一个单系统与另一个单系统组合,形成一个双系统。例如,带橡皮头的铅笔。

② 一个单系统与几个单系统或者与一个更复杂的技术系统组合,形成一个多系统。例如,瑞士军刀。

(2) 技术系统进化到极限时,它实现某项功能的子系统会从系统中剥离出来,转移至超系统,成为超系统的一部分。该子系统的功能得到增强的同时,也简化了原有的技术系统。

将原有技术系统中的一个子系统及其功能从技术系统中分离出来,并将它们转移到超系统内。分离出来的子系统被组合到超系统中,形成专用的技术系统。专用技术系统以更高的质量执行该子系统的功能。一方面,原有技术系统由于剥离了该子系统而得以简化;另一方面,由于从原技术系统中分离出来的子系统被组合进一个专用技术系统,使得该子系统的功能质量得以提高,从而使新技术系统的功能得以增加。

例 5-3 空中加油机(图 5-10)。

图 5-10 空中加油机

长距离飞行时,飞机需要携带大量的燃油。最初,是通过携带副油箱的方式得以实现的。此时,副油箱被看作是飞机的一个子系统。通过进化,将副燃油箱从飞机中分离出来,转移至超系统,以空中加油机的形式给飞机加油。此时,一方面,由于飞机不需要携带副油箱,飞机的飞行重量降低,系统得以简化;另一方面,加油机可以携带比副油箱多得多的燃油,大大提高了为飞机补充燃油的能力。

向超系统进化法则可以应用在技术系统进化的任何阶段。该法则是系统升迁的一种变体,这种性质可用于解决物理矛盾。将该法则与其他技术系统进化法则结合起来,可以预测技术系统的进化趋势。

在进化过程中,当技术系统耗尽了系统中的资源之后,技术系统将作为超系统的一部分而被包含到超系统中,下一步的进化将在超系统级别上进行。

向超系统进化法则的进化路线是:

单组件系统→引入单一附件组件→引入多个附件组件→更高水平的单系统

包括类似组件、不同组件、关联组件、不同组件、相反组件等单—双—多进化路线。例如,关联组件有瑞士军刀、开瓶器;不同组件有手机;相反组件有灯和灯罩、锤子(图 5-11)和起子等。

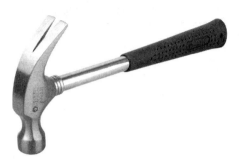

图 5-11　相反组件的进化：锤子

5.4.3　技术系统进化法则的本质

8个生存法则和发展法则可以看作是一个规律的集合，描述了技术系统进化的趋势。利用这些进化法则，可以指导我们在设计过程中沿着正确的方向寻找问题的解决方案。将 S 曲线与进化法则结合的表达如图 5-12 所示。

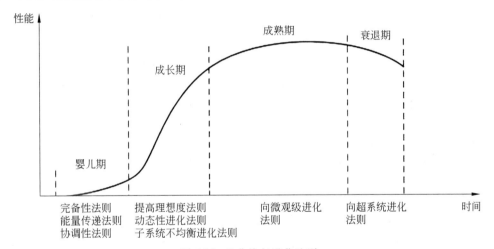

图 5-12　S 曲线与进化法则

这种对设计活动的指导作用主要表现在以下两个方面：

(1) 在新产品设计过程中，指导我们制定"方向"正确的设计方案。

(2) 在对现有产品进行改进的过程中，指导我们在多个解决方案中选择"方向"正确的解决方案。

需要注意的是，这些进化法则是基于对海量专利和技术系统、技术过程进行分析、归纳和总结的基础上而得到的，是基于经验的，而不是基于严密的逻辑推导。如何构建一个完整的技术系统进化的规律体系，如何对这些进化规律进行证明，是现代 TRIZ 研究中最重要的方向之一。

此外，TRIZ 中的技术系统进化规律还表现为另一个层次，即进化路线，进化路线反映了技术系统发展过程中会经历的具体阶段和进化顺序。进化法则和进化路线的关系如表 5-1 所示。

表 5-1 进化法则与进化路线的对应关系

进 化 法 则		进 化 路 线
生存法则	完备性法则	
	能量传递法则	
	协调性法则	• 表面属性进化 • 内部结构进化 • 点-线-面-体"跃迁" • 线性组件的几何进化 • 表面的几何进化 • 体组件的几何进化 • 提高频率匹配性
发展法则	提高理想度法则	• 简化 • 扩展-简化
	动态性进化法则	• 向柔性系统或可移动系统"跃迁" • 提高可控性
	子系统不均衡进化法则	
	向微观级进化法则	• 通过分割向微观级进化
	向超系统进化法则	• 类似组件的单-双-多 • 不同组件的单-双-多

5.4.4 技术系统进化法则的应用

技术系统的八大进化法则是 TRIZ 中解决发明问题的重要指导原则,掌握好进化法则,可有效提高问题解决的效率,同时进化法则可以应用到其他很多方面。

1. 产生市场需求

产品需求的传统获得方法一般是市场调查,调查人员基本聚焦于现有产品和用户的需求,缺乏对产品未来趋势的有效把握,所以问卷的设计和调查对象的确定在范围上非常有限,导致市场调查所获取的结果往往比较主观、不完善。调查分析获得的结论对新产品市场定位的参考意义不足,甚至出现错误的导向。

TRIZ 的技术系统进化法则是通过对大量的专利研究得出的,具有客观性的跨行业领域的普适性。技术系统的进化法则可以帮助市场调查人员和设计人员从进化趋势确定产品的进化路径,引导用户提出基于未来的需求,实现市场需求的创新。从而立足于未来,抢占领先位置,成为行业的引领者。

2. 定性技术预测

针对目前的产品,技术系统的进化法则可为研发部门提出如下预测:

(1) 对处于婴儿期和成长期的产品,在结构、参数上进行优化,促使其尽快成熟,为企业带来利润。同时,也应尽快申请专利进行产权保护,以使企业在今后的市场竞争中处于有利位置。

（2）对处于成熟期或衰退期的产品，避免进行改进设计的投入或进入该产品领域，同时应关注于开发新的核心技术以替代已有的技术，推出新一代的产品，保持企业的持续发展。

（3）明确符合进化趋势的技术发展方向，避免错误的投入。

（4）定位系统中最需要改进的子系统，以提高整个产品的水平。

（5）跨越现系统，从超系统的角度定位产品可能的进化模式。

3. 产生新技术

产品进化过程中，虽然产品的基本功能基本维持不变或有增加，但其他的功能需求和实现形式一直处于持续的进化和变化中，尤其是一些令顾客喜悦的功能变化得非常快。因此，按照进化理论可以对当前产品进行分析，以找出更合理的功能实现结构，帮助设计人员完成对系统或子系统基于进化的设计。

4. 专利布局

技术系统的进化法则，可以有效确定未来的技术系统走势，对于当前还没有市场需求的技术，可以事先进行有效的专利布局，以保证企业未来的长久发展空间和专利发放所带来的可观收益。

在当前的社会，很多企业正是依靠有效的专利布局来获得高附加值的收益的。在通信行业，高通公司的高速成长正是基于预先的大量的专利布局，在CDMA技术上的专利几乎形成全世界范围内的垄断。我国的大量企业，每年会向国外公司支付大量的专利使用许可费，这不但大大缩小产品的利润空间，还会经常因为专利诉讼而官司缠身，我国的DVD厂商们就是一个典型代表。

最重要的是专利正成为许多企业打击竞争对手的重要手段。我国企业在走向国际化的道路上，几乎全都遇到了国外同行在专利上的阻挡，虽然有些官司最后以和解结束，但被告方却在诉讼期间丧失了大量的、重要的市场机会。

同时，拥有专利权也可以与其他公司进行专利许可使用的互换，从而节省资源，节省研发成本。因此，专利布局正成为创新型企业的一项重要工作。

5. 选择企业战略制定的时机

八大进化法则，尤其是S曲线对选择一个企业发展战略制定的时机具有积极的指导意义。一个企业也是一个技术系统，一个成功的企业战略能够将企业带入一个快速发展的时期，完成一次S曲线的完整发展过程。但是，当这个战略进入成熟期以后，将面临后续的衰退期，所以企业面临的是下一个战略的制定。

很多企业无法跨越20年的持续发展，正是由于在一个S曲线的4个阶段的完整进化中，没有及时进行有效的下一个企业发展战略的制定，没有完成S曲线的顺利交替，以致被淘汰出局，退出历史舞台。所以，企业在一次成功地制定战略后，在获得成功的同时，不要忘记S曲线的规律，需要在成熟期开始着手进行下一个战略的制定和实施，从而顺利完成下一个S曲线的启动，将企业带向下一个辉煌。

5.5 习题

1. 单选题

(1) 您认为电视机处于（　　）时期。
　　A. 婴儿期　　　　B. 成长期　　　　C. 成熟期　　　　D. 衰退期

(2) TRIZ中所有的进化法则都是围绕着哪个法则进行的？（　　）
　　A. 完备性进化法则　　　　　　　B. 向超系统进化法则
　　C. 向微观级进化法则　　　　　　D. 提高理想度法则

(3) 以下对凳子描述，正确的是（　　）。
　　A. 凳子处在衰退期　　　　　　　B. 凳子不是完备的技术系统
　　C. 凳子处在成长期　　　　　　　D. 以上都不对

2. 多选题

协调性法则的进化路线包含（　　）。
　　A. 形状协调进化路线　　　　　　B. 频率协调进化路线
　　C. 材料协调进化路线　　　　　　D. 子系统协调进化路线

5.6 实验与思考：深入理解S曲线与技术系统进化法则

5.6.1 实验目的

(1) 理解 TRIZ 的基本概念，熟悉技术系统、矛盾和理想化方法等重要内容。
(2) 熟悉 S 曲线及其应用与技术预测的作用。
(3) 熟悉技术进化法则及其主要作用。
(4) 运用最终理想解方法分析创新问题。
（提示：此部分实践内容较为丰富，可以安排专门的讨论课、实验课来讨论完成。）

5.6.2 工具/准备工作

开始本实验之前，请回顾教科书的相关内容。
需要准备一台能够访问因特网的计算机。

5.6.3 实验内容与步骤

(1) 概念理解：什么是 S 曲线？S 曲线有什么作用？
答：

(2) 描述 S-曲线的各阶段特征,并举例说明。

答:_____
_____
_____

(3) 技术系统处于 S 曲线的"婴儿期"的原因是什么?处于 S 曲线的"婴儿期"的技术系统有哪些主要特征?

答:_____
_____
_____

(4) 技术系统处于 S 曲线的"成长期"的原因是什么?处于 S 曲线的"成长期"的技术系统有哪些主要特征?

答:_____
_____
_____
_____

(5) 技术系统处于 S 曲线的"成熟期"的原因是什么?处于 S 曲线"成熟期"的技术系统有哪些主要特征?

答:_____
_____
_____
_____

(6) 技术系统处于 S 曲线的"衰退期"的原因是什么?处于 S 曲线的"衰退期"的技术系统有哪些主要特征?

答:_____
_____
_____
_____

(7) 判断一个系统处于进化的哪个阶段的主要参数包括哪些?如何判断一个技术或产品处于哪个发展阶段?

思路:运用性能参数、专利数量、发明等级和获取利润 4 种情况综合对比分析。

答:_____
_____
_____
_____

(8) 技术成熟度预测方法与原理有哪些?

答: _____

_____

_____

(9) 技术系统进化八大法则是什么?

答: _____

_____

_____

(10) 请您谈谈您对"提高理想度法则"的理解。

答: _____

_____

_____

(11) "完备性法则"提出技术系统必不可少的四个子系统分别是什么?

答: _____

_____

_____

(12) 请根据"完备性法则",画出"人骑自行车"这一系统的结构图。

答: _____

_____

_____

(13) 从能量传递的角度来看,技术系统能够正常工作的必要条件是什么?

答: _____

_____

_____

(14) 要提高系统的能量传递效率,有哪些有效的途径和方法呢?

答: _____

_____

_____

(15) "动态性进化法则"包含哪几个方面的内容?

答: _____

(16) 结合身边的实例,举出符合"提高柔性"进化路线的 1~2 个实例。

答:_____

(17) 结合身边的实例,举出符合"提高可控性"进化路线的 1~2 个实例。

答:_____

(18) "子系统不均衡进化法则"的意义是什么?

答:_____

(19) 在日常工作中你所接触到的系统,其各子系统是否是交替进化和发展的?请举出 1~2 个实例。

答:_____

(20) 向超系统进化的 2 个方向分别是什么?就每个方向分别举出 1~2 个实例。

答:_____

(21) "向微观级进化法则"提出的进化趋势是什么?请举出身边符合向微观级进化趋势的 1~2 个实例。

答:_____

(22) 系统的协调性进化表现在哪几个方面?

答:_____

(23) TRIZ 理论创新始人阿奇舒勒认为，技术系统的发展进化与生物的发展进化是相同的，都遵循"优胜劣汰、适者生存"这一总原则，并在 TRIZ 理论中提出了具体的进化法则，如完备性法则等。请问共享单车的出现遵循了哪一个进化法则？

思路：向超系统进化（依靠互联网），协调性进化法则。

答：_____

_____

_____

(24) 空中加油机作为中国人民解放军的重要装备，极大地提高了我军战斗机的作战范围，请问它运用了哪个进化法则？

答：_____

_____

_____

5.6.4 实验总结

_____

_____

_____

5.6.5 实验评价（教师）

_____

_____

发明原理与应用

在阿奇舒勒看来,人们在解决发明问题的过程中,所遵循的科学原理和技术系统进化法则是一种客观存在。大量发明所面临的基本问题是相同的,其所需要解决的矛盾从本质上说也是相同的。同样的技术创新原理和相应的解决问题的方案,会在后来的一次次发明中被反复应用,只是被使用的技术领域不同而已。

6.1 发明原理的由来

从1946年开始,阿奇舒勒研究阅读了20多万份发明专利文献,从中挑选出4万份发明级别为二、三和四级的发明专利。通过对这4万份发明专利进行深入的统计、分析和研究,1971年,阿奇舒勒从专利中提取了40种最常用的解决发明问题的方法(表6-1),这就是TRIZ理论的40个发明原理(Inventive Principle,IP)。在实践中,人们也发现,发明原理是用于解决技术矛盾的最行之有效的创造性方法。

表6-1　40个发明原理及其统一规则

编号及发明原理	实现属性转换的规则
1. 分割	产生新的属性(包含空间、时间、物质的分割)
2. 抽取	抽取出有用的属性,去除有害的属性
3. 局部质量	局部具有特殊的属性,确保相互作用中产生所需功能
4. 增加不对称性	形状属性最佳化
5. 组合(合并)	运用多种效应、属性组合成创新产品
6. 多功能性(多用性、广泛性)	一物具有多种属性,运用不同的属性产生组合的功能
7. 嵌套	协调运用空间属性资源
8. 重量补偿	施加反向属性力,抵消重力
9. 预先反作用	产生需要的反向属性
10. 预先作用	形成方便操作的属性
11. 预补偿(事先防范)	预防产生不需要的属性
12. 等势	在重力属性场中稳定高度不变

续表

编号及发明原理	实现属性转换的规则
13. 反向作用	运用反向属性实现需要的功能
14. 曲率增加(曲面化)	运用曲面形状的各种属性
15. 动态特性	利用刚性→单铰接→多铰接→柔性→液→粉→气→场等的特有属性实现功能,提高灵活性
16. 未达到或过度的作用	属性量值的选择性最佳化
17. 空间维数变化(一维变多维)	空间属性的协调转换
18. 机械振动	振动属性的运用
19. 周期性作用	时间属性的协调转换
20. 有益(效)作用的连续性	属性在时间维度上的稳定协调作用
21. 减少有害作用的时间(快速通过)	属性在时间维度上的急剧协调作用
22. 变害为利	运用有害的属性实现有用的功能
23. 反馈	信息属性作用的利用,时间属性和时间流的作用
24. 借助中介物	运用中介物的特有属性作用实现功能
25. 自服务	运用物质自身的属性完成补充、修复的功能
26. 复制	运用廉价的复制属性资源替代各种资源
27. 廉价替代品	运用物质特有的廉价属性,确保一次性执行所需的功能
28. 机械系统替代	运用光、声、电、磁、人的感官等新的替代属性,高效率地执行所需的功能
29. 气动与液压结构	运用液压、气动属性实现力的传递
30. 柔性壳体或薄膜	运用柔性壳体和薄膜的特有属性作用实现功能
31. 多孔材料	运用多孔材料具有比重轻、绝热性等特有属性
32. 颜色改变(改变颜色、拟态)	提高物质颜色属性的运用
33. 同质性(均质性)	运用相同的某个特定的属性
34. 抛弃和再生	使物质随着某一功能完成而消失,或是获得再生
35. 物理或化学参数改变	运用变、增、减、稳、测改变物质的各种属性,高效率地执行所需的功能
36. 相变	运用物质相变时形成的某些特征属性的作用实现功能
37. 热膨胀	运用物质的热膨胀属性实现功能
38. 强氧化剂(使用强氧化剂、加速氧化)	运用强氧化的化学属性作用实现功能
39. 惰性环境	运用化学惰性气体的特有属性改变环境
40. 复合材料	组合不同属性的物质,形成具有优良属性物质实现功能

在实践中,人们进一步发现,实际上,这40个发明原理的使用率也有很大不同,如表6-2所示。

表6-2　40个发明原理按使用率排序

编号及发明原理	使用率	编号及发明原理	使用率	编号及发明原理	使用率
35. 物理或化学参数改变	1	34. 抛弃和再生	15	11. 预补偿(事先防范)	29
10. 预先作用	2	16. 未达到或过度的作用	16	31. 多孔材料	30
1. 分割	3	40. 复合材料	17	38. 强氧化剂(使用强氧化剂、加速氧化)	31
28. 机械系统替代	4	24. 借助中介物	18	8. 重量补偿	32
2. 抽取	5	17. 空间维数变化(一维变多维)	19	5. 组合(合并)	33
15. 动态特性	6	6. 多功能性(多用性、广泛性)	20	7. 嵌套	34
19. 周期性作用	7	14. 曲率增加(曲面化)	21	21. 减少有害作用的时间(快速通过)	35
18. 机械振动	8	22. 变害为利	22	23. 反馈	36
32. 颜色改变(改变颜色、拟态)	9	39. 惰性环境	23	12. 等势	37
13. 反向作用	10	4. 增加不对称性	24	33. 同质性(均质性)	38
26. 复制	11	30. 柔性壳体或薄膜	25	9. 预先反作用	39
3. 局部质量	12	36. 相变	26	20. 有益(效)作用的连续性	40
27. 廉价替代品	13	37. 热膨胀	27		
29. 气压与液压结构	14	25. 自服务	28		

研究也表明,40个发明原理所对应的科学效应(见本书第10章)的数量有很大不同,如表6-3所示。

表6-3　40个发明原理对应的科学效应数量

编号及发明原理	对应数	编号及发明原理	对应数	编号及发明原理	对应数
1. 分割	5	6. 多功能性(多用性、广泛性)	1	11. 预补偿(事先防范)	3
2. 抽取	16	7. 嵌套	1	12. 等势	2
3. 局部质量	14	8. 重量补偿	9	13. 反向作用	6
4. 增加不对称性	2	9. 预先反作用	1	14. 曲率增加(曲面化)	13
5. 组合(合并)	9	10. 预先作用	16	15. 动态特性	15

续表

编号及发明原理	对应数	编号及发明原理	对应数	编号及发明原理	对应数
16. 未达到或过度的作用	3	25. 自服务	4	34. 抛弃和再生	7
17. 空间维数变化(一维变多维)	6	26. 复制	8	35. 物理或化学参数改变	455
18. 机械振动	14	27. 廉价替代品	5	36. 相变	12
19. 周期性作用	13	28. 机械系统替代	15	37. 热膨胀	6
20. 有益(效)作用的连续性	2	29. 气动与液压结构	5	38. 强氧化剂(使用强氧化剂、加速氧化)	6
21. 减少有害作用的时间(快速通过)	11	30. 柔性壳体或薄膜	12	39. 惰性环境	2
22. 变害为利	2	31. 多孔材料	12	40. 复合材料	4
23. 反馈	5	32. 颜色改变(改变颜色、拟态)	4		
24. 借助中介物	19	33. 同质性(均质性)	1	合计	746

下面,我们选择其中 10 个使用率较高的发明原理进行详细介绍。为了全面了解,读者可以阅读本书的附录 A。

6.2 原理 1: 分割

分割原理是指这样一种过程:以虚拟或真实的方式将一个系统分成多个部分,以便分解(分开、分隔、抽取)或合并(结合、集成、联合)一种有益的或有害的系统属性。在多数情况下,会对分隔后得到的多个部分进行重组(或集成),以便实现某些新的功能,并(或)消除有害作用。随着分割程度的提高,技术系统逐步向微观级别发展。

1. 指导原则

(1)将一个对象分成多个相互独立的部分。例如:

① 将轮船的内部空间分成多个彼此独立的船舱。

② 在学生宿舍楼中,将同一层分成多个功能相同的小房间。

③ 内燃机的多个汽缸(图 6-1)。

图 6-1 内燃机的汽缸

④ 将学生分成不同的年级,不同的班级。
(2) 将对象分成容易组装(或组合)和拆卸的部分。例如:
① 组合家具。
② 暖气上的多个暖气片。
③ 将一根根铁轨连接起来,形成铁路。
④ 建筑上常用的预制件和活动房屋。
⑤ 在公司的组织结构上,可以使用模块化的方法来实现公司管理的柔性化。
(3) 增加对象的分割程度。例如:
窗帘的演变:一整块布做的窗帘→左右两块布做的窗帘→百叶窗。

2. 典型案例

(1) 可调节百叶窗(图 6-2)。这是一个"提高系统的可分性,以实现系统的改造"的实例。人们用可调节百叶窗代替幕布窗帘,只要改变百叶窗叶片的角度,就可以调节外界射入的光线。

图 6-2　百叶窗

(2) 军用飞机油箱。当军用飞机的油箱破损时,极易引起燃料大量外泄,继而引发爆炸事故。为此,人们将油箱分隔成很多小隔间,以防止这类事故的发生。但这种办法在理论上可行,实际操作上并不方便。利用分割原理,人们找到了解决问题的办法,即在军用飞机油箱中装设一种蜂窝状材料。这种看来有点粗糙的材料,实际是一种多孔的海绵体,它们将油箱分成无数个小"隔间",从而比较理想地解决了这个难题。

3. 运用技巧

如果系统因重量或体积过大而不易操纵,则将其分割成若干轻便的子系统,使每一部分均易于操纵。在管理学和心理学上,也可以对组织和观念进行分割及组合。

4. 课堂讨论

以下是一些利用分割原理来解决工程问题的实例,请说一说其中蕴含的道理。
(1) 把一辆大型载重卡车分成车头和拖车两个独立的部分。
(2) 大型项目的总体设计与各分项设计。

(3) 将一个磁盘分成多个逻辑分区。
(4) 将书籍划分为多个章节。

6.3 原理 2: 抽取

抽取原理就是从整体中分离出有用的(或有害的)部分(或属性)。抽取可以以虚拟方式或实体方式来进行。

1. 指导原则

(1) 从对象中抽取出产生负面影响的部分或属性。例如：

① 最初的空调是一体机(窗式)，工作时，压缩机会产生噪声。随着技术的发展，空调被分为室内机和室外机两部分。将压缩机放在室外机中，减少噪声对人的影响。

② 在巡航时，战斗机的两个副油箱挂在飞机下方，飞行中会优先使用副油箱中的燃油；进入战斗前，抛弃副油箱，以减轻飞机的重量，增加飞机的机动性能，如图 6-3 所示。

图 6-3 战斗机悬挂的副油箱

③ 从口腔(整个系统)中拔掉(抽取)一颗坏的牙齿(有害部分)，以改善整个口腔的健康状况。

④ 利用避雷针，把雷雨云中的电荷引入大地，从而避免建筑物遭受雷击(从物体中抽出可产生负面影响的部分或属性)。

(2) 从对象中抽出有用的(主要的、重要的、必要的)部分或属性。例如：

① 用狗叫声作为报警器的报警声，而不用养一条真正的狗(将狗叫声从"狗"中抽取出来，作为有用的部分单独使用)。

② 将稻草人作为"人"的代表放在稻田中(将人的外形从整个"人"中抽取出来)。

③ 化学试验中的蒸馏、萃取和置换都是从混合物中抽取出有用物质的过程。

2. 典型案例

海军声呐。在航行过程中，军舰上的各种设备会产生大量的电磁波，这些电磁波严重干扰了水下声呐的正常工作。利用抽取原理可以解决这个问题。只需用遥控装置拖曳声呐，让声呐与军舰保持一定距离，干扰电磁波便自然远离声呐，而不会起负面作用了。

3. 运用技巧

把系统中的功能或部件分成有用、有害部分,视情况抽取出来。抽取的目的是为系统增加价值。抽取可同样应用于非实物或虚拟情况。

4. 课堂讨论

以下都是利用抽取原理解决工程问题的实例,请说一说其中蕴含的道理。
(1) 安装超声波驱鸟器,使飞鸟远离机场。
(2) 高速公路上的隔音屏障。
(3) 化工生产中的萃取工艺。
(4) 猎头为用人单位遴选优秀人才。

6.4 原理 10: 预先作用

预先作用原理是指:在真正需要某种作用之前,预先执行该作用的全部或一部分。

1. 指导原则

(1) 预先对某对象进行所需的改变,这种改变可以是整体的,也可以是部分的。例如:
① 方便面。
② 建筑业中大量使用的预制件。
③ 纸上预先印刷好的表格。
④ 背面涂有不干胶的邮票。
⑤ 计算机软件中,根据用户当前状态而弹出的软件菜单列表。
⑥ 在大型机械设备的总装过程中,大量使用的预先装配好的组件(例如,在汽车的总装线上,只需安装一个已经装配好的发动机,而不需要在总装线上临时用零件组装出一个发动机)。
(2) 预置有用的物体,以便使其在必要时能立即在最方便的位置发挥作用。例如:
① 制造业中的流水线。
② 商场内预先安置的灭火器。
③ 战争片中,进行阵地战的时候,战士们会预先将手榴弹的后盖打开(指导原则1),放在触手可及的地方(指导原则2)。

2. 应用案例

(1) 预先被打孔的邮票(图6-4)。如今,已经很少有人知道最早的邮票是以没有打孔的一整版的形式销售的。因此,早期的邮票用户不得不将邮票一张一张剪下来,然后用胶水粘到信封上。

(2) 新的棉布被水洗以后,通常会"缩水"。如果用没有经过"缩水"的棉布做成衣服,水洗后衣服就会变小,影响正常使用。因此,当棉布被纺织出来后,通常要进行预先缩水

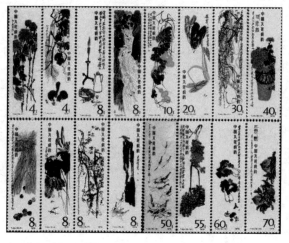

图 6-4 邮票上打孔

处理。这样一来,制造出来的衣物被水洗以后,就不会再缩水了。

3. 运用技巧

在某一事件或过程之前采取行动,目的在于增强安全性、简化事情的完成过程、维持正确作用、减轻疼痛、增强智力、产生某种优点及使过程简单化等。

4. 课堂讨论

以下都是利用预先作用原理解决工程难题的实例,请说一说其中蕴含的道理。
(1) 手术前,将手术器具按需要时的使用顺序排列整齐。
(2) 在建筑的通道里安置的灭火器。
(3) 已充值的公交车 IC 卡。
(4) 半成品食物。
(5) 进行重大投资之前的商业交易中,实施预先的调研。

6.5 原理 13: 反向作用

反向作用原理是指:通过在空间上将对象翻转过来(上下翻转、左右翻转、前后翻转、内外翻转),在时间上将顺序颠倒过来(颠倒先后顺序),在逻辑关系上将原因与结果反过来,从而利用不同(或相反)的方法来实现相同的目的。

1. 指导原则

(1) 用与原来相反的作用实现相同的目的。例如:
① 用平车运送货物时,既可以推,也可以拉,来实现相同的结果。
② 老师在教育教学过程中,既可以使用惩罚,也可以利用鼓励手段,来达到相同的教育目的。

③ 利用黑笔和白板的组合代替传统的黑板和白粉笔的组合。

(2) 让物体或环境中可动的部分不动,不动部分可动。例如:

① 在机加工过程中,既可以让工件旋转而刀具保持静止,也可以让刀具旋转而工件保持静止。

② 除了通过上路驾驶来测试汽车的空气动力特性之外,也可使其进入一个风洞来模拟。这种方法可以用于任何需要气动或水动测试的系统。

(3) 将对象(物体、系统或过程)"颠倒"(上下颠倒、内外颠倒、前后颠倒、顺序颠倒等)过来。例如,将物体从上面向下插入更快,特别是螺栓。

2. 应用案例

(1) 向房顶上运送建筑材料时,人既可以站在房顶上用绳子往上拽,也可以通过在房顶上部安装一个滑轮,用绳子往下拉。无论采用哪种方式,都可以将建筑材料运送到房顶上。

(2) 跑步机(图6-5),将人移动而地面不动改变为人不动而"地面"移动。

图6-5 跑步机

3. 运用技巧

尝试让系统以某种方式"反转"或颠倒,看系统是否能由此获得新功能、新特征、新作用及新对象。

4. 课堂讨论

以下都是利用反向作用原理解决工程问题的实例,请说一说其中蕴含的道理。

(1) 乘客随滚动电梯上下楼。

(2) 为了将两个套紧的物体分离,可以将内层物体冷冻,或者将外层物体升温。

(3) 倒立放置剩余不多的洗发水瓶。

(4) 用逆排序法制订工作计划。

6.6 原理15: 动态特性

动态特性原理是指:使构成整体的各个组成部分处于动态,即各个部分是可调整的、活动的或可互换的,以便使其在工作过程中的每个动作或阶段都处于最佳状态。

1. 指导原则

（1）调整对象或对象所处的环境，使对象在各动作、各阶段的性能达到最佳状态。如：
① 汽车上可调的方向盘、座椅、后靠背或后视镜。
② 折叠椅和笔记本电脑都是通过分割物体的几何结构引入铰链链接，使其各部分可以改变相对位置。

（2）将对象分割为多个部分，使其各部分可以改变相对位置。例如：
① 装卸货物的铲车（装载机），通过铰链链接铲斗，可以自由开闭（图6-6）。

图6-6 装载机（铲车）

② 可分离键盘。

（3）使不动的对象可动或可自动适应。例如：
① 电子相框可以顺序显示多幅照片。
② 电子广告牌可以顺序显示多幅平面广告。
③ 管道疏通机的柔性软管。
④ 在计算机软件中，由于用户当前的状态不同，鼠标右键菜单的内容也不同。
⑤ 充气床或水床可以根据人的不同卧姿自动调整形状。

2. 典型案例

飞机机翼上的可动襟翼能够按照需要调整姿态，使机翼可适应降落、起飞和飞行时的不同工况要求（图6-7）。

图6-7 飞机机翼上的可动襟翼

3. 运用技巧

尝试让系统中的某些几何结构成为柔性的、可自适应的;往复运动的部分成为旋转的;让相同的部分执行多种功能;使特征成为柔性的;使系统可兼容于不同的应用或环境。

4. 课堂讨论

以下都是利用动态特性原理解决工程问题的实例,请说一说其中蕴含的道理。

(1) 北斗自动导航系统。

(2) 小轿车里的可调节座椅。

(3) 采用蛇皮管灯杆的台灯。

(4) 为一家从事工程建设项目的企业增设一个市场部。

6.7 原理18:机械振动

机械振动原理是指:

(1) 通过振动(振荡)或摇动(震动)对象而使对象产生机械振动,增加振动的频率或利用共振频率。

(2) 利用振动(颤动、摇动、摆动)或振荡(振动、振荡、摆动),在某个区间内产生一种规则的、周期性的变化。

1. 指导原则

(1) 使对象发生机械振动。例如:

① 利用振动刀片的电动切肉刀。

② 浇注混凝土的时候,利用振动式励磁机(激励器)去除混凝土中的孔隙。

③ 筛选(筛分)的时候,利用振动可以提高效率。

④ 振动可以使生锈的、腐蚀的或拧得过紧的零件松动。

⑤ 利用振动,乐器可以发出悦耳的声音。

(2) 如果对象已经处于振动状态,则提高振动的频率(直至超声振动)。例如:

① 利用振动来撒粉末。

② 利用超声波在液体中产生的空穴现象来清洗物体。

③ 犬笛可以发出超出人耳听力范围的声波,但狗可以听到这种声波。

④ 利用超声波进行无损检测。

(3) 利用共振频率。例如:

① 音叉。

② 利用一个小小的振动装置可以摧毁一栋摩天大楼。

③ 清洗瓶子的时候,利用与瓶子的自振频率相同的脉冲可以很容易地将瓶子清洗干净。

(4) 用压电振动代替机械振动。例如:

① 石英表利用石英振动机芯代替了机械表的机械振动机芯。
② 利用压电振动器可以改善喷雾嘴对流体的雾化效果。
(5) 将超声波振动与电磁场合并使用。例如：
① 在高频炉中对液态金属进行电磁搅拌，使其混合均匀。
② 利用感应电炉制作合金。
③ 将超声波与加热组合用来进行烘干。

2. 应用案例

振动式电动剃须刀（图6-8）与冲击式钻机（风钻）（图6-9）。

图6-8 电动剃须刀

图6-9 冲击式风钻

3. 运用技巧

不要假定一个稳定系统才是最佳的。尝试采用不稳的、变化的但同时是可控的系统。例如，当电流由直流转变为交流时，可以产生多种新特征，如电磁波、电磁感应等。

4. 课堂讨论

以下都是利用机械振动原理解决工程问题的实例，请说一说其中蕴含的道理。
(1) 超声波碎石机利用共振现象来击碎胆囊结石或肾结石。
(2) 电子琴。
(3) 若欲使人快速疲劳，可利用断续照明代替持续照明。
(4) 商业上利用谈判技术（诱导变化），以使合伙人的真实需求显露出来。通过对方法进行数次改变，能更好地了解如何才能在谈判团体之间对所有需要达成一致意见。

6.8 原理19：周期性作用

周期性作用原理是指：通过有节奏的行为（操作方式）、振幅和频率的变化以及利用脉冲间隔来实现周期性作用。

1. 指导原则

(1) 用周期性作用或脉动代替非周期性作用。例如：

① 在建筑工地上,将打桩机周期性地作用于桩子,可以快速地将桩子打入地下。

② 脉冲式真空吸尘器可以改善清洁的效果。

③ 当汽车在结冰的路面上制动时,利用"多次轻踩刹车的方式"可以避免打滑。

④ 盘铣刀(其对金属的切割是周期性的)的加工效率比普通铣刀(其对金属的切割作用是连续的)要高得多。

(2) 如果作用已经是周期性的,则改变其作用频率。例如:

① 用调频(FM)代替莫尔斯电码来传递信息。

② 在不同的工作状态下,洗衣机(或洗碗机)会采用不同的水流喷射方式。

(3) 利用脉动的间隙,来完成其他的有用作用。例如:

在实施心肺呼吸抢救时,每压迫患者胸部 5 次,人工呼吸 1 次。

2. **应用案例**

(1) 警笛的周期性鸣叫和警灯的周期性闪烁,更能引起注意,如图 6-10 所示。

图 6-10 警车的警笛

(2) 汽车的雨刮器,工作时由电机带动刮臂和刮片,在汽车挡风玻璃上周期性摆动,刮除雨水和其他脏物。

3. **运用技巧**

尝试以多种方式来改变现有系统的功能,如生产间歇、改变频率、利用脉冲间隙等。要评估这种改变是否能带来新的功能,带来新的功能后如何强化这种改变。

4. **课堂讨论**

以下都是利用周期性作用原理解决工程问题的实例,请说一说其中蕴含的道理。

(1) 俗称"蛤蟆夯"的机械夯(图 6-11)。

(2) 乐队中的鼓点。

(3) 医用呼吸机,按照人的吸气期和呼气期来周期性地帮助患者呼吸。

图 6-11　蛤蟆夯

6.9　原理 28: 机械系统替代

机械系统替代原理是指：利用物理场(光场、电场、磁场等)或其他物理结构、物理作用和状态来代替机械的相互作用、装置、机构及系统。此原理实际上涉及操作原理的改变或替代。

1. 指导原则

(1) 用光学、声学、电磁学、味觉、触觉或嗅觉系统来代替机械系统。例如：
① 用语音识别系统代替键盘作为计算机的输入。
② 用声音、指纹或视网膜代替传统的钥匙。
(2) 使用与对象相互作用的电场、磁场、电磁场。例如：
① 为混合两种粉末，让一种粉末带正电荷，另一种粉末带负电荷，然后利用场来驱动它们，或者机械地将它们混合，使粉末颗粒均匀地混合在一起。
② 利用磁性轴承来代替传统的轴承。
③ 电子标签。
(3) 用移动场代替固定场，用动态场代替静态场，用结构化场代替非结构化场，用确定场代替随机场。例如：
① 核磁共振成像扫描器(图 6-12)。
② 在通信系统中，利用定点雷达预测代替早期的全方位检测，可以获得更加详细的信息。
(4) 把场和能够与场发生相互作用的粒子(例如，磁场和铁磁粒子)组合起来使用。例如：
① 用变化的磁场加热含铁磁粒子的物质，当温度达到居里点时，物质变成顺磁，不再吸收热量，从而实现恒温。

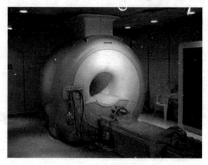

图 6-12　核磁共振

② 对光反应变色的玻璃。

2. 应用案例

(1) 用动物可以听见的"声音围栏"代替实物栅栏圈住牛羊。
(2) 用北斗导航定位代替实物栅栏指导共享单车停放。
(3) 汽车无线遥控锁替代机械锁。

3. 运用技巧

首先考虑用物理场替代机械场,用可变场替代恒定场,用结构化场替代非结构化场,用生物场来替代机械作用。在非物理系统中,概念、价值或属性都可以是被替代的对象。

4. 课堂讨论

以下都是利用机械系统替代原理解决工程难题的实例,请说一说其中蕴含的道理。
(1) 在煤气中掺入难闻气体,警告使用者气体泄漏。
(2) 门铃代替敲门。
(3) 静电除尘。
(4) 用电子系统代替机械计算系统(例如物联网)。

6.10 原理32:颜色改变(改变颜色、拟态)

颜色改变(改变颜色、拟态)原理是指:通过改变颜色或一些其他的光学特性来改变对象的光学性质,以便提升系统价值或解决检测问题。

1. 指导原则

(1) 改变对象或外部环境的颜色。例如:
① 光敏玻璃、电敏玻璃。
② 伪装(迷彩)。
③ 在暗室中使用不会对胶片产生影响的光。
④ 利用示温材料来检测温度,例如,热致变色的塑料调羹;在食品标签中,使用热敏染料来标志食品所处环境的温度。
⑤ 在战争中,为了让敌人无法隐蔽,常常将阵地周围的草和树木等物体统统烧光。
⑥ 在表面结构上利用干扰带来改变颜色。例如,蝴蝶翅膀上的图案、斑马身上的条纹。
(2) 改变对象或外部环境的透明程度(或改变某一过程的可视性)。例如:
① 烟幕。
② 光敏变色玻璃可以随着光线的强弱改变透明度。
③ 用有机玻璃作外壳的透明家电。
④ 将绷带做成透明的,这样就可以在不揭开绷带的条件下观察伤情。

(3) 采用有颜色的添加物,使不易被观察到的对象或过程被观察到。例如:
① 为了更好地观察病人的肠道情况,在检查前,让病人服用钡餐。
② 利用相反的颜色来增强可视性,例如,用绿色包装物来包肉类,可以使瘦肉显得更红。

2. 应用案例

(1) 如果已经使用了有颜色的添加物,则考虑利用荧光(发光)物质。
(2) 在纸币中加入荧光物质,以提高纸币的防伪能力。
(3) 在无损检测中,利用荧光探伤法可以检测工件的表面缺陷。
(4) 在高速公路两侧利用荧光物质制作的道路标志牌,便于司机在夜间驾驶。
(5) 为了节约用水,利用经过简单处理的中水来浇灌花草和冲马桶,为了避免人们误饮,在中水中加入染料,使其呈蓝色(厕宝)。

3. 运用技巧

当目的是区别多种系统的特征(例如促进检测、改善测量或标识位置、状态改变、目视控制、掩盖问题等)时,都可以使用该原理。

4. 课堂讨论

以下都是利用颜色改变原理解决工程问题的实例,请说一说其中蕴含的道理。
(1) 在暗室中使用安全灯作警戒色。
(2) 冬天在冰面上撒深色炉渣,以吸热加速融化。
(3) pH 试纸。
(4) 变色眼镜片。
(5) 企业改变其名称及标志(比如改变颜色)来提升自身形象。

6.11 原理 35: 物理或化学参数改变

物理或化学参数改变原理是指:改变某个对象或系统的属性,以便提供某种有用的功能。这是所有发明原理中使用频率最高的原理。

1. 指导原则

(1) 改变对象的物理聚集状态(例如,在气态、液态、固态之间变化)。例如:
① 将二氧化碳制成干冰。
② 利用果汁和果肉制造果冻。
③ 将水冷冻成小冰块,用于降低饮料的温度。
(2) 改变对象的密度、浓度、黏度。例如:
① 脱水的橘子粉要比橘子汁更加便于运输,同理,奶粉比牛奶更易储存和运输。
② 改变硫酸的浓度,不同浓度的硫酸有不同的性质。
(3) 改变对象的柔性。例如:

① 通过硫化过程来提高天然橡胶的强度和耐久性。

② 用可调节的消音器,通过减少油箱壁的运动减少油箱的某些部位产生的噪声。

③ 为自行车轮子加上充气轮胎,可以降低其与地面之间相互作用而导致的震动。

(4) 改变对象的温度。例如:

① 利用冰箱将食物冷冻起来,可以延长其保存的时间。

② 在烹饪过程中,提高食物的温度可以改变食品色、香、味等。

③ 将铁磁性物体的温度提高到居里点以上,可以将磁性物体变为顺磁体。

④ 用液氮处理某些金属材料,可以诱导其产生超硬度,即使当这些金属材料恢复到正常温度之后,这种超硬度的特性仍然会保持。

⑤ 当温度改变的时候,可以利用形状记忆材料来施加或去除一个力。

2. 应用案例

(1) 用液态形式运输氧、氮、天然气,从而取代气体形式的运输,可以减少货物的体积,提高运输效率,如图 6-13 所示。

图 6-13 液态运输

(2) 制作酒心巧克力的工艺:先将酒心冷冻成一定的形状,然后将其放入热巧克力中蘸一下。

3. 运用技巧

可以考虑改变系统或对象的任意属性(对象的物理或化学状态、密度、导电性、机械柔性、温度、几何结构等)来实现系统的新功能。

4. 课堂讨论

以下都是利用物理或化学参数改变原理解决工程问题的实例,请说一说其中蕴含的道理。

(1) 洗手液。用液态肥皂水代替固体肥皂,可以定量使用,减少浪费,同时在多个人使用时更加卫生。

(2) 固态的二氧化碳——干冰比气态或液态时更便于使用。

(3) 固体酱油。

(4) 压缩饼干。

6.12 习　　题

1. 单选题

(1) 下列不属于变害为利原理的是（　　）。
　　A. 利用有害的因素，得到有益的结果
　　B. 将有害的要素相结合，消除有害的作用
　　C. 增大有害因素的幅度，直至有害性消失
　　D. 将危险或有害的作业在高速下进行，以使有害作用消失

(2) 网上流传中国的"新四大发明"：高铁、网购、电子支付和共享单车。早期的火车站台相对火车车门较低，乘客上车时需要登二三级台阶，现在的高铁站台已经没有这种情况了（图6-14）。请问这种站台的发展体现了 TRIZ 理论中创新原理的哪一个？（　　）

图 6-14　高铁站台

　　A. 局部质量原理　　　　　　　　　　B. 有效作用的连续性原理
　　C. 机械系统替代原理　　　　　　　　D. 等势原理

(3) 2014年某省公安武警举行的对抗演练中，拐弯枪（图6-15）成为武警比武的一大亮点，请问拐弯枪运用了下面哪个创新原理？（　　）

图 6-15　拐弯枪

A. 机械系统替代   B. 机械振动

C. 动态性原理   D. 物理或化学参数的改变

(4) 高铁已经成为中国走向世界的主导产品,请问从产品进化的角度出发,高铁运用了哪条进化法则?（　　）

A. 完备性法则   B. 向超系统进化

C. 向微观级进化   D. 能量传递法则

6.13 实验与思考：熟悉与应用嵌套(套娃)原理

6.13.1 实验目的

(1) 熟悉 TRIZ 发明原理的由来,了解 TRIZ 的 40 个发明原理。

(2) 熟悉 40 个发明原理,通过学习提升自己的创新思维能力。

(3) 深入研究嵌套发明原理,熟悉其具体应用方法,从而举一反三,理解 40 个发明原理的知识内涵。

6.13.2 工具/准备工作

开始本实验之前,请回顾教科书的相关内容。

需要准备一台能够访问因特网的计算机。

6.13.3 实验内容与步骤

(1) 发明原理的来源是什么?

答:_____

(2) 发明原理的作用和价值是什么?

答:_____

(3) 不对称卫星在上行方向与下行方向上可提供不同的连接速度。此解决方案允许用户将较小的带宽分配用于数据流量较小的上行传输,而将更大的带宽用于数据流量较大的下行传输。这可作为一种节省成本的方式来进行网络配置,以满足特定的流量需求。请说明此方法使用的是哪条发明原理。

答:_____

(4) 某些计算机病毒将电子邮件作为其一种载体(中介物)。此中介物为病毒提供了从单点向多点传播的手段。请说明此方法使用的是哪条发明原理。

答：_____

(5) 自动调温器监测温度上的变化。当温度改变时，一个切换机构向一个供暖或空调系统发送一个信号，以对室内的温度进行校正。请说明此方法使用的是哪条发明原理。

答：_____

(6) 对尺寸在制造中的工艺可变性进行测量，并提供有价值的信息，以了解需要在何种程度上对工艺进行调整，从而制造出更高质量的产品。请说明此方法使用的是哪条发明原理。

答：_____

(7) 商人运用周期性作用，来加深人们对其广告及所售商品的印象。一条常常被重复的规则就是"消费者要看它三次后才会购买"。请说明此方法使用的是哪条发明原理。

答：_____

(8) 在焊接电子元件之前，用焊剂对表面进行处理(酸蚀处理)，以改善焊接点的焊料流动、热量传递及导电性。请说明此方法使用的是哪条发明原理。

答：_____

(9) 电脑屏幕上的缩略图起到节省屏幕空间的作用。请说明此方法使用的是哪条发明原理。

答：_____

(10) 软件原型仅演示软件将怎样工作。真实的软件可能表面上看起来与之相同，但是内部功能却是大不一样的。因此，原型作为一种"廉价替代信息"，传达的是软件开发的最终结果。请说明此方法使用的是哪条发明原理。

答：_____

(11) 深入理解嵌套原理。

所谓嵌套原理，是指通过递归，将一个对象放入另一个对象的内部，或让一个对象通过另一个对象的空腔而实现嵌套。嵌套是指彼此吻合、彼此组合、内部配合的性质。嵌套原理的一个典型应用，就是俄罗斯套娃，如图 6-16 所示，因此，嵌套原理也被称为套娃原理。嵌套的本质是彼此吻合、彼此组合、内部配合的性质。

嵌套原理的应用指导原则如下：

① 把一个物体嵌入另一个物体，然后将这两个物体再嵌入第三个物体，依此类推。

例如：

- 由从大到小的多个碗组成的"套碗"。

图 6-16 俄罗斯套娃

- 老式收音机或电视机上的拉杆天线。
- 可伸缩的单筒望远镜。
- 吊车的吊臂。

② 使一个对象穿过或处于另一对象的空腔。例如：

- 自动铅笔的空腔中可以放多根备用的铅笔芯。
- 机场廊桥（图 6-17）。
- 汽车安全带。

图 6-17 机场廊桥

- 飞机起落架（飞机起飞后，起落架被收到飞机的机体内部）。

1. 使用技巧

使用该发明原理时，不要将思路局限于"一个系统的内部必须是均质的"或"系统的内部不能有东西"。对一个系统进行评价，以确定怎样基于嵌套原理来增加系统的价值。考虑不同方向上（如水平、垂直、旋转或包容）的嵌套。嵌套最基本的原因，包括空间的利用和被嵌套对象的重量。在许多情况下，嵌套用来节省空间、保护对象不受损伤，以及使经过某个过程/系统变得轻松。通过将具有不同功能的多个对象嵌套在同一个对象内，可以使该对象产生多种独特的功能。

2. 典型案例

（1）匙子嵌套于厨具中。

（2）瑞士军刀是将多种功能嵌套于相同对象内的经典实例（图6-18）。

（3）在软件中，表格嵌套于表格内部。事实上，可在软件开发的许多方面发现嵌套的对象。

（4）凳子的嵌套通常是将一个凳子叠放于另一个之上（外部垂直嵌套）。

（5）可将一些桌子相互叠放并使其彼此呈45°角，从而实现嵌套（垂直及旋转）。

（6）"变形金刚"玩具是一种嵌套设计，在其中的一个嵌套取向上，玩具变成一个汽车，在另一个取向上，玩具变成一个机器人。

图6-18　最多功能的瑞士军刀

（7）特工人员嵌套于恐怖分子巢穴内部。

（8）电子装置埋置在动物皮毛下面，以进行跟踪及鉴别。

（9）广告嵌套（藏身）于电影之内。

（10）在心理学中，潜在（在觉知水平以下）暗示是嵌套至一个人心理中的观念，因此其不能拒绝暗示。

① 寻找嵌套原理的典型案例。

嵌套原理应用广泛，请据此分析，写出至少10个你找到的嵌套原理的应用典型案例。

请记录：

a.

b.

c.

d.

e.

f.

g.

h.

i.

第 6 章 发明原理与应用

j. _____

② **应用嵌套发明原理,开展创新实践。**

请研究并设想,应用嵌套原理你可以做出的创新设计或想法:

请记录:

a. _____

b. _____

c. _____

③ **案例分析与思考。**

案例 1:亚历山大的灯塔。

继埃及金字塔后的世界第二大谜是亚历山大灯塔[①](图 6-19)。

根据神话传说,统治者要求将他的名字(而非建造者的名字)刻在灯塔上面,如果不遵从,建造者将被处决。而结果建造者活了下来,同时历史也记录了他的名字。他是如何解决这一矛盾的呢?

图 6-19 亚历山大灯塔

分析: _____

案例 2:莫泊桑和埃菲尔铁塔。

大家都知道,在巴黎 1889 年万国博览会后,莫泊桑反对使用埃菲尔铁塔,他与一些其

---

① 世界公认的古代七大奇观,有两个在埃及,一个是名列七大奇迹之首的吉萨金字塔,另一个就是名列第七位的亚历山大灯塔。亚历山大灯塔建立在埃及亚历山大城边的法洛斯岛上,它不带任何宗教色彩,纯粹为人民实际生活而建,亚历山大灯塔的烛光在晚上照耀着整个亚历山大港,保护着海上的船只。另外,它亦是当时世上最高的建筑物。

他的重要人物一起发表了一封公开信陈述其观点——塔会破坏巴黎市建筑物映在空中的轮廓之美（景观），这在城市的每一个角度都能看到，会影响居民和游客对传统城市形象的欣赏。今天，埃菲尔铁塔已成为巴黎的象征。有一次，一位知道此事的记者意外地在塔内餐厅碰到了莫泊桑，莫泊桑将会如何对记者解释他经常光顾此餐厅的原因呢？

分析：_____
_____
_____
_____

6.13.4 实验总结

_____
_____
_____
_____

6.13.5 实验评价（教师）

_____
_____

技术矛盾与矛盾矩阵

在现实生活中，人们用"矛盾"来比喻相互抵触、互不相容的关系，在工程实践中，同样存在矛盾。通过对大量发明专利的研究，阿奇舒勒发现，真正的"发明"（指发明级别为第二级、第三级和第四级的专利）往往都需要解决隐藏在问题当中的矛盾。于是，阿奇舒勒规定：是否出现矛盾（又称"冲突"，冲突是必须解决的矛盾），是区分常规问题与发明问题的一个主要特征。与一般性的设计不同，只有在不影响系统现有功能的前提下成功地消除矛盾，才能认为是发明性地解决了问题。也就是说，矛盾应该是这样解决的：在完善技术系统的某一部分或是优化某一参数的同时，其他部分的功能或其他参数不会被影响。

7.1 TRIZ 中的矛盾

矛盾是 TRIZ 的基石。矛盾可以帮助我们更快、更好地理解隐藏在问题背后的根本原因，找到解决问题的方法。通常，对于包含矛盾的工程问题来说，人们最爱使用的解决方法就是折中（妥协），之所以出现这种情况，是由我们的思维特性决定的。在人们的潜意识中，奉行的简单逻辑就是：避免出现矛盾的情况。其结果是矛盾的双方都无法得到满足，系统的巨大发展潜力被矛盾禁锢了。面对包含矛盾的问题，TRIZ 就是我们所需要的思维方法，它的出发点是从根本上解决矛盾。TRIZ 建议我们不要回避矛盾。相反地，要找出矛盾并激化矛盾，最终解决矛盾。

TRIZ 中的技术问题可以定义为技术矛盾和物理矛盾。如在飞机制造中，为了增加飞机外壳的强度，很容易想到的方法是增加外壳的厚度，但是厚度的增加势必会造成重量的增加，而重量增加却是飞机设计师们最不想见到的。在很多其他行业中，这样的矛盾也十分常见。这就是 TRIZ 中所说的技术矛盾。技术矛盾描述的是一个系统中两个参数之间的矛盾；所谓物理矛盾，就是针对系统的某个参数提出两种不同的要求。

如何将隐藏在问题中的矛盾抽取出来，是一项复杂而困难，但又无法回避的问题。经验丰富的 TRIZ 专家与一般 TRIZ 使用者之间最大的差别，就是抽取和定义矛盾的能力。在实践过程中，只有经过不断的练习和总结，才可以使这种能力得到提升。

7.2 技术矛盾

技术矛盾描述的是一个系统中两个参数之间的矛盾,指在改善对象的某个参数(A)时,导致另一个参数(B)的恶化。此时,称参数 A 和参数 B 构成了一对技术矛盾。例如,改善了某个对象的强度,却导致其重量的恶化;改善了某个对象的生产率,却导致了其复杂性的恶化;改善了某个对象的温度,却导致了其可靠性的恶化,等等。例如,桌子强度增加,导致重量增加;桌面面积增加,导致体积增大。又例如,改善了汽车的速度,导致了安全性发生恶化,在这个例子中,涉及的两个参数是速度和安全性。

从矛盾的观点来看,A 和 B 之间之所以存在这样一种类似于"跷跷板"的关系,是因为 A 和 B 之间既对立(具体表现为改善了 A 却恶化了 B)又统一(具体表现为 A 和 B 位于同一个系统中,A 与 B 相互联系,互为依存)。

例 7-1 坦克装甲的改进。

在第一次世界大战中,英军为了突破敌方由机枪火力点、堑壕、铁丝网组成的防御阵地,迫切需要一种将火力、机动、防护三个方面结合起来的新型进攻性武器。1915 年,英国利用已有的内燃机技术、履带技术、武器技术和装甲技术,制造出了世界上第一辆坦克——"小游民"坦克(图 7-1)。当时为了保密,称其为"水箱"。

图 7-1 第一次世界大战中的世界上第一辆坦克——"小游民"坦克

1916 年 9 月 15 日,英军在索姆河战役中首次使用坦克来配合步兵进攻,使久攻不动的德军阵地一片混乱,而英军士气得到极大鼓舞。这场战役使各个国家认识到了坦克在战场上的价值,于是纷纷开始研发并装备坦克作为阵地突破的重型器械。同时,各国也开始寻求能够有效摧毁这种新式武器的方法,并开发出了相应的反制兵器。在以后的战争中,随着坦克与反坦克武器之间较量的不断升级,坦克的装甲越做越厚。到第二次世界大战末期,坦克装甲的厚度已经由第一次世界大战时的十几毫米变为一百多毫米,其中德国"虎Ⅱ"式重型坦克重点防护部位的装甲厚度达到了 180 毫米(图 7-2)。

随着坦克装甲厚度的不断增加,坦克的战斗全重也由最初的 7 吨多迅速增加到将近 70 吨。重量的增加直接导致了速度、机动性和耗油量等一系列问题的出现。在本例中,

第 7 章 技术矛盾与矛盾矩阵

图 7-2 第二次世界大战中的德国"虎Ⅱ"式重型坦克

装甲的厚度与坦克的战斗全重这两个参数,就构成了一对技术矛盾。

改善并不一定是指参数值的增加,也可能指参数值的降低。例如,改善飞机发动机的重量特性,就是指如何在保持发动机主要技术性能不变的前提下降低发动机的重量。所以,这里所说的改善是指"功能"的提升,而不是"数值"的增加。通过对专利分析所提出的 40 个发明原理,是解决技术矛盾的独特工具。

7.3　39 个通用工程参数

工程中存在大量工程参数,每个行业、领域都有很多工程参数。为了方便定义技术矛盾,阿奇舒勒分析专利,陆续总结、抽取出 39 个通用工程参数,如表 7-1 所示,利用这些参数就足以描述工程领域中出现的绝大多数技术矛盾。可以说,39 个通用工程参数是连接具体问题与 TRIZ 方法的桥梁。

表 7-1　39 个通用工程参数

编号	名　　称	编号	名　　称	编号	名　　称
1	运动对象的重量	6	静止对象的面积	11	应力或压力
2	静止对象的重量	7	运动对象的体积	12	形状
3	运动对象的长度	8	静止对象的体积	13	对象的稳定性
4	静止对象的长度	9	速度	14	强度
5	运动对象的面积	10	力	15	运动对象的作用时间

续表

编号	名　称	编号	名　称	编号	名　称
16	静止对象的作用时间	24	信息的损失	32	可制造性
17	温度	25	时间的无效损耗	33	可操作性
18	照度（光强度）	26	物质的量	34	可维修性
19	运动对象所需要的能量	27	可靠性	35	适应性和通用性
20	静止对象所需要的能量	28	测试精度	36	系统的复杂性
21	功率	29	制造精度	37	检测的难度
22	能量的无效损耗	30	作用于对象的有害因素	38	自动化程度
23	物质的无效损耗	31	对象产生的有害因素	39	生产率

在39个通用工程参数中，任意两个不同的参数就可以表示一对技术矛盾。通过组合，可以表示1482种最常见的、最典型的技术矛盾，足以描述工程领域中出现的绝大多数技术矛盾。借助于39个通用技术参数，可以将一个具体问题转化并表达为标准的TRIZ问题。

从表7-1中可以看出，许多参数都被区分为"运动对象的……"和"静止对象的……"。所谓"运动对象"，是指可以很容易地改变空间位置的对象，不论对象是靠自己的能力来运动，还是在外力的作用下运动。交通工具和那些被设计为便携式的对象都属于运动对象，例如，车辆、船舶、手机、笔记本电脑等。而"静止对象"是指空间位置不变的对象，不论对象是靠自己的能力来保持空间位置不变，还是在外力的作用下仍保持空间位置不变。判断的标准是：在对象实现功能的时候，其空间位置是否保持不变，例如建筑物、台式计算机、洗衣机、写字台等。

准确地理解每个参数的含义，有助于从问题中正确地抽取矛盾。当然，由于这39个参数具有高度的概括性，所以很难将其定义得非常精确。从另一个角度来说，也不能将它们定义得过于死板，否则就失去了其应有的灵活性。

在对这些工程参数进行简要解释时，其中所说的对象既可以是技术系统、子系统，也可以是零件、部件或物体。

（1）运动对象的重量。指运动对象的质量在重力场中的表现形式，是对象施加在其支撑物或悬挂物上的力。

（2）静止对象的重量。指静止对象的质量在重力场中的表现形式，是对象施加在其支撑物、悬挂物或其所在表面上的力。

（3）运动对象的长度。任何线性尺寸都可以被看做是长度。注意：不一定是对象最长的那个尺寸。例如，一个运动的长方体的长、宽、高都可以看做是运动物体的长度。

（4）静止对象的长度（同3）。

（5）运动对象的面积。由线所围成的面所描述的几何特性，被对象所占据的某个面的局部，或指用平方单位制（例如，平方米、平方厘米）表示的、一个对象的内表面或外表面的特性。

(6) 静止对象的面积(同 5)。

(7) 运动对象的体积。用立方单位制(例如,立方米、立方厘米)表示的、某个对象所占据的空间。例如,长方体的体积可以用"长×宽×高"表示;圆柱体的体积可以用"底面积×高"表示。

(8) 静止对象的体积(同 7)。

(9) 速度。某个对象的速度;一个过程(或作用)与完成该过程(或作用)所用的时间的比率,即单位时间内完成某种动作或过程的量。

(10) 力。力用来衡量两个系统间的相互作用。在基础物理学中,力=质量×加速度。在 TRIZ 中,力是指任何试图改变物体状态的相互作用,即使对象或系统产生部分地或完全地、暂时地或永久地变化的能力。

(11) 应力或压力。单位面积上的力,也包括张力。应力是指对象截面某一单位面积上的内力;压力是指垂直作用在物体表面上的力。

(12) 形状。对象的外部轮廓、外观。

(13) 对象(成分、组分、布局)的稳定性。对象保持自身完整性的能力,或对象的组成元素在时间上的稳定性。磨损、化学分解、熵增加都会导致稳定性降低。

(14) 强度。指对象对于由力引起的变化的抵抗能力,或者对象在外力作用下抵抗永久变形和断裂的能力。

(15) 运动对象的作用时间。也称为耐久性(耐用性、稳定性)。既可以指物体能够实现其作用的那一段时间,也可以指服务寿命。平均无故障工作时间是作用持续时间的量度(标准)。

(16) 静止对象的作用时间(同 15)。

(17) 温度。对象的热状态。不严谨地来讲,该参数包括其他一些与热或热量相关的参数,例如,影响温度变化速度的参数——热容量。

(18) 照度(光强度)。单位面积上的光通量,也可以是其他照度特性,例如,亮度、照明质量等。

(19) 运动对象所需的能量。对象工作能力的量度。在经典力学中,能量是力和距离的乘积,包括使用超系统所提供的能量(例如,电能或热能)。完成任何特定的工作,都需要能量。

(20) 静止对象所需的能量(同 19)。

(21) 功率。完成的工作量与所用时间的比率,或能量的使用速率。

(22) 能量的无效损耗。对所从事的工作没有贡献的能量耗费。

(23) 物质的无效损耗。系统中某些原料、物质、零件或子系统的,部分或全部的、永久的或暂时的,对系统所从事的工作没有贡献的损耗。

(24) 信息的损失。系统中数据(或数据访问权限)部分的或全部的、永久的或暂时的损失,常常包括感官上的信息,例如气味、声音等。

(25) 时间的无效损耗。时间是指某个行为的持续时间。时间的无效损耗是指对所从事的工作没有贡献的时间耗费。改善时间的损耗意味着缩短实施某个行为所需的时间。"缩短交期"是一个通用词语。

(26) 物质的量。系统中能够完全地或部分地、永久地或暂时地被改变的原料、物质、零件或子系统的个数或数量。

(27) 可靠性。系统以可预见的方式,在可预见的条件下,执行其预期功能的能力。

(28) 测试精度。系统中某个特性的测量值与其实际数值之间的接近程度。通过减少测量过程中的误差,可以增加测量的精确性。

(29) 制造精度。对象(或系统)的实际特性与规定的(或要求的)特性之间的一致程度。

(30) 作用于对象的外部有害因素。系统对于外部产生的(有害)影响(作用)的敏感度。

(31) 对象产生的有害因素。有害因素会降低对象(或系统)机能的效率或质量。这些有害影响是由对象(或系统)产生的,是对象(或系统)运行过程的一部分。

(32) 可制造性(易制造性)。系统在制造或装配过程中的便利、舒适或容易的程度。

(33) 可操作性(易用性、易操作性)。操作简单、容易。如果需要许多步骤,需要特殊的工具或许多高技术的工人等条件才能操作技术系统,那么技术系统就是不方便的。通常,一个方便的过程由于具有正确完成其功能的可能性,因而具有高的收益。

(34) 可维修性(易修性、易修理性)。是一种质量特性。例如,对于系统中出现的故障来说,维修时方便、简单,需要的时间短。

(35) 适应性(或多功能性)。系统对外部变化明确响应的能力以及系统的多功能性,即系统能够在多种环境中以多种方式被使用的能力。

(36) 系统的复杂性。系统中包含元素的数量和多样性以及元素间相互作用关系的数量和多样性。使用者也可能是使系统复杂性增加的元素。对系统进行控制的难易程度就是对其复杂性的一种度量。

(37) 检测的难度。对系统的测量或监测是困难的、昂贵的,需要大量时间和劳动来建立、使用检测系统,组件之间的关系模糊,或组件之间彼此干涉,均表现为检测的难度。为降低检测误差而增加测量的成本也同样增加了测量的难度。

(38) 自动化程度。在没有"人"参与的情况下,对象完成其功能的程度。最低水平的自动化:利用手工操作的工具;中等水平的自动化:人对工具编程,并观测工具的运行,需要时可以中断其运行或修改运行程序;高水平的自动化:机器感知操作需求,自我编制操作流程,并监控自己的操作。

(39) 生产率。在单位时间内,某子系统或整个技术系统所执行的功能或操作的数量。执行一个单位的功能或操作所需要的时间,或者指单位时间内子系统或整个系统的输出,或产生一个单位的输出所需要的成本。

为了应用方便和便于理解,可将上述39个通用工程参数大致分为以下3类:

(1) 通用物理及几何参数。运动物体和静止物体的重量,运动物体和静止物体的尺寸(长度),运动物体和静止物体的面积,运动物体和静止物体的体积,速度、力、应力或压力、形状、温度、照度、功率。

(2) 通用技术负向参数。运动物体和静止物体的作用时间,运动物体和静止物体所需要的能量,能量损耗、物质损耗、信息损失、时间损耗、物质的量,作用于对象的有害因素,对象产生的有害因素。

(3) 通用技术正向参数。对象的稳定性、强度、可靠性、测量精度、制造精度、可制造性,可操作性、可维修性、适应性和通用性,系统的复杂性,检测的难度、自动化程度、生产率。

所谓负向参数,是指当这些参数的数值变大时,会使系统或子系统的性能变差。如子系统为完成特定的功能时所消耗的能量(编号 19、20)越大,则说明这个子系统设计得越不合理。

所谓正向参数,是指当这些参数的数值变大时,会使系统或子系统的性能变好。如子系统的可制造性(编号 32)指标越高,则子系统制造的成本就越低。

7.4 矛盾矩阵

通过研究,阿奇舒勒发现针对某一对由两个通用工程参数所确定的技术矛盾来说,40个发明原理中的某一个或某几个发明原理被使用的次数明显比其他发明原理多,换句话说,一个发明原理对于不同技术矛盾的有效性是不同的。如果能够将发明原理与技术矛盾之间的这种对应关系描述出来,技术人员就可以直接使用那些对解决自己所遇到的技术矛盾最有效的发明原理,而不用逐一试用 40 个发明原理了。于是,阿奇舒勒将 40 个发明原理与 39 个通用工程参数相结合,建立了矛盾矩阵(又称 39×39 矛盾矩阵),如表 7-2 所示。

表 7-2 矛盾矩阵(局部)

改善的参数 \ 恶化的参数	运动对象的重量	静止对象的重量	运动对象的长度	静止对象的长度	运动对象的面积	静止对象的面积	……
运动对象的重量		—	15,8,29,34	—	29,17,38,34		
静止对象的重量	—		—	10,1,29,35	—	35,30,13,2	
运动对象的长度	8,15,29,34	—		—	15,17,4		
静止对象的长度	—	35,28,40,29	—		—	17,7,10,40	
运动对象的面积	2,17,29,4	—	14,15,18,4	—		—	
静止对象的面积	—	30,2,14,18	—	26,7,9,30	—		
……							

在矛盾矩阵表中,左边第一列是技术人员希望改善的 1~39 个通用工程参数,上面第一行表示被恶化的 1~39 个通用工程参数,即由于改善了第一列中的某个参数而导致第一行中某个参数的恶化。位于矛盾矩阵中对角线上的单元格(以灰色填充的单元格),它们所对应的矛盾是物理矛盾,即改善的参数和恶化的参数相同。

矛盾矩阵单元格中的数字是发明原理的序号,每个序号对应于一个发明原理。这些序号是按照统计结果排列的,即排在第一位的序号所对应的发明原理在解决该单元格所对应的这对技术矛盾时,被使用的次数最多,依此类推。当然,在大量被分析的专利当中,用于解决某个单元格所对应的技术矛盾的发明原理不仅仅只有该单元格中所列出的那几个。只是从统计的角度来说,单元格中列出来的那些发明原理的使用次数明显比其他发明原理的使用次数多而已。

使用矛盾矩阵的具体步骤如下:

(1) 从问题中找出改善的参数 A。

(2) 从问题中找出被恶化的参数 B。

(3) 在矛盾矩阵的左边第一列中找到要改善的参数 A;在矛盾矩阵上边的第一行中找到被恶化的参数 B;从改善的参数 A 所在的位置向右作平行线,从恶化的参数 B 所在的位置向下作垂直线,位于这两条线交叉点处单元格中的数字就是矛盾矩阵推荐的、用来解决由 A 和 B 这两个通用工程参数所构成的这对技术矛盾的、最常用的发明原理的序号。

需要注意的是:

(1) 对于某一对确定的技术矛盾来说,矛盾矩阵所推荐的发明原理只是指出了最有希望解决这种技术矛盾的思考方向,而这些思考方向是基于对大量高级别专利进行概率统计分析的结果。因此,对于实际工作中所遇到的某对具体的技术矛盾来说,并不是每一个被推荐的发明原理都一定能解决该技术矛盾。

(2) 对于复杂问题来说,如果使用了某个发明原理,而该发明原理又引起了另一个新问题的时候(副作用),不要马上放弃这个发明原理。可以先解决现有问题,然后将这种副作用作为一个新问题,想办法加以解决。

(3) 矛盾矩阵是不对称的。

7.5 利用矛盾矩阵求解技术矛盾

解决技术矛盾的核心思想是:在改善技术系统中某个参数的同时,其他参数不受影响。

利用矛盾矩阵解决技术矛盾的过程,大致可以分为以下三个步骤,即分析技术系统,定义和解决技术矛盾。

7.5.1 分析技术系统

这里包含三个步骤。

步骤 1:确定技术系统的所有组成元素。

首先,对技术系统中各个组成元素的分析,可以使人们对每个组成元素的参数、特性和功能有一个全面的认识。其次,通过对各个组成元素之间相互作用关系的分析,从整体上把握整个系统的作用机制,即不同元素之间存在什么样的相互作用以及它们对于系统整体性能、功能的实现分别起到了什么样的作用。最后,通过上述分析,为找出问题的根源奠定基础。

另外,通过对技术系统进行深入分析,可以确定技术系统中所包含的各个子系统、技术系统所属的超系统,以便帮助人们更好地理解技术问题,为找出问题的根源做准备。只有这样,才可能从整体上系统地了解现有技术系统的情况:子系统、系统和超系统的过去、现在和未来。

实例分析：在例7-1中，作为一个技术系统，坦克由以下几部分组成：武器系统、推进系统、防护系统、通信系统、电气设备、特种设备和装置。

步骤2：找出问题的根源，即问题的根本原因

找出问题产生的根本原因是彻底解决问题的基础。

问题不会平白无故地产生，问题的背后总是隐藏着原因。通常，消除引起问题的原因要比消除问题更容易，也更有效。在头脑中理清技术系统在过去和未来的功能，有助于理解技术系统的工作条件。对技术系统未来应具备的功能的理解还可以帮助人们发现新的、未预见到的、不会出现当前问题的工作条件，从而使问题自动得到解决。

实例分析：在例7-1中，为了增加坦克的抗打击能力，最直接的方法就是增加坦克的装甲厚度，这导致了坦克重量的增加。从而导致了坦克机动性的降低和耗油量的增加等一系列问题。

步骤3：定义需要改善的参数。

可以从以下两个方向来改善技术系统：

(1) 改善已有的正面参数。

(2) 消除(或弱化)负面参数。

通过步骤2的分析，可以找出导致当前问题出现的逻辑链，由此就可以找到需要改善的参数。

实例分析：在例7-1中，可以清楚地看出当前问题是如何产生的，各个相关参数是如何被串起来成为一个链状结构的，如图7-3所示。

图7-3 例7-1的逻辑链

用自然语言可以描述为：为了改善(提高)坦克的抗打击能力，就改善(增加)坦克的装甲厚度，直接导致了坦克战斗全重的恶化(增加)，间接导致了坦克机动性的恶化(降低)和坦克耗油量的恶化(增加)。

从上述的逻辑推导中可以看出，要改善的参数是坦克的抗打击能力。对应到39个通用工程参数中，最合适的是强度。所以，在例7-1中，要改善的参数就是强度。

7.5.2 定义技术矛盾

如前所述，技术矛盾是发生在技术系统中的冲突。如果对技术系统中某一参数的改善会导致系统中其他参数的恶化，就表明技术系统中存在冲突。前面确定了需要改善的参数，这里需要将技术矛盾明确地定义出来。

实例分析：在例7-1中，可以清楚地看出：由于改善了强度这个参数，直接导致了装甲厚度的增加，从而引起坦克战斗全重的增加。所以，恶化的参数就是坦克的战斗全重，

对应到 39 个通用工程参数中,最合适的是运动对象的重量。

前面已经得到了改善的参数:强度;现在得到了被恶化的参数:运动对象的重量。从而可以定义出技术矛盾:当改善技术系统的参数"强度"的时候,导致了技术系统另一个参数"运动对象的重量"的恶化。可以将这个技术矛盾表示为:

↑强度→运动对象的重量↓

当然,也可以将装甲厚度、机动性或耗油量作为恶化的参数。在本例中,只是选择了坦克的重量这个参数而已。选择不同的恶化参数,会得到不同的技术矛盾。

7.5.3 解决技术矛盾

定义了技术矛盾后,就可以使用矛盾矩阵来寻找解决问题的思考方向了。在表 7-3 左边第一列中找到改善的参数:强度;在表上边第一行中找到被恶化的参数:运动对象的重量。从强度向左,从运动对象的重量向下,分别作两条射线,在这两条射线的交叉点所在的单元格中得到四个序号:1、8、40、15。

表 7-3 矛盾矩阵(局部)

恶化的参数 改善的参数	运动对象的重量	静止对象的重量	运动对象的长度	静止对象的长度	运动对象的面积	静止对象的面积
运动对象的重量		—	15,8,29,34	—	29,17,38,34	—
静止对象的重量	—		—	10,1,29,35	—	35,30,13,2
运动对象的长度	8,15,29,34	—		—	15,17,4	—
静止对象的长度	—	35,28,40,29	—		—	17,7,10,40
运动对象的面积	2,17,29,4	—	14,15,18,4	—		—
静止对象的面积	—	30,2,14,18	—	26,7,9,30	—	
运动对象的体积	2,26,29,40	—	1,7,4,35	—	1,7,4,17	—
静止对象的体积	—	35,10,19,14	—	19,14	—	35,8,2,14
速度	2,28,13,38	—	13,14,8	—	29,30,34	—
力	8,1,37,18	18,13,1,28	17,19,9,36	28,10	19,10,15	1,18,36,37
应力或压力	10,36,37,40	13,29,10,18	35,10,36	35,1,14,16	10,15,36,28	10,15,36,37
形状	8,10,29,40	15,10,26,3	29,34,5,4	13,14,10,7	5,34,4,10	—
对象的稳定性	21,35,2,39	26,39,1,40	13,15,1,28	37	2,11,13	39
强度	1,8,40,15	40,26,27,1	1,15,8,35	15,14,28,26	3,34,40,29	9,40,28
运动对象的作用时间	19,5,34,31	—	2,19,9	—	3,17,19	—
静止对象的作用时间	—	6,27,19,16	—	1,40,35	—	—

下面看看从矛盾矩阵中得到的每个发明原理以及每个发明原理中的指导原则。

原理 1　分割。

(1) 将一个对象分成多个相互独立的部分。

(2) 将对象分成容易组装(或组合)和拆卸的部分。

(3) 增加对象的分割程度。

应用指导原则(1)，意味着将装甲分为多个不同的相互独立的部分。

应用指导原则(2)，意味着将装甲分割为多个容易组装和拆卸的部分。

应用指导原则(3)，意味着增加装甲的可分性，将装甲分割为更多的相互独立的部分，可以是成千上万，甚至上百万份。

原理 8　重量补偿。

(1) 将某对象与另一个能提供上升力的对象组合，以补偿其重量。

(2) 通过与环境的相互作用(利用空气动力、流体动力等)实现对象的重量补偿。

应用指导原则(1)，意味着将某种能够提供上升力的对象与坦克或装甲组合起来，利用该对象提供的上升力来补偿坦克装甲的重量。

应用指导原则(2)，意味着通过改变坦克的结构，从而使坦克能够利用环境中的物质来获得上升力，即能够自己产生上升力的坦克。不幸的是，当前问题的背景是解决陆战坦克的重量问题，不允许我们这样做，所以这一原理不适用。但是，在水陆两用坦克上，本原理得到了广泛的应用。

例如，第二次世界大战中，日本的"卡米"Ⅱ式水陆两用坦克(图 7-4)利用浮箱产生浮力，以补偿坦克的重量；第二次世界大战中，盟军为实施诺曼底登陆，对原有的谢尔曼坦克进行改进，设计出了 DD 坦克(Duplex Drive，两栖坦克)(图 7-5)。其原理就是在坦克上加装了一个 9 英尺(约 2.7432 米)高的可折叠帆布框架，使其成为像船一样能漂浮在水面上的坦克。帆布框架的作用，就是通过排开海水产生浮力，以补偿坦克的重量。

(a) 卸掉前、后浮箱

(b) 在水上行驶时

图 7-4　"卡米"Ⅱ式水陆两用坦克

谢尔曼坦克本身就不是"二战"中最好的中型坦克，而由它改造的谢尔曼 DD 水陆坦克更是由于极弱的防护而备受诟病。但在诺曼底登陆以后，水陆两栖坦克开始在武器装备序列中占有重要地位。"二战"结束后，水陆两栖坦克更是开始了快速发展的步伐，如图 7-6 所示。

图 7-5　第二次世界大战中盟军使用的 DD 坦克

图 7-6　现代水陆两栖坦克

原理 40　复合材料。

用复合材料代替均质材料。

应用该原理意味着用复合材料代替先前的均质材料。不同的复合材料可以具有不同的特性,很多复合材料可以同时满足高强度和低密度的要求。

原理 15　动态特性。

(1) 调整对象或对象所处的环境,使对象在各动作、各阶段的性能达到最佳状态。

(2) 将对象分割为多个部分,使其各部分可以改变相对位置。

(3) 使不动的对象可动或可自动适应。

应用指导原则(1),意味着调整坦克、装甲或作战环境的性能,使坦克在工作的各个阶段达到最优的状态。

应用指导原则(2),意味着将装甲分割为多个可以改变相对位置的部分。

应用指导原则(3),意味着让原本"静止"的装甲变得"可动"或可以根据环境的变化自动调整自己的状态。

结论：将原理1的指导原则(2)、原理40和原理15的指导原则(2)结合起来，可以得到一个成功的解决方案。用复合材料来制造一块一块的、容易组装和拆卸的、可以动态配置的装甲板，按照需要动态地配置于坦克车体的各个部位(图7-7)。这也正是第二次世界大战后坦克装甲发展的方向。

图7-7 复合装甲在坦克车体上的配置

利用发明原理来解决技术矛盾时，可以采用的方法有以下两种：
(1) 利用矛盾矩阵找出最有效的发明原理。
(2) 对照问题来阅读每一个发明原理，找出最适合的发明原理。

在利用发明原理和矛盾矩阵解决技术矛盾的时候，要认真阅读每个推荐的发明原理，用心体会每个指导原则的含义，并尝试将其应用于技术系统。不要拒绝任何想法，不管它看起来多么荒谬、多么可笑，都要尽最大的努力来使用它。

其次，对于对应单元格中给出的这些发明原理，既可以单独使用，也可以考虑将两个或多个发明原理或指导原则合并起来使用。

最后，如果所有给出的发明原理或指导原则都无法解决该问题，则需重新分析问题，重新定义技术矛盾，直到找出可用的概念解决方案为止。

7.6 矛盾矩阵的发展

由阿奇舒勒在1976年发布的39×39矛盾矩阵表主要是解决技术系统的技术矛盾，而阿奇舒勒认为，技术系统的物理矛盾可以用分离的方法求解。因此，在39×39矛盾矩阵表中，主要是在对角线上出现了158个空格。

美国TRIZ研究人员通过将48个通用工程参数和40个发明原理有机地联系起来，建立起对应关系，整理成48×48矛盾矩阵表，于2003年正式对外公布(称2003矛盾矩阵表)。比较39×39矛盾矩阵表和2003矛盾矩阵表，它们间的差别如下：

(1) 通用工程参数的编码不尽相同。
(2) 2003矛盾矩阵表上不再出现空格，物理矛盾与技术矛盾的求解同时出现在矛盾矩阵表中，在为设计者解决技术系统的技术矛盾的同时，也为解决技术的物理矛盾提供了有序、快速和高效的方法。

(3) 2003矛盾矩阵表上提供的通用工程参数矩阵关系由1263个提高到2304个,在每一个矩阵关系中所提供的发明原理的个数有所增加,为人们提供了更多的解决发明问题的机会,更加高速、有效和大幅度地提高了创新的成功率。

由2003矛盾矩阵表对角线引申出来的《发明问题解决引导表》如表7-4所示。

表7-4 发明问题解决引导表

编码	通用工程参数名称	发明原理编码	编码	通用工程参数名称	发明原理编码
1	运动物体的质量	35、28、31、08、02、03、10	19	应力/压力	35、03、40、17、10、02、09、04
2	静止物体的质量	35、31、03、13、17、02、40、28	20	强度	35、40、03、17、09、02、28、14
3	运动物体的尺寸	17、01、03、35、14、04、15	21	结构的稳定性	35、24、03、40、10、02、05
4	静止物体的尺寸	17、35、03、28、14、04、01	22	温度	35、03、19、02、31、24、36、28
5	运动物体的面积	05、03、15、14、01、04、35、13	23	物体明亮度(光照度)	35、19、32、24、13、28、01、02
6	静止物体的面积	17、35、03、14、04、01、28、13	24	运行效率*	03、02、19、28、35、04、15、13
7	运动物体的体积	35、03、28、01、07、15、10	25	物质(材料)的损失	35、10、03、28、24、02、13
8	静止物体的体积	35、03、02、28、31、01、14、04	26	时间的损失	10、35、28、03、05、24、02、18
9	形状	03、35、28、14、17、04、07、02	27	能量的损失	35、19、03、02、28、15、04、13
10	物质(材料)的数量	35、03、31、01、10、17、28、30	28	信息的遗漏(损失)	24、10、07、25、03、28、02、32
11	信息的数量*	02、07、03、10、24、17、25、32	29	噪声*	03、09、35、14、02、31、01、28
12	运动物体的耐久性(实用时间)	03、10、35、19、28、02、13、24	30	有害的扩散(散发)*	35、01、02、10、03、19、24、18
13	静止物体的耐久性(实用时间)	35、03、10、02、40、24、01、04	31	(物体产生的)有害副作用	35、03、25、01、02、04、17
14	速度	28、35、13、03、10、02、19、24	32	适应性(通用性)	15、35、28、01、03、13、29、24
15	力	35、03、13、10、17、19、28	33	兼容性(可连通性)*	02、24、28、13、10、17、03、25
16	运动物体消耗能量	35、19、28、03、02、10、24、13	34	可操作性(易使用性)	25、01、28、03、02、10、24、13
17	静止物体消耗能量	35、03、19、02、13、01、10、28	35	可靠性	25、01、28、03、02、10、24、13
18	功率	35、19、02、10、28、01、03、15	36	易维修性	01、13、10、17、02、03、35、28

续表

编码	通用工程参数名称	发明原理编码	编码	通用工程参数名称	发明原理编码
37	安全性*	28、02、10、13、24、17、03、01	43	自动化程度	10、13、02、28、35、01、03、24
38	易损坏性（易受伤性）*	31、35、13、03、10、24、02、28	44	生产率	10、35、02、01、03、28、24、13
39	美观*	03、07、28、32、17、02、04、14	45	装置（构造）的复杂性	28、02、13、35、10、05、24
40	（物体对外部）有害作用敏感性	35、24、03、02、01、40、31	46	控制（检测与测量）的复杂性	10、25、37、03、01、02、28、07
41	可制造性（易加工性）	01、35、10、13、28、03、24、02	47	测量难度*	28、32、26、03、24、37、10、01
42	制造（加工）的精度	03、10、02、25、28、35、13、32	48	测量精度	28、24、10、37、26、03、32

7.7 习 题

1. 单选题

（1）矛盾是 TRIZ 的基石。矛盾可以帮助我们更快、更好地理解隐藏在问题背后的根本原因，找到解决问题的方法。下列选项中，不属于 TRIZ 矛盾思想的是（　　）。

　　A. 冲突　　　　B. 技术矛盾　　　　C. 回避　　　　D. 激化

（2）在以下情景中，不能构成技术矛盾的是（　　）。

　　A. 自行车拐弯减速时，刹车闸摩擦车轮，致使车轮停止转动，结果车毁人伤

　　B. 为室内照明的蜡烛，产生了大量浓烟，污染了室内空气

　　C. 汽车过桥时，如果车辆超载就会对桥产生破坏

　　D. 由于电池供电电压过低，灯泡无法发光

（3）工程中存在大量的工程参数，每个行业、领域都有很多工程参数。为了方便定义技术矛盾，阿奇舒勒分析专利，陆续总结、抽取出经典 TRIZ 的（　　）个通用工程参数，利用这些参数就足以描述工程领域中出现的绝大多数技术矛盾。

　　A. 39　　　　B. 46　　　　C. 40　　　　D. 18

（4）通过研究，阿奇舒勒发现，针对某一对由两个通用工程参数所确定的技术矛盾来说，40 个发明原理中的某一个或某几个发明原理被使用的次数要明显比其他的发明原理多。如果能够将发明原理与技术矛盾之间的这种对应关系描述出来，技术人员就可以直接使用那些对解决自己所遇到的技术矛盾最有效的发明原理。于是，阿奇舒勒将发明原理与通用工程参数相结合，建立了经典 TRIZ 的矛盾矩阵，又称（　　）矛盾矩阵。

　　A. 40×40　　　　B. 39×39　　　　C. 128×128　　　　D. 36×36

7.8 实验与思考：应用矛盾矩阵获取问题解决方案

7.8.1 实验目的

(1) 理解什么是技术矛盾以及它在 TRIZ 理论体系中的意义。

(2) 熟悉 39 个通用工程参数，准确理解每个参数的含义，了解 39 个通用工程参数所具有的高度概括性和应有的灵活性。

(3) 通过对飞机发动机整流罩改进案例，来熟悉矛盾矩阵的作用和使用方法，在解决实际问题过程中，能提炼技术矛盾，并利用矛盾矩阵获得解决方案。

7.8.2 工具/准备工作

开始本实验之前，请回顾教科书的相关内容。

需要准备一台能够访问因特网的计算机。

7.8.3 实验内容与步骤

(1) 什么是技术矛盾？试列举三个生活中你所遇到的技术矛盾的实例。

答：_____

_____

_____

实例 1：_____

实例 2：_____

实例 3：_____

(2) 39 个通用工程参数的作用是什么？

答：_____

_____

_____

(3) 请举例说明技术矛盾的解题步骤。

答：

第一步：_____

_____

第二步：_____

第三步：_____

(4) 通过查找矛盾矩阵，找到解决下列技术矛盾的创新原理：

改善：温度　　　　恶化：强度

答：_____

改善：能量损失　　　　恶化：制造精度

答：_____

(5) 阿司匹林是一种广泛流行的药物，它通常被制成片剂，为了发烧迅速消退，人们通常在短时间内服用几片。但是药片进入胃内时，它与胃壁接触并造成刺激。试分析上述材料中的技术矛盾，通过矛盾矩阵查找相应的发明原理，并解决该矛盾。

答：_____

(6) 日益增长的人涌入大中型城市，为了充分地利用空间，很多城市不得不启动大量高楼建设项目。但是楼房一旦建造得很高，就会引来一系列问题。比如楼房的抗震性能下降，影响周边建筑的采光效果，过于集中的楼房还会造成局部的交通堵塞等问题。这个实例中存在着很多技术矛盾。请将实际问题转化为用 39 个参数描述的技术矛盾，并尝试利用矛盾矩阵查找相应的发明原理。

答：_____

(7) 在风大的时候，风力发电机需要停转，以免叶片高速旋转，导致离心力过大而把叶片甩断。但是，如果在大风时也能够运转，就能多发电，请定义此问题的技术矛盾，并且使用矛盾矩阵找出解决此问题的发明原理,并给出解决方案。

答:_____
_____
_____
_____

(8) 接收无线电波的雷达天线经常遇到雷雨。为了避免雷击,必须设置避雷针。但是,避雷针会吸收无线电波,从而减少了天线吸收无线电波的数量。请找出此问题中的技术矛盾,并且使用矛盾矩阵找出解决此问题的发明原理,并给出解决方案。

答:_____
_____
_____
_____

(9) 应用技术矛盾和矛盾矩阵解决飞机发动机整流罩改进问题。

问题:为加大航程,在改进波音 737 的设计中加大了发动机功率,但随之出现的问题是飞机的发动机也必须作相应的改进。而由于在加大功率的情况下发动机需要进更多的空气,发动机的改进又使发动机整流罩的截面积尺寸加大,整流罩与地面的距离将会缩小,而起落架的高度是无法调整的,这样,飞机起降的安全性受到影响。摆在设计者面前的关键问题,就是如何改进发动机的整流罩,而不降低飞机的安全性,参见图 7-8。

图 7-8 飞机发动机

显然,在上面这个实例中,存在着亟待解决的技术问题。请从这些实际问题中提取典型的技术矛盾,并考虑利用矛盾矩阵获得问题的解决方案。

请记录:

你选取的技术问题是:_____

步骤 1:确定技术系统的所有组成元素:_____

步骤 2：请画出问题的逻辑链，并进行问题描述：_____
_____
_____

步骤 3：定义技术矛盾，定义需要改善的参数和被恶化的参数。
改善的参数：_____
被恶化的参数：_____

步骤 4：解决技术矛盾。在矛盾矩阵的交叉点单元格中，得到的发明原理序号是：
_____
通过查阅，得到对应的发明原理及其指导原则是：
原理（   ）：_____
指导原则 1：_____

指导原则 2：_____
指导原则 3：_____

原理（   ）：_____
指导原则 1：_____

指导原则 2：_____

指导原则 3：_____
原理（   ）：_____
指导原则 1：_____
指导原则 2：_____

指导原则 3：_____
指导原则 4：_____
指导原则 5：_____

原理（   ）：_____
指导原则 1：_____

指导原则 2：_____

步骤 5：结论：你所获得的创新问题解决方案是：
_____

7.8.4 实验总结

7.8.5 实验评价(教师)

物理矛盾与分离方法

阿奇舒勒定义物理矛盾(Physical Contradiction，PC)这个概念来描述以下情况：对同一个对象的某个特性提出了互斥的要求。例如，某个对象既要大又要小，既要长又要短，既要快又要慢，既要高又要低，既要有又要无，或者既要导电又要绝缘，等等。物理矛盾是对技术系统的同一参数提出相互排斥的需求这样一种物理状态。无论对于技术系统的宏观参数，如长度、电导率及摩擦系数等，还是对于描述微观量的参数，如粒子浓度、离子电荷及电子速度等，都可以对其中存在的物理矛盾进行描述。

8.1 物理矛盾

当对一个系统的某个参数具有相反的要求时，就出现了物理矛盾。例如，飞机在起飞和降落的时候，必须用到起落架。但在飞行过程中又不需要起落架，以免引起不必要的空气摩擦。这是两个相反的要求。又如，飞机的机翼应该尽量大，以便在起飞时获得更大的升力；飞机的机翼应该尽量小，以便减少高速飞行时的阻力。可见，物理矛盾是对技术系统的同一参数提出相互排斥的需求时出现的一种物理状态。无论对于技术系统的宏观参数，如长度、导电率及摩擦系数，还是对于描述微观量的参数，如粒子浓度、离子电荷及电子速度等，都可以对其中存在的物理矛盾进行描述。

物理矛盾反映的是唯物辩证法中的对立统一规律，矛盾双方存在两种关系：对立的关系及统一的关系。一方面，物理矛盾讲的是相互排斥，即同一性质相互对立的状态，假定非此即彼；另一方面，物理矛盾又要求所有相互排斥和对立状态的统一，即矛盾的双方存在于同一客体中。

常见的物理矛盾可以针对几何参数、物理参数，也可以针对功能参数，如表 8-1 所示。

表 8-1 常见的物理矛盾

类别	物理矛盾							
几何类	长与短	对称与非对称	平行与交叉	厚与薄	圆与非圆	锋利与钝	窄与宽	水平与垂直
材料及能量类	多与少	密度大与小	导热率高与低	温度高与低	时间长与短	黏度高与低	功率大与小	摩擦力大与小
功能类	喷射与堵塞	推与拉	冷与热	快与慢	运动与静止	强与弱	软与硬	成本高与低

例 8-1 飞机机翼(图 8-1)的改进。

在飞机的改型设计中,为了提高飞机的飞行速度,设计人员希望用一种推力更大的新型发动机来代替原有的发动机。但是,新型发动机的重量要比老发动机大很多,这使得飞机的总重量大大增加。因此,在起飞时,原有机翼所提供的升力将无法满足要求。

图 8-1 飞机的机翼

为了解决这个问题,可以增加机翼的面积。这样就能够在起飞的过程中产生更大的升力。但是,当飞机高速飞行时,增大了面积的机翼将产生更大的阻力,这又会降低飞机的飞行速度。

在这个例子中,针对"机翼面积"这个参数出现了相反的(互斥的、矛盾的)需求。一方面,为了提高飞行速度,需要推力更大的新型发动机。为容纳新型发动机比原有发动机更大的重量,需要在起飞的时候提供更大的升力,为此,需要增大机翼面积;另一方面,为了提高飞机的飞行速度,需要较小的飞行阻力,而机翼是产生飞行阻力的主要部位之一,增大机翼的面积会增大机翼的阻力,因此,需要减小机翼面积。

8.1.1 定义物理矛盾

通常,在解决问题的时候,目标之所以无法实现,就是因为没有解决最重要的矛盾。一个好的解决方案应该是这样的:在使一个特性(在本例中,是重量、机翼面积)保持不变或得到改善的基础上,使目标特性得到改善(在本例中是速度)。解决问题的方法往往并不是显而易见的,需要解决问题的人具有一定的创造性。

在常规设计中,对这样的问题往往会采用折中或妥协的方法,或者仅仅满足两个矛盾特性中"比较重要的"那个特性,而对于另一个"不重要的"特性,则可以用其他辅助性手段来处理。但是,对于 TRIZ 来说,追求的就是解决矛盾,建立一个"完美的"系统,即在不使其他特性恶化的前提下,改善那个"重要的"特性。

例 8-2 飞机的载油量。

增加飞机的巡航半径,飞机需要携带更多的燃油。但是,多携带燃油会增加飞机的重量,导致其单位航程耗油量增加,从而缩短其巡航半径。这个问题,以前是通过给飞机携带副油箱(图6-3)的方式解决的。此时,副油箱被看做是飞机的一个子系统。随着技术系统的进化,副油箱逐步从飞机这个技术系统中脱离出来,转移至超系统,并最终演变为现代的空中加油机(图5-10)。其结果是,飞机"携带"的燃油既多(飞机"携带"了空中加油机,空中加油机可以"携带"很多燃油)又少(飞机自身所"携带"的燃油少),满足了互斥的需求。

采用这种方式,一方面,由于飞机不需要携带副油箱,使得飞机的飞行重量降低,系统得以简化;另一方面,加油机可以"携带"比副油箱多得多的燃油,大大提高了为飞机补充燃油的效率。

综上所述,物理矛盾可以精确地表达为:对象应该具有特性"P",以便满足需求 A;同时,对象应该具有特性"非 P",以便满足需求 B。

读者可以参考以下的两种模板来定义物理矛盾:

(1) **模板 1**。

技术系统的名称 中 对象的名称 应该是(具有)特性,以便 对系统的第一种需求;同时,又不应该是(具有)特性,以便 对系统的第二种需求。

例如:飞机 中 机翼 应该是(具有)大,以便 在起飞时提供更大的升力;同时,又不应该是(具有)大,以便 在高速飞行时具有较小的阻力。

(2) **模板 2**。

技术系统的名称 中 对象的名称 的 关键参数 应该为 关键参数的第一个值,以便 技术系统的第一种功能或特性;同时,关键参数 又应该为 关键参数的第二个值,以便 技术系统的第二种功能或特性。

例如:飞机 中 机翼 的 面积 应该 大,以便 在起飞时提供更大的升力;同时,面积 又应该 小,以便 在高速飞行时具有较小的阻力。

定义物理矛盾时,到底使用哪个模板,要具体问题具体分析。当然,这两个模板只是参考,读者完全可以在此基础上灵活应用,以更加适合的方式来表达问题中所蕴含的物理矛盾。

8.1.2 物理矛盾的定义步骤

定义物理矛盾的步骤,可以分为以下四步:

第一步:进行技术系统的因果分析。

第二步:从因果分析中定义出技术矛盾。

第三步:提取物理矛盾:在这对技术矛盾中找到一个参数,及其相反的两个要求。

第四步:定义理想状态:提取技术系统在每个参数状态的优点,提出技术系统的理想状态。

工程系统中常常遇到各种问题,如何将一个问题转换成物理矛盾是非常重要的。针对某种实际的问题情境,一般可以通过以上步骤逐步完成对其中物理矛盾的准确描述。

例 8-3 以制造汽车过程中的一个问题为例:

在制造汽车的时候,特别是制造重型卡车的时候,需要汽车非常坚固,并且能承载更多的货物。所以一般大型汽车、重型卡车需要运用大量的钢材来制造更大更厚实的车厢。

但是这样会使汽车重量非常的重,导致行驶过程中需要耗费更多的燃油。

针对这样的实际问题,将它转换成物理矛盾的时候,需要找到某一个有对立要求的参数,就按照以上步骤找到这个对立的参数。

卡车车身这一实例中存在的技术矛盾是:强度 VS 运动物体的重量。物理矛盾则可以简单表述为:卡车车身的材料密度既要是高的,同时又要是低的。

8.1.3 技术矛盾与物理矛盾的关系

物理矛盾和技术矛盾是相互联系的(图 8-2)。例如,为了提高子系统 Y 的效率,需要对子系统 Y 加热,但是加热会导致其邻近子系统 X 的降解,这是一对技术矛盾。同样,这样的问题可以用物理矛盾来描述,即温度要高又要低。高的温度提高 Y 的效率,但是恶化 X 的质量;而低的温度不会提高 Y 的效率,也不会恶化 X 的质量。所以技术矛盾与物理矛盾之间是可以转化的。在很多时候,技术矛盾是更显而易见的矛盾,而物理矛盾是隐藏得更深入的、更尖锐的矛盾。

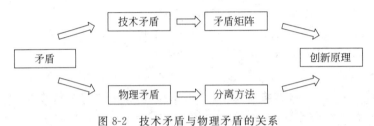

图 8-2 技术矛盾与物理矛盾的关系

技术矛盾和物理矛盾两者的区别是:

(1) 技术矛盾是存在于两个参数(特性、功能)之间的矛盾,物理矛盾是针对于一个参数(特性、功能)的矛盾。

(2) 技术矛盾涉及的是整个技术系统的特性,物理矛盾涉及的是系统中某个元素的某个特征的物理特性。

(3) 物理矛盾比技术矛盾更能体现问题的本质。

对于同一个技术问题来说,技术矛盾和物理矛盾是从不同的角度,在不同的深度上对同一个问题的不同表述。

8.2 分离方法

物理矛盾的解决方法一直是 TRIZ 研究的重点,其核心思想是实现矛盾双方的分离。为此,阿奇舒勒总结出了 11 个分离原理,告诉人们如何改变系统才能消除物理矛盾,这 11 个分离原理分别是:

(1) 相反特性的空间分离。

(2) 相反特性的时间分离。

(3) 系统转换 1a:将多个同类或异类系统合并到一个超系统中。

(4) 系统转换 1b:将系统转换为相反系统或将系统与其相反系统组合。

(5) 系统的整体特性与局部特性相反。
(6) 系统转换2：转换为在微观级别上工作的系统。
(7) 相变1：改变系统中某个部分的相态或改变系统外部环境的相态。
(8) 相变2：系统中某个部分动态的相态变化(根据工作条件来改变相态)。
(9) 相变3：利用与相变相关的现象。
(10) 相变4：用双相态的物质代替单相态物质。
(11) 物理化学转换："化合—分解""电离—复合"可以导致物质的"产生—消除"。

在实际工作中，很难将这11个分离原理一一记住。为了让使用者能更方便地利用分离的思想进行思考，现代TRIZ在总结解决物理矛盾各种方法的基础上，将11个分离原理概括为4种分离方法，即时间分离、空间分离、条件分离、系统级别上的分离。这4种方法的核心思想是完全相同的，都是为了将针对于同一个对象(系统、参数、特性、功能等)的相互矛盾的需求分离开，从而使矛盾的双方都得到完全的满足。它们之间的不同之处在于，不同的分离方法选择了不同的方向来分离矛盾的双方。例如，时间分离所选择的求解方向就是在时间上将矛盾双方互斥的需求分离开。

8.2.1 时间分离

时间分离是指在时间上将矛盾双方互斥的需求分离开，即通过在不同的时刻满足不同的需求，从而解决物理矛盾。

当系统中存在互斥需求(P和-P)的时候，如果其中的一个需求(P)只存在于某个时间段内，而在其他时间段内并没有这种需求，就可以使用时间分离的方法将这种互斥的需求分离开。

使用这种分离方法的时候，首先要回答下面的问题：

是否在所有的时间段，都需要既是P，又是-P？

如果不是，则表示至少某一个时间段内，没有要求既是P又是-P。因此，就可以在该时间段内，将这种对于系统的矛盾需求分离开。

例8-4

(1) 在十字路口，去往不同方向的汽车都要通过相同的区域。但是，它们又不能同时通过相同的区域，否则就会造成交通事故。利用红绿灯就可以使去往不同方向的汽车在不同的时间通过相同的区域。

(2) 在下雨的时候，希望伞能够尽量大一些，以便更好地遮挡风雨；在不下雨的时候，希望伞能够尽量小一些，以便随身携带。折叠伞就很好地解决了这个矛盾。

(3) 在起飞、降落和正常飞行时，飞机机翼会分别呈现出不同的几何形状。这种形状上的变化是为了满足不同时间段内飞机对升力的不同需求。

例8-5 舰载机(图8-3)。

为了增强航空母舰的战斗力，航空母舰上需要搭载尽可能多的舰载机。由于长度的限制，航空母舰上供飞机起飞的跑道是非常短的。为了在这么短的跑道上起飞，飞机机翼应该大一些，以便在相对较低的速度下获得较大的升力，使飞机顺利起飞；另一方面，为了在空间有限的航空母舰上搭载尽可能多的舰载机，飞机机翼应该尽可能小一些。

图 8-3 舰载机

（1）分析。在这个问题中，对于机翼互斥的需求是：既要大，又要小。

（2）物理矛盾。机翼既应该是大的，又应该是小的，这显然是违反物理规律的。

（3）矛盾分析。当舰载机从航空母舰的飞行甲板上起飞的时候，需要较大的升力，因此希望机翼大；当舰载机停放在航空母舰的飞行甲板上或机库里的时候，为了减小其所占用的空间，希望机翼小。可以看出，对舰载机机翼的互斥需求在时间轴上是不重叠的。因此，可以考虑用时间分离的方法来解决这个物理矛盾。

（4）简化的问题。当飞机从飞行甲板上起飞的时候，如何使机翼保持在"大"的状态？当飞机停放在机库里的时候，如何使机翼保持在"小"的状态？有没有一种方法可以使机翼在需要大的时候变大，在需要小的时候变小呢？

（5）解决方案。将飞机的机翼设计成可折叠的，当飞机起飞的时候，机翼打开，就处于"大"的状态；当飞机处于停放状态时，将机翼折叠起来，就处于"小"的状态了，如图 8-4 所示。

图 8-4 舰载机的可折叠机翼

8.2.2 空间分离

空间分离是指在空间上将矛盾双方互斥的需求分离开，即系统在不同的空间位置满足不同的需求，或在系统的不同部位满足不同的需求，从而解决物理矛盾。当系统中存在互斥需求（P 和 $-P$）的时候，如果其中的一个需求（P）只存在于某个空间位置，而在其他空间位置并没有这种需求，就可以使用空间分离的方法将这种互斥的需求分离开。

在应用这种分离方法的时候，首先要回答下面的问题：

是否在所有的空间位置上,都需要既是 P,又是 －P?

如果不是,则表示至少在某一个空间位置,没有要求既是 P,又是 －P。因此,就可以在该空间位置,将这种对于系统的矛盾需求分离开。

例 8-6

(1) 在十字路口,去往不同方向的汽车都要通过相同的区域。但是,它们又不能同时通过相同的区域,否则就会造成交通事故。利用立交桥可以使去往不同方向的汽车在同一时间利用不同的空间位置通过该区域。

(2) 在利用声呐(图 8-5)对海底进行测量的过程中,如果将声呐探测器安装在船上,那么轮船发出的噪声会影响测量的精度。解决这个问题的方法之一就是用一根很长的电缆将声呐探测器拖在船后很远的地方,从而在空间上将声呐探测器与产生噪声的船分离开。

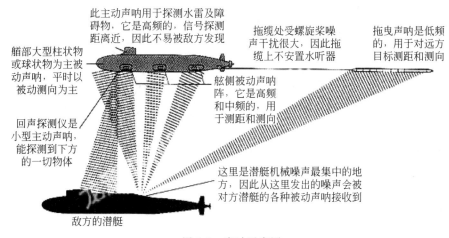

图 8-5　声呐示意图

(3) 烧菜的时候,锅应该是热的,以便加热食物;同时,锅又应该是不热的,以便厨师用手"抓"住锅进行操作。因此,在锅上安装了用耐高温塑料或木头制成的柄,使锅的不同部位满足不同的需求。

8.2.3　条件分离

条件分离是指根据条件的不同将矛盾双方互斥的需求分离开,即通过在不同的条件下满足不同的需求,从而解决物理矛盾。

当系统中存在互斥需求(P 和 －P)的时候,如果其中的一个需求(P)只在某一种条件下存在,而在其他条件下不存在的时候,就可以使用条件分离的方法将这种互斥的需求分离开。

在应用这种分离方法的时候,首先要回答下列问题:

是否在任何的条件下,都需要既是 P 又是 －P?

如果不是,则表示至少在某一个条件下,没有要求既是 P,又是 －P。因此,就可以在该条件下,将这种对于系统的矛盾需求分离开。

例 8-7

（1）在十字路口，去往不同方向的汽车都要通过相同的区域。但是，它们又不能同时通过相同的区域，否则就会造成交通事故。利用"环岛"使去往不同方向的汽车在同一时间通过相同的区域，就是条件分离（汽车从各个入口进入环岛，再按照不同的目的地选择不同的出口，从环岛出来）。

（2）常温下，氮气的化学性质很不活泼，既不助燃，也不能帮助呼吸。游离态的氮气，用途并不广。在博物馆里，那些贵重的画卷常常保存在充满氮气的圆筒里，这样可以避免蛀虫毁坏画卷。在高温条件下，氮气十分活泼，能与许多元素化合。例如，在高温高压下，氮气与氢化合物生成氮氢化合物。可以说，氮是否活泼取决于温度这个条件。

（3）水是"软"的，鱼儿在水中可以自由遨游；水又是"硬"的，利用高压水可以切割很厚的金属板。可以说，水是软还是硬取决于水的速度这个条件。

例 8-8 可变色的眼镜。

对于近视的人来说，当太阳光很强的时候，希望镜片的颜色深一些，当太阳光弱的时候，希望镜片的颜色浅一些，甚至是无色。即物理矛盾是：镜片的颜色既应该是深的，又应该是浅的。

解决方案：在镜片中加入少量氯化银和明胶。其中，氯化银是一种见光能够分解的物质，分解出来的金属银的颗粒很细，但可使镜片的颜色变暗变黑，降低镜片的透明度。在没有太阳光直射的情况下，明胶能使已经分解出来的银和氯重新结合，转变为氯化银。利用这种镜片制成的眼镜，可以根据光线强度的不同呈现不同深浅的颜色。

8.2.4 系统级别上的分离

系统级别上的分离是指在系统级别上将矛盾双方互斥的需求分离开，即通过在不同的系统级别上满足不同的需求，从而解决物理矛盾。

当系统中存在互斥需求（P 和 －P）的时候，如果其中的一个需求（P）只存在于某个系统级别上（例如，只存在于系统级别上），而不存在于另一个系统级别上（例如，不存在于子系统或超系统级别上）时，就可以使用系统级别分离的方法将这种互斥的需求分离开。

使用这种分离方法的时候，首先要回答下列问题：

是否在所有的系统级别上，都需要既是 P 又是 －P？

如果不同的需求可以存在于不同的系统级别上，就可以在系统的不同级别上将矛盾的需求分离开。

例 8-9 自行车链条应该是柔软的，以便精确地环绕在传动链轮上，它又应该是刚性的，以便在链轮之间传递相当大的作用力。因此，系统的各个部分（链条上的每一个链节）是刚性的，但是系统在整体上（链条）是柔性的，如图 8-6 所示。

例 8-10 近视眼镜和远视眼镜的集成。

有些人同时具有两种视力问题：近视和远视。近视和远视可以分别通过不同的眼镜来进行视力矫正。但是，对于既近视又远视的情况，该怎么办呢？

这里，找到的物理矛盾是：人到中年，由于晶体调节能力的减弱，解决既要看远处，又要看近处的问题成为当务之急。

图 8-6　套筒滚子链在不同的系统级别上表现出不同的特性

解决方案：

（1）空间分离：1784 年，富兰克林将两种不同度数的镜片装入一个眼镜框中，以解决既要看远又要看近的问题，成为眼镜发展史上的一个里程碑。随后，人们相继发明了许多种双光眼镜，给工作与生活带来极大的便利。这一成就在人们不断的改进和发展中持续了将近 200 年。直到 1959 年，一种新产品——渐进多焦点的问世，给人们带来了新的喜悦。渐进多焦点眼镜片在国外一些先进国家已经得到广泛的认可。

（2）时间分离：两副眼镜，根据需要换着戴。

（3）条件分离：像照相机镜头那样的自聚焦透镜。

（4）系统级别上的分离：可以改变曲率和焦距的塑料透镜。

8.3　利用分离方法求解物理矛盾

解决物理矛盾的核心思想是这样的：利用分离方法，将对同一个对象的某个特性的互斥要求分离开，并分别予以满足。

例 8-11　电解铜板的防腐。

通过矿石冶炼得到的铜，通常都含有硫化物 CuS 和 Cu_2S，称为粗铜。利用电解法对铜进行提纯时，将粗铜（含铜 99%）预先制成厚板作为阳极，纯铜制成薄片作阴极，用硫酸底溶液作为电解质。通电后，铜从阳极溶解成铜离子（Cu^{2+}）向阴极移动，到达阴极后获得电子，而在阴极析出纯铜。粗铜中的某些杂质（如比铜活泼的铁和锌等）会随铜一起溶解为离子。比铜不活泼的杂质（如金和银等）会沉积在电解槽的底部，称为"阳极泥"。这样生产出来的铜板称为电解铜，根据规定，电解铜中杂质元素总含量应不大于 0.0065%。随后，电解铜板会被熔化，铸成各种型材。电解铜的生产原理如图 8-7 所示。

在电解过程中，铜离子（Cu^{2+}）向阴极移动的速度和铜离子在阴极获得电子并析出的速度与电流密度成正比。当电流密度较小时，铜离子移动和析出的速度慢，铜离子在阴极上形成的结晶颗粒分布均匀，生产出的铜板表面光滑；当电流密度较大时，铜离子移动和析出的速度快，铜离子在阴极上形成的结晶颗粒分布不均匀，生产出的铜板表面会形成一些小孔。

为了保证较高的生产效率，实际生产中往往会采用较大的电流密度，导致结晶过程中会形成小孔,电解液和一些杂质会附着于小孔中。在后续储运时,在潮湿的空气中,杂质、电解液和纯铜会与氧气反应,铜板表面会出现绿斑。为了避免在储运过程中产生绿斑,电解铜板从电解槽中取出之后,会被放入专用的清洗设备中,用水和清洗液对铜板表面进行清洗,希望去除表面小孔中附着的电解液和杂质。但是,这需要消耗大量的水和清洗液。如何解决这个问题?

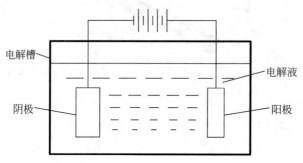

图 8-7 电解铜的生产原理

与利用矛盾矩阵解决技术矛盾的过程类似,利用分离方法解决物理矛盾,大致可以分为以下三个步骤,即分析技术系统,定义和解决物理矛盾。

8.3.1 分析技术系统

按以下步骤来分析技术系统。

步骤 1:确定技术系统的所有组成元素。

首先,对技术系统中各个组成元素进行分析,对每个元素的参数、特性和功能有一个全面的认识。其次,通过对各个组成元素之间的相互作用关系的分析,从整体上把握整个系统的作用机制,即不同元素之间存在什么样的相互作用,以及它们对于系统整体性能、功能的实现分别起到了什么样的作用。最后,通过上述分析,为找出问题的根源奠定基础。

另外,通过对技术系统进行深入分析,可以确定技术系统中所包含的各个子系统、技术系统所属的超系统,以为找出问题的根源做准备,从而帮助人们更好地理解技术问题。只有这样,才可能从整体上系统地了解现有技术系统的情况:子系统、系统和超系统的过去、现在和未来。

在本例中,作为一个技术系统,电解铜生产设备由以下几部分组成:电解槽、电解液、电流、阳极板、阴极板、铜离子、杂质、水和清洗液。

步骤 2:找出问题的根源,这是彻底解决问题的基础。

在头脑中厘清技术系统在过去和未来的功能有助于理解技术系统的工作条件。对技术系统未来应具备的功能的理解还可以帮助人们发现新的、未预见到的、不会出现当前问题的工作条件,从而使问题自动得到解决。

对技术系统的过去进行考察,看是否可以在技术过程的先前步骤中将问题解决掉。在某些情况下,这种分析可以帮助人们找到问题的解决方案,甚至可以帮助人们消除问题。

在本例中,"当电流密度较小时,铜离子移动和析出的速度慢,铜离子在阴极上形成的结晶颗粒分布均匀,生产出的铜板表面光滑;当电流密度较大时,铜离子移动和析出的速度快,铜离子在阴极上形成的结晶颗粒分布不均匀,生产出的铜板表面会形成一些小孔"。通过分析,可以清楚地看出当前问题是如何产生的,各个相关参数是如何被串起来成为一个链状结构的,如图 8-8 所示。

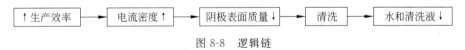

图 8-8 逻辑链

用自然语言可以描述为:为了改善(提高)生产效率,就改善(提高)电流密度,直接导致了阴极形成小孔,即阴极表面质量的恶化(降低),间接导致了电解液与杂质附着于小孔中。为了去除表面小孔中的电解液和杂质,利用水和清洗液进行清洗,导致了水和清洗液的大量消耗(恶化)。

可以看到,当电流密度较小时,阴极上形成的电解铜板表面光滑,并不会形成小孔。只是为了提高生产效率,采用了较大的电流密度,才导致结晶过程中形成了小孔,使得电解液和一些杂质附着于小孔中。因此,在本问题中,电解铜板表面形成小孔的根本原因是"较大的电流密度"。

步骤 3:定义关键参数。

通过前面步骤的分析,可以找出导致当前问题出现的逻辑链和根本原因。从这个逻辑链上,就可以找到需要改善的参数。

在本例中,可以选择"电流密度"作为本问题的关键参数。

8.3.2 定义物理矛盾

物理矛盾是对同一个对象的某个特性提出了互斥要求。在前面的步骤中,找出了承载物理矛盾的那个关键参数。接下来,需要将物理矛盾明确地定义出来。

按照物理矛盾的定义模板,可以将上述问题中的物理矛盾定义为:

<u>电解铜生产设备</u> 中 <u>电流</u> 的 <u>电流密度</u> 应该为 <u>大</u>,以便 <u>达到较高的生产率</u>;同时,<u>电流强度</u> 又应该为 <u>小</u>,以便 <u>电解铜板表面不产生小孔</u>。

8.3.3 解决物理矛盾

定义了物理矛盾以后,就可以使用分离方法来寻找解决问题的思考方向了。

时间分离:在时间上将矛盾双方互斥的需求分离开,即通过在不同的时刻满足不同的需求,从而解决物理矛盾。

应用时间分离意味着:在生产过程中,为了保证较高的生产效率,可以采用较大的电流密度;而在电解的最后阶段,为了保证电解铜板的表面光滑(不产生小孔),可以采用较小的电流密度。

结论:在电解的过程中采用较大的电流密度,只在电解铜板生成表面层的时候降低电流密度。这样一来,就可以在保证较高生产效率的同时避免电解铜板表面产生小孔。

8.4 将技术矛盾转化为物理矛盾

在一个工程问题中，可能会同时包含多个矛盾。对于其中的某一个矛盾来说，它既可以被定义为技术矛盾，也可以被定义为物理矛盾。技术矛盾与物理矛盾之间是可以相互转化的，利用这种转化机制，可以将一个冲突程度较低的技术矛盾转化为一个冲突程度较高的物理矛盾。

在一个技术矛盾中，两个参数之所以形成了类似"跷跷板"的这种技术矛盾关系，就是因为这两个参数之间是相关的，即可以通过逻辑推导建立一条连接两个参数的逻辑链。

从逻辑上来说，当两个互斥的需求分别被这条链上的两个不同结点所承载的时候，这两个结点就构成一个技术矛盾。同理，当互斥的要求汇聚于链上的某一个结点的时候，就表现为一个物理矛盾。因此，将技术矛盾转化为物理矛盾的过程，就是将两个分别位于不同结点上的互斥的需求会合到一个结点上的过程，如图 8-9 所示。

$$A \longrightarrow C \longrightarrow D \longrightarrow E \longrightarrow F \longrightarrow B$$
构成技术矛盾的两个参数（A 和 B）之间存在联系
$$A \longrightarrow C \longrightarrow D \longleftarrow E \longleftarrow F \longleftarrow B$$
当互斥的需求汇聚到一个结点（D）上时，就表现为物理矛盾

图 8-9 矛盾转化

下面，就用金属零件化学热处理的例子来演示，如何将技术矛盾转化为物理矛盾。

例 8-12 金属零件的热处理。

在化学热处理过程中，某种金属零件需要被放入到含有镍、钴、铬等金属离子的盐溶液中，以便在零件表面形成化学保护层。化学反应的速度会随温度的升高而迅速增大，温度越高，处理速度越快，生产效率越高；但是，在高温条件下，金属盐溶液会发生分解，将近 75% 的化学物质会沉淀在容器壁和容器底部。加入稳定剂也没有什么效果。如果降低温度，会使化学热处理过程的生产效率急剧降低。

（1）技术矛盾。可以描述为两个通用工程参数之间的矛盾，即生产率 VS 物质的无效损耗，如图 8-10 所示。

图 8-10 生产率与物质的无效损耗之间的逻辑链

通过对问题的分析，构造出图 8-10 所示的逻辑链。这条链的两端就是所定义的技术矛盾中的两个矛盾的参数。在这个链上，选择温度作为中间参数。然后，分别以生产率和物质的无效损耗为起点，沿着逻辑链条向温度这个结点推进。当双方在温度这个结点会合的时候，就表现为物理矛盾，如图 8-11 所示。

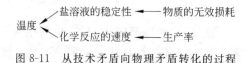

图 8-11 从技术矛盾向物理矛盾转化的过程

(2) 物理矛盾。为了将该问题转化为物理矛盾,可以选择温度作为中间参数。

物理矛盾描述为:提高盐溶液的温度,生产率提高,物质的无效损耗增加;反之,降低盐溶液的温度,生产率降低,物质的无效损耗减少。因此,盐溶液的温度既应该高,又应该低。当然,在实际的工程技术问题中,情况会比上述例子复杂得多。这就需要工程技术人员以自己的专业知识为基础,以 TRIZ 为工具,对问题进行深入细致的分析。只有这样,才能正确地从问题中抽取出技术矛盾,并在两个参数之间建立这种逻辑联系。读者需要记住一个重要概念:在每个技术矛盾的后面,都能找到一个物理矛盾,正是这个物理矛盾引起了该技术矛盾。因此,可以说,所有的技术矛盾都能够被转化为物理矛盾。当将技术矛盾转化为物理矛盾时,往往会选择定义一个特殊的物理问题,该物理问题是可以用物理、化学或几何等科学原理和效应来解决的。

8.5 用发明原理解决物理矛盾

研究提出,解决物理矛盾的 4 种分离方法与解决技术矛盾的 40 个发明原理之间存在一定的关系。对于每种分离方法,可以有多个发明原理与之对应,如表 8-2 所示。

表 8-2 分离方法与发明原理之间的对应关系

分 离 方 法	发 明 原 理
空间分离	1. 分割原理
	2. 抽取原理
	3. 局部质量原理
	17. 空间维数变化(一维变多维)原理
	13. 反向作用原理
	14. 曲率增加(曲面化)原理
	7. 嵌套原理
	30. 柔性壳体或薄膜原理
	4. 增加不对称性原理
	24. 借助中介物原理
	26. 复制原理
时间分离	15. 动态特性原理
	10. 预先作用原理
	19. 周期性作用原理
	11. 预补偿(事先防范)原理
	16. 未达到或过度的作用原理
	21. 减少有害作用的时间(快速通过)原理

续表

分离方法	发明原理
时间分离	26. 复制原理
	18. 机械振动原理
	37. 热膨胀原理
	34. 抛弃和再生原理
	9. 预先反作用原理
	20. 有益作用的连续性原理
条件分离	35. 物理或化学参数改变原理
	32. 颜色改变(改变颜色、拟态)原理
	36. 相变原理
	31. 多孔材料原理
	38. 强氧化剂(使用强氧化剂、加速氧化)原理
	39. 惰性环境原理
	28. 机械系统替代原理
	29. 气动与液压结构原理
系统级别上的分离	转换到子系统	1. 分割原理
		25. 自服务原理
		40. 复合材料原理
		33. 同质性(均质性)原理
		12. 等势原理
	转换到超系统	5. 组合(合并)原理
		6. 多功能性(多用性、广泛性)原理
		23. 反馈原理
		22. 变害为利原理
	转换到竞争性系统	27. 廉价替代品原理
	转换到相反系统	13. 反向作用原理
		8. 重量补偿原理

8.6 习题

1. 单选题

(1) 物理矛盾反映的是唯物辩证法中的对立统一规律。一方面,物理矛盾讲的是相互排斥,即同一性质相互对立的状态,假定非此即彼;另一方面,物理矛盾又要求所有相互排斥和对立状态的统一,即矛盾的双方存在于同一客体中。当对一个系统的某个参数具有(　　)的要求时,就出现了物理矛盾。

　　A. 相反　　　　B. 一致　　　　C. 重复　　　　D. 协作

(2) 下列表述错误的是(　　)。

　　A. 物理矛盾是在一个技术系统当中对同一个参数的正反两种不同要求
　　B. 大多数物理矛盾都可以用时间分离和空间分离解决
　　C. 系统包含的系统叫子系统,系统之外的叫超系统
　　D. 条件分离就是利用不同的条件来满足同一个参数的两种不同要求

(3) 物理矛盾的解决方法一直是 TRIZ 研究的重点,其核心思想是实现矛盾双方的分离。在实际工作中,现代 TRIZ 将解决物理矛盾的分离原理概括为 4 种分离方法,即:(　　)。

　　A. 时空分离、上下分离、大小分离、形状分离
　　B. 时间分离、空间分离、条件分离、系统级别上的分离
　　C. 来源分离、质量分离、难度分离、规模分离
　　D. 时间分离、空间分离、条件分离、原则分离

(4) 关于矛盾的说法,下列不正确的是(　　)。

　　A. 技术矛盾是两个参数彼此之间的矛盾
　　B. 物理矛盾是两种截然不同的需求,A 和非 A 制约一个参数 P 的矛盾
　　C. 技术矛盾可以转换为物理矛盾
　　D. 技术矛盾和物理矛盾是不可以互相转换的

8.7 实验与思考:用分离方法解决物理矛盾

8.7.1 实验目的

(1) 理解物理矛盾的概念以及它在 TRIZ 理论体系中的意义。
(2) 熟悉 4 种分离方法。
(3) 通过实践,掌握定义物理矛盾和用分离方法解决物理矛盾的基本方法。

8.7.2 工具/准备工作

开始本实验之前,请回顾教科书的相关内容。

需要准备一台能够访问因特网的计算机。

8.7.3 实验内容与步骤

(1) 理解并简述 TRIZ 的物理矛盾。试列举生活中所遇到的物理矛盾的实例。

答：_____

_____

实例 1：_____

实例 2：_____

实例 3：_____

(2) 解决物理矛盾主要有哪几种方法？

答：_____

_____

_____

(3) 请简述技术矛盾与物理矛盾的区别。

答：_____

_____

_____

(4) 思考缝衣针的针眼存在什么物理矛盾，请分析怎么解决。

答：_____

_____

_____

(5) 问题：标准的胶是一种黏稠的液体。胶必须是有黏性的，这样可使需粘连的表面可以粘连。但是，当把胶涂在某表面时，胶也常常使手指粘连。这种情况是我们不希望的。

对上述材料进行分析，试找出其中的物理矛盾，并运用分离方法解决。

请记录：

你所定义的物理矛盾是：_____

你所选择的分离方法是：_____

你所给出的解决方案是：_____

(6) 问题：豆浆机(图8-12)里有一个过滤罩，把豆浆和豆渣分开，但是过滤罩的网眼很小，容易堵塞又很难清洗。

图 8-12　豆浆机

请找出此问题中的物理矛盾，并且使用分离方法解决此问题。

请记录：
　　你所定义的物理矛盾是：_____

　　你所选择的分离方法是：_____
　　你所给出的解决方案是：

8.7.4　实验总结

8.7.5　实验评价（教师）

物场分析与标准解

在科学研究中,模型是对系统原型的抽象,是科学认识的基础和决定性环节。通过科学抽象,就可以利用模型来揭示研究对象的规律性。在这一章中,我们来了解对技术系统进行简化和建模的TRIZ方法——"物质-场模型",简称"物场模型(Su-F mode)",它是一种用图形化语言对技术系统进行描述的方法,也是理解和使用标准解系统的基础。

在物场分析的应用过程中,由于面临的问题复杂而且广泛,物场模型的确立和使用有相当的困难。所以,1985年,阿奇舒勒为TRIZ物场模型创立了标准解。标准解适用于解决标准问题,并能快速获得解决方案,在生产实践中通常用来解决概念设计的开发问题。标准解是阿奇舒勒后期进行TRIZ理论研究的重要成果,也是TRIZ高级理论的精华之一。

9.1 物场分析的概念

任何工具,无论是简单的还是复杂的,无论是先进的还是落后的,之所以出现,都是为了实现某种目的。通常,工具所要达到的目的就是工具功能的具体体现。同时,任何工具都需要有一个作用对象。只有当该工具作用于这个作用对象上的时候,工具的功能才得以实现。因此,从这个角度来讲,工具是功能的载体,作用对象是功能的受体,而作用就是联系工具和作用对象的桥梁。例如,当我们用锤子砸钉子的时候,锤子是工具,钉子是作用对象,而"砸"就是将锤子和钉子联系起来的作用。

从更抽象的层次上来看,上述的作用可以理解为是一种"运动"。根据能量守恒定律,任何事物都不可能无缘无故"动起来",之所以能够"动",是因为背后有能量在起作用。同时,能量的供给形式也从某种形式上决定了运动(或作用)的方式。为了表示这种隐藏在作用背后,并对作用起决定作用的能量,阿奇舒勒从物理学中引入了"场"的概念。

通过以上的抽象过程,阿奇舒勒将技术系统简化为以下形式:技术系统是由"物质"和"场"这两种元素所构成的集合体。物场模型就是从功能的角度对技术系统进行抽象和建模,从而使我们能够将注意力集中在问题发生的那个点上(最小范围)。对问题的模型描述,就是对问题所处情境的模型化抽象,也就是对需要改进的最小限度的可工作的技术系统的模型化描述。

9.1.1 物质

所谓"物质",是指工程系统中包含的任意复杂级别的具体对象,可以是任何实质性的东西,例如基本粒子、铅笔、车轮、电话、汽车、航天飞机等。

按照其在技术系统中的作用,物质可以分为:

(1) 材料类物质,如基料、辅料等。

(2) 工具类物质,如流水线、设备、部件(组件)、零件、特征等。

(3) 人员类物质,如操作人员、参与者等。

(4) 环境类物质,指技术系统所处的周围环境。

按照其物理状态,物质可以分为:

(1) 典型物理状态的物质,如真空、等离子体、气体、液体和固体等。

(2) 中间态和化合态物质,如气溶胶、液溶胶、固溶胶、泡沫、粉末、凝胶体、多孔物质等。

(3) 有特殊性质的材料,如热性质材料、电性质材料、磁性质材料、光学性质材料等。

按照其复杂程度和级别的层次性,物质可以分为:

(1) 单元素,如螺钉、别针、纽扣等。

(2) 复杂系统,如汽车、太空船、大型计算机等。

因此,物场模型中所说的物质比一般意义上的物质含义更广一些:它不仅包括各种材料,还包括技术系统(或其组成部分)、外部环境甚至活的有机体。这样设置的目的在于,为了利用物场模型来简化解决问题的进程,需要人们暂时抛开物体中所有多余的特性,只提出那些引起冲突的特性。物体的名称被"物质"这个中性词代替,去除了对该物体的认知惯性,使矛盾显得更突出、更明显。

9.1.2 场

在物理学中,人们把实现物质微粒之间相互作用的物质形式叫做场,基本场如重力场、电磁场、强作用场和弱作用场等。但是,在技术系统中,物质之间的作用是多种多样的,能量的供给形式也是千变万化的,仅仅用这些基本场很难非常确切地表示千差万别的作用。于是,阿奇舒勒对"场"这个物理学概念进行了泛化,将存在于物质之间的各种各样的作用都用场来表示,并使用了更细的分类法,如力场(压力、冲击、脉冲),声场(超声波、次声波),热能场,电场(静电、电流),磁场,电磁场,光学场(紫外线、可见光、红外线),电离辐射场,放射性辐射场,化学场(氧化、还原、酸性、碱性环境),气味场等。场为我们提供了一种表示能量流、信息流、力流和相互作用的机制。其中,最常见的就是用场来表示能量的来源。场的类型通常可以根据所使用的能量的类型来确定,例如电场、机械场、化学场、热场、核子场、声场等。因此,利用场的概念来描述物质之间的作用,不仅可以描述作用的能量供给形式,而且可以了解作用的实现原理。此外,场的存在总是假设物质的存在,这是因为物质是场的来源。

TRIZ指出,系统的进化本质上就是向着更高级、更复杂的场的进化。按照可控性由低到高的顺序,可以将场依次排列为:重力场→机械场→声场→热场→化学场→电场→磁场→辐射场。因此,如果某个技术系统当前采用的是机械场的方式,接下来,可以考虑用声场、热场、化学场、电场或磁场来替代机械场,从而推动技术系统向更高级的形式进化。

9.1.3 物场模型

在TRIZ理论中,功能是指系统的输入和输出之间期望的、正常的关系。一般而言,具体的功能是通过各种产品最终实现并展现在世人面前的。

系统的功能可能是很大的、总体的功能，也可能是很小的、具体的功能。各种层次子系统的功能相对总的系统来说要小得多。例如，车辆工业系统中包括数百家制造商，数以百万计的汽车，数不清的公路、加油站和修理厂，它可以实现的功能大而复杂。汽车是车辆工业系统的一个子系统，相对而言，汽车的功能简单了很多。汽车的车灯是汽车的子系统，它的功能是照明，相对于车辆工业系统就更加简单。车灯属于车辆工业系统中底层的系统，底层系统的功能在结构上比较简单，容易理解和分析。

TRIZ 理论中的功能一般遵循以下两条原理：

(1) 任何一个完整的技术系统，经过分解后，其底层的功能都可以分解为 3 个基本元素构成的一个三角形结构，即物质1、物质2和场，如图9-1所示。

(2) 将相互作用的 3 个基本元素进行有机组合，将形成一个功能。

物场模型就是这样一种图形化的系统描述方法，可以用来描述任意级别的技术系统。任意一个技术系统都可以用三个基本元素来表示：两个物质（Substance）和一个场（Field）。其中，S_1（第一种物质）表示被生产、被控制、被测量的产品；S_2（第二种物质）表示进行生产、控制、测量的工具；F（场）表示 S_1 和 S_2 之间的作用。因此，利用这三个元素就可以建立物场模型，用来表示任意的技术系统。

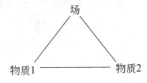

图 9-1 基本物场模型

如图 9-2 所示。在三角形的物场模型中，两个下角通常分别表示两种物质，上面的一个角通常表示场。场是物场模型分析中的一个术语，通常表示物质之间的相互作用或效应。一个复杂的系统，经过分解后，可以运用多个组合三角形模型表示，如图9-3所示。

图 9-2 简单三角形的物场模型

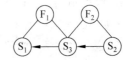

图 9-3 复杂三角形的物场模型

物质用 S 表示，利用不同的下标区分一个系统中的多个物质，表示如 S_1、S_2、S_3 等。TRIZ 中的物质比一般意义上的物质含义更加广泛，不仅包括日常生活所说的物质，也包括技术系统、外部环境，甚至管理模式和各种生物等。利用物质代替具体名称后，有助于消除对该物体的惯性思维，突出系统或物质的物理矛盾或技术矛盾，从而帮助人们更好地解决问题。例如，提到"微型可调螺钉"，人们就会想到它是紧固零件，因为这是螺钉最主要的功能。正是由于这种惯性思维，在解决发明性问题时，有时会让人们误入歧途。在这个例子中，可以用 S_1 代替"微型可调螺钉"，它具有"可调整的、精确运动的杆"的特性，避免将人们的思维引入紧固零件的惯性思维中。

场用 F 表示，同样可以利用不同的下标区分一个系统中的多个场，例如 F_1、F_2、F_3 等。物场模型分析中使用的基本场有如下 6 种：

(1) 重力场 F_{GR}。

(2) 电磁场 F_E/F_{MG}。

(3) 弱作用核场 F_{NW}。
(4) 强作用核场 F_{NS}。
(5) 机械场 F_M。
(6) 热场 F_T。

这6种基本场可以解释自然界中的所有过程,但是在解决实际问题中,往往需要进一步细分,才能更加准确地描述具体的工程问题。进一步细分后的场包括压力场、冲击场、脉冲场、声场、超声场、次声场、热能场、静电场、电流场、磁场、电磁场、光场、氧化场、还原场、气味场等。总之,只要物质与物质之间存在相互作用,就可以将这种相互作用视为一种场。因此,也可以根据具体的相互作用灵活地命名其中的场。例9-1和例9-2是利用物场分析的简单实例。

例9-1 用洗衣机洗衣服。

S_1——衣服。

S_2——洗衣机。

F_1——清洗(机械场)。

用洗衣机洗衣服的物场模型如图9-4所示。

例9-2 奔驰的列车。

S_1——列车。

S_2——铁轨。

F_1——支撑(机械场)。

奔驰的列车的物场模型如图9-5所示。

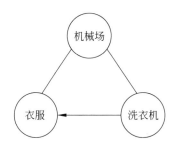
图9-4 洗衣机洗衣服的物场模型

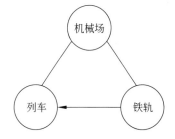
图9-5 奔驰列车的物场模型

9.2 物场分析方法

所谓物场分析方法,通常是指从物质和场的角度来分析和构造最小技术系统的理论和方法学,它是阿奇舒勒提出的一种解决问题的方法。

TRIZ认为:技术系统是沿着物场度增加的方向进化的,具体表现为:

(1) 从低级场向高级场转化(如机械场转变为电磁场)。

(2) 组成系统的组件数量增加。

(3) 物质的分散程度增加。

(4) 元素之间的联系增加。

(5) 元素之间的灵敏性(感应性)增加。

增加物场度可以表述为：将那些对系统完成(或提升)其有用功能阻碍最大的部分(或组件)复杂化。具体的进化趋势有以下几种。

(1) 基本方向是使技术系统复杂化。由于任何技术系统都可以看成简单的物场组合，技术系统的复杂化阶段是任何一个技术系统发展过程中的必经阶段。

从物场模型的角度来看，最初，技术系统的产生就是要形成一个简单的、完整的物场。随着人类社会对该技术系统的需求不断提高，该技术系统的物场模型上会慢慢表现出技术系统的某种不足，从而产生新的需求：提高有用功能，尽量减少人的参与，增加新的有用功能，消除增加有用功能时附带产生的有害功能等。所有这些需求都会先后反映在首先表现出不足的子系统中。随着技术系统的进化，逐步形成了现有的复杂技术系统。当然，技术系统的复杂度不能被无限提高。当技术系统发展到一定阶段时，会出现极限(物理极限、经济极限、生态极限等)。然后，技术系统开始进入裁剪阶段，寻找理想的物质，逐步向理想的技术系统进化，这一趋势也被称为"先复杂后简化原则"。

(2) 形成链式物场。如果需要提高技术系统的效率，通常可以把技术系统所对应的物场模型中的一部分扩展为独立的物场结构，从而形成链式物场，具体方法如下：

① 将原物场模型中的某个物质扩展为独立的物场结构，如图9-6所示。

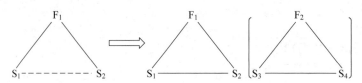

图9-6　将一个物质扩展为独立的物场结构

② 将原物场模型中的某个作用扩展为独立的物场结构，如图9-7所示。

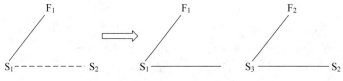

图9-7　将一个作用扩展为独立的物场结构

③ 将原物场模型中的某个场扩展为独立的物场结构，如图9-8所示。

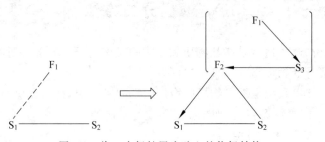

图9-8　将一个场扩展为独立的物场结构

(3) 形成双物场结构。如果物场模型所对应的技术系统的可控性较差,需要提高该技术系统的效率,且该物场模型中现有的物质不可改变,则通常需要向物场模型中引入另一种容易控制的场,形成双物场结构,如图9-9所示。

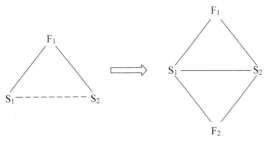

图 9-9 形成双物场

9.3 物场模型类型

根据物场分析理论,可以将技术系统中出现的物理矛盾或技术矛盾归纳总结为以下4种类型:

(1) 有效模型。这是一种理想的状态,也是设计者追求的状态。功能的3个元素都存在,且相互之间的作用充分。

(2) 不充分模型。功能的3个元素齐全,但设计者追求或预期的相互作用未能实现,或只是部分实现。

(3) 缺失模型。功能的3个元素不齐全,可能缺少物质,也可能缺少场。

(4) 有害模型。虽然功能的3个元素齐全,但是产生的相互作用是一种与预期相反的作用,设计者不得不想办法消除这些有害的相互作用。

对于第(1)种模型,系统一般不存在问题;而如果是后三种模型中的任何一种,系统就会出现各种问题,因此,后三种模型自然是 TRIZ 理论重点关注的情况。为了能够简单、方便地描述物场模型,推荐采用表9-1中的图形符号表示系统中存在的物场类型。

表 9-1 常用的相互作用表示符号

符 号	意 义	符 号	意 义
——→	期望的作用	∿→	有害的作用
---→	不足的作用	⇒	改变的模型

下面,我们以笔记本电脑为例,应用不同类型的物场模型描述问题,解释可能出现的4种不同情况以及相对应的物场模型的类型。

1. 有效模型

例 9-3 用手稳稳地拿着计算机。

用手稳稳地拿着计算机,可以防止计算机掉在地上。此时,手与计算机之间的相互作用就是有用的且充分的,可以用其物场模型表示,如图9-10所示。

2. 不充分模型

例9-4 用手拿计算机,但是没有拿稳。

用手去拿计算机,如果力度不够,计算机可能会掉到地上。例如,小孩去拿计算机,或者大人用力不够,没有拿住,计算机都有可能会掉在地上。在这种情况下,手与计算机之间的相互作用就是有用但不充分的。建立起来的物场模型如图9-11所示。

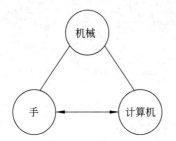 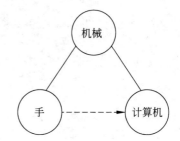

图9-10 用手稳稳地拿着计算机的物场模型　　图9-11 没有拿稳计算机的物场模型

3. 缺失模型

例9-5 空不出手或者计算机不见了。

两手已经拿满了东西,没有办法空出手来拿计算机,或者计算机已经丢失,没有办法找到计算机。如果没有办法空出手来拿计算机,则缺少相互作用;如果没有找到计算机,则缺少物质。可以用图9-12所示的物场模型表示这种情况。

4. 有害模型

例9-6 用手不恰当地拿着计算机。

有些人不了解笔记本计算机,可能将计算机打开,用手拿着笔记本计算机的显示屏,这种方式很有可能会使计算机的屏幕破碎,使其报废,而一旦屏幕破碎,将有可能割破手。此时,手与计算机之间的相互作用就为有害的作用。建立起的物场模型可以用图9-13表示。

 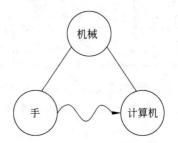

图9-12 空不出手或者计算机　　图9-13 用手不恰当地拿着计
　　　不见了的物场模型　　　　　　　算机的物场模型

9.4 物场分析的一般解法

TRIZ 重点关注不充分、缺失和有害这 3 种模型，提出了 6 种应用物场分析的一般解法来应对这 3 个模型，具体解决措施如表 9-2 所示。

表 9-2 物场分析的一般解法

编号	存在的问题	具体解决措施
1	缺失模型	补全缺失的元素（场、物质），使模型完整
2	有害模型	加入第三种物质，阻止有害作用
3		引入第二个场，抵消有害作用
4	不充分模型	引入第二个场，增强有用的效应
5		引入第二个场和第三个物质，增强有用的效应
6		引入第二个场或第二个场和第三个物质，代替原有场或原有场和物质

解法 1：当系统中的物场模型类型为缺失模型时，可以补全缺失的元素，使模型完整。

例 9-7 分离气泡。

当需要清除液体（S_1）中的气泡（S_2），可以利用离心机（增加了机械场 F）达到目的。增加离心机之前，系统的物场模型可用图 9-14 表示。

图 9-14 液体中存在气泡的物场模型

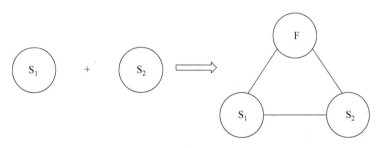

图 9-15 离心机清除液体中存在气泡的物场模型

而在 TRIZ 理论中，功能一般应满足如下规则：任何一个系统的功能，都可以分解为 3 个基本元素（物质 1、物质 2 和场）；将相互作用的 3 个基本元素进行有机组合，将形成一个功能。显然，这是一个不完整的模型。加离心机后，系统的物场模型可用图 9-15 所示。

增加了机械场 F 后，系统形成了一个完整的模型，且相互作用充分，达到了预期的设想。在例 9-5 中，可以将手中拿着的其他物体放下，空出手来拿计算机，如此也可以补全缺失的元素，使模型完整。

解法 2：在系统中，当物质与场都齐备，但是相互之间的作用是一种不期望得到的作用，或者说是一种有害的作用，此时，可以应用解法 2，即加入第三种物质或引入第二个场，以阻止或抵消有害作用。

例 9-8 加贴玻璃纸。

为了保护个人隐私，在浴室的玻璃上贴上不透明的玻璃纸。

在这个例子中，没有贴玻璃纸之前，其物场模型可以用图 9-16 所示。

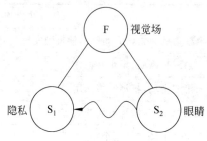

图 9-16 浴室的物场模型

显然，S_2 与 S_1 之间的相互作用是我们不期望的作用。为了抑制这种作用，引入 S_3（玻璃纸）。引入玻璃纸之后，其物场模型可以用图 9-17 表示。

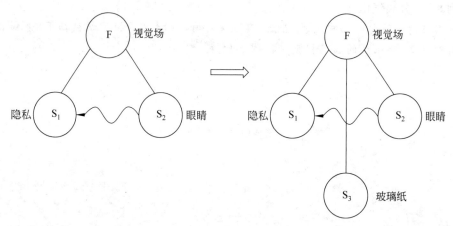

图 9-17 贴上玻璃纸后浴室的物场模型

解法 3：当物质与场相互之间的作用是一种不期望得到的作用，也可以应用解法 3，即引入一个场来抑制有害作用。

例 9-9 细长零件的加工。

利用金属切削的方式加工细长零件时，往往会导致零件发生很大的弯曲变形。为了抑制这种大变形，可以应用解法 3，增加一个场，即引入一个反作用力。引入反作用力前后的物场模型如图 9-18 所示。这种解决措施已经在实际加工中得到应用。

解法 4：可以考虑利用引入第二个场，增强有用效应的措施，使系统中的相互作用变得充分。

例 9-10 张贴对联。

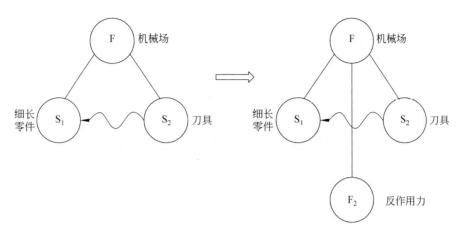

图 9-18 细长零件加工的物场模型

在中国,过春节时,家家户户都会张贴对联。这时往往处于一个多风的季节。为了将对联尽快粘在门上,可以用手或扫把涂抹一遍对联。用手或扫把施加的外力相当于引入第二个场,增强系统的有用效应。张贴对联的物场模型如图 9-19 所示。

解法 5:有时,也可以利用解法 5 解决相互作用效应不足的问题。第三种物质往往与第一或第二种物质有着千丝万缕的联系。如果第三种物质与第二种物质有联系,可以表述为:既是第二种物质,也不是第二种物质。

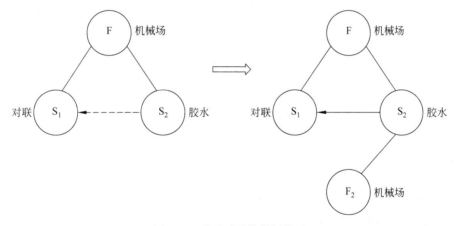

图 9-19 张贴对联的物场模型

例 9-11 电过滤网。

用过滤网过滤细小粒子时,效果并不理想。可以考虑给过滤网加装一个电场,将细小的粒子聚集成大颗粒子,其过滤效应得到大幅提升。加装一个小电场,相当于引进了一个场(F_2);同时,加装的电场可以使得粒子聚集成大粒子(S_3);其物场模型如图 9-20 所示。大粒子既是小粒子,因为二者的物理性能除了粒径大小外完全相同,也不是小粒子,因为二者的粒子直径不同。利用这种方法获得第三种物质,往往不会增加系统的变量,不会制造新的困难。

解法 6:当物场模型为不充分模型时,也可以考虑引入第二个场或第二个场和第三个

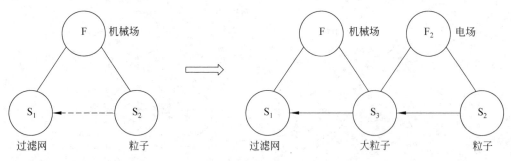

图 9-20 电过滤网的物场模型

物质,代替原有场或原有场和物质。

例 9-12 清除小广告。

在城市中,小广告张贴得到处都是。怎样清除小广告是一个令人头疼的问题。为了清除小广告,可以利用刷子。然而效果并不理想。引入另一个场(蒸汽场)代替机械场,效果非常理想。其物场模型如图 9-21 所示。

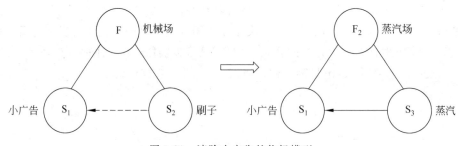

图 9-21 清除小广告的物场模型

9.5 物场模型分析的应用

物场模型的一般解法共有 6 种,只要能够恰当地运用这些解法,或者将这 6 种解法有机地组合起来,就可以产生极大的效应。应用这种解法,可以有效地解决那些不太复杂的问题,从而避免动用过于复杂的模型,如 76 个标准解。

为了能够恰当地运用这 6 种解法,使用者可以参照以下的顺序求解问题。

步骤 1:确定物场模型的元素。利用简明扼要的术语描述存在的问题;确定物场模型中的元素。如同前面提到的例子,"微型可调螺钉"可用"可调整的、精确运动的杆"代替。如果系统较为复杂,可对系统进行分解,直到可以确定出物场模型中的元素为止。

步骤 2:建立物场模型。建立与分解后的系统相对应的物场模型。确定元素之间的相互作用;根据不同的相互作用,采用不同的表达方法。

步骤 3:确定物场模型的一般解法。根据物场模型的类型确定该问题的一般解法。如果有多种解法,应该全都列出所有的解法;再根据各种实际情况确定最佳解法。

步骤 4:开发新的设计。将最佳解法应用于实际问题中。当然,其中可能会存在限制,可以进一步根据实际条件修正最佳解法,从而获得新的设计。步骤 1、2 是将现实问题转化为 TRIZ 问题,即物场模型问题;步骤 3 则是求解物场模型问题;而步骤 4 则是物场模型分析的最终目的。

下面以清洗喷砂嘴和汽车清洗为例,介绍物场模型在实际问题中的应用。

例 9-13 清洗喷砂嘴。

喷砂嘴(图 9-22)可以用来清除表面的各种附着物,也可以用来进行预处理,例如喷丸之前的预处理。由陶瓷制备的喷砂嘴,因为具有极高的硬度和良好的抗化学腐独性能,更是其中的佼佼者。为了测试新型陶瓷喷砂嘴的抗冲蚀特性,往往需要在喷砂试验之后测量喷砂嘴的重量。一些磨粒会附着在喷砂嘴上。从微观角度讲,喷砂嘴表面并不光滑,而是存在许多微孔,附着的磨粒藏在这些微孔中。为了准确地测量喷砂嘴的重量,有必要清除这些附着的磨粒。

传统的清除喷砂嘴上附着磨粒的方法是利用清水清洗,然后再采用风干的方法清除水迹。但是,由于微孔的孔径太小,里面的磨粒难以彻底清洗,所以采用传统的方法仍然会残留一部分的磨粒。这些磨粒仍然会影响测量的准确性。应该如何改进喷砂嘴的清洗方法呢?

针对这个问题,可以采用物场模型分析方法,将其转换为 TRIZ 问题,再找到比较满意的答案。应用以下步骤可以分析、解决喷砂嘴的清洗问题。

(1) 确定物场模型的元素。

清洗喷砂嘴的问题可以概括为:水利用机械力去除磨粒。显然,清洗喷砂嘴的物场模型的元素分别为磨粒(S_1)、水(S_2)、机械力(F)。

(2) 建立物场模型。

在这个问题中,3 个元素齐备,只是相应的相互作用效应不足,因此可以建立如图 9-23 所示的物场模型。

图 9-22 喷砂嘴

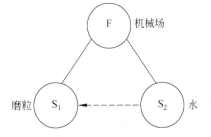

图 9-23 去除磨粒的物场模型

(3) 确定物场模型的一般解法。

根据表 9-2,显然此问题可以应用解法 4、解法 5 和解法 6 来解决。

① 应用解法 4,即引入第二个场,增强有用的效应。其物场模型如图 9-24 所示。可供选择的第二个场有以下几种:

a. 机械场,例如超声波,利用超声波与水的结合增强水去除磨粒的效应。

b. 化学场,例如表面活性剂,用来提高磨粒的流动性。

利用解法 4,可以增强水去除磨粒的效应,然而难以有效、完全地去除磨粒。引用解法 4 显然不能获得 TRIZ 的最终理想解,因而解法 4 并非最佳解法。

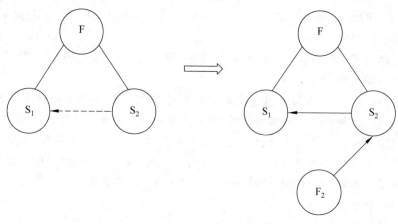

图 9-24 应用解法 4 的物场模型

② 应用解法 5,即引入第二个场和第三个物质,增强有用的效应。其物场模型如图 9-25 所示。

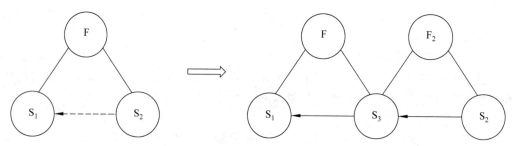

图 9-25 应用解法 5 的物场模型

S_3 既是 S_2,也不是 S_2(在本质上,S_3 与 S_2 相同;在形式上,S_3 又与 S_2 不同);因此可以选择引入过热水(超过 100℃ 的水)作为 S_3。过热水本质上是水,然而与普通水的作用并不相同。为了形成过热水,可以选择压力场作为 F_2。引入过热水和压力场后,过热的水蒸气可以进入微孔并充满整个微孔,形成对残留在微孔中的磨粒的强力爆炸冲击,可以弯曲去除磨粒。

③ 应用解法 6,即引入第二个场或第二个场和第三个物质,代替原有场或原有场和物质;其物场模型如图 9-26 所示。可以考虑利用酒精(S_3)代替原来的清水,利用超声波的方法(F_2-机械场)去除磨粒。这种方法清除磨粒的效果比解法 5 略差,但较为简单实用。

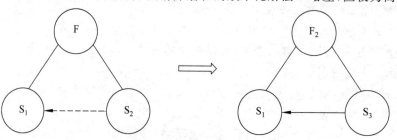

图 9-26 应用解法 6 的物场模型

通过上面的分析，显然解法 5 的效果最佳。

④ 开发新的设计。重新设计去除磨粒的工艺流程，加装能够加热水的装置和能够产生高压力的装置。

例 9-14 水翼船（图 9-27）。

传统的船只，由于船底浸于水中，水的阻力过大，所以只能以 20～30 节（1 海里大约等于 1.86 千米，1 节等于 1 海里/小时）的速度行驶。而水翼船是船身下方有一个类似翅膀结构的水翼，当船高速行驶时，由于水翼上下表面水流具有流速差，可以提供向上的升力，使整个或部分船只浮出水面，因此有助于减小水对船的阻力，所以水翼船的速度能够达到 100 多节。水翼和飞机机翼的原理一样，都是利用流体学中的伯努利原理。当水翼船在水中以 50～60 节的速度快速前进时，水翼上表面的压力会降得很低，这时水中会形成大量低压气泡，并在水翼表面破裂，对水翼表面造成腐蚀。此现象称为气穴腐蚀。

图 9-27　水翼船

水的气穴现象技术指冲击波到达水面后使水面快速上升，并在一定的水域内产生很多空泡层，最上层的空泡层最厚，向下逐渐变薄。随着静水压力的增加，超过一定的深度后便不再产生空泡。

人们试图在水翼表面涂覆强度更高的涂层，但仍存在气穴腐蚀。使用物场分析方法对问题进行分析。

步骤 1：明确问题发生的部位。

问题出现的部位是水和水翼接触的位置。

步骤 2：建立问题的物场模型（图 9-28(a)）。

步骤 3：根据规律得到解决方案的物场模型（图 9-28(b)）。

S_2 对 S_1 产生了有害作用，那么解决方案的模型通常是在 S_1 和 S_2 之间引入一种新的物质 S_3。S_3 可能是 S_1 或 S_2 的变形。

S_3 是什么？

S_3 可以是变形后的水——冰，在水翼内部安装制冷装置，其表面就会被冰覆盖。气穴腐蚀对冰起作用，而制冷装置不断地产生冰，水翼本身不会受损。

S_3 也可以是水的另一种变形——蒸汽,在水翼表面打很多小孔,水翼里充入蒸汽或空气,它们会不断从孔里泄漏出来,整个水翼就像一个大气泡,从而改善气穴腐蚀。或者是在遭受气穴腐蚀的水翼表面穿孔,由于上下表面具有压力差,水通过这些小孔在水翼表面形成保护水层,从而有效防止水翼受到气穴腐蚀。

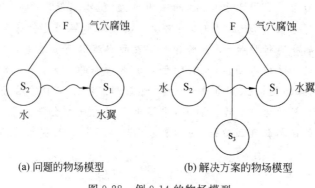

(a) 问题的物场模型　　　(b) 解决方案的物场模型

图 9-28　例 9-14 的物场模型

9.6　标准解系统

不同学科在解决问题时,首先需要建立一个问题模型,以分析问题、揭开问题实质和发现潜在问题。在物场模型分析的应用过程中,复杂的技术系统被抽象为物场模型。在研究物场模型中发现技术系统构成的 3 个要素物质 S_1、物质 S_2 和场 F 三者缺一不可,否则就会造成系统的不完整,或当系统中某物质所特定的功能没有实现时,系统内部就会产生各种矛盾(技术难题)。为了解决系统产生的矛盾,可以引入另外的物质或改进物质之间的相互作用,并伴随能量(场)的生成、变换和吸收等,物场模型也从一种形式变换为另一种形式。因此,各种技术系统及其变换都可用物质和场的相互作用形式表述,将这些变化的作用形式归纳总结后,就形成了发明问题的标准解。发明问题的标准解可以用来解决系统内的矛盾,同时也可以根据用户的需求进行全新的产品设计。

物场分析方法是 TRIZ 一个重要的发明创新问题的分析工具,用来分析和技术系统有关的模型问题。我们可以借助物场分析方法和标准解找到许多实际问题的解决方案,完成创新设计(图 9-29)。首先将实际问题抽象成物场模型,根据模型的类型,在对应的子级中找到该模型的标准解,在此基础上将标准解具体化,得到实际问题的新原理解。

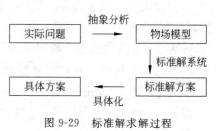

图 9-29　标准解求解过程

9.6.1　建立标准解

为了探究隐藏在专利背后的规律,阿奇舒勒按照以下步骤对大量专利进行了分析:
(1) 对大量高级别专利进行分析、研究。首先,将每个专利所面对的问题抽取出来。

其次，将该专利针对这个问题（P）采用的解决方案抽取出来，从而形成"问题-解决方案"对。

（2）对于每个专利来说，分别建立问题的物场模型（简称为问题模型）和解决方案的物场模型（简称为解模型）。将这两个物场模型构造成一个"问题模型-解模型"对。

（3）将大量的"问题模型-解模型"对集中起来，按照"解模型"的类型对这些物场模型对进行分类。

（4）仔细观察每一类"问题模型-解模型"对（在每一类"问题模型-解模型"对中，其"解模型"都是相同的），看看"问题模型"是否存在某种规律。

通过分析，阿奇舒勒发现：对于那些"解模型"相同的专利来说，其"问题模型"也是相同的。这一现象说明，"解模型"与"问题模型"之间存在某种对应关系。于是，阿奇舒勒将每一类"问题模型-解模型"对作为一种"标准"的对应关系记录下来，将每种"解模型"所对应的解决方案称为一种标准的解决方案，简称为标准解。在此，"标准"的意思是：解决不同领域中相同问题的通用"诀窍"。

阿奇舒勒从 20 世纪 70 年代初开始着手进行物场分析、物场模型和标准解的开发，到 1977 年，他总结出了 10 个标准解，其后标准解的数量逐渐增加到 32 个、48 个，并最终增加到 76 个。为了方便大家使用，阿奇舒勒按照功能的不同，将这些标准解分为 5 类，每一类都针对一种特定类型的问题，从而将标准解组织成一个系统，称为标准解系统。1985 年，阿奇舒勒正式发布了包含 76 个标准解的标准解系统。

阿奇舒勒创立 TRIZ 的主要目的是为了解决创新问题，即非典型问题。通过对大量专利的分析，阿奇舒勒发现，创新问题又可以被分为以下两种类型：

① 标准的创新问题，简称标准问题，是指那些可以用标准解来解决的创新问题。

② 非标准的创新问题，简称非标准问题，是指那些无法用标准解来解决的创新问题。

对于标准问题，可以直接使用标准解系统进行求解；对于非标准问题，先要看看是否可以将其简化为标准问题进行求解，如果不能，则需要进一步利用 ARIZ（发明创新问题解决算法）进行求解。

9.6.2 76 个标准解

标准解系统中包括了 76 个标准解，共分为 5 级，18 个子级。各级中解法的先后顺序也反映了技术系统必然的进化过程和方向。

第 1 级中的解法聚焦于建立和拆解物场模型，包括创建需要的效应或消除不希望出现的效应的系列法则，每条法则的选择和应用取决于具体的约束条件。

第 2 级由直接进行效应不足的物场模型的改善，以及提升系统性能但实际不增加系统复杂性的方法所组成。

第 3 级包括向超系统和微观级转化的法则。这些法则继续沿着（第 2 级中开始的）系统改善的方向前进。第 2 级和第 3 级中的各种标准解均基于以下技术系统进化路径：增加集成度再进行简化的法则；增加动态性和可控性进化法则；向微观级和增加场应用的进化法则；子系统协调性进化法则等。

第 4 级专注于解决涉及测量和探测的专项问题。虽然测量系统的进化方向主要服从于共同的一般进化路径,但专项问题也有其独特性。尽管如此,第 4 级的标准解与第 1 级、第 2 级、第 3 级中的标准解有很多相似之处。第 5 级包含标准解的应用和有效获得解决方案的重要法则。一般情况下,应用第 1~4 级中的标准解会导致系统复杂性的增加,因为可能给系统引入了另外的物质和效应。

第 5 级中的标准解将引导大家如何给系统引入新的物质又不会增加任何新的东西。换句话说,这些解法专注于对系统的简化。标准解可帮助问题解决者获得 20% 以上困难问题的高水平解决方案。此外,还可以用来进行对各种各样的系统进化的有限预测,以发现某些非标准问题的部分解,并进行改进,以获得新的解法方案。

在 1~5 级中,又分为数量不等的多个子级,共有 18 个子级,包含 76 个标准解,每个子级代表着一个可选的问题解决方向。在应用前,需要对问题进行详细的分析,建立问题所在系统或子系统的物场模型,然后根据物场模型所表述的问题,按照先选择级再选择子级,使用子级下的几个标准解来获得问题的解。标准解系统的具体分布如表 9-3~表 9-7 所示。

9.6.3 应用标准解的步骤

在标准解的使用和实践中,人们总结出了一套使用步骤和流程,让发明问题标准解的使用能够循序渐进,容易操作。以下就是采用标准解求解的 4 个基本步骤。

步骤 1:确定所面临的问题类型。

首先需要确定所面临的问题属于哪类问题,是要求对系统进行改进,还是对某件物体有测量或探测的需求。问题的确定过程是一个复杂的过程,建议按照下列顺序进行:

(1) 问题工作状况描述,最好有图片或示意图配合问题状况的陈述。

(2) 分析产品或系统的工作过程,尤其是物流过程需要表达清楚。

(3) 组件模型分析包括系统、子系统、超系统这 3 个层面的元素,以确定可用资源。

(4) 功能结构模型分析是将各个元素间的相互作用表达清楚,用物场模型的作用符号进行标记。

(5) 确定问题所在的区域和组件,划分出相关元素,作为下一步工作的核心。

步骤 2:对技术系统进行改进。

如果面临的问题是要求对系统进行改进,则:

(1) 建立现有技术系统的物场模型。

(2) 如果是不完整物场模型,应用标准解第 1 级(标准解 1.1,参见表 9-3)中的 8 个标准解。

(3) 如果是有害效应的完整物场模型,应用标准解第 1 级(标准解 1.2,参见表 9-3)的 5 个标准解。

(4) 如果是效应不足的完整物场模型,应用标准解第 2 级中的 23 个标准解和标准解第 3 级中的 6 个标准解。

步骤 3:对某个组件进行测量或探测。

如果问题是对某个组件有测量或探测的需求,应用标准解第 4 级中的 17 个标准解。

表 9-3 标准解第 1 级

编号	标 准 解	问 题 描 述	案 例
1.1	建立物场模型		
1.1.1	完善一个不完整的物场模型	标准解 1，在建立物场模型时，如果发现仅有一种物质 S_1，那么就要增加第二种物质 S_2 和一个相互作用的场（F），只有这样才可以使系统具备必要功能	用锤子（S_2）钉钉子（S_1）。作为一个完整的系统，必须有锤子（S_2）、钉子（S_1）和锤子作用于钉子上的机械场（F），才能实现钉钉子的功能
1.1.2	内部合成物场模型	标准解 2，如果系统中已有的对象无法按需改变，可以在 S_1 或者 S_2 中引入一种永久临时的或者内部添加物 S_3，帮助系统实现功能	喷漆时，在油漆（S_2）中添加稀料（S_3）
1.1.3	外部合成物场模型	标准解 3，同 1.1.2 相同的情况下，也可以在 S_1 或者 S_2 的外部引入一种永久临时的外部物质 S_3，帮助系统实现功能	可以通过在滑雪橇（S_2）上涂上蜡（S_3）来改善滑雪橇和雪（S_1）所组成的技术系统的功能
1.1.4	向环境物场模型跃迁	标准解 4，同 1.1.2 相同的情况下，如果不允许在物质的内部引入添加物，可以利用环境中已有的（超系统）资源实现需要的变化	航道中的航标（S_1）摇摆得太厉害，可以利用海水（超系统）作为镇重物
1.1.5	通过改变环境向环境物场模型跃迁	标准解 5，同 1.1.2 相同的情况下，如果不允许在物质的内部或外部引入添加物，可以通过在环境中引入添加物或者解决问题的变化	办公室中的计算机设备（S_2）发热量较大，造成室温增加。可以在办公室（S_3）内加上空调（改进的系统），较好地调节室温
1.1.6	最小模式	标准解 6，有时候很难精确地达到需要的量，通过多施加需要的物质，然后把多余的部分去掉	若在一个方框中倒入混凝土（S_1），很难把混凝土加满方框的表面。如果把多余的部分，那么在去掉多余部分的过程中，人们一不小心就会抹出一个比较理想的平面来
1.1.7	最大模式	标准解 7，如果由于各种原因不允许达到最大化的作用的最大化，那么可以让最大化的作用通过另一个物质 S_2 传递给 S_1	蒸锅不能直接放到火焰上来蒸煮食物（S_1）。利用火焰来加热蒸锅里的水（S_2）再把热量传递给食物（S_1）。因为加热食物不可能超过水的沸点，所以不会烧焦食物

续表

编号	标准解	问题描述	案例
1.1.8	选择性最大模式	标准解8，系统中同时需要很强的场和很弱的场的同时，在给系统施以很强的场的同时，在需要较弱场的地方引入物质 S_3 来起到保护作用	用火焰给小玻璃药瓶（S_2）封口，因为火焰的热量很高，因而会使药瓶内的药物（S_1）分解。但是，如果将药瓶盛药物的部分放在水（S_3）里，就可以使药保持在安全的温度之内，免受破坏
1.2	拆解物场模型		
1.2.1	通过引入外部物质消除有害效应	标准解9，当前系统中同时存在有用的和有害的作用时，如果无法限制 S_1 和 S_2 接触，可以在 S_1 和 S_2 之间引入 S_3，从而消除有害作用	医生需要用手（S_2）在病人身体（S_1）上做外科手术时，手有可能对病人的身体带来细菌感染。戴上一双无菌手套（S_3）就可以消除细菌带来的有害作用
1.2.2	通过改变现有物质来消除有害效应	标准解10，同1.2.1，但是不允许引入新的物质 S_3，此时可以改变 S_1 或 S_2 来消除，或者加入空穴、真空、空气、气泡、泡沫等一种场。这个场可以实现所需添加物质的作用	冰鞋（S_1）在冰面（S_2）上滑冰时，冰与冰鞋的平滑运动。冰鞋与冰面之间的摩擦（F1）有助于连续滑动。但摩擦使冰发热，产生水（改进的 S_2），水大幅降低了摩擦并有利于滑动
1.2.3	排除有害效应	标准解11，如果由某个场对物质 S_1 产生了有害作用，可以引入物质 S_2 来吸收有害作用	为了消除来自太阳电磁辐射（F）对人体（S_1）的有害作用（紫外线灼伤或者生长皮肤癌），可在皮肤的暴露部分上涂防晒霜（S_2）
1.2.4	用场抵消有害效应	标准解12，如果 S_1 和 S_2 必须直接接触，这个时候，由于有害作用 F1 的存在，或将有害作用转换为有用作用 F2 来抵消 F1 的有害作用	脚腱拉伤后，脚部必须固定起来。绷带（S_2）作用于胸脚（S_1）起到固定的作用（机械场 F1）。如果肌肉长期不用，将会萎缩，造成有害作用。为防止肌肉的萎缩，在物理治疗阶段向肌肉加入一个脉冲中的电场 F2
1.2.5	用场来切断磁影响	标准解13，系统内某部分的磁性可能导致有害作用。此时可以通过加热，使这一部分处于居里点以上，从而消除磁性，或者引入一种相反的磁场	让带铁磁介质的研磨颗粒在旋转磁场的作用下打磨工件的内表面。如果是铁磁材料的工件，其本身对磁场的反应会影响加工过程。解决方案是在打磨工件加热到磁场影响居里温度以上

206

第9章 物场分析与标准解

表 9-4 标准解第 2 级

编号	标 准 解	问 题 描 述	案 例
2.1	转化成合成的物场模型		
2.1.1	链式物场模型	标准解 14，将单一的物场模型转化成链式物场模型。转化的方法是引入一个 S_3，让 S_2 产生的场 F_2 作用于 S_3，同时 S_3 产生的场 F_1 作用于 S_1	人们用锤子砸石头，完成分解巨石的功能。为了增强分解的功能，可以通过在锤子（S_2）和石头（S_1）之间加入凿子（S_3）。锤子（S_2）产生的机械场（F_2）传递给凿子（S_3），然后凿子（S_3）的机械场（F_1）传递给石头（S_1）
2.1.2	双物场模型	标准解 15，双物场模型：现有系统的有用作用 F_1 不足，需要进行改进，但是又不允许引入新的元件或物质。这时，可以加入第二个场 F_2 来增强 F_1 的作用	用电镀法生产铜片，铜片表面会残留少量的电解液（S_2）。用水（S_2）清洗（F_1）的时候，不能有效地除掉这些电解液，即在清洗的时候加入机械振动或者在超声波（F_2）清洗池中清洗铜片
2.2	加强物场模型		
2.2.1	使用更可控的场加强物场模型	标准解 16，用更加容易控制的场代替原来不容易控制的场，或者叠加到不容易控制的场上。可按以下路线取代一个场：机械场→电磁场→辐射场	在一些外科手术中，最好采用对组织施加热作用的激光手术刀取代对组织施加机械作用的钢刀片式手术刀
2.2.2	向带有工具分散物质的物场模型转化	标准解 17，提高完成工具功能的固体的分散（分裂）度	标准的钢筋混凝土由钢筋加混凝土组合而成。用一系列钢丝段代替较粗的钢筋，可以制造出"针式"混凝土，用这种多孔结构材料可以增强结构能力
2.2.3	向具有毛细管多孔物质的物场模型转化	标准解 18，在物质中增加空穴或毛细管多孔结构。具体做法是：固体物质→带一个孔的固体物质→带多孔物质→毛细管物质→带有限孔结构（和尺寸）的毛细管多孔物质	提议采用基于多孔硅的毛细管多孔结构代替一组针状电极，作为平面显示器的阴极
2.2.4	向动态化物场模型转化	标准解 19，如果物场系统中具有刚性、永久和非弹性元件，那么就尝试让系统具有更好的柔韧性、适应性和动态化	给风力发电站的风轮机安装铰链结构，有助于风轮机在风的作用下随时保持顺风方向

续表

编号	标准解	标准解	问题描述	案 例
2.2.5	向结构化的物场跃迁	标准解 20，用动态场代替静态场，提高物场系统的效率	标准解 20，用动态场代替静态场，提高物场系统的效率	利用驻波来固定液体中的微粒
2.2.6	向结构化的物场模型转化	标准解 21，将均匀的物质空间结构变成不均匀的空间结构	标准解 21，将均匀的物质空间结构变成不均匀的空间结构	从均质固体切削工具向多层复合材料的、自锐化切削工具跃迁可增加成品的数量和质量
2.3		通过频率加强物场模型	通过频率加强物场模型	
2.3.1	向 F，S_1，S_2 具有匹配频率的物场模型转化	标准解 22，将场 F 的频率与物质 S_1 或者 S_2 的频率相协调	振动破碎机（S_2）的振动频率（F）必须与被破碎玻璃（S_1）的固有频率一致
2.3.2	向 F_1，F_2 具有匹配频率的物场模型转化	标准解 23，将场 F_1 与场 F_2 的频率相互协调与匹配	标准解 23，将场 F_1 与场 F_2 的频率相互协调与匹配	机械振动（F_1）可以通过产生一个与其振幅相同但是方向相反的振动（F_2）来消除
2.3.3	向具有合并作用的物场模型转化	标准解 24，两个独立的动作，可以让一个动作在另一个动作停止的间隙完成	标准解 24，两个独立的动作，可以让一个动作在另一个动作停止的间隙完成	当信息由两个频道和在同一频带内由发射器向接收器传输时，一个频道的传输发生在另一个频道的停顿期间
2.4		利用磁场和铁磁材料加强物场模型	利用磁场和铁磁材料加强物场模型	
2.4.1	应用铁磁材料	标准解 25，在物场中加入铁磁材料	标准解 25，在物场中加入铁磁材料	为了将海报贴在表面上，采用铁磁表面和小磁铁代替图钉或者透明胶带
2.4.2	铁磁场	标准解 26，将铁磁（使用更可控的场）与 2.2.1 （应用铁磁材料）结合在一起	标准解 26，将铁磁（使用更可控的场）与 2.2.1 （应用铁磁材料）结合在一起	橡胶模具的刚度，可以通过加入铁磁物质，通过磁场来进行控制
2.4.3	基于磁性多孔结构的铁磁场	标准解 27，运用磁流体。磁流体可以是悬浮有磁性颗粒的煤油、硅树脂或者水的胶状液体	标准解 27，运用磁流体。磁流体可以是悬浮有磁性颗粒的煤油、硅树脂或者水的胶状液体	在一些多孔旋转轴承中，用铁磁流体代替纯润滑剂，可使其保留在轴和轴承支架之间的缝隙中的同时还提供毛细力
2.4.4	基于磁性多孔结构的铁磁场	标准解 28，应用含有铁磁物质或铁磁液体的毛细管结构	标准解 28，应用含有铁磁物质或铁磁液体的毛细管结构	过滤器的过滤管中填充无磁性铁磁颗粒，形成毛细多孔的结构料。利用磁场，可以控制过滤微粒
2.4.5	在 S_1 或 S_2 中引入添加剂的外部复杂铁磁物场模型	标准解 29，转变为复杂铁磁物场模型。如果原有的物场模型中禁止加入铁磁物质替代原有的某种物质，可以将铁磁物质作为某种物质的内部添加剂引入系统	标准解 29，转变为复杂铁磁物场模型。如果原有的物场模型中禁止加入铁磁物质替代原有的某种物质，可以将铁磁物质作为某种物质的内部添加剂引入系统	为了让药物分子（S_2）到达身体需要的部位（S_1），在药物分子上附加铁磁微粒，并且，在外界磁场（F_1）的作用下，引导药物分子转移到特定的位置

续表

编号	标准解	问题描述	案例
2.4.6	与环境一起的铁磁场模型	标准解30，在标准解2.4.5的基础上，如果也不允许引入铁磁添加物，则可以在环境中引入磁场F来改变环境的参数	将一个内部有磁性颗粒物质的橡胶垫（S_3）摆放在汽车（S_1）的上方。这个垫子可以保证修车时工具（S_2）能被吸附而随手可得。这样就不需要人们在汽车外壳内填入防止工具滑落的铁磁物质了
2.4.7	使用物理效应的铁磁场	标准解31，如果采用了铁磁场系统，应用物理效应可以增加其可控性	磁共振成像
2.4.8	动态化铁磁场模型	标准解32，应用动态的、可变的（或者自动调节的）铁磁场	将表面有磁性微粒的弹性球体放在一个不规则空心物体内部来测量其壁厚，通过放在外部的感应器来控紧地贴合在一起，从而达到精确测量的目的
2.4.9	有结构化场的铁磁场	标准解33，利用结构化的磁场更好地控制或移动铁磁物质颗粒	可以在聚合物中掺杂传导材料来提高其传导率。如果材料是磁性的，就可以通过磁场来排列材料的内部结构，这样使用材料很少，而传导率更高
2.4.10	节律匹配的铁磁场	标准解34，铁磁场模型用机械振动来加速铁磁颗粒的运动。在宏观系统中利用两者原子级别，通过改变磁场的频率，利用测量频谱来测定物质的组成	每个原子都有各自的共振频率。这种利用元件节律配对自的共振频率的测量技术，称为电子自旋共振（ESR）
2.4.11	电磁场	标准解35，应用电流产生磁场，而不是应用磁性物质	在常规的电磁冲压机中，金属部件采用了强大的电磁铁，该电磁铁可产生脉冲磁场。脉冲磁场在坯板中产生电涡流，其磁场排斥使它们在感应的脉冲磁场。排斥力足以将坯板压入冲压模
2.4.12	向采用电流变液体的电磁场跃迁	标准解36，通过电场，可以控制流变体的黏度	在车辆的减振器中使用电流变液体取代标准油，原因是标准油的黏度随着温度的上升而降低

表 9-5 标准解第 3 级

编号	标准解	问题描述	案 例
3.1		向双系统或者多系统转化	
3.1.1	将多个技术系统并入一个超系统	标准解 37,系统进化方式-1a：创建双系统和多系统	在薄玻璃上打孔是很困难的事情,因为即使做时很小心,也很容易把薄薄的玻璃弄碎。可以用油做粘贴物质,将薄玻璃堆砌在一起,变成一块"厚玻璃",就便于加工了
3.1.2	改变双系统或者多系统之间的连接	标准解 38,改变双系统或多系统之间的连接	面对复杂的交通状况,应在十字路口的交通指挥灯系统里实时地输入一些当前交通流量的信息,更好地控制各种复杂的交通变化
3.1.3	由相同元件向具有改变特征元件的跃迁	标准解 39,系统进化方式-1b：增加系统之间的差异性	在多头订书机的各头内,人们装入不同种类的订书钉。如果在订书机上增加一个起钉器,订书机的作用就会更加丰富
3.1.4	由多系统向单系统的螺旋进化	标准解 40,经过进化后双系统和多系统再次简化为单一系统	新型家用的立体声壳中加入多个音频系统,是由一个外围设备组成
3.1.5	系统及其元件之间的不兼容特性分布	标准解 41,系统进化方式-1c：部分或者整体表现相反的特性或功能	自行车的链条是刚性的,但是从总体上看却是柔性的
3.2		向微观级的跃迁	
3.2.1	引入"聪明"物质实现向微观级的跃迁	标准解 42,系统进化-2：转换到微观级别	计算机就是沿着这个方向发展的

表 9-6 标准解第 4 级

编号	标 准 解	问 题 描 述	案 例
4.1		间接方法	
4.1.1	以系统的变化代替检测和测量问题	标准解 43，改变系统，从而使原来需要测量的系统，现在不再需要测量	加热系统的温度自动调节装置，可以用一个双金属片来制成
4.1.2	测量系统的复制品或者图像	标准解 44，用针对复制品、图像或图片的操作替代针对对象的直接操作	测量金字塔的高度，完全可以通过测量塔的阴影长度来算出
4.1.3	测量对象变化的连续检测	标准解 45，应用两次间断测量代替连续测量	柔韧物体的直径应该实时地进行测量，从而看出它与相互作用对象之间的匹配是否完好。但是实时测量不容易进行，可以通过测量它的最大直径和最小直径、确定其变化范围来判断
4.2		建立新的测量的物场模型	
4.2.1	测量物场模型的合成	标准解 46，如果非物场基本物场或双物场结构来求测量，就要通过完善基本物场或双物场结构来求测量	如果塑料袋上有个很小的孔，很难被发现，可以先给塑料袋内填充空气，然后再将塑料袋放在水中。稍微施加压力，水中就会出现空气泡，从而指示出塑料袋泄漏的位置
4.2.2	引入易检测的添加物，实现向内部复杂对象的物场的转换	标准解 47，测量引入物的附加物。如果引入物的附加物与原系统的相互作用产生变化，可以通过测量附加物的变化，再进行转换	很难通过显微镜观察的生物样品可以通过加入化学染色剂来观察，以了解其结构
4.2.3	引入到环境中的添加物可控制受测对象物体状态的变化	标准解 48，如果不能在系统中添加任何东西，可以在外部环境中加入物质，并测量或者检测这个物质的变化	GPS 的应用
4.2.4	环境中产生的添加物可控制受测物体状态的变化	标准解 49，如果系统或环境中已有的东西可以引入附加物，实验中已有的东西可以进行分解，变成其他的状态，然后测量或检测这种转换后的物质的变化	云室可以用来研究粒子的动态性能。在云室内，液氢保持在适当的高能量粒子的压力和温度下，以便液氢正好处于液氢沸点附近。当外界有穿过液氢时，液氢就会局部沸腾，从而形成一个由气泡组成的高能质粒子路径轨迹，此路径轨迹可通过加入气泡照相记录

续表

编号	标准解	问题描述	案例
4.3	增强测量物理场模型		
4.3.1	通过采用物理效应强制测量物场	标准解50，应用在系统中发生的已知效应，并检测效应引发的变化，从而知道系统的状态。提高检测和测量的效率	通过测量导电液体电导率的变化来测量液体的温度
4.3.2	受控物体的共振应用	标准解51，如果不能直接测量或者必须通过引入一种场来测量时，可以通过让系统整体或部分产生共振，通过测量共振频率的变化获得解决问题	使用音叉来为钢琴调律。钢琴调律师需要调节琴弦，通过音叉与琴弦的频率发生共振，来进行调谐
4.3.3	附带物体共振的应用	标准解52，若不允许系统共振，可以通过与系统相连的物体的自由振动获得环境或系统变化的信息	非直接法测量物体的电容量。将未知电容量的物体接入到已知感应系数的电路中，然后改变电路中电压的频率，寻找产生共振的频率。据此，可以计算出物体的电容量
4.4	测量铁磁场		
4.4.1	向测量原铁磁场跃迁	标准解53，增加或者利用铁磁颗粒，系统中的磁场，从而方便测量	交通管理系统中使用交通灯进行指挥。如果想知道车辆等候多久，或者想知道车辆已经排了多长，路面下铺设一个环形感应线圈，从而经易地检测出上面车辆的铁磁成分，经过转换后得出测量结果
4.4.2	向测量铁磁场跃迁	标准解54，在系统中引入铁磁颗粒，通过检测其磁场实现测量	通过在流体中引入铁磁颗粒，以提高测量的精确度
4.4.3	向复杂化的测量铁磁场跃迁	标准解55，如果磁性颗粒不能直接加入到系统，将磁性物质添加到系统已有物质中	通过在非磁性物体表面涂敷含有磁性材料和表面活性剂细小颗粒的物体来检测该物体的表面裂纹
4.4.4	通过在环境中引入铁磁粒子，向测量铁磁跃迁	标准解56，如果不能在系统中引入磁性物质，可以在环境中引入铁磁物质	船的模型在水上移动的时候，会出现波浪。为了研究浪的形成原因，可以将铁磁微粒添加到水中，辅助测量

续表

编号	标 准 解	问 题 描 述	案 例
4.4.5	物理科学原理的应用	标准解57，通过测量与磁性相关的自然现象，比如居里点、磁滞现象、超导消失、霍尔效应等	磁共振成像
4.5		测量系统的进化趋势	
4.5.1	向双系统和多系统跃迁	标准解58，向双系统、多系统转化。如果一个测量系统不具有高的效率，则应用两个或更多的测量系统	为了测量视力，验光师使用一系列设备来测量人眼对某物体的聚焦能力
4.5.2	向测量派生物跃迁	标准解59，不直接测量，而是在时间或空间上测量待测物的第1级或者第2级的衍生物	测量速度或加速度，而不是直接去测量距离

表 9-7 标准解第 5 级

编号	标 准 解	问 题 描 述	案 例
5.1		引入物质	
5.1.1	将空腔引入 S_1 或 S_2，以改进物场元件的相互作用	标准解60，应用"不存在的物体"替代引入新的物质，比如增加空气、真空、气泡、泡沫、水泡、空穴、毛细管等；用外部添加物代替内部添加物；用少量高活性物添加；临时引入添加剂等	对于水下保暖衣来说，如果仅通过增加衣服厚度的方法来改善保暖性，整个衣服会变得很厚。可以在其中加入泡沫结构，既不增加衣服厚度，还可以使衣服变得轻薄
5.1.2	将产品（S_0）分成相互作用的若干部分	标准解61，将物质分割为更小的组成部分	降低气流产生噪声（S_1）问题的标准解决方案是将基本气流（S_0）分成两股气流（S_{01}）和（S_{02}），从不同的方面形成涡流，并相互抵消
5.1.3	引入物质和泡沫使物场的相互作用正常消除	标准解62，添加物在使用完毕之后自动消失	用冰把粗糙物体表面打磨光滑
5.1.4	用膨胀结构和泡沫使物场的相互作用正常化	标准解63，如果条件不允许加入大量的物质，则加入虚空的物质	在物体内部增加空洞，以减轻物体的重量
5.2		引入场	

续表

编号	标准解	问题描述	案例
5.2.1	使用技术系统中现有的场	使用技术系统中现有的场不会使系统变得复杂化	电场产生磁场
5.2.2	使用环境中的场	标准解64，应用一种场，产生另外一种场	电子设备在使用时产生大量的热。这些热可以使周围空气流动，从而冷却电子设备自身
5.2.3	使用技术系统中现有物质用性能作为场的资源	标准解65，应用环境中存在的场	医生将放射性的物质植入到病人的肿瘤位置，杀死癌细胞，以后再进行清除
5.3	相变	标准解66，应用能产生场的物质	
5.3.1	改变物质的相态	标准解67，相变1：改变相态	用α-黄铜取代β-黄铜。通过晶体结构的改变，导致在特定温度下黄铜机械性质的改变
5.3.2	两种相态相互转换	标准解68，相变2：双相互换	在清冰过程中，通过将刀片下的冰转化成水来减小摩擦力；然后水又结成冰
5.3.3	将一种相态转换成另一种相态，并利用伴随出现的现象	标准解69，相变3：应用相变过程中伴随出现的现象	暖手器里面有一个盛有液体的塑料袋，袋内有一个薄金属片。在释放热量过程中，触发液体片在液体中弯曲，产生一定的声信号，人们将暖手器放回热源中加热，固体即可还原为液体
5.3.4	转换到物质的双相状态	标准解70，相变4：转化为双相状态	在切削区域涂敷一层泡沫，刀具能穿透泡沫切割，而噪声、蒸汽等却不能穿透这层泡沫，这可用于消除噪声
5.3.5	利用系统部件（相位）之间的交互作用	标准解71，利用系统的相态交互，增强系统的效率	白兰地经过两次蒸馏后，放在木桶中进行保存。这时，木材和液体之间相互作用
5.4		运用自然现象	

第9章 物场分析与标准解

续表

编号	标准解	问题描述	案例
5.4.1	利用可逆性物理转换	标准解72，状态的自动调节和转换。如果一个物体必须处于不同的状态，那么它应该能够自动从一种状态转化为另外一种状态	变色太阳镜在阳光下颜色变深；在阴暗处又恢复透明
5.4.2	出口处场的增强	标准解73，将输出场放大	真空管、继电器和晶体管，都可以利用很小的电流来控制很大的电流
5.5		产生物质的高级和低级方法	
5.5.1	获得所需要的物质	标准解74，通过降解来获得物质颗粒（离子、原子、分子等）	如果系统需要氢，但系统本身又不允许引入氢的时候，可以向系统引入水，再将水电解转化成氢和氧
5.5.2	通过合并较低等级结构的物质来获得所需要的物质	标准解75，通过组合获得物质粒子	树木吸收水分、二氧化碳，并且运用太阳光进行光合作用，得以生长壮大
5.5.3	介于前两个解法之间	标准解76，应用5.5.1和5.5.2。如果一个高级结构的物质需要降解，但是又不能降解，就应用次高水平的物质。另外，如果较低级结构的物质需要组合起来，就可以直接应用较高级结构的物质	如需要传导电流，可先将物质变成导电的离子和电子，离子和电子脱离电场之后，还可以重新结合在一起

215

步骤4：标准解简化。

获得了对应的标准解和解决方案,检查模型(实际是技术系统)是否可以应用标准解第 5 级中的 17 个标准解来进行简化。标准解第 5 级也可以被考虑为是否有强大的约束限制着新物质的引入和交互作用。在实际应用标准解的过程中,必须紧紧围绕技术系统所存在的问题的理想化最终结果,并考虑系统的实际限制条件,灵活进行应用,追求最优化的解决方案。很多情况下,综合多个标准解,对问题的彻底解决程度具有积极意义,尤其是第 5 级中的 17 个标准解。

上述发明创新问题标准解的应用步骤,可以用流程图来表示,如图 9-30 所示。

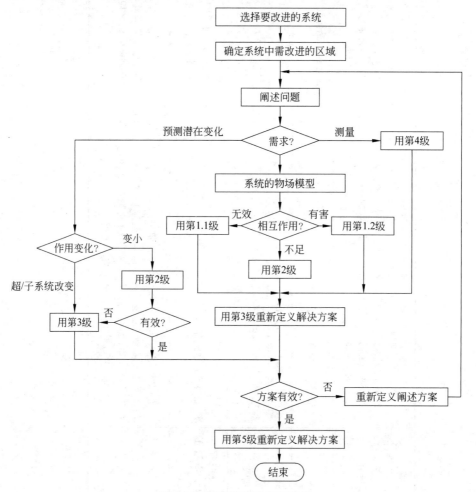

图 9-30 问题标准解应用流程

9.7 标准解的应用案例

例 9-15 厢式烘干机设计。

传统的厢式烘干机外形呈方形,外壳是隔热层。这种烘干机的应用广泛,适合于各种物料的干燥,但是这种烘干机的含湿量不太均匀,干燥速率低,干燥时间长,生产能力小,热利用率低。因此,使用标准解来求解。

9.7.1 建立物场模型并确定问题的类型

如图 9-31 所示,使用的元件分别为 S_1 物料、S_2 气流和场 F_1。由图 9-31 可知,功能模型中的元件齐全,但执行元件对被执行元件产生的作用不足以达到系统的要求,属于效应不足的完整物场模型。其中 S_1、S_2 分别表示需干燥物料以及气流。F_1 表示一个热力场,虚线表示两者之间的作用是不足的。

9.7.2 求标准解对系统进行改进

当前系统为效应不足的模型,应用标准解第 2 级中的 23 个标准解和标准解第 3 级中的 6 个标准解。这个场合的标准创新解包括:

(1) 对 S_1 的修改,在实际中体现为对被干燥物质的预处理,在进入厢式烘干机之前,可先对物料进行脱水,来提高干燥过程中的干燥效率。

(2) 对 S_2 的修改,对干燥机使用不同的材料、形状以及表面工艺,来更有效地提高接触面积,使物料与气流接触均匀,提高干燥效率。可对结构图中的叶片进行设计,可让其与物料成一定角度,并且角度是可调节的,通过改变角度可以改变接触面积的大小,保证受热均匀。

(3) 对 S_1 的修改,可以引入一个新场,例如机械场 F_2,通过一个环流产生装置引入物料的涡流,而不是层流来改善加热方式,从而提高热效率。此时,原来的物场模型变为如图 9-32 所示。

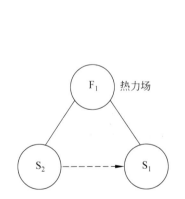

图 9-31 厢式烘干机效应不足物场模型

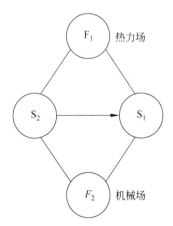

图 9-32 改进厢式烘干机模型

例 9-16 飞机发动机整流罩(图 9-33)改进设计。

飞机发动机整流罩主要用来给飞机提供足够的空气,满足飞机起飞的要求。随着人们对飞机要求的提高,飞机发动机的功率越来越大,发动机需要的进风量就更大,这就要求整流罩的体积增大。但是,整流罩越大,它离地面的距离就越近,在飞机起飞降落时容易引起各种危险。

图 9-33　飞机发动机整流罩

（1）建立物场模型。该问题物场模型如图 9-34 所示，S_1 为整流罩，S_2 为地面，整流罩 S_1 的体积增大，虽然可以为发动机提供更大的进风量，但是会在地面 S_2 和整流罩 S_1 之间引入有害作用。该物场模型属于具有有害效应的完整物场模型。

图 9-34　整流罩有害效应物场模型

（2）求标准解对系统进行改进。由于系统涉及有害效应，所以应用标准解第 1 级（标准解法 1.2）中的 5 个标准解。经过分析，该问题不允许引入新的物质，可以采用标准解 10 来解决问题，即可以通过改变 S_1 和 S_2 来消除有害作用。具体措施为：

① 对 S_2 的改变。考虑改变地面形态，如改变跑道的两侧地面形状来提高采风量。

② 对 S_1 的改变。改变整流罩形状，将圆形整流罩变为椭圆形或方形。改变整流罩位置，考虑到整流罩与地面的关系，提升整流罩在飞机上的位置，调高整流罩。

综合分析以上措施，同时采取调高整流罩位置和将整流罩形状变为椭圆形的措施可以解决这个问题。

注：飞机发动机整流罩问题我们在本书第 6 章的实验与思考中已经应用 TRIZ 技术矛盾和矛盾矩阵解决过。请对照一下，看看两种方法的异同之处。

9.8　习　　题

1. 单选题

（1）最基本的物场模型（Su-F Mode）包含（　　）。
　　A. 一个物质，一个场　　　　　　　　B. 一个物质，两个场
　　C. 两个物质，一个场　　　　　　　　D. 两个物质，两个场

（2）内蒙古是羊肉的主产区，每年春季养羊户都要剪羊毛。剪羊毛的过程中，由于操作人员动作的可控性差，可能导致羊受伤，请问下列哪个标准解适合解决这个问题？（　　）
　　A. 内部复杂的物场模型

B. 外部复杂的物场模型

C. 引入一个新的场抵消有害作用

D. 链式物场模型

(3) 关于物场模型,下面说法不正确的是( )。

A. 物场分析是一种运用统一的图形和符号类的技术语言来描述技术系统从"问题模型"转换到"解决方案模型"过程的方法

B. "场"是实现两个物质间相互作用的能量或某种"力"

C. 物场模型与功能模型是彼此独立的,不可以进行转换

D. TRIZ 中的物场标准解被分成 5 级,每个级别下面都有若干个标准解,一共合计 76 个

2. 多选题

标准解法包含以下哪几类?( )

A. 物场模型的构建与毁坏
B. 增强物场模型
C. 向超系统或微级系统跃迁
D. 检测和测量问题

9.9 实验与思考:物场分析与标准解系统应用

9.9.1 实验目的

(1) 理解和熟悉 TRIZ 物场模型的基本概念。

(2) 熟悉 TRIZ 的标准解系统。

(3) 通过物场模型分析与标准解应用,提升创新设计与实践的能力。

9.9.2 工具/准备工作

开始本实验之前,请回顾教科书的相关内容。

需要准备一台能够访问因特网的计算机。

9.9.3 实验内容与步骤

(1) 什么是物场模型?物场模型的要素分别是什么?

答:_____

_____

_____

(2) 物场模型分哪些类型?物场分析与标准解之间有什么关系?

答:_____

_____

_____

(3) 标准解法分为哪几大类？请简述标准解法的应用流程。

答：_____

_____

_____

_____

(4) 过度作用和有害作用的区别是什么？解决有害作用的标准解法都有哪些？

答：_____

_____

_____

_____

(5) 两个物质间的场，有用与有害作用并存时，请选用一个标准解法来消除有害作用，并举例说明。

答：_____

_____

_____

(6) 举例说明标准解法系统中的"1.2.2 引入 S_1 或 S_2 的变形来消除有害作用"，并画出问题的物场模型及解决方案的物场模型。

答：_____

_____

_____

(7) 当物质之间的场作用不足时，可以构建复杂的物场模型解决，请画出 2.1.1 的链式物场模型。

答：_____

_____

_____

(8) 请思考发明问题的标准解和矛盾分析法有什么区别和联系。

答：_____

_____

_____

(9) 在电梯中,手机的信号被屏蔽,所以无法正常使用,请对这一问题建立物场模型,并试着得到解决方案模型。

答：_____

(10) 炼钢企业有一个很大的设备里面在炼钢,设备上面开有观测口,工人可以通过这个口看炼钢的情况。炼钢的过程中,不时会有一些小的火星和碎石从口中飞出,伤到工人。请根据物场分析法对问题进行分析。

答：_____

(11) 我国东北地区冬季降雪较多,这时汽车在雪地行驶会打滑,造成交通事故。构建物场模型,并选择标准解加以解决。

答：_____

(12) 玻璃厂会运输一些成品玻璃块,但是玻璃比较脆,容易破损,运用什么样的方法运输降低破损率？尝试用物场分析解决问题。

答：_____

(13) 有一种猎狗是专门为抓松鼠训练的,狗在树丛中找松鼠,当它看到哪棵树上有松鼠,就在树下咆叫,猎人就会来到这里,射下松鼠。因为猎人通常看不到松鼠,而猎狗通过气味能找到松鼠,所以猎狗的帮忙很重要。现在有一个完整的物场模型,即狗、猎人和狗的叫声。然而,猎人会变得越来越老,听力下降,甚至几乎听不到外界的声音,包括狗的咆叫声,这时猎人如何能正确地来到狗所发现的那棵有松鼠在的树下呢？尝试构建有问题的物场模型,并应用标准解解决问题。

答：_____

(14) 物场模型分析：汽车的清洗。

汽车在使用过程中，由于受阳光照射、酸雨侵蚀和灰尘入侵等不利因素影响，时间一长，表面会沉积各种污垢，如油脂、工业尘垢、沥青和水泥等，使原本光亮的漆面暗淡无光，也缩短了汽车车漆寿命，因此必须清除这些污垢。但是，对于沉积时间较长的各种污垢，普通洗涤剂和水很难冲洗掉，例如，黏性的工业烟尘长时间附着在车身上，用普通洗涤剂难以完全清除。

该如何改进这些污垢的清洗方法呢？

步骤1：确定物场模型的元素。

答：_____

步骤2：建立问题的物场模型。

答：（画图，画出该技术系统的物场模型）

步骤3：确定物场模型的一般解法。

答：该技术系统属于物场模型第（　　）种类型，即_____模型，有（　　）种一般解法，即：_____。

图　清除污垢的物场模型

① 解法（　　），即：_____。
例如：_____

② 解法（　　），即：_____。
例如：_____

③ 解法(　　),即：_____。
例如：_____
_____

在本例中,最佳方案为解法(　　),其物场模型如下(画图)。

图　应用解法的物场模型

其中,(解释 S 和 F)_____
_____

步骤 4：开发新的设计。
答：_____
_____
_____
_____

(15) 物场模型分析：古建筑测量。

在一座小镇上,有一座古建筑,是当地的一道风景。可是,由于年代久远,古建筑很可能在下沉。一个调查组正在研究古建筑是否下沉。所有的调查人员一致认为,需要找到一个固定的位置来测量古建筑是否在下沉。这个固定的位置应该能够在古建筑上看到。可是,能够在古建筑看到的位置——广场周围的建筑——建造的年代也都比较久远,所以这些周围的建筑也可能在下沉。距离古建筑 1500m 处的公园,有几堵近年来建成的墙壁,它建在非常坚固的地基上,所以很可能不会下沉。可是这几堵墙与古建筑中间有高层建筑遮挡,从古建筑上根本看不到这几堵墙壁。

试利用物场模型分析和解决这个问题。

步骤 1：确定物场模型的元素。
答：_____
_____

步骤 2：建立问题的物场模型。
答：(画图,画出该技术系统的物场模型)

图　技术系统的物场模型

步骤 3：确定物场模型的一般解法。

答：该技术系统属于物场模型第（　　）种类型，即_____模型，有（　　）种一般解法，即：_____。

① 解法（　　），即：_____。
例如：_____
_____

② 解法（　　），即：_____。
例如：_____
_____

③ 解法（　　），即：_____。
例如：_____
_____

在本例中，最佳方案为解法（　　），其物场模型如下（画图）。

图　应用解法的物场模型

其中，(解释 S 和 F)_____

步骤 4：开发新的设计。
答：_____

9.9.4 实验总结

9.9.5 实验评价(教师)

科学效应与知识库应用

纵观人类文明的发展史,科学技术的每一次重大突破,都会对人类社会的发展产生巨大的影响。人类现有的工程技术产品和方法都是在漫长的文明发展过程中,以一定的科学原理为基础,一点一滴地积累起来的。可以毫不夸张地说,人类社会的发展历史就是一部人类发现并利用蕴含在自然界中的科学原理和知识的历史。

科学效应和现象是 TRIZ 中的一种基于知识的解决问题工具。迄今为止,研究人员已经总结了近万个效应,其中 4000 多个得到了有效应用。本章简单介绍 TRIZ 解决发明问题时经常遇到的、需要实现的 30 种功能,以及实现这些功能经常要用到的科学效应和现象(见本书附录 B 至附录 D)。

10.1 科学效应的作用

所谓"效应"(effect),是指"由某种动因或原因所产生的一种特定的科学现象"。例如,由物理的或化学的作用所产生的效果,如光电效应、热效应、化学效应等。

例 10-1 有一种弹簧,其尺寸和组成材料都是无法改变的。如何在不添加任何辅助结构(不向它添加任何补充弹簧等)的条件下提高弹簧的刚性?其实,方法很简单。如果使每圈弹簧磁化,让同极性挨着,这样在弹簧压缩时就会产生附加的推力。这就是一个典型的利用物理效应来解决技术问题的例子。

阿奇舒勒在其《创造是精确的科学》一书中写道:

不难发现,简单的综合方法(如分割、反转、组合等),在宏观水平上占优势。在微观水平上占优势的那些方法,差不多总是用到物理效应和现象。在微观水平上,方法都是物理学和化学方面的。因此,为发明家们提供关于物理学方法的系统资料就显得尤为重要,这可以大大提高他们将物理效应和现象用于发明的可能性。

中学的物理学(尤其是大学的物理学)能给人以非常有力的,并且差不多是到处适用的工具。然而,人们却不会使用这些工具。

一方面,物理效应仿佛是独立存在的;另一方面,问题确实是独立存在的。在发明家的思维中,如果没有可靠的桥梁将物理学与发明问题联系到一起,知识在相当大的程度上是闲置未用的。

如果能有一份用物场形式表示的物场效应的清单,那么要找到所需的效应,就没有什么困难。若是需要联合应用若干效应(或称为效应与方法的结合)来解决问题,那就还要有物理效应相结合的规则。现在,正在研究这样的规则,有一些已经确认下来了。例如,人们已经知道,在较好的发明中,在两个"结合起来的"效应之间,起联系作用的元素总是场,而不是物质。还有许多东西有待阐明,但一般的原则已经清楚了,即在发明问题和解决它们所需的物理效应之间存在着可靠的媒介,这就是物场分析。

在物场分析中,将两个对象之间的作用定义为"场",并用"场"这个概念来描述存在于这两个对象之间的能量流。如果从时间轴上对两个对象之间的作用进行分析,也可以将存在于两个对象之间的这种作用看做是两个技术过程之间的"纽带"。

例 10-2 压电打火机的点火过程如图 10-1 所示。

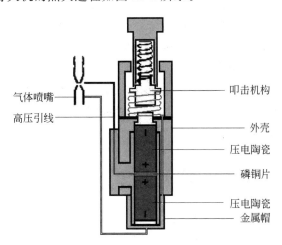

图 10-1 打火机压电陶瓷点火器结构

压电打火机是利用压电陶瓷的压电效应制成的。只要用大拇指压一下打火机上的按钮,将压力施加到压电陶瓷上,压电陶瓷即产生高电压,形成火花放电,从而点燃可燃气体。

如果将手指压按钮的动作看成是一个技术过程,将气体燃烧看成是另一个技术过程。那么,将这两个技术过程连接起来的纽带就是压电效应。在这个技术系统中,压电陶瓷的功能就是利用压电效应将机械能转换成电能。

通常,可以将效应看作是两个技术过程之间的功能关系。就是说,如果将一个技术过程 A 中的变化看作是原因,那么,技术过程 A 的变化所导致的另一个技术过程 B 中的变化就是结果。将技术过程 A 和技术过程 B 连接到一起的这种功能关系被称为效应。

随着技术过程的实施,技术系统的某些参数(例如,压力、温度、速度、加速度等)会发生改变,即参数在数值上的变化就是技术过程得以实施的具体体现。因此,可以用这些参数来描述技术系统的变化。

除了某些最简单的技术系统，绝大多数技术系统往往都包含了多个效应。以实现技术系统的功能为最终目标，将一系列依次发生的效应组合起来，就构成了效应链，如图 10-2 所示。

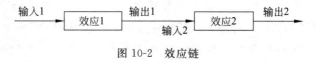

图 10-2　效应链

随着人类社会的发展，现代科技的分工越来越细，从大学阶段开始，工程师们就分别接受不同专业领域的训练（如机械、电机、化工、土木、信息等）。一个领域的工程师通常不会运用其他领域中解决问题的技巧或方法；同时，随着现代工程系统复杂程度的增加，一个技术领域中的产品往往包含了多个不同专业的知识。要想设计一个新产品或改进一个已有产品，就必须整合不同专业领域的知识。但是，绝大部分工程师都缺乏系统整合的训练。他们往往不知道，在其所面对的问题中，90%已经在其所不了解的其他领域被解决了。知识领域的限制，使他们无法运用其他技术领域的解题技巧和知识。因此，可以说，工程师狭窄的知识领域是创新的一大障碍。

科学效应是普遍存在于各领域的特定科学现象。在解决工程技术问题的过程中，各种各样的物理效应、化学效应或几何效应以及这些效应不为人知的某些方面，对于问题的求解往往具有不可估量的作用。

10.2　TRIZ 理论中的科学效应

在 TRIZ 理论中，按照"从技术目标到实现方法"的方式来组织科学效应库，发明者可根据 TRIZ 的分析工具决定需要实现的"技术目标"，然后选择需要的"实现方法"，即相应的科学效应。TRIZ 的效应库的组织结构，便于发明者对效应进行应用。

10.2.1　专利与科学效应

通过对 250 万份世界级高水平发明专利的分析研究，阿奇舒勒发现了这样一个现象：那些不同凡响的发明专利通常都是利用了某种科学效应，或者是出人意料地将已知的效应（或几个效应的综合）应用到以前没有使用过该效应的技术领域中。阿奇舒勒指出：在工业和自然科学中的问题和解决方案是重复的，技术进化模式是重复的，只有 1% 的解决方案是真正的发明，而其余部分只是以一种新的方式来应用以前已存在的知识或概念。因此，对于一个新的技术问题，绝大多数情况下都能从已经存在的原理和方法中找到该问题的解决方案。

基于对世界专利库的大量专利的分析，TRIZ 理论总结了大量的物理、化学和几何效应，每一个效应都可能用来解决某一类问题。为了帮助工程师们利用这些科学原理和效应来解决工程技术问题，在阿奇舒勒的提议下，TRIZ 研究者共同开发了效应数据库，其目的就是为了将那些在工程技术领域中常常用到的功能和特性，与人类已经发现的科学原理或效应所能够提供的功能和特性对应起来,以方便工程师们检索。解决高难度问题常见的 30 种功能如表 10-1 所示。

表 10-1 功能代码表

序号	实现的功能	功能代码	序号	实现的功能	功能代码
1	测量温度	F1	16	传递能量	F16
2	降低温度	F2	17	建立移动物体和固定物体之间的交互作用	F17
3	提高温度	F3	18	测量物体的尺寸	F18
4	稳定温度	F4	19	改变物体尺寸	F19
5	探测物体的位移和运动	F5	20	检查表面状态和性质	F20
6	控制物体位移	F6	21	改变表面性质	F21
7	控制液体及气体的运动	F7	22	检查物体容量的状态和特征	F22
8	控制浮质(气体中的悬浮微粒,如烟、雾等)的流动	F8	23	改变物体空间性质	F23
9	搅拌混合物,形成溶液	F9	24	形成要求的结构,稳定物体结构	F24
10	分解混合物	F10	25	探测电场和磁场	F25
11	稳定物体位置	F11	26	探测辐射	F26
12	产生控制力,形成高的压力	F12	27	产生辐射	F27
13	控制摩擦力	F13	28	控制电磁场	F28
14	解体物体	F14	29	控制光	F29
15	积蓄机械能与热能	F15	30	产生及加强化学变化	F30

依据表 10-1 提供的功能代码,可以在表 10-2 中查找 TRIZ 所推荐的此功能下的各种可用科学效应和现象。表 10-2 列举出了技术创新中的 30 种功能及其对应的 100 个科学效应和现象(本书附录 G,限于篇幅,以电子稿形式提供),可以利用它来解决技术创新中遇到的问题。

更进一步地,建立显示有效技术应用实例的效应缩略表(也称学科效应表,参见本书附录 C 物理效应、附录 D 化学效应和附录 E 几何效应),同样可用于物理、化学或几何的相关效应获得启发和影响。

表 10-2 科学效应和现象

功能代码	实现的功能	TRIZ 推荐的科学效应和现象	科学效应和现象序号
F1	测量温度	热膨胀	G75
		热双金属片	G76
		珀尔帖效应	G67
		汤姆孙效应	G80
		热电现象	G71
		热电子发射	G72
		热辐射	G73
		电阻	G33
		热敏性物质	G74
		居里效应(居里点)	G60
		巴克豪森效应	G3
		霍普金森效应	G55
F2	降低温度	一级相变	G94
		二级相变	G36
		焦耳-汤姆孙效应	G58
		珀尔帖效应	G67
		汤姆孙效应	G80
		热电现象	G71
		热电子发射	G72
F3	提高温度	电磁感应	G24
		电介质	G26
		焦耳-楞次定律	G57
		放电	G42
		电弧	G25
		吸收	G84
		发射聚焦	G39
		热辐射	G73
		珀尔帖效应	G67
		热电子发射	G72
		汤姆孙效应	G80
		热电现象	G71
F4	稳定温度	一级相变	G94
		二级相变	G36
		居里效应	G60

续表

功能代码	实现的功能	TRIZ 推荐的科学效应和现象		科学效应和现象序号
F5	探测物体的位移和运动	引入易探测的标识	标记物	G6
			发光	G37
			发光体	G38
			磁性材料	G16
			永久磁铁	G95
		反射和反射线	反射	G41
			发光体	G38
			感光材料	G45
			光谱	G50
			放射现象	G43
		形变	弹性变形	G85
			塑性变形	G78
		改变电场和磁场	电场	G22
			磁场	G13
		放电	电晕放电	G31
			电弧	G25
			火花放电	G53
F6	控制物体位移	磁力		G15
		电子力	安培力	G2
			洛伦兹力	G64
		压强	液体或气体的压力	G91
			液体和气体的压强	G93
		浮力		G44
		液体动力		G92
		振动		G98
		惯性力		G49
		热膨胀		G75
		热双金属片		G76
F7	控制液体及气体的运动	毛细现象		G65
		渗透		G77
		电泳现象		G30
		汤姆孙效应		G79
		伯努利定律		G10
		惯性力		G49
		韦森堡效应		G81
F8	控制浮质(气体中的悬浮微粒,如烟、雾等)的流动	起电		G68
		电场		G22
		磁场		G13

续表

功能代码	实现的功能	TRIZ 推荐的科学效应和现象		科学效应和现象序号
F9	搅拌混合物，形成溶液	弹性波		G19
		共振		G47
		驻波		G99
		振动		G98
		气穴现象		G69
		扩散		G62
		电场		G22
		磁场		G13
		电泳现象		G30
F10	分离混合物	在电场或磁场中分离	电场	G22
			磁场	G13
			磁性液体	G17
			惯性力	G49
			吸附作用	G83
			扩散	G62
			渗透	G77
			电泳现象	G30
F11	稳定物体位置	电场		G22
		磁场		G13
		磁性液体		G17
F12	产生控制力，形成高的压力	磁力		G15
		一级相变		G94
		二级相变		G36
		热膨胀		G75
		惯性力		G49
		磁性液体		G17
		爆炸		G5
		电液压冲压，电水压振扰		G29
		渗透		G77
F13	控制摩擦力	约翰逊-拉别克效应		G96
		振动		G98
		低摩阻		G21
		金属覆层滑润剂		G59

续表

功能代码	实现的功能	TRIZ推荐的科学效应和现象		科学效应和现象序号
F14	解体物体	放电	火花放电	G53
			电晕放电	G31
			电弧	G25
		电液压冲压,电水压振扰		G29
		弹性波		G19
		共振		G47
		驻波		G99
		振动		G98
		气穴现象		G69
F15	积蓄机械能与热能	弹性变形		G85
		惯性力		G49
		一级相变		G94
		二级相变		G36
F16	传递能量	对于机械能	形变	G85
			弹性波	G19
			共振	G47
			驻波	G99
			振动	G98
			爆炸	G5
			电液压冲压,电水压振扰	G29
		对于热能	热电子发射	G72
			对流	G34
			热传导	G70
		对于辐射	反射	G41
		对于电能	电磁感应	G24
			超导性	G12
F17	建立移动和固定物体之间的交互作用	电磁场		G23
		电磁感应		G24
F18	测量物体的尺寸	标记	起电	G68
			发光	G37
			发光体	G38
		磁性材料		G16
		永久磁铁		G95
		共振		G47

续表

功能代码	实现的功能	TRIZ 推荐的科学效应和现象		科学效应和现象序号
F19	改变物体尺寸	热膨胀		G75
		形状记忆合金		G87
		形变		G85
		压电效应		G89
		磁弹性		G14
		压磁效应		G88
F20	检查表面状态和性质	放电	电晕放电	G31
			电弧	G25
			火花放电	G53
		反射		G41
		发光体		G38
		感光材料		G45
		光谱		G50
		放射现象		G43
F21	改变表面性质	摩擦力		G66
		吸附作用		G83
		扩散		G62
		包辛格效应		G4
		放电	电晕放电	G31
			电弧	G25
			火花放电	G53
		弹性波		G19
		共振		G47
		驻波		G99
		振动		G98
		光谱		G50
F22	检查物体容量的状态和特征	引入容易探测的标志	标记物	G6
			发光	G37
			发光体	G38
			磁性材料	G16
			永久磁铁	G95
		测量电阻值	电阻	G33
		反射和放射线	反射	G41
			折射	G97
			发光体	G38
			感光材料	G45
			光谱	G50
			放射现象	G43
			X 射线	G1

续表

功能代码	实现的功能	TRIZ推荐的科学效应和现象		科学效应和现象序号
F22	检查物体容量的状态和特征	电-磁-光现象	电-光和磁-光现象	G27
			固体（的场致、电致）发光	G48
			热磁效应（居里点）	G60
			巴克豪森效应	G3
			霍普金森效应	G55
			共振	G47
			霍尔效应	G54
F23	改变物体空间性质	磁性液体		G17
		磁性材料		G16
		永久磁铁		G95
		冷却		G63
		加热		G56
		一级相变		G94
		二级相变		G36
		电离		G28
		光谱		G50
		放射现象		G43
		X射线		G1
		形变		G85
		扩散		G62
		电场		G22
		磁场		G13
		珀尔帖效应		G67
		热电现象		G71
		包辛格效应		G4
		汤姆孙效应		G80
		热电子发射		G72
		热磁效应（居里点）		G60
		固体（的场致、电致）发光		G48
		电-光和磁-光现象		G27
		气穴现象		G69
		光生伏打效应		G51

续表

功能代码	实现的功能	TRIZ推荐的科学效应和现象		科学效应和现象序号
F24	形成要求的结构、稳定物体结构	弹性波		G19
		共振		G47
		驻波		G99
		振动		G98
		磁场		G13
		一级相变		G94
		二级相变		G36
		气穴现象		G69
F25	探测电场和磁场	渗透		G77
		带电放电	电晕放电	G31
			电弧	G25
			火花放电	G53
		压电效应		G89
		磁弹性		G14
		压磁效应		G88
		驻极体,电介体		G100
		固体(的场致、电致)发光		G48
		电-光和磁-光现象		G27
		巴克豪森效应		G3
		霍普金森效应		G55
		霍尔效应		G54
F26	探测辐射	热膨胀		G75
		热双金属片		G76
		发光体		G38
		感光材料		G45
		光谱		G50
		放射现象		G43
		反射		G41
		光生伏打效应		G51
F27	产生辐射	放电	电晕放电	G31
			电弧	G25
			火花放电	G53
		发光		G37
		发光体		G38
		固体(的场致、电致)发光		G48
		电-光和磁-光现象		G27
		耿氏效应		G46

续表

功能代码	实现的功能	TRIZ 推荐的科学效应和现象	科学效应和现象序号
F28	控制电磁场	电阻	G33
		磁性材料	G16
		反射	G41
		形状	G86
		表面	G7
		表面粗糙度	G8
F29	控制光	反射	G41
		折射	G97
		吸收	G84
		发射聚焦	G39
		固体(的场致、电致)发光	G48
		电-光和磁-光现象	G27
		法拉第效应	G40
		克尔现象	G61
		耿氏效应	G46
F30	产生及加强化学变化	弹性波	G19
		共振	G47
		驻波	G99
		振动	G98
		气穴现象	G69
		光谱	G50
		放射现象	G43
		X 射线	G1
		放电	G42
		电晕放电	G31
		电弧	G25
		火花放电	G53
		爆炸	G5
		电液压冲压、电水压振扰	G29

注：表中，"科学效应和现象序号"栏中列举的是本书附录 G "100 条科学效应简介"(限于教材篇幅，本附录以电子稿形式提供)中的序号。

10.2.2 科学效应库

研发人员在进行产品创新设计的过程中，采用不同的科学效应作为产品的实现原理，可以获得截然不同的产品形式，如搅拌式、超声波、等离子洗衣机等。到目前为止，研究人员已经总结了大概1万多个效应,但常用的只有1400多个。研究表明,工程师单靠自身掌握的效应是有限的,而对于普通的技术人员而言,认识并掌握各个工程领域的效应也是比较困难的。一个普通的工程师通常知道大约100个效应和现象,例如爱迪生在他的1023项专利中就只用了23个效应。因此,建立科学效应库为新产品开发提供更多原理,对激励设计人员开展创新性设计活动具有重要作用。

科学效应按照实现的功能进行分类,如图10-3所示。

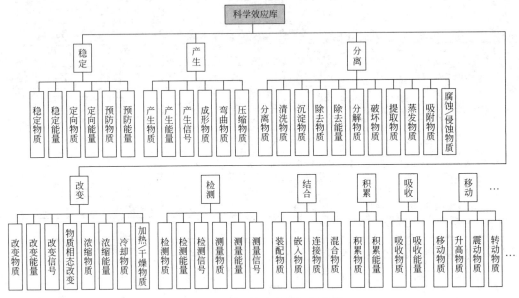

图10-3 科学效应库的知识分类

每个效应需要在一定的外因下才能产生作用。在科学效应库中,顶层的功能是比较一般的、抽象的,以功能动词表示。按基本的功能动词与基本的物质、能量组合,自顶向下逐层分解每一类功能。按照这样的分类方式,可帮助设计者便利地对科学效应知识进行查询,从而打破专业知识的限制,使设计创新成为可能。

在科学效应库中,主要用文字来描述效应的基本内容,用动画来展现效应表示的原理和结构。科学效应主要由效应描述、应用条件、计算公式、功能属性、参考信息和相关知识6个部分组成。

(1) 效应描述:效应的基本描述,帮助设计者对知识进行大致的了解与掌握。

(2) 应用条件:效应应用的前提条件,设计者可由此判断该效应是否满足设计需求。

(3) 计算公式:效应公式以及参数约束条件。

(4) 功能属性:效应实现的功能。

(5) 参考信息:效应的来源,由此可了解更多的相关效应知识。

(6) 相关知识:与效应相关的其他知识,如专利知识、领域知识等。

10.2.3 应用科学效应解决创新问题

设计一个新技术系统时,为了将两个技术过程连接在一起,就需要找到一个"纽带"。

虽然人们清楚地知道这个"纽带"应该具备什么样的功能,但是却不知道这个"纽带"到底应该是什么。此时,就可以到科学效应库中,利用"纽带"所应该具备的功能来查找相应的科学效应。

当对现有技术系统进行改造时,往往希望将那些不能满足要求的组件替换掉。此时,由于该组件的功能是明确的,所以可以将该组件所承担的功能作为目标,到科学效应库中查找相应的科学效应。

应用科学效应解决问题的一般步骤如下:

(1) 根据问题的实际情况定义出解决此问题所需要的功能。

(2) 根据功能,从表10-1中确定与此功能相对应的代码,即F1~F30中的一个。

(3) 从效应表(科学效应表或学科效应表)中查找此功能代码,得到TRIZ所推荐的科学效应。

(4) 对TRIZ推荐的多个科学效应逐一进行筛选,找到适合本问题的科学效应。

(5) 查找该科学效应的详细解释,并应用于问题的解决,形成解决方案。

例 10-3 电灯泡厂的厂长将厂里的工程师召集起来开了个会,他让工程师们看一叠顾客的批评信,顾客对灯泡质量非常不满意。

(1) 问题分析:经过分析,工程师们觉得灯泡里的压力有些问题。压力有时比正常的高,有时比正常的低。

(2) 确定功能:准确测量灯泡内部气体的压力。

(3) TRIZ推荐的可以测量压力的物理效应和现象:机械振动、压电效应、驻极体、电晕放电、韦森堡效应等。

(4) 效应取舍:经过对以上效应逐一分析,只有"电晕"的出现依赖于气体成分和导体周围的气压,所以电晕放电能够适合测量灯泡内部气体的压力。

(5) 方案验证:如果灯泡灯口加上额定高电压,气体达到额定压力就会产生电晕放电。

(6) 最终解决方案:用电晕放电效应测量灯泡内部气体的压力。

例 10-4 街上交通不间断的、单调的噪声使人疲乏而且会打断工作,普通的百叶窗在一定程度上减少了噪声,但单调的声音没有变化,这一单调的声音来自交通流引起的声音振动频率的不间断波谱。

查阅物理效应表(本书附录B)的第24条:"创造给定的结构,稳定对象的结构",选择机械与声音振动。

物理学告诉人们,有一种频率过滤器可以改变复杂震动过程(包括声学上的振动)的频谱结构,这些过滤器是中介或变换工具,过滤或减弱特定频率的同时让其他频率通过。英国开发的一个解决方法是用具有不同大小细孔的百叶窗,使对声学震动的机械过滤达到了理想效果,使过滤后传入的声音类似于沙滩上的频谱,这些声音不再引起疲劳、分散注意力等。

例 10-5 剪玫瑰花的最佳时间是在其花苞期吗?为保持玫瑰从剪下到出售前的时间最大化,玫瑰花在还是花苞的时候就被剪了下来。这可以为人们提供繁盛的玫瑰花。但如何能保证花苞变成花朵呢?

查找化学效应表(附录 C):第 22 条"空间中物质的状态和性能控制"(特别是使用光反应材料或显示器)与第 23 条"物质空间性能的改变(高浓度)"。

需要初步调查来搞清楚问题,需要一个显示器、一种材料或一块地,为在正确时间剪玫瑰花提供可靠的帮助。类似的验证结果谁都知道,淀粉与碘反应产生了蓝色,而淀粉是植物碳水化合物的基础资源,可以用剪下的玫瑰花苞与碘做颜色反应测试。应用医学解决方法,荷兰的瓦吉宁根农业大学的研究人员测出:在玫瑰花苞的淀粉含量少于干花苞重量的 10% 时,它就不会开花了,因为那时淀粉中的能量源不够了。

10.3 创新的知识资源

从认知论的角度看,知识就是认识(意识),这种定义把知识和认识(意识)等同了起来;从经济学的角度看,知识是具有价值与使用价值的人类劳动产品;从信息论的角度看,知识是同类信息的积累,是为有助于实现某种特定的目的而抽象化和一般化了的信息。

知识的作用主要表现为促进企业的创新,知识不仅可以帮助企业提供增值的产品和服务,如新的产品、新的工艺、新的销售模式,还可以以知识产权、知识商品等形式单独提供有价值的资产。知识工程涉及知识的获取、处理、表达、组织、存储、共享、重用等诸多相关活动,以充分关联信息和知识,最大限度地获取和重用知识,实现基于知识的产品创新。

10.3.1 产品创新设计中的知识资源

随着市场竞争力度的不断加大,企业要想在激烈的竞争中占据有利的地位,关键在于企业设计人员设计出富有创意的产品。设计知识作为产品创新活动的动力和源泉,对其有效的管理和应用已成为顺利开展产品创新设计的关键。一直以来,人们对产品设计知识资源的应用主要存在以下两个方面:一是对企业现有设计领域知识进行挖掘、保存和重复使用,以帮助设计人员实现对同类型产品的快速开发。虽然这些应用使产品设计效率显著提高,但由于其依赖的都是某领域具体知识,受专业知识和思维惯性的限制,对产品创新的支持层次普遍不高。二是将创新原理知识进行抽象和归纳,通过具有普遍意义的原理知识,从较高层次上实现新产品的创新。这些应用虽有效提高了设计人员的创新思路,但由于其无法提供隐含在原理解背后的丰富设计经验,常使产品创新设计的具体过程落空。因此,将产品设计知识按照利于创新的形式进行重新整理、表示、组合和管理,并建立一个结构良好并激励创新思维产生的知识组织、搜索和应用模型,使之既能激励设计人员创新思维的产生,还能有效辅助创新过程的具体实现,将对提升设计人员的产品创新能力具有重要意义。

10.3.2 产品创新设计中的知识类型

图 10-4 反映了产品的一般创新设计过程,随着产品设计由需求分析→问题表征→原理设计→结构设计→方案评价→多学科优化→详细设计→……逐步地展开,产品的设计过程在逐步具体化、清晰化,设计思维也随之确定,产品的创新层次在逐渐降低,对知识的需求也逐渐由抽象→具体不断演变。例如,在需求分析阶段,需要设计原理和发明原理知

识对设计方向给予支持,而在产品功能求解阶段,则需要提供实现产品功能的各种科学效应知识,从而使产品设计过程摆脱原有设计经验的束缚,跳出专业知识的限制,在更高层次上实现产品的创新设计。在具体结构和方案评价阶段,又需要根据具体专业的特点提供不同领域学科的专业知识和专题知识,并借助多学科优化方法完善具体的设计过程。

根据设计知识对设计不同阶段的支持作用和特点,可以将创新过程中运用的知识资源分成如下类型。

(1) 设计原理:关于设计过程的理论和方法,对创新设计过程进行规划,包括设计问题的表征,构建设计问题空间,需求分析,推理规则等。

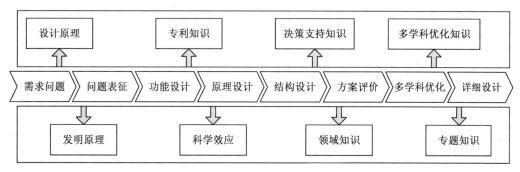

图 10-4　产品创新设计过程与设计知识

(2) 发明原理:关于产品发明创造方法和策略的原理知识,如 TRIZ 理论、进化原理、创造性模板等。

(3) 科学效应:是由某种原因而产生的特定的科学现象,包括物理、化学、几何、生物等效应,它们是由各种基本科学原理组成的。

(4) 专利知识:专利中所包含的知识,它们是以实例的形式表现的设计知识集合。

(5) 决策支持知识:对产品候选方案进行判断和推理的决策知识。

(6) 多学科优化知识:通过充分探索和利用系统中相互作用的协同机制来设计复杂系统和子系统的方法论。

(7) 领域知识:不同领域的具体知识,如机械、电子、化学化工、生物等,包括基本工作原理、机构目录、工程标准、计算公式、设计文档、工艺规划、材料性能等。

(8) 专题知识:针对一类复杂产品特有的设计知识,包括某类产品的设计背景、设计方案、装配布局、零部件构形、加工工艺等。针对不同的产品开发需求,各个企业建立的专题知识千差万别,如数控系统专题、洗衣机专题等。

上述知识又可以归结为三类:原理类知识、综合类知识和领域类知识。其中,原理类知识是面向产品设计过程的一类知识,包括设计原理、创造发明原理、产品进化原理等,其目的是为设计人员提供具有创新的规律与方法;综合类知识是存在于多个学科中的学科原理及其关系,包括科学效应、专利知识、多学科优化知识等,其目的是为产品功能的实现提供各种设计策略;领域类知识是不同专业领域内的具体设计知识,包括领域知识和专题知识,目的是为各种设计策略的实现过程提供专业支持。同时,领域类知识和综合类知识又可归纳为事实知识,产品设计的源泉是各种类型的事实知识,统称为设计事实知识,它是设计的对象,同时也是设计的目标。作为以多种形式存在的各种静态事实,它的主要作用是支持设计过程顺利地展开。

10.4 支持产品创新设计的知识库

知识库是知识工程中结构化、易操作、易利用和全面有组织的知识集群,是针对某一(或某些)领域问题求解的需要,采用某种(或若干)知识表示方式在计算机中存储、组织、管理和使用的互相联系的知识片集合。知识库能使企业设计人员在产品设计过程中便利地对知识进行搜索、存储、编辑和修改。目前已有的计算机辅助创新软件中都包含了大量知识库,各个知识库的作用、内容及其知识的应用简单介绍如下。

10.4.1 发明原理实例库

TRIZ 理论中提供的 40 条发明原理都是较为抽象的一些普适性原理,如果借助这些原理进行具体工程设计,还需尽可能多地将这些原理的具体实现形式和过程提供给设计人员,以便辅助设计人员更好地理解。发明原理实例库通过具体的实例,对抽象的发明原理进行解释,激励设计人员产生形象的设计思维,从而将抽象的发明原理转化为具体的设计方案。每条实例知识都包括了背景描述、问题描述、方案描述(包括思维引导和解决方案两部分)、发明原理、优势分析和参考信息六个部分。

(1) 背景描述:描述实例知识所涉及领域的发展状况,使设计者了解相关信息,更全面地了解实例知识。

(2) 问题描述:主要描述该领域现存的技术问题,通过对问题的描述,可以辅助设计者清晰地理解设计问题,从而更好地激励设计者产生创造性思维。

(3) 方案描述:展示从思维启发到应用发明原理解决问题的过程。①思维引导:根据现存的问题,结合发明原理,引导设计者的思考方向;②解决方案:描述该问题的具体解决过程。

(4) 发明原理:实例描述方案中的冲突及采用的发明原理。

(5) 优势分析:分析应用该实例解决方案的优势所在。

(6) 参考信息:介绍该实例的知识来源,设计者可以根据参考信息了解更详细的实例信息。

10.4.2 专利知识库

专利作为世界上最大的知识载体,能及时反映新技术、新方案和新工艺以及各领域的最新研究成果,其在产品创新设计过程对设计人员的激励作用非常明显。所以建立一个领域广泛、类型丰富的专利知识库来支持创新设计非常重要。一般地,专利知识由问题描述、方案描述、功能属性、发明原理、参考信息和相关知识六个部分组成。

(1) 问题描述:从专利说明书中提取出的现有技术遇到的问题以及解决该问题时出现的冲突。

(2) 方案描述:专利发明创新部分采用的方法和主要技术手段。

(3) 功能属性：从专利中提取的功能属性，采用通用功能基的形式进行表达。

(4) 发明原理：将专利发明创新部分以及实施方法和内容等采用的解决问题的方法抽取出来，使用 TRIZ 发明原理的形式进行表达。

(5) 参考信息：专利文献的来源、出处以及一些索引信息。

(6) 相关知识：与专利知识相关的其他知识，如科学效应等。

10.4.3 领域知识库

领域知识库是实现科学效应的具体方法和载体知识，包含不同领域（如机械、电子、化学化工、生物等）的具体设计知识，如产品结构知识、基本工作原理、机构目录、工程标准、计算公式、设计文档、工艺规划、材料性能等。领域知识库主要是在产品概念设计过程中辅助设计人员实现由原理类知识向具体专业知识的映射过程。

在领域知识库中，领域知识的表示由问题描述、工作原理、功能属性、优势分析、应用实例、所属领域、参考信息和相关知识八个部分组成。

(1) 问题描述：对设计方法或者产品机构的概念进行大致描述。

(2) 工作原理：设计原理或者产品机构工作原理的展示。

(3) 功能属性：领域知识所能实现的产品功能。

(4) 优势分析：设计方法或机构的优缺点分析。

(5) 应用实例：领域知识的具体应用实例。

(6) 所属领域：在特定知识领域内具体的分类属性。

(7) 参考信息：领域知识的来源和出处。

(8) 相关知识：与领域知识相关的其他知识，包括科学效应和专利知识等。

10.4.4 专题知识库

专题知识库为设计者提供了某一类产品的设计资源，目的是将与该产品开发中已存在的各种技术、资料和经验进行有效整理，为同类产品快速开发提供相关设计信息。专题知识主要包括某类产品的设计背景、设计方案、装配布局、零部件构形、加工工艺等。相对于科学效应、专利知识和领域知识而言，专题知识属于一种更为具体的设计知识。

针对专题知识的特点，为了便于对专题知识进行检索及重用，有效的方法就是将专题知识进行分解，即将一个复杂的设计任务分解成一系列相对不同层次上的子任务进行描述。将产品具体的设计知识分为整机类、部件类、零件类三级不同层次，根据具体设计任务的不同提取所需专题知识。专题知识采用设计目录的形式进行组织与管理。专题知识的具体内容包括背景描述、基本构成、功能属性、技术资源和优势分析五个部分。

(1) 背景描述：在设计过程中必须考虑的产品的背景、目前发展现状以及用户需求等。

(2) 基本构成：主要描述装置的基本组成部分及其结构的构成形式。

(3) 功能属性：专题知识所能实现的功能，实现专题知识库的功能检索方式。

(4) 技术资源：是产品设计过程中涉及的设计方法、设计规则以及设计参数等。

10.5 习题

1. 单选题

(1) 所谓"效应",是指"由某种动因或原因所产生的一种特定的(　　)"。
　　A. 科学现象　　　B. 物理成果　　　C. 计算方法　　　D. 分析方法

(2) 到目前为止,研究人员已经总结了大概1万多个效应,但常用的只有(　　)多个。
　　A. 50　　　　　B. 240　　　　　C. 4100　　　　　D. 1400

(3) 根据设计知识对设计不同阶段的支持作用和特点,可以将创新过程中运用的知识资源分成不同类型。以下哪一个不是知识资源的类型?(　　)
　　A. 设计原理　　　B. 技术矛盾　　　C. 发明原理　　　D. 科学效应

(4) 以下哪一个不属于支持产品创新设计的知识库?(　　)
　　A. 专利知识库　　　　　　　　　B. 领域知识库
　　C. 关系数据库　　　　　　　　　D. 发明原理实例库

10.6 实验与思考:科学效应应用实践

10.6.1 实验目的

(1) 理解和熟悉科学效应的相关知识,了解科学效应的作用。
(2) 熟悉TRIZ理论体系中的科学效应。
(3) 通过实践,掌握应用TRIZ科学效应解决创新问题的基本方法。

10.6.2 工具/准备工作

开始本实验之前,请回顾教科书的相关内容。
需要准备一台能够访问因特网的计算机。

10.6.3 实验内容与步骤

(1) 效应链的基本组成方式有哪些?
　　答:_____
　　_____
　　_____
　　_____

(2) 为什么要建立TRIZ科学效应库?
　　答:_____

(3) 请简述基于科学效应解决问题的一般步骤是什么。
答：

(4) 电灯泡厂生产的灯泡内部压力有问题，压力有时比正常的高，有时比正常的低。灯泡内部压力将直接影响灯泡的使用寿命，造成顾客对灯泡质量非常不满意。请应用效应提出改进方案。
答：

(5) 自 20 世纪 80 年代我国第一台洗碗机问世以来，其市场发展处于极为尴尬的境地。市场调查发现，造成此现象的主要原因在于其采用了水流式的工作原理，加上我国餐具形状具有多样性，导致洗碗时间长、耗电量大、耗水多，且冲刷水流难以将餐具清洗干净。国家知识产权局相关统计信息显示，有关洗碗机的批准专利大多集中于辅助功能的改进和成本的降低方面，专利级别较低，洗涤原理的重大改进少，因此需要设计一种全新的洗碗机。请结合案例，分析应用哪类知识库进行产品创新设计？如何应用？
答：

(6) 传统的洗衣机工作原理是应用机械搅水的方式，通过水流的冲刷带走衣服中的污物，有搅拌式、滚筒式及离心式等。请采用其他科学原理对洗衣机的工作原理进行创新分析。
答：

① 问题分析：

② 确定功能：_____

③ 通过查阅表 10-1、表 10-2 和附录 G（电子稿），得到 TRIZ 推荐的效应和现象：
答：_____

④ 效应取舍：_____

⑤ 方案验证：_____

⑥ 最终解决方案：_____

(7) 钉子都是圆柱形的吗？

一个标准的"圆柱形"钉子可以很好地钉到木头里面，但在遇到温度变化或机械振动时就会松动。

利用几何效应表（附录 E）1：_____

得到的解决方法是：_____

利用几何效应表（附录 E）2：_____

得到的解决方法是：_____

（8）效应知识的拓展。

"效应"一词使用的范围较广，并不一定指严格的科学定理、定律中的因果关系。所谓效应，也指在有限环境下一些因素和一些结果而构成的一种因果现象，多用于对一种自然现象和社会现象的描述，例如温室效应、蝴蝶效应、毛毛虫效应、音叉效应、木桶效应、完形崩溃效应等等。

请通过网络搜索，了解并记录：

黑天鹅效应：_____

蝴蝶效应：_____

_____效应：_____

10.6.4 实验总结

10.6.5 实验评价（教师）

第11章 用TRIZ解决发明问题

利用TRIZ理论解决发明问题时，一般过程可以分为以下几个步骤：

步骤1：对给定问题的性质进行分析，如果发现问题存在冲突，则应用"原理"去解决；如果问题明确，但不知道该如何处理，则应用"效应"去解决；如果是对系统的进化过程进行分析，就应用"预测"去解决。

步骤2：解决具体问题时，针对问题确定一个技术矛盾后，要用该技术领域的一般术语来描述该技术矛盾，通过这些一般术语来选择通用技术参数，再由通用技术参数在矛盾矩阵中选择可用的发明原理。

步骤3：当选定某个发明原理后，必须根据特定的问题将发明原理转化为一个特定的解。在对问题的处理结果进行评价后，如果发现新问题，则要求继续分析问题，直到不出现新问题。

步骤4：找出解决问题的最终方案。

按照TRIZ对发明问题的五级分类，一般较为简单的一到三级发明问题运用发明原理或者发明问题标准解法就可以解决，而那些复杂的非标准发明问题，如四级问题，往往需要应用发明问题解决算法ARIZ做系统的分析和求解。

本章首先通过几个实例综合阐述TRIZ理论是如何帮助工程设计人员及管理人员迅速发现主要问题并提供解决问题的相应原理，从而证明TRIZ理论在创新设计中的重要作用。然后简单介绍发明问题解决算法ARIZ。

11.1 航空燃气涡轮发动机的技术进化

随着发动机性能的不断提高（推重力增加、耗油率下降），发动机的结构也越来越复杂。由此带来了系统总重量增加、维修困难等一系列问题。下面以技术系统提高理想度进化法则在航空燃气涡轮发动机的进化中的体现为例，说明技术系统进化法则对复杂产品系统研发的指导意义。

图11-1为20世纪30年代由喷气发动机的发明人之一弗兰克·惠特设计的世界上第一台燃气涡轮发动机，其转子部分由单转子、单级整体压气机和60个叶片的单级涡轮组成。

图11-1 第一台燃气涡轮发动机

到了 20 世纪 70 年代,英国的 RB199 三转子涡扇发动机(加力式涡扇发动机)用于狂风战斗机,由 3 级风扇、3 级中压压气机、6 级高压压气机、燃烧室、1 级高压涡轮、1 级中压涡轮和 2 级低压涡轮组成。整台发动机有 3 个转子,共有上千个叶片(其中涡轮叶片超过 300 个)、上万个零件(见图 11-2)。

图 11-2　英国 RB199 三转子涡扇发动机

到了 20 世纪 90 年代,发动机的性能进一步提高,但发动机的结构却越来越简单。图 11-3 和图 11-4 分别为用于欧洲战斗机的 EJ200 发动机和用于空客 A318 的 PW6000 发动机。与 20 世纪 70 年代的发动机相比,新一代发动机的零件数目减少 1/3;军用发动机的推重比正在向 15 迈进(而最早喷气发动机的推重比只有 2);耗油率比 70 年代下降了 20%,比最初的喷气发动机下降了 60%;新一代发动机的寿命、平均故障时间、平均大修时间大幅度提高,而生命期成本和噪声水平等持续下降。

图 11-3　EJ200 发动机

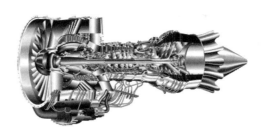

图 11-4　PW6000 发动机

图 11-5 显示了从 20 世纪 30 年代至今航空燃气涡轮发动机主要性能指标螺旋上升的进化趋势。可以看出,发动机的结构复杂程度与其系统进化趋势密切相关。

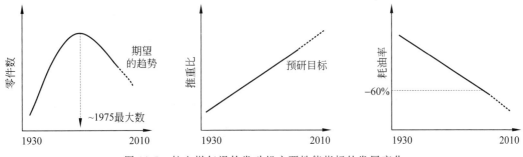

图 11-5　航空燃气涡轮发动机主要性能指标的发展变化

如何综合运用技术系统进化法则,判断目前技术状态下航空发动机的进化潜能,为预研投入提供决策支持,以简化的结构完成更多的功能,是航空发动机在今后一段时期内的发展方向。

由此也可以看出,TRIZ理论的技术系统进化法则对复杂系统研发的指导意义如下:
(1) 分析技术发展的可能方向。
(2) 指出需要改进的子系统和改进方法。
(3) 避免对成熟期和退出期(衰退期)的产品或技术大量投入。
(4) 对新技术和成长期产品进行专利保护。
(5) 用户和市场调研人员在进化法则的指导下参与研发,加速产品进化。

11.2 飞机机翼的进化

早期的飞机机翼都是平直的。最初,飞机采用的是矩形机翼。这种机翼很容易制造。但由于其翼端较宽,会给飞机带来很大的飞行阻力,因而也严重影响了飞机的飞行速度。

后来,德国、英国、美国的喷气式飞机先后上天。飞机开始进入喷气机时代,其飞行速度迅速提高,接近音速。这时,机翼上出现"激波",使机翼表面的空气压力发生变化。同时,飞机的前进阻力骤然剧增,比低速飞行时大十几倍甚至几十倍,这就是所谓的"音障"。为了突破"音障",许多国家开始研制新型机翼。后掠翼型机翼一举突破了"音障"。首先,德国人发现,把机翼做成向后掠的形式,像燕子的翅膀一样,可以延迟"激波"的产生,缓和飞机接近音速时的不稳定现象。

但是,新的问题又出现了。与不向后掠的平直机翼相比,向后掠的机翼在同样的条件下产生的升力要小。这不仅为飞机的起飞、着陆和巡航带来了不利的影响,而且浪费了很多宝贵的燃料。能否设计出一种适应飞机各种飞行速度又具有快慢兼顾特点的机翼呢?这成为当时航空界面临的一大难题。

11.2.1 问题描述

根据上述分析,系统存在的技术矛盾如下:
(1) 传统的固定翼不适合高速飞行。这是因为,突破"音障"的时候会产生非常大的阻力,容易导致飞机在空中解体。而且,此时飞机消耗的能量也相应加大。
(2) 改进的三角翼不适合低速飞行。这是因为,起飞与降落以及巡航时,在相同的推力条件下,飞机产生的升力小。当然,飞机消耗的能量也相应地加大了。总之,矛盾集中体现在飞机的飞行速度与其在飞行时能量的消耗这两个工程参数之间。

11.2.2 问题分析

要解决的这个问题涉及两个工程参数:19 运动物体的能量消耗;9 速度。根据这两个工程参数的内容,从矛盾矩阵得到以下4条发明原理:

8 重量补偿原理。
15 动态特性原理。

35 物理或化学参数改变原理。

38 强氧化剂原理。

显然,重量补偿原理不适合解决这个问题。因为战斗机要求机身轻便、灵活、机动。而且,加重机身还会使速度这个技术特性恶化。

可以使用强氧化剂原理,使燃料的燃烧更加充分,以使飞机获得更大的推力。但是我们知道,战斗机上使用的是特制的、高热量的航空油,它们在涡轮喷气发动机中的燃烧已经比较充分了。所以,再使用强氧化剂原理来改善燃油的作用就不是很明显了。

再来看看后面两个原理:15 动态特性原理和 35 物理或化学参数改变原理。

根据这两条发明原理得到的启发,技术人员对机翼进行改进,使其成为活动部件。并且,在飞机飞行的时候,飞行员可自由地控制机翼的形态,使之能够在较大的范围内改变"后掠角"的大小,从而获得从平直翼到三角翼的变化。这就适应了飞机从低速到高速不同飞行状态下的要求。

以 F111 战斗机(图 11-6)为例,它在起飞阶段处于低速度飞行状态(图 11-7),此时机翼呈平直状,可以获得较大的升力,飞机表现出良好的低速特性。另一方面,由于避免了长距离滑行所浪费的能量,也有效地解决了飞机在低速度状态下速度与能量消耗之间的矛盾。

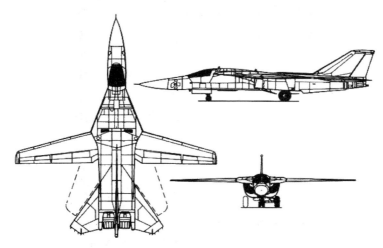

图 11-6 美国通用动力于 20 世纪 60 年代开发制造 F111 战斗轰炸机

图 11-7 低速飞行状态

F111在云层之上高速飞行时,两翼后掠以减小飞行阻力(图11-8)。这样不仅减小了飞机的能耗,也延迟"激波"的产生,从而缓和了飞机接近音速时的不稳定现象,使飞机能够安全地达到更高的速度。在不同的速度之下,飞机采用不同的后掠角,可以很好地适应不同的飞行要求。

图11-8 高速飞行状态

11.2.3 设计思路

综合考虑上述几个发明原理,形成最终的解决方案为:应用15动态特性原理和35物理或化学参数改变原理。

改变飞机的飞行形态,使飞机在不同的飞行状态下得到不同的气动外形,可以在很大程度上节约不必要的能耗。根据35发明原理,并结合15发明原理给出的启示,技术人员将飞机的机翼设计成一个活动的部件(可变翼)。这是飞机设计观念上的一个大胆的创新,它一举突破了传统的固定翼设计理念,在飞行器设计领域开辟了一块新天地。

反观传统的妥协设计思维方式,就只能在速度与能耗之间做取舍性质的设计了。采用矛盾矩阵给出的发明原理的启示,则避免了传统的妥协设计方式,从一个全新的角度更好地解决了速度与能量这对技术矛盾。

TRIZ理论与妥协设计的不同之处,在这里得到了充分的体现。这是TRIZ理论应用的一个经典的例证。设计人员找到了满意的设计思路:能够在同一架飞机上得到平直翼和三角翼的优良的飞行特性,极大地节约了在起飞与降落过程(平直翼在低速飞行中可得到较大的升力,从而缩短跑道的长度,借此节约了能源)和高速飞行过程中(三角翼在高速飞行中可以轻易地突破音障,减轻机翼的受力,提高飞机高速飞行时的强度,最终结果也是降低了能量的消耗)消耗的能量。

11.2.4 最终方案

依据上述分析,技术人员成功地设计出在当时是最新型的 F111 可变后掠翼战斗/轰炸机。这是世界上第一架采用可变后掠翼思想设计的飞机,开创了新一代超音速战斗机的新纪元。此后设计出的一系列战斗机,如英国、德国、意大利三国联合成立的帕那维亚飞机公司的狂风超音速战斗机等(图 11-9),都采用了这种全新的设计思想。

图 11-9　狂风超音速战斗机

新的设计方案虽然抛弃了传统的固定翼设计概念,但仍保留了平直机翼升力大的优点。而在高速飞行时,它的两翼又尽量后掠,飞机变得像三角机翼一样,又能轻而易举地突破"音障",从而有效地弥补了飞机迎风面积大的不足,实现了节能降耗以及提高飞行速度的期望,最终实现了提高战斗力的根本目的。

11.3　提高智能吸尘器的清洁效果

吸尘机器人又称清洁机器人、自动吸尘器或智能吸尘器,是目前家用电器领域最具挑战性的热门研发课题,但是开发的难度较大(图 11-10)。

图 11-10　地面清洁机器人(地宝)

作为一种令人满意的智能化的吸尘机器人,它应当能自动并彻底清洁家庭或办公室中它所能走得到的地面——不需要人弯腰操作、不需要拖着电线到处移动、不需要人把它拆开以便把累积在内部的垃圾倾倒出来、不需要人在旁边忍受它的噪声,需要的只是人们一次性设定它的工作方式:工作一次还是几天工作一次,每次在什么时间工作等等。它应该能自动充电,自动把内部垃圾传送到一个大容量垃圾箱中去。同时它还很安全:不会有触电危险、不会撞坏东西、不会被撞坏、不会跌落至楼梯下、也不会走得太远而消失得无影无踪,更重要的是,作为一种家用电器而非奢侈品,它的价格不会太贵,普通家庭完全买得起。

日立公司自20世纪80年代后期便开始研发这样的吸尘机器人,各国很多知名企业都在研发这样的产品。事实上,虽然有了这样一些产品,但还不能达到令人满意的程度,尚存的缺点主要是:清洁效果不佳,功能完全没有达到,价格更是不能让人接受。因此,这些都只能算是早期产品或称第一代产品。

11.3.1 初始问题情境

三星公司开发一种新的机器人真空清洁器。机器人可充当自主真空清洁器,从而在无需人工参与的情况下清洁房间地面。电池充电后可使用50~60分钟。当工作期间电池电量不足时,机器人会自动返回充电座重新充电。充电完毕后,它会回到原来的位置继续进行清洁。

现在面临的主要问题是:为了提高机器人的清洁能力,尝试过用更大功率的电机增大吸力,但却缩短了清洁时间,因为需要更频繁地为电池充电。所以,该项目的目标为:需要对现有真空清洁器进行最小的改动,以提供更高的真空清洁能力,同时不增大电池容量和吸风电机功率。

11.3.2 定义问题模型

技术矛盾1:如果机器人真空清洁器的吸入功率足够大,则灰尘可从被清洁表面上很好地除去,但电池电量会由于耗电量的增大而快速用完,使其工作时间缩短。

技术矛盾2:如果机器人真空清洁器的吸入功率足够小,则电池的工作时间可延长,但微尘不能从清洁表面上除去。

系统的主要功能:提供更高的真空清洁能力(即技术矛盾1要改善的功能)。

系统的作用对象:尘埃和污物。

系统实现主要功能所使用的工具:机器人真空清洁器吸气口中的气流。根据TRIZ理论,为解决此问题,应该找出一些特殊的功能单元,并把它们转变为技术系统,在吸气口处提供强大的气流,同时不增大耗电量,并不因此而增大电池和电机的容量。

物理矛盾:吸气口处的吸力应该足够大,以便除去灰尘,同时又应该足够小,以便减小耗电量。

11.3.3 研究理想解决方案

技术最终理想结果:通过对机器人真空清洁器进行最小的改动,让其自身提供大的吸力并作用在吸气口处的灰尘上,同时使电池保持足够长的工作时间。

物理最终理想结果:通过对吸气口进行最小的改动,让气流在吸气口与被清洁表面的相互作用工作区中,自身提供大的吸力并作用在吸气口处的灰尘上,同时使电池保持足够长的工作时间。

11.3.4 具体解决方案

利用空气搅动原理工作的机器人真空清洁器。

具体解决方案：怎样使用整个真空清洁器的物场资源取得理想最终结果？对真空清洁器的物场资源分析如表 11-1 所示。最终采用的技术方案是让过滤后的排出气流重新进入工作区。

表 11-1 真空清洁器物场资源分析

物场资源		物 质	场
内部系统	产物	灰尘	重力、机械粘附、静电粘附
外部系统	工具	气流	负静压、动压、黏性、摩擦力
	超系统	吸入空气与吸气口、排出空气与排气口、电池、电机、轮、传感器、控制系统、天线、机器人的其他组件	电、磁场、滚动摩擦、滑动摩擦、惯性力
	环境	周围空气、地板、地毯、家具、墙壁、障碍物	大气压力、重力、地磁场
	副产物	排出空气	静态及动态正压

该方案采用了一个吸气口，以通过它从被清洁表面吸入灰尘，该方案还至少采用了一种包含空气循环机构的搅动装置，以从空气中过滤灰尘。那些污浊的空气通过吸气口吸入并被过滤。过滤后的空气回流到排气管线内，排气管线上有一个空气喷射口，用于帮助从被清洁表面上移走灰尘。空气喷射口位于吸气口附近，并被一个密封件包围。通过在清洁器机壳附近对被清洁表面的一部分进行密封，可防止灰尘被空气射流驱散到外面。

11.4 宝马汽车的外形设计

在欧洲那些最初为行人和马车修建的城市道路上，由于汽车保有量的增加，交通变得十分拥挤。虽然政府采用了提高燃料费用的方法，但交通拥挤的状况并没有得到明显改善。为改变这种状况，市政府通过增加税收进一步提高大型汽车在城市里的使用费用，目的在于鼓励小型汽车的生产。然而，由于市场上没有非常有特色的小型汽车，在某种意义上小型汽车还不能成为有钱人身份、地位的象征。因此，以生产大型豪华私人轿车为主的德国宝马(BMW)和奔驰公司，准备联合开发出一种名牌智能化的迷你型汽车，它不仅在城市中使用非常方便，还可以增加道路的使用空间，减轻空气污染，缓解交通拥挤，容易停车，而且价格更为经济，性能更为有效。

11.4.1 问题描述

汽车的车身较长，碰撞过程中会有一个较大的变形空间，可以吸收碰撞过程中的能量，缓解交通事故对人的冲击力，减轻对乘车者的人身伤害。但此种汽车重量与体积较大，转弯半径大，机动性差，非常笨拙，在一定程度上造成交通拥挤。而迷你型汽车体积小、重量轻,转弯半径小,机动灵活性好,可以减轻交通拥堵问题,但因为车身较短,不具备变形缓冲功能,因此在碰撞事故发生时容易造成人员伤亡。

11.4.2 问题分析

根据以上对问题的描述,发现在汽车制造过程中,如果缩短车身长度,则汽车的安全性降低,碰撞事故发生时容易造成人员伤亡,而增加车身长度,在一定程度上造成交通拥挤。分析得出在汽车制造过程中存在着一组物理矛盾:交通拥堵与防撞性能的冲突。既要减轻交通拥堵、提高其机动灵活性,又要避免因缩短车身造成的在交通事故中防撞性能降低的矛盾。

11.4.3 问题解决

问题解决按以下步骤进行:

(1) 将一般领域问题描述转换成39项工程参数中的2项,即转换为TRIZ标准问题。

"既要减轻交通拥堵、提高其机动灵活性,又要避免因缩短车身造成的在交通事故中防撞性能降低"的问题,从待解决问题的文字叙述中试着找出问题是由哪些相互矛盾冲突的属性所引起,将文字叙述转换成39项工程参数中的2项。

工程参数5号运动物体的面积参数:运动物体的面积指运动物体被线条封闭的一部分或者表面的几何度量,或者运动物体内部或者外部表面的几何度量。面积是以填充平面图形的正方形个数来度量的,如面积不仅可以是平面轮廓的面积,也可以是三维表面的面积,或一个三维物体所有平面、凸面或凹面的面积之和,此例中为物体的长度,属于改善的参数。

工程参数22号能量损失:能量损失指做无用功消耗的能量。为了减少能量损失,有时需要应用不同的技术手段来提高能量利用率。

(2) 根据得到的工程参数确定解决问题需要的发明原理。

根据上述两个工程参数查阅矛盾矩阵,可以得到对该问题的解决有指导意义的两条发明原理:

15 动态特性原理:①使一个物体或其环境在操作的每一个阶段自动调整,以达到优化的性能。②划分一个物体成具有相互关系的元件,元件之间可以改变相对位置。③如果一个物体是静止的,使之变为运动的或可改变的。

17 一维变多维原理:①将一维空间中运动或静止的物体变成在二维空间中运动或静止的物体,将二维空间中运动或静止的物体变成在三维空间中运动或静止的物体。②将物体用多层排列代替单层排列。③使物体倾斜或改变其方向。④使用给定表面的反面。

(3) TRIZ解的类比应用得到问题的最终解。

应用15号动态特性发明原理可以得到如下解决方案:

15号发明原理为动态特性原理,提高运动物体的面积参数。

迷你型汽车的发动机被安装在车身下面,以增加发动机与乘客分隔空间的大小。与客车相比,碰撞影响区域位于车身的下面、发动机的位置,因此,可提升位于碰撞影响区域上面的乘客空间。其动力装置采用完全电控的发动机系统,是一台600cc涡轮控制的三气缸发动机,没有机械连杆与油门或变速杆连接。这种装置激活六速自动变速箱,变速箱可以在若干模式下运作,从完全自动到手工触摸转移,不必使用离合器。

应用17号一维变多维发明原理可以得到如下解决方案:

17号发明原理为"一维变多维",将物体一维直线运动变为二维平面运动。迷你型汽车的动力机车安装在滑翔架上,碰撞时车身沿斜面运动,减轻碰撞时的冲击力,并增强了其抵抗外力变形的能力。

与其他类似的概念车作比较发现,这种迷你型智能汽车虽然微小,但空间似乎极其宽敞。乘车者坐在前、后纵向排列的两个座位里,前面两个车轮由铰链连接,车身坐落在此悬浮臂上,像摩托车一样,经由一种倾角控制系统控制转向端活动,并且车身前部可以斜靠进入边角。

可见,迷你型汽车(图11-11)本身并没有使用特殊材料来吸收能量,仅仅做了结构上的创新,其抵抗外力变形的能力便可堪与一辆普通轿车相媲美。本实例遵循了TRIZ理论的基本原则:没有增加新的材料而实现了其预定功能。

图 11-11　迷你宝马

11.5　油漆灌装系统的裁剪

此案例为某汽车厂油漆涂布工艺中遇到的问题,该工艺将汽车零件利用吊具放入大储料桶内,经过一段时间后再将涂好油漆的零件吊起。当储料桶内的油漆不足时,储料桶旁的浮球感应器会驱动连杆,连杆再驱动切换器,切换器连接到马达开关,马达启动,以补充油漆加入储料桶内。

此工艺遇到的问题是,空气会干燥粘附在浮球感应器上的油漆,使得感应器无法正确测量储料桶内的油漆液位,造成油漆补充过多而溢出(图11-12)。

11.5.1　功能分析

建立油漆灌装系统的功能模型如图11-13所示,以确定系统各个作用元件以及元件间的相互作用和作用类型。

表11-2是功能汇总,即列出图11-13中的所有元件,以及元件间的相互作用和作用类型,并把油漆罐装系统中存在的问题以及元件间有害作用、不足作用和过剩作用表达出来。

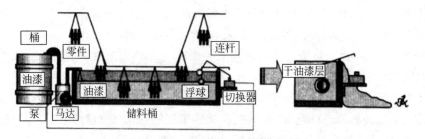

图 11-12　油漆灌装系统

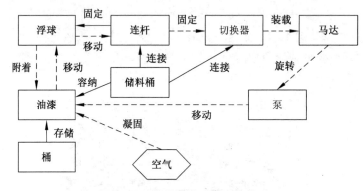

图 11-13　油漆罐装系统功能模型

表 11-2　油漆罐装系统元件功能汇总

元　件	作　用	作用对象	作用类型	是否存在问题
空气	凝固	油漆	有害作用	√
桶	储存	油漆	有用作用	
油漆	移动	浮球	不足作用	√
浮球	移动	连杆	有用作用	
浮球	控制	油漆	有害作用	√
连杆	控制	浮球	有用作用	
连杆	控制	切换器	不足作用	√
储料桶	容纳	油漆	有用作用	
储料桶	连接	连杆	有用作用	
储料桶	连接	切换器	有用作用	
切换器	控制	马达	不足作用	√
马达	转动	泵	不足作用	√
泵	移动	油漆	不足作用	√

11.5.2　裁剪

首先利用因果链分析来找到根本的有害因素,从而决定元件裁剪的优先顺序,分析过程如图 11-14 所示。"空气会干燥油漆,使浮球重量增加"为首先要解决的根本有害因素。根据根本有害因素对应到系统功能为"凝固",检查功能分析图后发现相对应元件为"空气",但是空气是超系统,无法删除,因此需要找下一个根本有害因素元件。

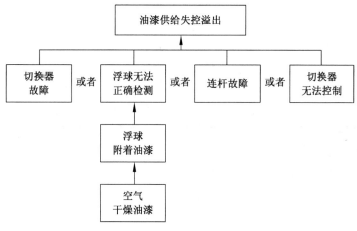

图 11-14　因果链分析

第二个根本有害因素为"浮球会附着油漆",根据根本有害因素对应到系统功能为"附着",检查功能分析图后发现对应元件为"浮球",因此第一个可以删除的目标是浮球。

当浮球被裁剪掉以后,浮球的附属装置也失去了原来的作用,并被一起剪掉,裁剪过程如图 11-15 所示,最终裁剪后的功能模型如图 11-16 所示。

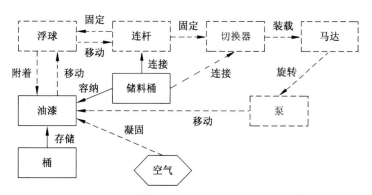

图 11-15　油漆罐装系统裁剪过程

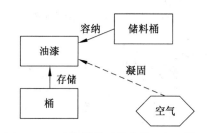

图 11-16　油漆罐装系统裁剪后问题模型

11.5.3 利用 TRIZ 工具得到创新解

裁剪后的模型失去了原来浮球的控制油漆液面高度的功能,导致油漆不能随着使用而随时供给,因而是个问题模型。这时,需要用 TRIZ 方法对问题进行描述,再用 TRIZ 中解决问题的工具解决问题,完善功能模型。

比如,采用发明原理来解决这一问题,过程如下:

问题描述:装置无法自动实时供给油漆。

希望改进的特性:38 自动化程度。

特性改善可能导致恶化的特性:36 系统的复杂性,34 可维修性。

查找矛盾矩阵可以得到的可用发明原理有:35 物理或化学参数改变和 15 动态特性。

应用 35 发明原理中"改变压力"可以得到解决方案如下:把油漆桶加高到其底部高于储料桶,将油漆出口管的管端与所需保持的油漆液面平齐。当储料桶中油漆被工件消耗到低于出口管高度时,桶内油漆在重力作用下流到储料桶。当储料桶中液面超过油漆桶出口管口高度时,大气压将油漆压在油漆桶内,可实现油漆的自动供给。

按照这种思路建立的功能模型如图 11-17 所示。

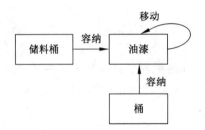

图 11-17 油漆罐装系统最终解决方案功能模型

裁剪工具的应用剪掉了原有油漆罐装系统浮球及其一系列复杂的附属结构,简化了系统。结合 TRIZ 解决问题工具解决问题后,得到的新模型不但减少了能源消耗,而且方便可靠。最终解决方案系统如图 11-18 所示。

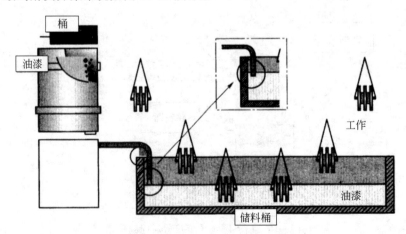

图 11-18 裁剪后解决方案系统图

11.6 发明问题解决算法 ARIZ

发明问题解决算法（Algorithm for Inventive-Problem Solving，ARIZ）是 TRIZ 理论中一个主要分析问题、解决问题的方法，其目标是为了解决问题的物理矛盾。该算法主要针对问题情境复杂、矛盾及其相关部件不明确的技术系统。它是一个对初始问题进行一系列变形及再定义等非计算性的逻辑过程，实现对问题的逐步深入分析和转化，最终解决问题。该算法尤其强调问题矛盾与理想解的标准化，一方面，技术系统向理想解的方向进化；另一方面，如果一个技术问题存在矛盾，需要克服，该问题就变成一个创新问题。

11.6.1 ARIZ 解题模块

在 ARIZ 中，冲突的消除有强大的效应知识库的支持，包含物理、化学、几何等效应。作为一种规则，经过分析与效应的应用后，问题仍无解，则认为初始问题定义有误，需对问题进行更一般化的定义。

应用 ARIZ 取得成功的关键在于没有理解问题的本质前要不断地对问题进行细化，一直到确定了物理冲突。该过程及物理冲突的求解已有软件支持。

TRIZ 认为，一个创新问题解决的困难程度取决于对该问题的描述和问题的标准化程度，描述得越清楚，问题的标准化程度越高，问题就越容易解决。在 ARIZ 中，创新问题求解的过程是对问题不断地描述，不断地标准化的过程。在这一过程中，初始问题最根本的矛盾被清晰地显现出来。如果方案库里已有的数据能够用于该问题，则是有标准解；如果已有的数据不能解决该问题，则无标准解，需等待科学技术的进一步发展。该过程是通过 ARIZ 算法实现的。

ARIZ 算法主要包含以下六个模块：

模块一：情境分析，构建问题模型。
模块二：基于物场分析法的问题模型分析。
模块三：定义最终理想解与物理矛盾。
模块四：物理矛盾解决。
模块五：如果矛盾不能解决，调整或者重新构建初始问题模型。
模块六：解决方案分析与评价。

首先是将系统中存在的问题最小化，原则是在系统能够实现其必要机能的前提下尽可能不改变或少改变系统；其次是定义系统的技术矛盾，并为矛盾建立"问题模型"；然后分析该问题模型，定义问题所包含的时间和空间，利用物场分析法分析系统中所包含的资源；接下来，定义系统的最终理想解。通常，为了获取系统的理想解，需要从宏观和微观级上分别定义系统中所包含的物理矛盾，即系统本身可能产生对立的两个物理特性，例如：冷—热、导电—绝缘、透明—不透明等。

因此，下一步需要定义系统内的物理矛盾并消除矛盾。矛盾的消除需要最大限度地利用系统内的资源，并借助物理学、化学、几何学等工程学原理。作为一种规则，经过分析原理的应用后，如问题仍无解，则认为初始问题定义有误，需调整初始问题模型，或者对问题进行重新定义。

应用 ARIZ 取得成功的关键在于在理解问题的本质前要不断地对问题进行细化,直至确定了问题所包含的物理矛盾。

11.6.2 ARIZ 解题过程

下面是用 ARIZ 算法解决一个有关摩擦焊接问题的实例。

问题:摩擦焊接是连接两块金属的最简单的方法。将一块金属固定,并将另一块对着它旋转。只要两块金属之间还有空隙,就什么也不会发生。但当两块金属接触时,接触部分就会产生很高的热量,金属开始熔化,再加以一定的压力,两块金属就能够焊在一起。一家工厂要用每节 10 米的铸铁管建成一条通道,这些铸铁管要通过摩擦焊接的方法连接起来。但要想使这么大的铁管旋转起来,需要建造非常大的机器,并要经过几个车间。

解决该问题的过程如下:

(1)最小问题:对已有设备不做大的改变,而实现铸铁管的摩擦焊接。

(2)系统矛盾:管子要旋转,以便焊接,管子又不应该旋转,以免使用大型设备。

(3)问题模型:改变现有系统中的某个构成要素,在保证不旋转待焊接管子的前提下实现摩擦焊接。

(4)对立领域和资源分析:对立领域为管子的旋转,而容易改变的要素是两根管子的接触部分。

(5)理想解:只旋转管子的接触部分。

(6)物理矛盾:管子的整体性限制了只旋转管子的接触部分。

(7)物理矛盾的去除及问题的解决对策:用一个短的管子插在两个长管之间,旋转短的管子,同时将管子压在一起,直到焊好为止。

ARIZ 算法具有优秀的易操作性、系统性、实用性以及易流程化等特性,尤其对于那些问题情境复杂、矛盾不明显的非标准发明问题,它显得更加有效和可行。在经历了不断完善和发展的过程后,目前 ARIZ 已成为发明问题解决理论 TRIZ 的重要支撑和高级工具。

11.7 习　　题

1. 单选题

(1)裁剪方法的优先级顺序为(　　)。

① 若没有组件 B,组件 B 也就不需要组件 A 的作用

② 技术系统或超系统中其他组件可以完成组件 A 的功能

③ 技术系统的新添组件可以完成组件 A 的功能

④ 组件 B 能自我完成组件 A 的功能

　　A. ④-①-③-②　　B. ①-④-②-③　　C. ②-③-④-①　　D. ①-④-③-②

(2)ARIZ 的意思是(　　),它是 TRIZ 理论中的一个主要分析问题、解决问题的方

法,其目标是为了解决问题的物理矛盾。

  A. 局部质量原理   B. 发明问题解决算法

  C. 发明问题解决理论   D. 有效作用的连续性原理

 (3) 下面关于技术进化法则,说法不正确的是:( )

  A. 一个技术系统必须具有控制装置、动力装置、传动装置、执行装置才能实现功能

  B. 子系统不均衡进化法则是技术系统中各种矛盾产生的根源之一

  C. 提高理想度法则是所有进化法则的总法则

  D. 向超系统进化的趋势总是沿着"单系统—双系统—多系统"的方向发展

2. 多选题

以下描述正确的是( )。

  A. TRIZ 是可以发展的

  B. 当遇到某一问题时,可以直接采用创新原理得到方案

  C. 通过总结某一种产品的发展路径,可以得到新的进化路线

  D. 技术系统必定是在不断进化的

  E. 进行功能分析时,应罗列出系统、超系统和子系统中的所有组件及它们之间的功能

11.8 实验与思考:TRIZ 创新方法应用实践

11.8.1 实验目的

(1) 熟悉 TRIZ 方法解决创新问题的操作步骤。

(2) 通过解决实际工程问题,掌握用 TRIZ 解决创新问题的方法。

11.8.2 工具/准备工作

开始本实验之前,请回顾教科书的相关内容。

需要准备一台能够访问因特网的计算机。

11.8.3 实验内容与步骤

(1) 分析论述:TRIZ 理论创始人阿奇舒勒认为,技术系统的发展进化与生物的发展进化是相同的,都遵循"优胜劣汰、适者生存"这一总的原则,并在 TRIZ 理论中提出了具体的进化法则,如完备性法则等。请论述:共享单车(图 11-19)的出现遵循了哪一个进化法则?

撰文论述你的思考与分析。(为节省教材篇幅,请另用白纸画并粘贴如下并折页。)

-------------------------------- 分析、设计方案粘贴线 --------------------------------

图 11-19 共享单车

（2）裁剪分析。

图 11-20 为某个浴室温水阀系统的功能模型。

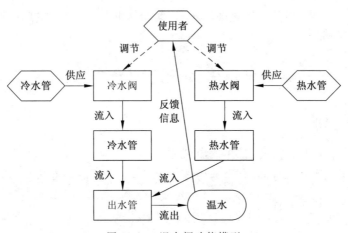

图 11-20 温水阀功能模型

该温水阀的工作过程为：使用者分别打开冷水阀和热水阀，冷热水分别流经冷水管和热水管，在出水管汇合成温水流出，此时使用者感受水温和流量是否适合，若不适合就再继续调节。该温水阀的缺点是使用者不易同时调节水温和水量。

请使用裁剪方法解决该问题。

答：（裁剪分析）_____

_____

_____

_____

_____

裁剪后的最终解决方案功能模型绘制如下：

------------------------------ 裁剪方案、模型粘贴线 ------------------------------

11.8.4　实验总结

_____
_____
_____
_____

11.8.5　实验评价（教师）

_____
_____

破坏性创新与突破性创新

2017年10月18日,习近平总书记在中国共产党第十九次全国代表大会上的报告"决胜全面建成小康社会夺取新时代中国特色社会主义伟大胜利"中指出:加快建设创新型国家,创新是引领发展的第一动力,是建设现代化经济体系的战略支撑。要瞄准世界科技前沿,强化基础研究,实现前瞻性基础研究、引领性原创成果重大突破。加强应用基础研究,拓展实施国家重大科技项目,突出关键共性技术、前沿引领技术、现代工程技术、**颠覆性技术创新**,为建设科技强国、质量强国、航天强国、网络强国、交通强国、数字中国、智慧社会提供有力支撑。加强国家创新体系建设,强化战略科技力量。深化科技体制改革,建立以企业为主体、市场为导向、产学研深度融合的技术创新体系,加强对中小企业创新的支持,促进科技成果转化。倡导创新文化,强化知识产权创造、保护、运用。培养造就一大批具有国际水平的战略科技人才、科技领军人才、青年科技人才和高水平创新团队。

报告中,习总书记把"颠覆性技术创新"摆在了需要突出的国家重大科技项目的位置上。颠覆性技术创新,又译为"破坏性技术创新",为保持延续性,在本书中采用"破坏性技术创新"这个名词。

12.1 破坏性技术创新

硅谷精神教父、科技商业预言家凯文·凯利在斯坦福大学进行的一次演讲中提到:创新在一个既已成功的主体中是多么难以发生。1800年代,世界上最盈利的企业是那些经营帆船的公司,当时它们已经成为全球性企业。随后发明了蒸汽船,没有帆,靠蒸汽轮机发动,如图12-1所示。蒸汽船出现伊始,是一种体验很糟的交通工具——跟大帆船相比又小又短,制造价格非常昂贵,可靠性也很差。当时的大船运公司都没有把它放在眼里。

然而,尽管种种特点都不靠谱,但蒸汽船有一个优势,就是可以逆流前进,这改变了人类几千年只能"顺流而下"的历史。随着技术的发展,蒸汽船变得越来越便宜,可靠性也越来越高,体积也变得越来越大。最后,蒸汽船的技术成熟了,不但消灭了大帆船,也消灭了那些依赖大帆船做航运的海运公司。

所谓破坏性创新,一开始并不是指科学上的创新,而是指商业上设计出破坏性产品,以改变已有的市场模式,能够开辟一片新的市场。

第12章 破坏性创新与突破性创新

图 12-1 蒸汽船

12.1.1 破坏性创新的定义

破坏性创新理论是由哈佛大学商学院的商业管理教授，创新大师——克莱顿·克里斯坦森（Clayton Christensen）在哈佛所做的研究工作中总结提出的，旨在描述新技术（革命性变革）对公司存在的影响。

1997年，克里斯坦森在《创新者的困境：当新技术使大公司破产》一书中首次提出了"破坏性技术（Disruptive Technologies）"一词。他说，反复的事实让我们看到，那些由于新的消费供给范式的出现而"亡"的公司企业，本应该对破坏性技术有所预见，但却无动于衷，直至为时已晚。只专注于他们认为该做的事情，如服务于最有利可图的顾客，聚焦边际利润最诱人的产品项目，那些大公司的领导者一直在走一条持续创新的道路，而恰是这一经营路线，为破坏性新技术埋葬他们敞开了大门。这一悲剧之所以发生，是因为现有公司资源配置流程的设计总是以可持续创新、实现利润最大化为导向的，这一设计思想最为关注的是现有顾客以及被证明了的市场面。然而，一旦破坏性创新出现（它是市场上现有产品更为便宜、更为方便的替代品，它直接锁定低端消费者或者产生全然一新的消费群体），现有企业便立马瘫痪。为此，他们采取的应对措施往往是转向高端市场，而不是积极防御这些新技术、固守低端市场，然而，破坏性创新不断发展进步，一步步蚕食传统企业的市场份额，最终取代了传统产品的统治地位。

破坏性创新提出后，许多学者对该概念进行了相应的研究，并主要从不同角度去界定破坏性创新。例如，从产品性能的角度出发，认为破坏性创新是使产品、工艺或服务具有前所未有的性能特征或者具有相似的特征，但是性能有巨大提升；或者创造出新产品的创新；从市场的角度出发，认为破坏性创新指被成功开发出的过程、技术、产品、服务或商业模式，它们能使组织显著改变传统竞争规则，并改变现有市场上的需求；指出破坏性创新首先是后发企业完全替代或者部分替代在位者，而不是对其进行简单的破坏，并且是通过建立新市场来完成，所以又是一种建设性替代。

有学者指出，破坏性创新以顾客需求为核心，低端市场为突破口，针对先进在位企业所忽视的市场,破坏旧市场或者创造新市场,从而构筑自身竞争优势。因此,破坏性创新是在顾客需求基础上实现的市场层面的创新。这一方面包含了为实现更多现有顾客需求提供的低价、简单的商品;另一方面也包含了新市场的创新,即改变现有消费习惯或者创造新市场。低成本破坏是对现有价值网络最低端、最无利可图且服务要求也最低的市场进行开发,所以低端破坏并不创造新市场,而是在现有价值网络的基础上,采用低成本的商业模式拓展客户。新市场破坏则不同,在位企业往往感觉不到进攻者的威胁,以新技术开发潜在新客户。

从方向上来看,破坏性创新是由下而上入侵的,即通过低端市场的改变、低成本模式的扩展,最后向上入侵;从技术的角度来看,是一种改进型的创新,且由于破坏方向由下而上,因此具有顾客导向性、初始阶段低端性、非竞争性和简便性等特点。

综上可以看出,对破坏性创新的理解主要从顾客、技术和市场三个方面出发。破坏性创新是通过简化原有产品的功能,或者降低原有产品成本而满足低端顾客。从技术上来看,破坏性创新并没有采用先进技术改进产品性能,而是保持在位者的立场进行改进。从市场来看,主要通过满足在位者未开发或忽视的市场实现破坏。可见,破坏性创新是指将产品或服务透过科技性的创新,以低价(低端)特色针对特殊目标消费族群,突破现有市场所能预期的消费改变(图12-2)。

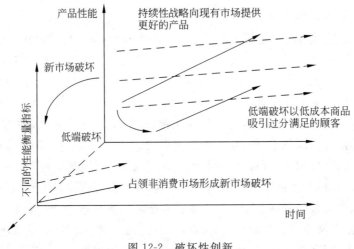

图 12-2 破坏性创新

12.1.2 科技创新的三大层次

科学技术创新可分为三类:一是"从无到有",二是"从有到无",三是"从有到有"。

从无到有的创新,不仅打开了新的科学之门,也开创了全新的研究领域。例如,获得2015年诺贝尔生理或医学奖的英国科学家约翰·奥基夫等人,他们所发现的"脑内GPS细胞",让我们对人类及哺乳动物对位置感知及方向判断本能有了深刻了解,由此掀开了人类探索大脑奥秘的新篇章,推进了国际脑研究计划的实施和发展。

从有到无的创新,这种创新一次性彻底解决了人类历史上重大的科学问题,其结果是一次性解决问题,别人不需要在此问题上再耽误工夫。数学研究在这方面尤为突出。如果自然科学的皇后是数学,数学的皇冠是数论,那么"哥德巴赫猜想"就是皇冠上的明珠。200多年前,一位名叫哥德巴赫的德国数学家提出了"任何一个大偶数均可表示为两个素数之和"。他一生也没证明出来。这道猜想后来被我国著名数学家陈景润加以部分证明。

从有到有的创新,这种创新会改写历史,只不过古人可能是错的,或理论体系需要重塑。科学研究从来都是站在巨人肩膀上的,许多研究是在前人的基础上做出的,纠正前人的错误或重塑前人的理论是这类研究创新的主要特征。布鲁诺宣扬的日心说就是典型的例证,他甚至为此付出了生命的代价。

科学领域的破坏性创新,不仅要有非凡的勇气,也需要良好的机遇。它需要一步一个脚印、脚踏实地去追寻,它并不常见,一旦出现,有时也会遭受常人不予理解的冷漠。

有学者说,推翻一个已发表的论文观点,需要10倍于该论文的努力,更何况破坏性创新。因为你的研究最初很难得到别人的认可,高端的主流杂志也会将你拒之门外。如果一项研究改变的不仅仅是一项假说,而是目前已经公认的研究结论,那就难上加难了。然而,破坏性创新从来都是科学发展的里程碑,不仅开拓人类认知的前沿,也往往极大地丰富和改善人们的生产和生活。它是国家和社会发展所需,也是科学研究者梦寐以求的机遇。

但是,对科研工作者个人来说,开展破坏性创新研究需要超凡的勇气,因为破坏性创新甚至会让你在一定时期内坐冷板凳。

12.1.3 破坏性创新的类型

公司在寻求新的增长业务时,往往有两种选择,一是通过持续创新,从市场领导者手中抢夺现有市场;另一种选择是,通过破坏性创新或者开辟新的市场,或者扎根于那些现有产品的最差顾客群。

破坏性创新有两个类型。第一个类型是通过锁定现有产品没有服务到的顾客群体,从而产生新的市场;第二种类型是竞争现有产品市场上的低端消费者。事实上,各行各业、各种企业都会被破坏性创新方法所带来的科技创新/变革所影响(图12-3)。

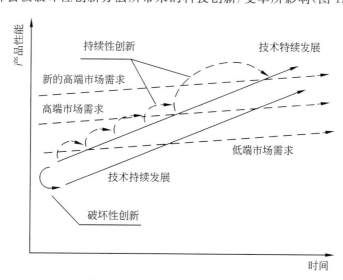

图12-3 破坏性创新的步骤(流程)

根据破坏性创新模型,当现有市场顾客的需求表现不断提高时,为满足这一需求的技术范式表现也随之提高。通常,技术范式表现与顾客需求表现的提高过程是两个不同的轨迹,参见图12-2。当两条轨线的倾斜程度不一致、技术范式轨线超过了顾客需求轨线的时候,就意味着原本活跃于非主流次级市场上的新技术要开始向其他顾客群落迁徙了。这就为变革者们提供了手段,去满足新的顾客,这些顾客在过去可一直没有把他们的供给放在眼里,认为他们的产品、服务是非主流的、不符合标准的。同时,在现有市场上,他们的产品表现也被认为比传统技术范式的供给更有价值,与顾客需求更直接相关。

破坏性创新与大众普及化携手并进,如果一个公司将其产品性能表现提升到超过顾客需求表现的程度,并使得顾客不得不为超标性能额外付出,那么这些在创新变革上做过了头的公司也是不可能赢得市场的。其结果要么是破坏性创新产品抢走市场,要么就是被大众普及化产品压榨利润。当某一行业遭受破坏性创新浪潮的冲击时,价值链上产生利润的环节随着时间变化也在迁徙。当一切发生时,如果某一公司能够将自己定位于价值链上原本表现不佳的环节,它将必然实现盈利。

破坏性创新要求一个截然分开、另起炉灶的战略流程。这一流程既不能是计划好的,也不能专注于对现有问题的提高改进,它必须是突然发生的,并专注于那些意料不到的机会、问题与成功可能。

尽管产品、服务的创新设计不以满足当前消费者的当前消费需求为目标,但消费者的潜在需求确实应该考虑进来,而了解人们的真实需求远非易事。

基于破坏性创新面向新市场、面向低端现有市场的属性,不可能很快实现大幅盈利。不幸的是,风险投资人现在是越来越急不可待地要看到利润。

12.1.4 破坏性创新的特征

早期的破坏性技术被界定为典型的更简单、更便宜、比现有技术更可信赖和更方便的技术,"简单、方便、便宜"被视为破坏性技术初始形成阶段的特征。同时,破坏被理解为一个相对性术语,对一个行业具有破坏性的创意可能对另一个行业是维持性的。

通过向最好的顾客销售更好的产品,从而帮助在位企业获取高额利润的创新是维持性创新而非破坏性的。维持性创新不仅包含微小的、渐进的工艺改进,而且也包括在原有性能轨迹上的跳跃性改进。与维持性创新相比,破坏性创新所针对的目标顾客往往对在位企业而言毫无吸引力。尽管破坏性创新往往只是对已知技术的简单改进和调整,但是在这场游戏中,新的进入者几乎总是击败在位者,因为在位公司缺乏动力去争取胜利。

克里斯坦森等从目标产品或服务的性能、目标顾客或市场应用、对要求的商业模式的影响这三个维度研究了维持性创新、低端市场的破坏性创新和新市场的破坏性创新三者之间的区别。他还分析了新市场的破坏性创新和来自低端市场的对现行商业模式进行破坏的创新所必须具备的特征。其中新市场的破坏性创新必须具备以下特点:

(1)创新所针对的目标顾客是否过去由于缺乏金钱和技术而无法自己完成相应的工作。许多最成功的破坏性增长业务是提供给人们直接的产品和服务,而这些产品和服务在主流市场上既昂贵又复杂。

(2)创新所针对的是否是那些喜欢简单产品的顾客。破坏性产品必须是技术上简单易懂,以那些乐于使用简单产品的顾客为目标。在位公司的资源分配程序往往要求对创新机会的大小和可能性进行量化,这样潜在的破坏性创新就被强行纳入到显而易见的、可测度的、现存的市场应用中去了,这实际上将破坏性创新放置到现存市场上,与维持性创新相抗衡。在现存市场上,破坏性创新不仅花费巨大,而且通常会导致失败。

(3) 创新能否帮助顾客更简单更有效地完成他们正努力试图完成的工作。

来自低端市场的商业模式破坏性创新必须具备以下两个特点:

(1) 现有产品是否超越到足够好的程度。

(2) 能否创造出不同的商业模式。破坏性创新的商业模式由利润很低而净资产很高的成本结构、运作过程和分销系统构成。

利基(niche):是指针对企业的优势细分出来的市场,这个市场不大,而且没有得到令人满意的服务,产品推进这个市场有盈利的基础。在这里特指针对性、专业性很强的产品。即利基是更窄地确定某些群体,这是一个小市场,并且它的需要没有被服务好,或者说"有获取利益的基础"。

利基市场(niche market):是指由已有市场绝对优势的企业所忽略的某些细分市场,并且在此市场尚未有完善的供应服务。一般由较小的产品市场并具有持续发展的潜力中一些需要且尚未被满足的族群消费者所组成。为了满足特定的市场需求、价格区间、产品质量,针对细分后的产品进入这个小型市场且有盈利的基础。经由专业化的经营,将品牌意识灌输到该特定消费者族群中,逐渐形成该族群的领导品牌。企业在确定利基市场后,往往使用更加专业化的经营来获取最大限度的收益,以此为手段,在强大的市场夹缝中寻求自己的出路。

研究表明,一项创新要具有破坏性,必须具备以下五个特征:

(1) 它的成功发端于满足新出现的或利基市场上过去所无法满足的需求。

(2) 它的绩效特征极大地取决于利基市场的顾客,但开始并未被主流市场所接受。主流市场的顾客以及竞争者看中不同的绩效特征,因此将破坏性创新视为不够水准。

(3) 利基市场使得在产品、服务和商业模式上的投资绩效不断提高,并创造出或进入新的利基市场,扩大顾客的数量。

(4) 随着产品、服务和商业模式知名度的增加,迫使并影响主流市场对破坏性创新价值的理解发生变化。

(5) 主流市场对破坏性创新价值理解的变化成为催化剂,它使破坏性创新破坏并取代现有的主流产品、服务或商业模式。

类似地,J. W. Kenagy 也提出了破坏性创新所必须具备的五个特点:

(1) 技术简单,较差的初始功能。

(2) 从根本上讲,它是简单的、低成本的商业模式,发端于被忽略或对市场领导者没有太大金融吸引力的市场层面。

(3) 其所扎根的市场上,制度和规则的障碍很小。

(4) 当逐步的改进将破坏性创新推向老顾客时,顾客无须改变他们的工作方式。

(5) 这一创新最终允许更多易受影响的、适当的、具有熟练技能的人们去从事以前必须集中由代价昂贵的专家来完成的工作,而无须进行或多或少的交易。

上述学者对破坏性创新的理解都紧扣创新与市场的关系这一要点,总结上述观点,不难归纳破坏性创新的几个特征。

(1) 非竞争性。所谓非竞争性,是指破坏性创新(无论是新市场的破坏还是低端市场的破坏)并不是与现有主流市场竞争者争夺用户,而是通过满足新的现有主流产品的"非消费者"来求得生存与发展。当破坏性技术发展到一定程度,新产品的性能提高就会吸引现有主流市场的顾客。这种破坏性创新不会侵犯现有主流市场,而是使顾客脱离这个主流市场,进入新的市场。

(2) 初始阶段的低端性。破坏性创新与维持性创新立足的市场基础大不相同,一般而言,破坏性创新据以立足的是低端市场,而维持性创新占据的往往是高端市场。这一点反映了破坏性创新的本质,它是由破坏性创新的概念所决定的,如果破坏性创新一开始就立足于现有的主流市场,那么这种创新就变成了维持性的了,即维持现有市场在位者的创新。也正因为其低端性,才使得它被现有主流市场的竞争者所忽略,采用破坏性创新的新进入者才能够避开现有高端市场的激烈竞争,从而成长壮大。

(3) 简便性。简便使得使用者变得更为广泛,并使产品的价格更加低廉,从而让更多的人能够用得起,这为破坏性创新的发展提供了良好的市场条件,不至于过早地夭折。同时,简便也使得现有主流市场的竞争者对破坏性创新不屑一顾。另外,简便性也为创新的市场扩散提供了良好的条件,操作如果过于复杂,将不利于创新在产业中的扩散。这一特点实际上指出了破坏性创新生存和发展的市场基础。

(4) 顾客价值导向性。破坏性创新要能够帮助顾客更好地完成工作。这表明了破坏性创新的价值所在,即帮助顾客创造价值,以顾客价值为导向。缺少这一点,破坏性创新就失去了存在的价值。

对破坏性的分析如下:

(1) 破坏性产品不必低价。低端破坏,并不一定要比现有产品的价格更低。克里斯坦森解释,低端破坏需要更简单、更便宜或是更便捷。交通应用优步(Uber)就是一个极好的破坏服务的例子——虽然更为便捷,但是相比传统出租车来说,价格也更昂贵。

(2) 低端破坏通常较为简陋。也就是说,通过一个有些简陋的产品,可能会带来令人意外的低端破坏。事实上,相较那些老牌劲旅,几乎所有具有破坏性的新事物,在面世之初都显得更低劣。而有时造成这种现象的原因,是目前的用户被现有产品"过度服务"了。

新上市的一家 Wi-Fi 设备供应商 Ubiquiti 就是这种破坏的典型代表。这家公司以低廉的售价销售由第三方厂商设计、制造、装配制造的无线接入点。这些设备之所以能够做到价格便宜,是因为它们针对价格敏感的消费者削减了繁杂的功能;而且这家公司的员工也很少。因此,Ubiquiti 能够成功地从老牌厂商手中抢夺市场份额,并不令人感到意外。

(3) 更好的产品不一定是破坏性的。特斯拉(Tesla)打造了大量的新车,但是这家公司并不具有破坏性。它们没有解决那些现有车辆遇到的问题,也没有比这些车价格低。

(4) 具有破坏性的是商业模式而非产品。有时,人们会说某项技术是具有破坏性的,不过更准确地讲,应当是商业模式。如果一家公司希望实现破坏,那么它需要考虑老牌企业的营收和成本价购,必须让他们无法做出快速回应。对于其他公司来说,为现有产品添加 Kayak 那样的技术并不困难。市场占有者在判断回击破坏者是否经济的时候,往往是依靠商业模型,而非技术。

如果你将这种破坏模型应用到过去的潮流之中,那么你甚至可以预测出哪些产品能够转化为长期的成功,而另一些却没有,而且结果非常准确。

正确理解破坏性创新并不容易,而想要真的有所"破坏",更是难上加难。

12.2 破坏性创新的运用

实现破坏性创新必须具备以下三个条件:
(1) 是否由于新技术发展,使得应用这样的产品和服务变得更加简便?
(2) 是否存在一些人愿意以较低价格获得质量较差但尚能接受的产品和服务?
(3) 该项创新是否对市场现存者都有破坏性?

例如:

破坏性产品:索尼把原有的卡带录放机的喇叭取掉,让顾客把它挂在腰上,将微小的喇叭塞进耳朵里,为其创造了数以亿计的销售神话。

破坏性方法:戴尔公司采用准时制(just-in-time)方式组织电脑配件生产,充分降低了仓储费用,从而超越了竞争者,成为行业翘楚。

破坏性商业模式:Google 瓦解了在线广告领域,并通过出售搜索结果旁的高度精准的文本广告创造出新的收益源。

克里斯坦森理论研究表明,在如今迅猛演变的商业世界里,通过破坏性创新创建的新业务成功概率比通过维持性创新要高 10 倍以上。

12.2.1 破坏性创新是大公司的黑洞

我们来回答这样两个问题:

第一,在什么样的竞争环境下,领先企业总能保持长盛不衰?

第二,在什么样的竞争环境下,领先企业总是输给新兴企业?

答案是:在持续性技术竞争环境中,领先企业无人能敌。在破坏性创新竞争环境中,领先企业却多有落败。

大公司的逻辑就是持续性技术,而小公司的机会或者大公司的盲区就是破坏性创新。也就是说,大公司的逻辑自洽体系是持续性技术,而大公司下面的黑洞是破坏性创新。

这种逻辑关系可以用一个矩阵来体现,如图 12-4 所示,即把成熟的产品、成熟的技术卖给主流客户,这是第一象限;把新产品、新技术卖给一个新兴市场,这是第四象限。第一象限是持续性技术的主场,第四象限是破坏性创新的唯一机会。

第一象限属于大公司,第四象限属于小公司。第一象限是大公司的逻辑自洽体系,而第四象限则是大公司边界之外的地方,是小公司的唯一机会。

大公司的持续性技术就好像是相扑,相扑是要比分量的,所以小个子无法跟大个子比,这是大个子的主场;而小公司的破坏性创新就好像是柔道,我虽然个子小,但是我不跟

	主流市场	新兴市场
成熟产品 成熟技术	Q1 大公司的逻辑 **持续性技术**	Q2
新产品 新技术	Q3	Q4 小公司的逻辑 **破坏性创新**

图 12-4　破坏性创新象限图

你正面打。这是两个思路。

所以在互联网时代,小公司要想打败大公司,改良没有出路,只能靠破坏。大公司做什么,你就做什么,你认为你比大公司更有效率、更有执行力、更勤奋,这里的改良就是持续性技术,是在第一象限;第四象限叫破坏,就是破坏性创新,做跟大公司不一样的事情,去破坏它。

持续性技术有两个特征:第一,持续性地改善原有的产品性能,客户需要什么样的产品,就做什么样的产品,而且越做越好;第二,技术进步的速度一定会超过市场的需求。

事实上,许多企业为了保持领先地位,会努力开发具有更强竞争力的产品,但是这些企业没有意识到,随着他们竞相参与更高性能、更高利润市场的竞争,它们追逐高端市场、提高产品性能的速度已经超出了顾客的实际需求,并最终失去意义。

而破坏性创新虽然最初只能应用于远离主流市场的小型市场,但是它日后将逐渐进入主流市场,而且其性能将足以与主流市场的成熟产品一争高下。

破坏性创新的特征如下:

第一,一方面降低原有的性能指标,不求改善、提高原有的主流性能特征;另一方面进入新的性能改善曲线。

第二,这个新的性能改善通常更方便、更简单、更便宜、更小、更容易操作,作为破坏性创新的通路。

12.2.2　产品破坏性创新

大公司做的产品,通常问题是"繁",而且这个问题几乎解决不了。举个例子,想象一下你买了一个新房,并且为新房买了很多新的家具,装修设计得非常漂亮,非常简洁,但你会发现,住着住着家里的东西就越来越多、越来越乱、越来越满。你老想扔掉一批,可是扔了也没办法,家里的东西就是越来越多、越来越乱、越来越满。大公司就是这样子。

透过这个现象层面,背后有一点哲理:对大公司来讲,技术一定越来越高级,产品一定越来越复杂,客户必然越来越高端,定位必然越来越高大上,这是一个必然的"势"。

大公司在做加法,小公司务必要做减法。当大公司往上去追求更高的技术、更高的性能的时候,小公司要大道至简。在大道至简的法则里,有两个要点:一是产品至简,二是成本至简。

第一,产品至简。产品至简有两句话:第一,从麻烦到方便;第二,从复杂到简洁。

这里的"简洁"不是简单。因为简单是工业时代的思维，强调的是功能性的因素；而在互联网时代，简洁充满了情感因素。

有人是这样描述苹果公司的，"在很多领域，苹果并没有真正从零开始发明产品。苹果吸纳了原本比较复杂的东西，巧妙地把它们变成了简洁的东西。"这被认为是苹果获得成功的最重要因素。

以 iPod 为例，乔布斯当时为了寻找一款简单功能的音乐播放器，iPod 因此诞生了。据说在 iPod 设计之初，乔布斯会浏览用户界面的每一个页面，并且会做严格的测试：如果找某一首歌或者使用某项功能，按键次数超过 3 次，乔布斯便会非常生气。为了将简洁做到极致，乔布斯甚至还要求 iPod 上不能有开关键。

与 iPod 同时代的索尼当时也出了一款系列产品，叫 Sony Clie，主要定位为个人数字助理。这款产品是索尼集大成之作，将各种高端技术融为一体，可以听歌，可以录像，可以上网……但最终这款"万能"的产品败给了功能单一的 iPod。2004 年 6 月，Sony Clie 退出了欧美市场；2005 年 2 月，其停止了在日本的生产和销售。这再次证明了复杂并不等于成功，而简洁常常意味着成功。

第二，成本至简。成本至简也有两句话：一是从贵到便宜；二是从收费到免费。

例如，据《财富》杂志报道，调研公司 CIRP 对 300 名亚马逊 Kindle 用户的调研统计结果显示：拥有 Kindle 的用户在亚马逊上的年平均支出为 1233 美元，而没有 Kindle 的用户在亚马逊上的年平均支出则为 790 美元，两者相差 443 美元。也就是说，购买 Kindle 的用户每年会在亚马逊上多消费 443 美元。在这种情况下，亚马逊可不可以把 Kindle 送给用户呢？不能，更别说是成本价销售了。

又例如，博客那么伟大，为什么被 140 字的微博打败了？微博又为什么被微信打败了？不过，微信是不是也会被打败呢？微信还是有点重，是不是还会有新的更轻的产品出现？

所以，简单、便宜的力量远远超乎想象。

12.2.3 市场破坏性创新

当破坏性产品能够开辟一片新的市场，这就是所谓的新市场破坏，或者能给现有产品提供一个更简单、低价或更方便的替代品，这就是低端破坏性。

市场上现有的老牌企业，往往会发现难以对破坏性产品做出回应。"新市场破坏"找到了机遇——不少客户并没有得到服务，而这往往是因为服务他们在现有的商业模型之中是无利可图的。而在低端破坏性中，这些客户没有被现有模型选择，往往是因为这样的选择缺乏利润，而大的公司往往很乐于失去这部分用户。

因此，创新者走入了进退两难的窘境。老牌企业往往会忽视这些新产品，因为做出回应往往无利可图。不过很多时候，他们的停滞不前，可能相当于在为自己挖掘坟墓，并导致最终的轰然垮台。

我们来看一个 1975 年到 1990 年美国钢铁行业里的小钢厂怎么把大钢厂一步一步推到破产的故事。

钢材里大概有几类产品，要求最低的品类就是钢筋，钢筋占有大约 4% 的市场份额，并且毛利率极低,只有7%。比钢筋好一点的品类是角钢、条钢和棒钢,占有8%的市场份额,毛利率为12%;再往上的品类是结构钢,占有22%的市场份额,毛利率为18%;最高端的品类是钢板,占有55%的市场份额,毛利率为23%～30%。

如图12-5所示,大型钢厂的投资特别巨大,建一个大型钢厂可能要80亿美元,而建一个小型钢厂大概只要4亿美元,它们之间质量和技术的差别都很大。但是,小型钢厂有一个优势,即效率比大型钢厂要高,所以小型钢厂比大型钢厂有20%的成本优势。正是由于这20%的成本优势,才有了下面的故事。

图12-5 钢铁厂

假如你是一个小公司,想做一个小型钢厂,你想先从钢板市场进入还是从钢筋市场进入?事实上,小型钢厂是先从钢筋市场进入的。它去找大型钢厂,希望承接大型钢厂的钢筋业务。对于大型钢厂来讲,钢筋业务只有4%的市场占有率、7%的毛利率,属于鸡肋市场。所以,大型钢厂很高兴地把钢筋业务外包给了小型钢厂。由于小型钢厂比大型钢厂有20%的成本优势,所以大型钢厂不能盈利,小型钢厂却能盈利。结果,大型钢厂迅速退出了钢筋市场。但是随着更多的小型钢厂加入,钢筋市场开始打价格战,变得没人能从中赚钱。

再想一下,如果你是一个有作为的小型钢厂的CEO,这时候只有一个策略——往高端走。刚开始,小型钢厂因为技术门槛无法涉足角钢市场,但是随着持续性技术进步,小型钢厂突破了技术门槛。然后,大型钢厂又很高兴地把角钢外包给了小型钢厂。同时,当大型钢厂把这些低端业务外包出去的时候,它的利润率反而提高了。

接下来,当角钢市场只剩下小型钢厂的时候,又变成了价格战,谁都无法盈利。按同样的路径,小型钢厂又成功占领了结构钢市场。大家都认为小型钢厂无论如何都不可能做好最高端的钢板,因为技术实在太复杂了。但结果是,在高毛利率的推动下,小型钢厂的技术又有了突破性的进展,居然又跨过了技术门槛。

到1997年的时候,全世界巨头之一的伯利恒钢铁公司破产了。

这是一个典型的低端破坏高端的例子。进入低端并不意味着永远低端,技术进步的步伐会超过市场需要的步伐。

12.3 突破性创新

突破性创新最早来源于熊彼特谈到的"创造性的破坏"。研究发现,突破性创新需要具备以下两个条件:一是全新的产品概念,二是产品核心部件之间连接的重大改变。

有研究者把满足以下三种情况之一的创新称为突破性创新:

一是使产品、工艺、服务或者具有前所未有性能特性。

二是相似特性但是性能和成本都有巨大提高。

三是创造出一种新的产品。

有专家从技术的角度界定破坏性创新,指出突破性创新是一种技术创新,是通过改变企业竞争所遵循的性能衡量标准而改变竞争基础。综合来看,突破性创新应是一项在产品、服务或者工艺上创造了全新的特色,或者在原有产品基础上的产品性能成本上有非常大的改进的创新。

12.3.1 突破性创新是基于突破性技术的创新

突破性创新可以是那些不是按照公司主流用户的需求轨道上进行改造的创新,也可以是暂时还不能满足公司主流用户需求的创新,突破性创新可以从技术、市场、产品、项目和财务五个方面来分析。而且把突破性创新定义为导致整个工业的技术变革的一类创新,并指出突破性创新具有随机性,并且很难准确地预料到出现时间之上的技术创新,它对既有技术能够产生替代、破坏作用,直至技术主导范式出现。基于技术维度的突破性创新针对现有客户需求,为主流市场提供更多的价值能力,其往往代表了最先进的技术,能够带来产品性能的变化或成本的大幅度削减,从而建立起新的客户价值结构,改变行业的竞争规则。研究指出,突破性创新是导致产品性能主要指标发生巨大跃迁,并且对市场规则、竞争态势、产业版图具有决定性影响,甚至引起产业重视洗牌的一类创新,它具有高度的市场、技术、组织和资源的不确定和不可预测性。因此,突破性创新的风险较高,在技术发展史上往往处于新技术轨道的前端,技术的发展并没有历史数据可以借鉴。

综上可以看出,学者们对突破性创新的看法主要归结为以下三点:

(1) 技术改善。突破性创新主要是技术上的创新,通过技术的提高改变产品性能,从而最终有可能破坏行业板块,并且突破性创新往往是在新技术轨道上发展,技术发展方向很难确定,具有高风险性、非线性和不连续性等特征。

(2) 全新特色。全新特色主要包括功能指标的大幅度提高、成本的大幅度降低或者工艺的创新。由于突破性创新主要侧重于技术的变化,并且由于技术变化具有不确定性和高风险性,因此,突破性创新具有长期性、随机性和偶然性等特征。突破性创新的出现往往带有一定的随机性。比如压力锅出现时,法国派朋在研究蒸汽发动机,通过圆筒状蒸汽发动机偶然得到了灵感;糖精的发明是法尔贝里学生在研究一种和甲苯有关的煤焦油物质时偶然发现的。

12.3.2 突破性创新与破坏性创新的关系

有专家认为,一切突破性创新都是破坏性创新,突破性创新是含有很高程度的新知识的创新。破坏是一个企业博弈的一个过程,新入企业在这个过程中利用各种技术或技术组合来完成对在位企业的部分或完全替代,这才是所谓的"破坏性创新"。

渐进式创新和突破性创新都属于持续性创新,而破坏性创新和突破性创新既有区别又有联系。突破性创新的核心视角和维度是技术,而破坏性创新的核心视角在于市场细分和价值体系。

研究认为,破坏性创新和突破性创新是两种不同的创新类型,破坏性创新、突破性创新可以通过量化区分开来。破坏性创新不一定包含前述的知识与技术,但能在功能、价格和质量等方面有重大的改进,且该创新不在主流市场上实施,而是倾向于在新市场上寻找价值。突破性创新是建立在完全不同的科学技术原理基础上的,并会对企业的技术轨迹和组织相关能力产生根本性改变的创新,与破坏性创新不同。后者强调避开主流市场,以低端市场和新市场为代表的非主流市场作为破坏起点,而市场机制所引起的公司向上位惯性和边际需求递减法则是破坏性创新发生的原因。

通过上述梳理可见,从总体上看,突破性创新与破坏性创新具有较大的区别,应分属于创新的不同分支,从客户价值、创新强度、企业绩效可以区别解释为,破坏性创新是基于价值创新曲线跃迁的创新,它强调新的,超过客户预期的价值结构,突破性创新则强调技术克服发展障碍,以及技术的突破带来的从理论到实践上的应用。

12.4 演讲:破坏性创新技术最初都是个笑话

2016年1月3日,硅谷精神教父、科技商业预言家凯文·凯利(图12-6)在斯坦福大学进行了长达3个小时演讲,畅谈他对未来20年重大商业科技潮流的见解。他说:"我想说的第一事实就是:这个世界上增长最快的不是物质,而是信息。它比我们所有的生物产能、人类的生产力都要快。"

图12-6 凯文·凯利

总结起来,破坏性创新的技术都有一个模式:刚开始出现的时候都是不起眼的东西,被人忽略。可以看到三条线:上面的一条线是在市场上表现非常好的业界领袖,中间的一个是很平稳的发展线；下面的一条线就是消费者的最低满意度，最初的时候，破坏性创新的技术远比客户的要求差，是一个笑话。然而，当它以更快的速度发展，突然有一天碰到了消费者的需求点，就会产生很快的发展势头，成为市场上的统治者。

对于具有破坏性技术的创业企业来说，它们曾经非常挣扎，工作质量非常低，风险极高，利润极低，市场极小，商业模式也没有被重视过，理性的商人都不会去做这种生意。为什么只有创业企业和小企业会去做这些创新呢？因为他们别无选择。其中的一个事实是，大多数创业企业最后都是完蛋的！

另外，不管从事哪个行业，真正对你们构成最大威胁的对手一定不是现在行业内的对手，而且那些行业之外你看不到竞争对手。接下来，说一说那些有可能产生破坏的领域。

12.4.1 从铜时代到氧气时代

如今，这个世界上增长最快的不是物质，而是信息，它比我们所有的生物产能，人类的生产力等都要快。世界上的信息量大到甚至现有的英语已经词穷了。面对如此大的信息量，怎样利用这些数据，把数据变为有价值的东西，这里面有很多商机。

不同的商业时代使用不同介质传递信息。早期是铜，因为人们用电缆传输；然后进入硅的时代，硅被制造成芯片。我认为下一个时代是氧气的时代。在不久的将来，人们通过无线网络来传输的信息总量就会超过通过有线网络来传输的信息总量。

12.4.2 个人数据才是大未来

未来数据还有一个趋势：如今很多数据都在洲际间通过海底光缆来传输，是地理位置之间的传输。但今后很多数据会留在本地进行处理，甚至以每个家庭为单位处理的信息总量可能会比留在本地的数据总量还要大。再扩大一个层面来说，我们每个人每天都会产生很多数据。在广播时代，观众人数是一个很大的量级，由广播台去触及；到了互联网时代，出现博客和社会化媒体，你成为了一个广播台，可以拥有很多受众，但你传递的信息量比较少，远远不如广播台；后来出现了微信朋友圈，传递给相对少的受众，但信息的总量非常大。未来就是每一个人传递自己信息的时代。

亚马逊那样的大网站由一个节点去控制很多观众，称之为"云"；低一层次的就是一些本地的发送站，称之为"雾"；而最底层的称为网格，就是我们每一个人作为接收端。接下来，数据会更多地在每个人的智能设备之间传输，不会回到发射塔、交换机或者"云"里面。我们自己就形成了一个小的局域网。到2020年，超过2/3的信息传送距离不会超过1km。那么像Wi-Fi、蓝牙技术等目前不是电信级别的技术，不是很严肃，利润很低，市场很小，问题很多，但是不是有可能破坏未来呢？

12.4.3 介入网络的能力重于所有权

另一个破坏性的技术就是云技术。在一个500人的团体里，信息量是500平方等级的；另一个500人团体的信息量也是500平方等级的。如果这两个团体联网，则能产生1000平方量级的数据量，远远大于两个500的平方。传统扩大网络很简单，就是把这些小的网络连起来，变成一个更大的网络。扩大网络规模带来的增长是几何倍数的。所以，有一个很大的云,要比你把它分散成很多小的网络的价值更多。从互联网角度看,人数越多,你为每个客户提供服务的成本就向零无限靠近,基本上可以提供一个免费的服务。随着云技术的不断发展,介入网络的能力要比实际拥有的所有权更重要。

12.4.4 所有生意都是数据生意

不管现在做什么行业,做的生意都是数据生意。关于客户的这些数据,其实跟客户对于你来说是同样重要的。数据可以通过网络流转,从一个格式变成另一个格式。数据不应该以它的存储而定义,应该由它的流转来定义。

在过去的数据时代,我们使用文件、文件夹、桌面这些东西。进入网络时代之后,数据就出现在网页上、链接里。今天我们用云,用标签、流来比喻数据。对现在来说,文件夹、网页什么的就不是最重要的数据。所有的东西都在我们的数据流里,有信息、有新闻。过去的关键词是我,现在的关键词是我们;过去的关键词是项目,现在的关键是数据。我们处于整个互联网新时代的第一天,此时此刻是最重要的。接下来,就需要了解如何量化自己,把我们自身的一些信息去数据化。

我们使用很多设备去进行自我量化。一些人会在身上装40多个传感器,不停地检测自己的数据。曾经有人说,任何一个只要是人类用工具可以测量的数据,都一定在被测量。我们为什么要跟踪这些数据?有健康的原因、社交的原因、提高工作效率的原因。还有很多非常前沿的数据测量工具,比如一种工具可以分析呼吸气体里面的化合物,通过分析呼吸来判断血液情况。苹果推出的手表也是不停采集数据,通过APP进行处理。通过数据分析,可以看到哪天的工作效率最高,在哪天吃了什么,做了哪些事情来提高效率。通过这样的方式可以更好地了解自己,提高生产效率。

12.4.5 现在只是分享时代的早期

现在讨论很热的一个话题就是无处不在的摄像头监控。然而互联网总是希望去监控和采集数据,我们是很难去停止这个趋势的。我们每一台手机上都有一个摄像机,这意味着全球一共有60亿台摄像机。社会化媒体的兴盛,让我们总是不停在报告我们的位置。

电影《少数派报告》中的男主角想从一直被跟踪的环境里逃出去,但他发现,每到一个地方,屏幕上的广告都变成针对他的广告。我们现在谈论艳照门、国家安全局的棱镜,都知道自己的数据一直被采集,并不安全。这些数据是无法停止被采集的,我们应该想的是,如何把采集数据的模式由某一个机构来掌控,变成你我之间去互相观察。比如,美国警察带了一个传感器摄像头对市民进行实时监控,那么反过来,市民也可以带这个东西去监控警察对我们做了什么。

个性化与透明度是正相关的。如果完全把自己藏起来,不对别人分享任何数据,你的个性化也为零。如果你想成为一个有个性的人,就必须向外面展现你自己的数据,把你的信息传达出去。

我们现在还处于传统和前沿交替的年代,很多人说:我不会去跟别人分享我的医疗数据、财务数据,不会去跟别人分享我的私生活。但这些只是现在的观点。今后,人们会去分享这些数据,因为我们现在还处于分享时代的早期。

12.4.6 增强现实、新交互界面与视觉跟踪

大家都知道谷歌眼镜,而现在的可穿戴智能隐性眼镜可以直接贴在你的角膜上。可穿戴设备不只是眼镜,也可能是衣服。可以用它来接收数据,同时也可以传递数据,通过各种摩擦跟它互动。谷歌还给盲人做了一个可穿戴式的背心,上面有摄像头,可以看到前方,通过振动告诉盲人怎么走。

这些就是增强现实。增强现实把虚拟的物体跟你看到的真实世界通过某种方式结合在一起,这是很酷的。

《少数派报告》中演示过一种新的交互界面,汤姆·克鲁斯在操作一台电脑的时候,并不是像我们这样敲键盘,而是浑身都用起来去跟一台机器互动。我们身体的每一个部分都应该可以操作一台电脑。如果要再做一个科幻电影,可以不让电影主角用键盘来操作电脑,而是做一些手势,看上去就是在工作。

此外还有视觉跟踪。它会跟踪眼睛看的地方,知道用户在看什么。通过视觉跟踪,还可以捕捉用户的情绪,利用技术去跟踪用户的眼球,看他在看哪些内容的时候情绪产生变化,据此去更改内容。结果就是,我们在看屏幕的时候,实际上它也在看我们。这样就可以根据反馈来修改作品。

语音技术也远不止是苹果的 SIRI 技术,比如说翻译。有一种实时的翻译工具,画面拍的是西班牙语,显示出来就变成了英语。这是一个人际交互的设想,戴上智能头盔,它就会捕捉用户的想法,通过想法去操纵电脑。

12.4.7 远距离图像与视频技术

远距离图像也是一个破坏性的领域,比如电话会议、远程医疗。Oculus 是 Facebook 刚刚收购的一家虚拟现实公司,他们的产品感觉特别好,是一种全浸入式的体验,非常真实。Facebook 花了 10 亿美元去收购这家公司。

除此之外还有各种屏幕,包括可折叠的屏幕。未来的屏不仅仅是硬硬的一块板,屏可以变得跟书一样,可以翻,可以折,里面的内容可变。还有一些没有屏的展示,比如全息图。全息技术现在不完美,但以后可能也会对我们产生破坏。我们现在已经不是读书的人,而是读屏的人。屏里面有各种各样的逻辑。

3D 打印带来的一个巨大破坏就是你以前认为硬件的那些东西在未来都会变成软件了。3D 打印出来的东西其实就是一个图纸,是能够更改的,能够传输、修改的,是数据形成的。这就跟我们现在谈到的各种各样的互联网设备一样,它里面是也芯片的。美国人有一种期望,利用 3D 打印技术让制造业重新回归美国,但也有一种说法,中国现在是 3D 打印的领袖。

12.4.8 注意力在哪儿,钱就在哪儿

注意力经济是一个破坏性的领域,注意力在哪儿,钱就在哪儿。很多人每天都在看邮件,花很多时间在邮件上,它占用我们的时间。于是有人说,你读邮件是应该能拿到钱的,因为你在花时间。如果读邮件都要给钱的话,那读广告是不是更要给钱呢?现在的广告

投放模式是花钱投给广告公司,为什么不去直接把钱花在你的用户上,让他看广告就能拿到钱呢?这样我们就可以看这人的关注度在哪儿,然后用钱去买他的注意力,让他看我们的广告。这个人会影响其他的人,有影响力人的就应该给更多钱。

一种新的商业模式是,我们应该有权利去让自己成为媒体,在自己上面放广告去赚钱。比如一些博客的下面会放一个广告,看上去挺酷的,不像是一个广告,而博主能拿到钱。另外,人们应该有能力通过自己去制作广告赚钱。有消费者直接参与广告制作,直接进行广告宣传,然后通过自己的社会化媒体变成社会化的一个广告。这彻底破坏了广告行业。

例如,电子货币是一种交流。钱很重要,但钱现在是一种交流。所有跟沟通性质相同的领域,比如分享、合作、跟踪、广播、阐述或者是识别,都带有交流的性质。有一种加密的货币叫比特币,意味着这种沟通交流也是加密的。比特币是一种加密的货币,但并不是隐形的货币。电子货币产生的交易都跟沟通一样,是可以跟踪的,其实是一种交流。所以,比特币真正带来的破坏是一种交流的感觉,而这种交流产生了钱一样的价值。

一场股权众筹的革命。美国现在有450个众筹平台,产生了一些非常成功的项目,它现在变成一个很大的生意,很多钱涌到这个领域。很多人用这个众筹网站并不是为了融资,而是用这个东西去做市场调查,去看看自己的商业计划书会不会受欢迎。最近众筹股权被承认了,这是一个非常大的革命。

12.4.9 人工智能是可购买的智慧

苹果的 SIRI 就是人工智能,你可以跟它对话。但我们看到的大多数人工智能没那么酷,都在后台运行。它可以处理 X 光片、处理法律证据、飞行问题等等。现在,图形处理芯片的进步提升了机器学习能力,有一些机器可以看懂你的照片,告诉你这些照片是关于什么的,还可以跟你进行人际交互对话,这些目前还处在实验室阶段。

人工智能是可以花钱购买的一种服务。通过人工智能去创业的公司,需要将人工智能运用到某一个特定领域去增加智慧。比如无人驾驶汽车,其实就是把人工智能的智慧放到车里。它的出现将影响交通状态,影响快递或者司机行业的人。而真正的革命是这些汽车今后将变成新办公室,今后用汽车接收的数据将比坐在写字楼里接收的数据更多。

如果我们穿越到1980年代,告诉那时的人30年以后你们会有维基百科,会有今天各种各样很酷的技术,没有人会相信。展望今后20年,也是今天的我们难以想象的。唯一知道的是,20年以后最伟大的产品现在还没被发明出来。而作为创业者,就要去发明这些东西!虽然现在谷歌这样的高科技公司如此强大而成功,但我们现在开始一点也不晚,而现在已经发生的事情根本就什么都不算。

12.5 习 题

1. 单选题

(1) 2017年10月18日,习近平总书记在中国共产党第十九次全国代表大会上的报告中指出"加强应用基础研究,拓展实施国家重大科技项目,突出关键共性技术、前沿引领技术、现代工程技术、(   ),为建设科技强国、质量强国、航天强国、网络强国、交通强国、数字中国、智慧社会提供有力支撑。"

  A. 管理创新技术   B. 突破性创新
  C. 颠覆性创新   D. 持续性创新

(2) 破坏性创新是通过(   )原有产品的功能,或者降低原有产品成本而满足低端顾客。

  A. 简化   B. 加强   C. 颠覆   D. 突破

(3) 事实上,各行各业、各种企业都会被破坏性创新方法所带来的科技创新/变革所影响。下面哪种类型不属于破坏性创新?(   )

  A. 通过锁定现有产品没有服务到的顾客群体从而产生新的市场
  B. 竞争现有产品市场上的低端消费者
  C. 能给现有产品提供一个更简单、低价或更方便的替代品
  D. 产品核心部件之间连接的重大改变

(4) 突破性创新需要具备以下两个条件:一是(   ),二是产品核心部件之间连接的重大改变。

  A. 低端的产品路线   B. 大幅降低成本
  C. 持续的技术裁剪   D. 全新的产品概念

12.6 实验与思考:课程论文——谈"我消灭你,与你无关"

12.6.1 实验目的

(1) 理解和熟悉破坏性(颠覆性)创新的相关知识,了解破坏性创新技术方法。
(2) 理解和熟悉突破性创新的相关知识。
(3) 通过实例,思考和分析互联网+商业模式的创新创业。

12.6.2 工具/准备工作

开始本实验之前,请回顾教科书的相关内容。
需要准备一台能够访问因特网的计算机。

12.6.3 实验内容与步骤

(1) 为了防止异物划伤表面,一些高档汽车在使用前常在表面上粘一种薄膜。汽车交付使用前,必须除掉该薄膜涂层。通常,这个过程采用手工进行。然而,汽车在露天存放的环境条件下会增加薄膜涂层与汽车表面之间的粘连。在这种情况下,去除涂层是一个相当困难的工作。请利用 TRIZ 工具分析并解决此问题。

  ① 分析问题(因果分析,资源分析)。
  ② 尝试用矛盾解决问题。

（为节省教材篇幅，请另用白纸画并粘贴如下并折页。）

------------------------------ 分析、设计方案粘贴线 ------------------------------

（2）中国地处欧亚板块东南部，位于两大地震带的交汇处，是世界上地震多发国之一。城市公共空间应急避难设施建设及相关设施设计的研究对于城市地震期间受害群体有效避难，保证人民群众生命安全，以及对于我国社会经济等诸方面的全面可持续发展、资源的合理利用等都具有极为重要的实际应用价值。

篮球架是人们平时休闲娱乐、锻炼身体的重要固定设施，但避震期间几乎无用且占用空间；避震期间紧急需要临时救灾帐篷，但地震平息期间大量救灾帐篷无法储存。请利用矛盾的解题流程解决问题，并提出解决方案。

撰文论述你针对这个模式的思考与分析。（为节省，请另用白纸画并粘贴如下并折页。）

------------------------------ 分析、设计方案粘贴线 ------------------------------

（3）课程论文：谈"我消灭你，与你无关"。

我们先来看一则微信段子：羊毛出在狗身上，由猪买单。

现阶段打败你的不一定是对手，而是一个过路人。

最近，尼康退出中国，裁员两千人！很多人以为尼康是被同行打败，没想到居然是毫不相关的行业。尼康直接宣布破产的真相：受智能手机普及的影响！

有一部很牛的科幻小说，名字叫做《三体》。里面有句话，叫做"我消灭你，与你无关"。这句话真够嚣张跋扈，但却充满大智慧，说明了大趋势，揭示了整个人类世界前进和发展的基本规律。

比如，今年康师傅和统一方便面的销量急剧下滑，不过它们的对手真不是白象、今麦郎，而是美团、饿了么等外卖。

比如，打败口香糖的不是益达，而是微信、王者荣耀。在超市收银台这个消费场景，过去顾客排队缴费的时候无聊，就往购物篮里拿上两盒口香糖，而今天大家都在看微信、刷朋友圈、玩王者荣耀。

比如共享单车，消费一块钱，随便骑，骑到任何地方，停下，锁车就走，不用管。这个东西一出来，黑车司机哭了。卖单车的店铺、修自行车的小摊子，生意都一落千丈，关门是迟早的事情。

怎么样，大趋势是很残酷的，它杀人不眨眼，也不会流血，根本不见红。

说声对不起？不好意思，不关我的事，我根本没关注到你，只是一个不小心，让你倒霉了。这就叫：我消灭你，但与你无关。

结语：

在这个跨界打劫、飞速变化的时代，你永远也无法想象下个竞争对手，你也很难猜到新兴的什么行业就打败了传统的什么行业。

我们唯一能做的，就是保持一个足够开阔的视野，每当有新鲜事物发生、新兴行业兴起的时候，多去发散思考一下，说不定想到的某些点就串联成线，就可以比别人早一点看到未来,早一点抓住机遇呢!

你不自我革新,不自我变革,就只能等着别人来革你的命!

既然"羊毛出在狗身上,由猪买单",同样"我消灭你,与你无关"是今天的状况!在今天这个时代,任何生意三个月一次更新,一年一次汰换,换个视角,重新看待你的对手。

课程论文要求:

商业模式至少包含四个方面:产品模式、用户模式、推广模式和盈利模式。

商业模式是你能提供一个什么样的产品,给什么样的用户创造什么样的价值,在创造用户价值的过程中用什么样的方法获得商业价值。

请阅读并思考上述微信段子所表达的内涵,在上述商业模式的四个方面中选择其一,撰文论述你针对这个模式的思考与分析。(为节省,请另用白纸画并粘贴如下并折页。)

-------------------------------- 小论文粘贴线 --------------------------------

知识产权保护与专利申请

知识产权(Intellectual Property),其原意为"知识(财产)所有权"或者"智慧(财产)所有权",也称为智力成果权。根据我国《民法通则》的规定,知识产权属于民事权利,是基于创造性智力成果和工商业标记依法产生的权利的统称。

专利(Patent)就是知识产权的重要内容之一(图 13-1)。我国专利法规定有发明专利、实用新型专利和外观设计专利。TRIZ 创新理论体系是在分析二级、三级和四级发明专利的基础上归纳、总结出来的。利用 TRIZ 方法可以帮助发明者将其发明水平从一级、二级提高到三级或四级水平。

图 13-1 知识产权与专利

13.1 知识产权概述

知识产权的概念最早在 17 世纪中叶由法国学者卡普佐夫提出,随后比利时法学家皮卡弟将一切来自知识活动的权利概括为知识产权,这一概念被广泛传播,得到许多国家和国际组织的承认。

知识产权,也称为"知识所属权",指"权利人对其智力劳动所创作的成果享有的财产权利",一般只在有限时间内有效。各种智力创造,比如发明、外观设计、文学和艺术作品,以及在商业中使用的标志、名称、图像,都可被认为是某一个人或组织所拥有的知识产权。

知识产权是关于人类在社会实践中创造的智力劳动成果的专有权利。随着科技的发展,为了更好保护产权人的利益,知识产权制度应运而生,并不断完善。如今,侵犯专利权、著作权、商标权等侵犯知识产权的行为越来越多。17世纪上半叶产生了近代专利制度;一百年后产生了"专利说明书"制度;又过了一百多年后,从法院处理侵权纠纷时的需要开始,才产生了"权利要求书"制度。21世纪,知识产权与人类的生活息息相关,到处充满了知识产权,在商业竞争上可以看出它的重要作用。

发明专利、商标以及工业品外观设计等方面组成工业产权。工业产权包括专利、商标、服务标志、厂商名称、原产地名称,以及植物新品种权和集成电路布图设计专有权等。2017年4月24日,最高法院首次发布《中国知识产权司法保护纲要》。

当前,随着知识产权在世界经济和科技发展中的作用日益凸显,越来越多的国家都认识到未来全球竞争的关键就是知识的竞争,知识竞争的实质是科学技术的竞争,科学技术的竞争,归根到底就是知识产权的竞争。因此,近年来,知识产权不仅被世界各国视为科技问题、经济问题,甚至演化成为重大的政治问题和国际问题。许多国家,尤其是发达国家已把知识产权保护问题提升到国家发展战略的高度,把加强知识产权保护作为其在科技、经济领域夺取和保持国际竞争优势的一项重要战略措施。

自20世纪80年代起,美国为保持其在世界经济中的强势地位,陆续采取了一系列加强知识产权保护和管理的重大举措。在过去几十年里,日本曾提出过"教育立国""科技立国"等口号,到2002年进一步认识到知识产权的战略地位,制定了《知识产权战略大纲》,成立了跨政府部门的知识产权战略会,把"知识财产"定位到"立国战略"的高度,要发展成"全球屈指可数的知识产权大国"。此外,俄罗斯、韩国和印度等国制定国家科技发展战略时,也把对技术创新过程中的知识产权保护纳入国家战略。

自20世纪80年代以来,我国开始建立知识产权制度,短短二十几年时间,我国知识产权制度建设走过发达国家上百年的历程,知识产权事业取得了长足的发展(图13-2)。虽然国内申请人在数量上超过了国外申请人,但质量上却存在较大差距。在我国现有的专利中,有效专利不到一半,其中发明专利仅占1/3左右,而绝大部分都是实用新型和外观设计,能够持续10年以上的专利,国外申请人占了约90%。同时,在发明专利中,我国的专利大部分也都属于非核心发明专利。与发达国家相比,我国的知识产权事业发展仍然面临着严峻的挑战,而与发达国家企业相比,我国企业在知识产权能力上的差距则更加突出。

图13-2 保护知识产权

13.2 专利及分类

"专利"一词来源于拉丁语,意为公开的信件或公共文献,是中世纪的君主用来颁布某种特权的证明,后来指英国国王亲自签署的独占权利证书。

在现代,专利一般是由政府机关或者代表若干国家的区域性组织根据申请而颁发的一种文件,这种文件记载了发明创造的内容,并且在一定时期内产生这样一种法律状态,即在一般情况下,对获得专利的发明创造,他人只有经专利权人许可才能予以实施。

13.2.1 专利的概念及特点

目前,关于专利还没有形成统一的定义,在日常使用中,由于对"专利"具有不同的理解角度,经常有三种不同的含义。

第一种,认为专利即专利权的简称。专利权是指专利权人对发明创造享有的权利,即国家依法在一定时期内授予发明创造者或者其权利继受者独占使用其发明创造的权利。这里强调的是权利。专利权是一种专有权,这种权利具有独占的排他性,非专利权人要想使用他人的专利技术,必须依法征得专利权人的授权或许可。

第二种,认为专利是指受到法律保护的发明创造。在这种理解下,专利指的是专利技术,例如计算机领域的某一种加密方法,机械制造行业中的某一种加工工艺,以及生物医药领域的某一种特殊形式的化合物或药物配方等。这些技术经过申请并获得授权后,将会在一定区域内得到相关法律的保护。

第三种,认为专利是证明相应权利的文件或证书。在这种理解下,专利是指国家或区域内的专利管理机构,经过规定程序所颁发的用于确认申请人对其发明创造享有的专利权的专利证书,或指记载发明创造内容的专利文献,即具体的物质文件。

上述对专利的三种理解各不相同,前两者都是无形的概念,第三种则是有形的物质。然而三者之间其实存在着紧密的联系:发明创造是专利得以存在的基石,只有存在具有创造性的发明成果,才有可能形成专利;要对发明创造的成果加以有效保护,从而促进人类开拓未知世界以及进行发明创造的动力,成果的发明人就必须拥有相应的权利,并且这种权利必须得到法律的严格保护;证书等纸质文件则是证明这种权利存在的凭证。因此,专利这个词语可以仅仅指其中一种含义,也可以包含两种或两种以上的含义,具体情况必须联系上下文来具体对待。

根据上述对专利基本概念的理解,可以发现专利具有以下几个方面的特点:

(1) 排他性:也即独占性。它是指在一定时间(专利权有效期)内和区域(法律管辖区)内,任何单位或个人未经专利权人许可都不得实施其专利,即不得为生产经营目的制造、使用、许诺销售、销售、进口其专利产品,或者使用其专利方法以及制造、使用、许诺销售、销售、进口其专利产品,否则属于侵权行为。

(2) 区域性:是指专利权是一种有区域范围限制的权利,它只在法律管辖区域内有效。除了在有些情况下,依据保护知识产权的国际公约,以及个别国家承认另一国批准的专利权有效以外,技术发明在哪个国家申请专利,就由哪个国家授予专利权,而且只在专利授予国的范围内有效,对其他国家不具有法律约束力,其他国家不承担任何保护义务。但是,同一发明可以同时在两个或两个以上的国家申请专利,获得批准后,其发明便可以在所有申请国获得法律保护。

(3) 时间性:是指专利只在法律规定的期限内有效。专利权的有效保护期限结束后,专利权人所享有的专利权便自动丧失,一般不能续展。发明便随着保护期限的结束而成为社会公有的财富,其他人便可以自由地使用该发明来创造产品。专利受法律保护的期限长短由有关国家的专利法或有关国际公约规定。目前世界各国的专利法对专利的保护期限规定不一,一般为20年左右。

13.2.2 专利的类型

专利的种类在不同的国家有不同规定,我国专利法中规定有发明专利、实用新型专利和外观设计专利3种类型(图13-3)。香港特区的专利法则规定专利包括发明专利、新样式和外观设计专利。部分发达国家分为发明专利和外观设计专利。

图13-3 发明、实用新型和外观设计专利证书

1. 发明专利

发明是专利保护的主要对象。什么是发明?各国有不同的定义。美国专利法规定,可以获得专利的发明是指新颖而有用的制法、机器、制造品、物质的组成,或者是对它们的新颖而有用的改进。日本的专利法规定,发明是指利用自然规律所做出的高水平的技术创造。《中华人民共和国专利法实施细则》规定,发明是指对产品、方法或者其改进所提出的新的技术方案。一般来说,发明包括产品发明和方法发明两大类。产品发明是人们通过研究开发出来的关于各种新产品、新材料、新物质等的技术方案,可以是一个独立、完整的产品,也可以是一个设备或仪器中的零部件,例如机器、设备、材料等。方法发明是指人们为制造产品或解决某个技术课题而研究开发出来的操作方法、制造方法以及工艺流程等技术方案。方法可以是由一系列步骤构成的一个完整过程,也可以是一个步骤,例如制

造方法、测量方法、分析方法、通信方法等。需要注意的是,揭示自然规律的科学发现不能被认为是发明,例如牛顿万有引力定律就不能申请发明专利,这是因为科学发现是对自然规律的认识,而发明必须是对自然规律的利用。

2. 实用新型专利

实用新型专利通常是指对产品的形状、构造或者其结合所提出的适于实用的新的技术方案。由于实用新型的创造水平一般较低,故人们通常又称其为小发明或小专利。例如,制造出第一部电话机是发明,后来将原电话机分离的送话筒和受话筒组合在一起,则是实用新型。

根据上述关于实用新型的定义,可以看出实用新型专利保护的客体必须具有一定的形状或者结构,或者是形状和结构的结合。形状是指外部能够观察到的产品的外形,结构一般是指组件或者零件的有机联结或者结合。即使是产品,如果没有固定的形状,例如液体、气体、粉状产品等,或者是材料本身,例如药品、化学物质以及玻璃、水泥、陶瓷等,也不属于实用新型。但是,如果上述材料作为具有一定形状的产品的一部分,并且和其他部分有机地结合在一起而产生一定的效果,则可成为实用新型保护的客体。实用新型专利的产品形状或者产品结构必须具有功能作用,即是实用的。所以,不实用的美术作品,例如雕刻、建筑、绘画、珐琅、刺绣等,不能申请实用新型专利。产品的结构要有一定的功能作用,产品的形状也要有一定的功能作用。因此,有些国家并没有将其列为专利保护的独立对象,而是将其放在发明专利中予以保护。

实用新型所保护的也是一种解决技术问题的方案,因此,在本质上与发明是一致的。但实用新型与发明又是两种不同的专利形式,其不同之处主要有三点。第一,实用新型的创造性水平要低于发明。第二,实用新型仅涉及产品而不包括方法,并且产品必须具有实用性的立体造型。第三,对实用新型,各国的保护方式是不一样的。《巴黎公约》没有规定实用新型的概念,但规定了实用新型享有发明专利的利益,《与贸易有关的知识协议》也没有单独规定实用新型这一专利类型。因此,有的国家是以准予注册的方式加以保护,有的国家则是以授予专利的形式加以保护。在采用注册方式的国家,专利法不适用于实用新型,对实用新型有专门制定的实用新型法律。而在采取专利形式的国家,对实用新型在专利法中一并加以规定。我国就采用后一种做法。

3. 外观设计专利

按照《专利法实施细则》的规定,外观设计是指对产品的形状、图案或者其结合以及色彩与形状、图案的结合所做出的富有美感并适于工业应用的新设计。外观设计在国外通称工业品外观设计,对其进行法律保护,主要是为了促进产品外形、式样不断翻新,增强产品竞争能力,丰富商品,满足人们对于产品的外形、图案、色彩的不同消费需要。

对于外观设计,现在各国一般采取两种法律保护形式。一种为著作权法保护形式,另一种为专利法保护形式。我国采取后一种方式,因此,外观设计是我国专利保护的客体。外观设计申请专利应该符合以下几点要求:

第一,外观设计是指形状、图案、色彩或者其结合的设计。外观设计的对象是形状、图案、色彩或者其结合,这与以概念性技术方案为对象的发明和实用新型不同。形状是指三维空间的立体造型,如电视机、冰箱、酒杯、香水瓶等;图案一般是二维的平面设计,如地毯图案、床单花色、壁纸花纹等,由线条、色彩构成二维平面的装饰图案。色彩一般是构成图案的成分。在许多情况下,外观设计是形状、图案、色彩的结合。

第二,外观设计必须与产品结合在一起,即外观设计必须是对产品的外表所作的外观设计,必须应用于具体的产品上,单独的设想或用于装饰的独立存在的图案不能算外观设计。例如一幅油画,只是一件美术品,不算外观设计,当将它绘制在一件具体的物品上时,就成了外观设计。产品必须是具有一定形状的、可以成为交易对象的、可以移动的东西。

第三,外观设计必须富有美感。是否要求外观设计富有美感,各国做法不一。多数国家并不明确提出美感这一要求,只要外观设计具有视觉特点,能引起人们的注意就可以了。我国则要求外观设计必须通过视觉引起美感。那么,怎样才算是富有美感呢?对此,法律没有规定,人们的看法也不尽相同。一般地,不应以专利审查员的喜恶为标准,也不应从艺术美的观点来判定,而应以广大消费者的认同观点加以衡量。

第四,外观设计必须是适合于工业上应用的。所谓适合于工业上应用,是指使用外观设计的产品经过工业生产过程能够大量地复制生产,包括通过手工业大量地复制生产。外观设计不同于艺术创作,在艺术创作中,即使同一个人也不能创造出两件完全相同的艺术品。而外观设计则是任何人能够用工业方法大量复制生产的。

13.3 专利权

所谓专利权,是指一项发明创造,向国家专利行政部门提出专利申请,经依法审查合格后,向专利申请人授予的在规定的时间内该项发明创造享有的专有权。专利权的取得一般有两种处理原则,即先发明原则和先申请原则。我国的发明专利申请包括受理、初审、公布、实审以及授权5个阶段,实用新型或者外观设计专利申请在审批中不进行早期公布和实质审查。在国外,申请专利则根据不同国家专利制度的不同而各有一些差异。

13.3.1 专利权人

专利权牵涉到主体和客体两个相关概念。专利权的客体,也称为专利法保护的对象,是指依法应授予专利权的发明创造。根据我国专利法的规定,专利法的客体包括发明、实用新型和外观设计三种。专利权的主体即专利权人,是指依法享有专利权并承担相应义务的人,包括以下几种。

1. 发明人或设计人

发明人或设计人,是指对发明创造的实质性特点做出了创造性贡献的人。在完成发明创造的过程中,只负责组织工作的人、为物质技术条件的利用提供方便的人或者从事其他辅助性工作的人,例如试验员、描图员、机械加工人员等,均不是发明人或设计人。其中,发明人是指发明的完成人,设计人是指实用新型或外观设计的完成人。发明人或设计人,只能是自然人,不能是单位、集体或课题组。

事实上，发明人或者设计人，包括非职务发明创造的发明人或设计人，以及职务发明创造的发明人或设计人两类。非职务发明创造，是指既不是执行本单位的任务，也没有主要利用单位提供的物质技术条件所完成的发明创造。对于非职务发明创造，申请专利的权利属于发明人或者设计人。如果一项非职务发明创造是由两个或两个以上的发明人、设计人共同完成的，则完成发明创造的人称为共同发明人或共同设计人。共同发明创造的专利申请权和取得的专利权归全体共有人共同所有。

2. 发明人或设计人的单位

职务发明创造分为两类：其一，执行本单位任务所完成的发明创造；其二，主要利用本单位的物质技术条件所完成的发明创造。一般认为，如果在发明创造过程中全部或者大部分利用了单位的资金、设备、零部件、原料以及不对外公开的技术资料，这种利用对发明创造的完成起着必不可少的决定性作用，就可以认定为主要利用本单位物质技术条件。如果仅仅是少量利用了本单位的物质技术条件，且这种物质条件的利用对发明创造的完成无关紧要，则不能因此认定是职务发明创造。

职务发明创造的专利申请权和取得的专利权归发明人或设计人所在的单位，发明人或设计人享有署名权和获得奖金、报酬的权利。也就是说，发明人和设计人有权在专利申请文件及有关专利文献中写明自己是发明人或设计人；被授予专利权的单位应当按规定向对职务发明创造的发明人或者设计人发给奖金；在实施发明创造专利后，单位应根据其推广应用的范围和取得的经济效益，对发明人或者设计人给予合理的报酬。

3. 受让人

受让人是指通过合同或继承而依法取得该专利权的单位或个人。专利申请权和专利权可以转让，在履行了相应的法律程序，专利权被正式转让后，受让人则成为该专利权的新主体，依法享有专利权并承担相应义务。

13.3.2 专利权法

专利权法是由国家制定的，调整发明创造者、发明所有人和发明使用者之间对发明的所有和使用行为关系的法律规范总称。狭义的专利权法仅指专利法典本身，广义的专利权法则包括专利法、专利法实施细则、专利行政法规以及其他法律中与专利相关的条款等。

我国的专利法制度最早可以追溯到18世纪的太平天国。新中国成立后，按照当时苏联的模式，发明成果实行国家所有，成果使用由国家统一调配。虽然政务院（国务院的前身）于1950年颁布了《保障发明权与专利权暂行条例》，1963年又颁布了《发明奖励条例》取代《保障发明权与专利权暂行条例》，但这些都与今天意义上的专利法律有较大的差距，没有达到"专利制度私权化"的立法目的。1984年3月12日，第六届全国人大常委会第4次会议通过了《中华人民共和国专利法》（以下简称《专利法》），迄今为止已经经历了多次修改。我国2010年2月1日起开始施行的最新修改的专利法大致包括以下内容：

(1) 专利权的客体,即专利权人的权利和义务所指向的对象,我国专利权客体的种类有发明、实用新型和外观设计等三种。

(2) 专利权的主体,即依法能够申请并获得专利权的人,既可以是自然人,也可以是法人。根据发明创造的性质,我国《专利法》规定专利的主体有非职务发明创造的发明人或设计人、职务发明创造的所在单位、符合《专利法》规定的外国人或外国企业等。

(3) 专利的申请和审批。规定了专利申请的条件是必须具备新颖性、创造性和实用性;规定了专利申请的原则包括书面原则、先申请原则、优先权原则和单一性原则;规定了专利申请书的撰写要求;规定了专利的审批流程。

(4) 专利权的内容,即专利权人在有效期内享有的权利和应承担的义务,包括独占实施权、许可实施权、专利转让权、标记权、署名权、获得奖励和报酬权等权利以及公开发明创造的内容、缴纳年费等义务。

(5) 专利权期限、终止及无效。专利权的期限指专利权从生效到失效的合法期限,我国发明专利权的期限为20年,实用新型和外观设计为10年,均自申请日起计算。专利权的终止是指专利权在保护期届满或因其他原因使专利权失效。《专利法》规定:"自国务院专利行政部门授予专利权之日起,任何单位或者个人认为该专利权的授予不符合本法有关规定的,可以请求专利复审委员会宣告该专利权无效。"

(6) 专利侵权和保护。专利侵权行为有两种:一种是除法律另有规定以外,未经专利权人许可,为生产经营目的而制造、使用、许诺销售、销售、进口专利产品或者使用专利方法及使用、许诺销售、销售、进口依照该方法直接获得的产品的行为,或者制造、销售、进口外观设计专利产品;另一种是假冒他人专利的行为,它是指在与专利产品类似的产品或者包装上加上他人的专利标志和专利号,冒充他人专利产品。当侵权行为发生后,应采取相应的法律手段来保护专利权人。

13.3.3 专利权的获得

关于如何取得专利权,目前世界上实行专利制度的国家通常采取两种处理原则,第一种是先发明原则,第二种是先申请原则。

按照先发明原则,当对同一内容的发明有两个或两个以上的人提出专利申请时,专利权授予最先完成该发明的人,即最先发明人。该原则的优点是促使发明人不必担忧他人抢先申请而丧失权利,可以安心、细致周密地完成发明创造,使提出专利申请的技术更成熟、更完善。因此,该原则保护的是真正的发明人。但其弊端也是显而易见的,其一,不能促使发明及早公开,因而使社会不能更早地从该发明创造中获益,有碍技术交流和技术上的借鉴;其二,专利机关难以确定谁是最先发明人,给专利机关的专利审批工作带来困难;其三,影响已有专利的稳定,因为即使某人获得了专利权,但他随时都有可能因有比他在先发明的人申请专利而丧失已获得的权利,这在一定程度上影响到已获专利的发明创造的开发和利用。目前,实行先发明原则的,只有美国等少数几个国家,这与这些国家律师制度的发展不无关系。但是美国的先发明原则只适用在本国完成的发明创造,对于外国向美国申请专利的发明,仍按先申请原则办理。加拿大、菲律宾等原先采用先发明原则的国家已于近年放弃了这一原则,而改为先申请原则。

第二种原则是先申请原则。按照先申请原则,当两个以上的人分别就同一内容的发明提出专利申请时,专利权授予最先提出申请的人。先申请原则避免了先发明原则的弊端,它可以促使发明人尽快申请专利,从而及早公开发明的内容,以利于技术交流和科技进步。同时,减轻了专利机关的审批工作,专利机关只要按照档案资料所记载的申请日即可判定谁是最先申请的人。为了避免先申请原则可能造成的人们将技术上尚不成熟、技术价值不高或者没有什么价值的项目草率提出专利申请,导致申请数量非正常增加、加重专利机关的工作负担,一般地,各国的立法在审查程序中都规定了延迟审查制度,使申请人在提出申请后的几年内考虑是否要求实质审查。因此,先申请原则要比先发明原则优越。这也是世界上绝大多数国家采取先申请原则的原因所在。

我国《专利法》规定,两个以上的申请人分别就同样的发明创造申请专利的,专利权授予最先申请的人。因此,确定谁是最先申请的人极为重要,而确定谁为最先申请的人,唯一的标准是申请人提出专利申请的时间。时间有不同的单位。目前世界各国在此问题上分别采用两个时间单位:申请时和申请日。以申请时判断申请时间先后,无疑是非常精确,可以避免一些纠纷,但采用这种办法不但比较复杂,而且需要一定的物质条件,由于同一发明在同一时刻提出申请的可能性很小,所以大多数国家以申请日作为判断申请时间先后的标准。我国也采取这一办法,我国《专利法实施细则》规定,同样的发明创造只能被授予一项专利。依照专利法第9条的规定,两个以上的申请人在同一日分别就同样的发明创造申请专利的,应当在收到国务院专利行政部门的通知后自行协商确定申请人。这意味着在不同的日期申请专利的,以申请日为判断申请先后的标准;就同一发明创造在同一日申请时,两个以上的申请人可以自行协商确定申请人,其协商结果可以是某一方为发明人,另一方无偿使用,但更多的是以共同发明人的身份申请。若协商不成,则专利机关驳回其申请,没有公开的技术各自以技术秘密的方式保护,已经公开的技术成为公有技术。

13.4 国内专利申请程序

依据我国的专利法,发明专利申请的审批程序包括受理、初审、公布、实审以及授权5个阶段。实用新型或者外观设计专利申请在审批中不进行早期公布和实质审查。

13.4.1 申请受理阶段

专利申请实行的是书面申请原则。因此,申请人在申请专利时,必须向专利机关提交规定的书面申请文件。按照我国专利法的有关规定,申请发明或者实用新型专利的,应当提交的文件主要有请求书、说明书及其摘要和权利要求书等,必要时说明书还可包括附图。申请外观设计专利的,应当提交的文件主要有请求书以及外观设计的图片或者照片等。有些特殊情况下,还应按规定提交优先权的申请文件副本、国际展览会证明书以及代理人委托书等。

请求书是专利申请人向专利机关正式提交的请求授予专利权的一种法律文件。请求书必须使用专利局制定的统一表格,一式两份。请求书中应该写明:

(1) 发明创造的名称。

(2) 申请人、代理人或者代表人的身份,以及诸如姓名、国籍、住址、电话等,当若干人共同提出某一专利申请时,应指定代表人。

(3) 发明人或设计人的姓名。

(4) 要求优先权的,写明原申请日和原申请国。

(5) 属于分案、转让的申请,应说明并标出原申请号。

说明书是以文字形式说明请求专利保护的发明或实有新型内容的专利申请文件,是专利申请的最基本的文件。我国专利法规定,说明书应当对发明或实用新型做出清楚、完整的说明,以所属技术领域的技术人员能够实现为准。由此看出,说明书必须能够阐述发明创造关键技术的实质,公开发明创造的基本内容。在实践中,说明书的内容往往是确定权利要求保护范围的主要依据。因此说明书的内容可以有以下几个方面:

(1) 发明或者实用新型的名称,该名称应当与请求书中的名称一致。

(2) 技术领域,写明要求保护的技术方案所属的技术领域。

(3) 背景技术,写明对发明或者实用新型的理解、检索、审查有用的背景技术,并引证反映这些背景技术的文件。

(4) 发明内容,写明发明或者实用新型所要解决的技术问题以及解决其技术问题采用的技术方案,并对照现有技术写明发明或者实用新型的有益效果。

(5) 附图说明,说明书有附图的,对各幅附图作简略说明。

(6) 具体实施方式,详细写明申请人认为实现发明或者实用新型的优选方式。

权利要求书是以说明书为依据,说明要求专利保护的范围,具有直接法律效力的专利申请文件。权利要求书具有以下特点:

(1) 其所提出的专利权保护范围不能超出说明书所公开的范围。

(2) 权利要求书应该列出说明书中所有的新的技术特征,未列出的将无法受到保护,从而使自己的权利范围被缩小。

(3) 权利要求书上所列的技术特征,在被授予专利权以后,是专利侵权与否、专利是否有效的唯一依据。

(4) 权利要求书中所提的权利要求有若干个,但其性质不同,可分为独立权利要求和从属权利要求。一项专利申请文件中一般只有一个独立权利要求,最多不能超过两个独立权利要求。

(5) 独立权利要求从整体上反映发明或者实用新型的主要技术内容,记载构成发明创造或实用新型必要的技术特征,它包括用以说明发明或实用新型所属的技术领域,以及现有技术中与发明或者实用新型主题密切相关的技术特征的前序部分,和用以说明发明或实用新型的技术特征的特征部分。

(6) 从属权利要求写在所属的独立权利要求之后,它是由引用前面权利编号的引用部分和说明发明或实用新型技术特征,并对引用部分的技术特征作进一步限定的特征部分组成。

(7) 权利要求书的书写具有较高的技巧性,一般情况下应请专利代理人参与书写。

13.4.2 初步审查阶段

专利申请人按照规定缴纳申请费的,自动进入初审阶段。发明专利在初审前,首先要进行保密审查,需要保密的应按保密程序处理。实用新型和外观设计专利申请,在初审以前还应当给申请人留出2个月主动修改申请的时间。

在初审程序中,要对申请是否存在明显缺陷进行审查。主要审查以下申请内容:

(1) 是否明显违反国家法律、社会公德或者妨碍公共利益。
(2) 是否明显属于不授予专利权的主题。
(3) 是否明显缺乏技术内容而不能构成技术方案。
(4) 是否明显缺乏单一性。
(5) 外国人申请是否符合要求的资格。
(6) 说明书和权利要求书撰写是否符合要求。
(7) 经补正是否超出原申请的范围。

实用新型和外观设计专利申请还要审查申请是否明显与已经批准的专利相同,是否明显不是一个新的技术方案或者新的设计。

初审中还要对申请文件是否齐备及其格式是否符合要求进行审查。主要包括以下内容:

(1) 审查各种文件是否采用国家知识产权局专利局制定的统一格式,申请的撰写、表格的填写或附图的画法是否符合实施细则和审查指南规定的要求。
(2) 应当提交的证明或附件是否齐备,是否具备法律效力。
(3) 说明书、权利要求书、说明书摘要、附图或外观设计图或照片是否符合出版要求,不合格的,国家知识产权局专利局将通知申请人在规定的期限内补正或者陈述意见,逾期不答复的申请将被视为撤回。经申请人答复后仍未消除缺陷的,予以驳回。

发明专利申请初审合格的,将发给初审合格通知书。实用新型和外观设计专利申请经初审未发现驳回理由的,将直接进入授权程序。由于发明专利申请还有后续程序,所以初审一般只进行是否有明显不符合要求的审查。

13.4.3 发明专利申请公布阶段

发明专利申请从发出初审合格通知书起就进入等待公布阶段。申请人请求提前公布的,则申请立即进入公布准备程序。经过格式复核、编辑校对、计算机处理、排版印刷,大约3个月后,专利公报上公布并出版说明书单行本。没有提前公布请求的申请,要等到申请日起满15个月才进入公布准备程序。要求优先权的申请(包括外国优先权和本国优先权),从优先权日起满15个月进入公布准备程序。申请进入公布准备程序以后,申请人要求撤回专利申请的,申请仍然会在专利公报上予以公布。申请公布以后,申请人就获得了临时保护的权利,也就是说,自申请公布之日起,申请人可以要求实施其发明的单位或者个人支付适当的费用。申请公布以后,申请记载的内容就成为现有技术的一部分。

13.4.4 发明专利申请实质审查阶段

发明专利申请公布以后,如果申请人已经提出实质审查请求并已缴纳了实质审查费,国家知识产权局将发出进入实审程序通知书,申请进入实审程序,否则应等待申请人办理实审请求手续。国家知识产权局将在 3 年期限届满前发出警告通知书通知申请人,告之逾期不提出实质审查的后果。从申请日起满 3 年,申请人未提出实审请求的或者实审请求未生效的,申请即被视为撤回。

进入实审程序的申请将按照进入实审程序的先后排队等待实审。在实审中,审查员将在检索的基础上对专利申请是否具备新颖性、创造性、实用性以及专利法规定的其他实质性条件进行全面审查。经审查,认为不符合授权条件的,或者存在各种缺陷的,应当通知申请人在规定的时间内(第一次审查意见通知书一般给 4 个月的答复期限)陈述意见或进行修改。申请人逾期不答复的,申请被视为撤回。经至少一次答复或修改后,申请仍不符合要求的,予以驳回。由于实审的复杂性,审查周期一般要 1 年或更长时间。发明专利申请在实质审查中未发现驳回理由的,或者经申请人修改和陈述意见后消除了缺陷的,审查员将制作授权通知书,申请按规定进入授权准备阶段。

13.4.5 授权阶段

实用新型和外观设计专利申请经初步审查,发明专利申请经实质审查未发现驳回理由的,由审查员做出授权通知书,申请进入授权登记准备。经授权形式,审查人员对授权文本的法律效力和完整性进行复核,对专利申请的著录项目进行校对、修改确认无误以后,国家知识产权局专利局发出授权通知书和办理登记手续通知书。申请人接到授权通知书和办理登记手续通知书以后,应当在 2 个月之内按照通知的要求办理登记手续并缴纳规定的费用。在期限内办理了登记手续并缴纳了规定费用的,国家知识产权局专利局将授予专利权,颁发专利证书,在专利登记簿上记录,并在专利公报上公告,专利权自公告之日起生效。未按规定办理登记手续的,或者逾期办理的,视为放弃取得专利权的权利。

13.5 国外专利申请程序

在国外申请专利相对于国内更加复杂,并且由于各个国家的专利制度不同,因此在不同国家申请专利的程序也存在较大差异。根据《保护工业产权巴黎公约》的规定,已经在巴黎公约的一个成员国正式提出专利申请的申请人,如果在一定期限内又向其他国家提出专利申请,该申请人可以享有优先权。其中发明专利和实用新型专利的优先权为 12 个月,外观设计专利为 6 个月,所以申请人在申请国外专利之前一般需先申请国内专利,在国内专利的申请日起,上述优先权期限内,再递交国外申请,并享有国内专利的优先权。

总的来说,在国外进行专利申请主要有以下两种途径:

1. 直接到某个国家申请

申请人可通过国内代理机构委托国外代理机构(一般为国内代理机构的合作方)到某

个国家进行专利申请,申请人需要向各个国家单独递交申请,各个国家的专利部门需要对专利独立进行审批。这种方式为传统的国外专利申请方式,适用于某一项专利仅在少数国家进行申请的情况,当一项专利要在众多国家同时申请时,直接申请非常耗时耗力。

2. PCT 申请

PCT,是 Patent Cooperation Treaty 的缩写形式,意为"专利合作条约",专利合作条约是专利领域的一项国际合作条约,它规定了各个成员国之间在专利申请的提交、检索及审查等方面的合作事项,该方式尤其适用于同时到多个国家申请专利的情况,可以有效地节约程序及费用。

PCT 申请的主要目的在于简化以前确立的在几个国家申请发明专利保护的方法。引进 PCT 体系前,在几个国家保护发明的唯一方法是向每一个国家单独提交申请,由于每一个申请都要单独处理,因此每一个国家的申请和审查都要重复。为达到简化的目的,PCT 提出以下几点:

(1) 建立一种国际体系,从而使以一种语言在一个专利局(受理局)提出的一件专利申请(国际申请)在申请人在其申请中(指定)的每一个 PCT 成员国都有效。

(2) 可以由一个专利局,即受理局对国际申请进行形式审查。

(3) 对国际申请进行国际检索,并出具检索报告说明相关的现有技术(与过去的发明相关的已出版的专利文献),在决定该发明是否具有专利性时可以参考该报告。

(4) 对国际申请及其相关的国际检索报告进行统一的国际公布,并将其传送给指定局。

(5) 提供对国际申请进行国际初步审查的选择,供专利局决定是否授予专利权,并为申请人提供一份包含所要求保护的发明是否满足专利性国际标准的观点的报告。

通过 PCT 申请国家专利主要包括国际阶段程序和国家阶段程序。

13.5.1 国际阶段

国际申请在国际阶段程序审查中分为两个阶段,第一阶段是对申请进行形式审查、国际检索和国际公布;第二阶段是对申请进行初步审查(相当于国家申请的实质审查),这一阶段是非强制性的。

1. 第一阶段(必需的程序)

国际申请的形式审查是由受理局进行的,所以中国国家知识产权局受理的国际申请就由中国国家知识产权局进行形式审查。国际申请的形式审查同国家申请的形式审查在内容和要求上大体相同,但是国际申请从提交申请文件开始就允许对申请文件和有关手续进行补正,每次补正期限为 1 个月。

国际申请的检索由主管国际检索的单位进行,中国国家知识产权局负责对其受理的国际申请进行国际检索。然而,当国际申请的主题是不能给予专利保护的内容时,可以不进行国际检索。例如,申请内容为科学或数学理论、动物和植物品种、智力活动的规则或方法、单纯的计算机程序等,专利局应当从收到受理局发出的检索用申请文本之日起 3 个月内,或者自优先权日起 9 个月内(以后到期的期限为准),完成检索报告或者宣布不进行国际检索。

中国国家知识产权局完成的检索报告应当分别寄送申请人和国际局。申请人收到检索报告以后,可以根据检索报告对国际申请的权利要求进行一次主动修改,但是修改不能超出原申请公开的范围。对权利要求的修改应当在国际检索单位发出检索报告之日起 2 个月内或者优先权日起 16 个月内(以后到期为准)寄送世界知识产权组织国际局。随后,申请人应当根据检索报告的结果对自己的申请到底想要进入哪些指定国做出决定。在实践中,申请人申请时指定的指定国往往比最后实际进入的指定国要多。

自优先权日起满 18 个月,世界知识产权组织国际局应当以规定的 7 种语言(中、英、法、俄、德、日和西班牙)之一公布国际申请和检索报告,并将该申请的文本和检索报告寄送在国际申请中指定的所有指定国的专利局。如果申请人没有选择国际阶段程序的第二阶段审查,那么申请人自优先权日起满 30 个月(在某些国家的规定为 20 个月)以前必须办理国际申请进入国家阶段程序的各种手续。

2. 第二阶段

申请人如果是承认 PCT 第二章的缔约国的国民或居民,可以在优先权日起 19 个月内请求主管国际初步审查单位进行国际初步审查,以便了解申请是否具备新颖性、创造性和实用性,是否存在需要改正的其他缺陷。中国国家知识产权局是世界知识产权组织国际局受理的国际申请的主管国际初步审查的单位。国际初步审查结果是保密的,国际初步审查报告只提供给申请人、世界知识产权组织国际局和申请人选定的专利局。申请人选定的专利局的所在国称做"选定国"。选定国一般应当在提出初步审查请求时选择。申请人在提出国际初步审查请求时,应当在自己指定的指定国中选定至少一个承认 PCT 第二章的缔约国作为选定国。如果提出国际初步审查请求的时间比较早,那么在优先权日起 19 个月内还可以补充选定,称做"后选定"。初审一般应当在优先权日起 28 个月内完成并形成国际初审报告。国际初审报告对选定国专利局没有法律约束力,但是一般会作为审批时的参考。

13.5.2 国家阶段

国际申请在自优先权日起满 30 个月前进入指定国或选定国的国家阶段时,应当办理下列手续:

(1) 缴纳该指定国或选定国规定的申请费,例如进入中国的国家程序时应当缴纳包括印刷费在内的申请费。

(2) 如果国际申请公布的语言不是进入国规定的官方语言,应当提交国际申请的译文。申请人如果对在国际阶段国际申请有修改的,应当根据专利局的要求提交修改的译文,根据专利局的要求提交优先权文本或其他文件的译文。逾期未办理上述手续的,国际申请将失去国家申请的效力。根据专利法实施细则的规定,到期未办理上述手续的申请,如果有正当理由,还可以有 2 个月的宽限期,条件是要缴纳规定的宽限费。国际申请进入指定国或选定国的国家阶段后,其审批程序就同国家申请相同了。但在实施早期公开的国家,如果国际申请 18 个月公布时使用的不是本国规定的官方语言,通常还要用官方语言将申请重新公布一次。

13.6 专利检索

专利检索就是根据一项或数项特征,从大量的专利文献或专利数据库中挑选符合某一特定要求的文献或信息的过程。快速检索、高级检索和号码检索是专利检索的三种方式。

13.6.1 专利检索的意义

专利检索可以使研究机构与企业明晰世界专利的动态、避免重复开发与资金浪费。由于全世界专利众多,且具有优先权的特征,任何人都不能保证自己的想法是世界上独一无二的。你能想到的发明专利,别人很有可能也想到,所以任何个人和企业在申请专利前都应认真检索——是否自己的想法已经被别人实现,是否专利已经出现在世界各大专利局的数据库中而不自知。

专利研究和申请切不能存有侥幸心理,据不完全统计,各国因未查阅专利文献、使研究课题失去价值,每年造成的损失数以十亿计,间接损失就更多了。所以,专利检索对于企业的成长,对于全球生产力的节省与提高是有举足轻重的作用的。

专利检索成为专利人和企业之间的一座桥梁,为推动专利转化做出了不朽的贡献。专利人只需提供专利名称、专利人姓名、专利号等其中任何一项,企业就可以通过专利检索来查询专利的真实性和法律状态。

在专利申请前进行专利检索已成为专利申请的必要步骤之一,其作用和意义可以归纳为以下几点:

(1) 可以评价专利申请获得授权的可能性。据国外专利机构调查,有 66% 以上的发明专利最后不能获得授权,其中绝大多数都是因为已经存在于先公开的文献中,缺乏新颖性而致。专利申请前的新颖性检索:可以在申请前确定技术方案是否具备新颖性,以确定技术方案是否可以提出专利申请。

(2) 帮助专利代理人更好地起草专利文件。通过申请前的初步专利检索,可以获得理解现有技术所需的必要信息,这样可以比较现有技术,描述本申请所具有的有益效果和创造性,以及与现有技术的本质区别。这对于将来的实质审查是非常重要的。

(3) 申请前的初步专利检索将完善申请方案。通过申请前的初步检索,可以获得一些相关的对比文件,其中很有可能包含可以借鉴之处,这有助于申请人完善技术方案,以更好地提出技术方案,获得最佳的保护效果。

(4) 申请前的初步专利检索能为使用者节省时间和金钱。

此外,在项目研发之前开展专利检索,例如通过 IncoPat 科技创新情报平台来确定技术构思是否已经被他人申请专利或已经取得专利权;防止侵权检索,可以通过检索排除所制造或销售的产品落入他人专利权的保护范围的可能性;无效程序中的证据搜集检索,可利用检索到的在先公开的技术作为无效程序中质疑对方专利权新颖性、创造性的证据。

专利信息分析：通过检索某一技术主题的所有专利，进行分析，提取出有关重要的市场信息、技术信息、研发信息、技术发展方向信息，对专利布局和研发的方向创新性有重要的指导意义。

13.6.2 专利检索方法

各国出版的专门检索本国专利的检索工具包括美国《专利公报》及《专利年度索引》、日本《日本专利快报》《专利与实用新型集报》《特许公报》等。

国际性组织和私营出版机构专门对某一地区或国际上多国专利进行报道，并出版国际专利文献及检索工具，如专利合作条约(PCT)、欧洲专利文献(EPC)、国际专利文献中心(INPADOC)和英国德温特专利文献检索体系等。网上可免费检索大多数国外专利数据库。

专利检索的途径有三种，即纸件检索、软件检索和网上检索。

应用计算机与网络检索之前，专利检索的主要途径是纸件检索和软件检索。

纸件载体是主要的专利文献形式，也是检索的主要对象，纸件检索所查资料一般最不容易出错，最具有证据效力，但其在专利检索过程中效率低，费时费力，容易散失损坏，而且由于印刷发行周期长，最新的资料检索比较困难。

软件检索通常包括缩微胶片式、计算机磁介质及光盘专利文献检索。微缩胶片式专利文献由于具有所占空间小、存储密度高、保存寿命长、易于复制等优点，得到了很快的发展，成为储藏专利全文的主要手段之一，磁介质主要包括磁带和磁盘，具有存储密度高、体积小、装卸自由、可长期保存等优点，因而被广泛应用。当数字存储技术将光盘带入文献收藏领域后，各种形式的专利数据库光盘应运而生，光盘数据库在专利检索及专利全文的获取中发挥了重要作用。光盘检索虽然较快，但是其有限共享性限制了其使用范围，而且更新的速度也有一定的限制。

随着网络技术的发展，网上专利资源以无可比拟的数据优势及检索方便快捷、不受时空限制等特点受到用户的青睐，成为专利检索的主要方式。网上专利检索已逐步发展并成熟起来，将成为最主要且最快捷的检索方式。网上检索速度快、内容新，但不具有法律效力，如要作为证据使用，需要有关部门出示相应的证明，或通过法定认可的部门检索后下载并予以证明才具有法律效力。

在网上，中国专利的检索可以通过多个网站进行，有收费网站也有免费网站。

(1) 中国国家知识产权局网站。

字段检索：系统提供了16个检索字段，用户可根据已知条件，从16个检索入口做选择，可以进行单字段检索或多字段限定检索。每个检索字段均可进行模糊检索，用%(半角格式)代表一个任意字母、数字或字；可使用多个模糊字符，且可在输入检索字符串的任何位置，首位置可省略。

IPC分类导航检索：即利用IPC类表中各部、大类、小类逐级查询到感兴趣的类目，单击此类目名称，可得到该类目下的专利检索结果(外观设计除外)。

IPC分类导航检索同时提供关键词检索，即在选中某类目下，在发明名称和摘要等范围内再进行关键词检索，提高检索的准确性。

(2) IncoPat 科技创新情报平台。

(3) 中国专利信息网。

(4) 专利汇-patenthub 专利检索引擎。

(5) 中国知识产权网。

(6) innojoy 专利搜索引擎。

(7) 佰腾网专利检索系统。

(8) 专利之星-专利检索系统。

(9) SOOPAT 专利搜索引擎。

(10) PatSnap 智慧芽专利检索系统。

专利检索主要有快速检索、高级检索和号码检索等三种方式。

13.7 课程学习与实验总结

至此,我们顺利完成了本课程的教学任务以及本书有关创新思维与 TRIZ 创新方法的全部实验。为巩固通过课程学习与实验所了解和掌握的相关知识和技术,请就所做的全部学习内容与实验做一个系统的总结。由于篇幅有限,如果书中预留的空白不够,请另外附纸张粘贴在边上。

1. 课程学习的基本内容

(1) 本次学习完成的"创新思维与创新方法"课程教学内容主要有(请根据实际完成的教学情况填写):

第1章:主要内容是:_____
_____

第2章:主要内容是:_____
_____

第3章:主要内容是:_____
_____

第4章:主要内容是:_____
_____

第5章:主要内容是:_____
_____

第6章:主要内容是:_____

第 7 章：主要内容是：_____
_____

第 8 章：主要内容是：_____
_____

第 9 章：主要内容是：_____
_____

第 10 章：主要内容是：_____
_____

第 11 章：主要内容是：_____
_____

第 12 章：主要内容是：_____
_____

第 13 章：主要内容是：_____
_____

(2) 请回顾并简述：通过学习和实验，你初步了解了哪些有关创新思维和创新方法的重要概念(至少 3 项)：

① 名称：_____
简述：_____
_____
_____

② 名称：_____
简述：_____
_____
_____

③ 名称：_____
简述：_____
_____
_____

④ 名称：_____
简述：_____
_____
_____

⑤ 名称：_____
简述：_____
_____
_____
_____

2. 实验的基本评价

(1) 在全部实验中，你印象最深，或者相比较而言你认为最有价值的实验是：
① _____
你的理由是：_____
_____
_____

② _____
你的理由是：_____
_____
_____

(2) 在所有实验中，你认为应该得到加强的实验是：
① _____
你的理由是：_____
_____
_____

② _____
你的理由是：_____
_____
_____

(3) 对于本课程和本书的实验内容，你认为应该改进的其他意见和建议是：
_____
_____
_____
_____
_____
_____

3. 课程学习能力测评

请根据你在本课程中的学习情况,客观地对自己在创新思维与创新方法知识方面做一个能力测评。请在表 13-1 的"测评结果"栏中合适的项下打"✓"。

表 13-1 课程学习能力测评

关键能力	评价指标	测评结果					备 注
		很好	较好	一般	勉强	较差	
课程基础	1. 了解本课程的知识体系、理论基础及其发展						
	2. 熟悉创新思维与创新方法的基本概念						
	3. 熟悉本课程的在线学习环境						
TRIZ 理论	1. 熟悉发明问题传统方法						
	2. 熟悉创新思维技法						
	3. 熟悉系统分析方法						
	4. 熟悉 S 曲线与技术系统进化法则						
	5. 熟悉 TRIZ 发明原理与应用						
	6. 熟悉技术矛盾与矛盾矩阵						
	7. 熟悉物理矛盾与分离方法						
	8. 熟悉物场分析与标准解						
	9. 熟悉科学效应与知识库应用						
	10. 熟悉用 TRIZ 解决发明问题						
	11. 熟悉破坏性创新与突破性创新						
	12. 熟悉知识产权保护与专利申请						
创新方法与创新能力	1. 掌握创新思维与创新方法						
	2. 培养自己的责任心,掌握、管理自己的时间						
	3. 知道尊重他人观点,能开展有效沟通,在团队合作中表现积极						
	4. 能根据现有的知识与技能创新地提出有价值的观点						
	5. 能运用不同思维方式发现并解决一般问题						

说明:"很好"5 分,"较好"4 分,其余类推。全表满分为 100 分,你的测评总分为:_____ 分。

4. 课程实验总结

5. 实验总结评价(教师)

附录 A 40 个发明原理

通过对海量的高级别发明专利进行分析、研究和总结,阿奇舒勒最先得到的"解决问题的规律"就是发明原理。阿奇舒勒发现了一个现象:发明家们用来求解发明问题的基本方法其实是有限的,就那么几十种。他将这些方法中比较常用的总结为 40 种,这就是解决发明问题的 40 个发明原理(Inventive Principle,IP)。

在本书的第 5 章中,我们依据 TRIZ 40 个发明原理的使用率(表 5-1),选择其中 10 个使用率较高的发明原理先期做了详细介绍,分别是第 1、2、10、13、15、18、19、28、32 和 35 号发明原理。在本附录中,我们继续介绍 40 个发明原理的其余部分。

IP1:分割原理

本原理是指这样一种过程:以虚拟或真实的方式将一个系统分成多个部分,以便分解(分开、分隔、抽取)或合并(结合、集成、联合)一种有益的或有害的系统属性。在多数情况下,会对分隔后得到的多个部分进行重组(或集成),以便实现某些新的功能,并(或)消除有害作用。随着分割程度的提高,技术系统逐步向微观级别发展。

指导原则如下:

(1) 将一个对象分成多个相互独立的部分。例如:

① 将轮船的内部空间分成多个彼此独立的船舱。

② 在学生宿舍楼中,将同一层分成多个功能相同的小房间。

③ 内燃机的多个汽缸。

④ 将学生分成不同的年级、不同的班级。

(2) 将对象分成容易组装(或组合)和拆卸的部分。例如:

① 组合家具。

② 暖气上的多个暖气片。

③ 将一根根铁轨连接起来,形成铁路。

④ 建筑上常用的预制件和活动房屋。

⑤ 在公司的组织结构上,可以使用模块化的方法来实现公司管理的柔性化。

(3) 增加对象的分割程度。例如:

窗帘的演变:一整块布做的窗帘→左右两块布做的窗帘→百叶窗(图 5-2)。

IP2:抽取原理

本原理是指:从整体中分离出有用的(或有害的)部分(或属性)。抽取可以以虚拟方式或实体方式来进行。

指导原则如下：

(1) 从对象中抽取出产生负面影响的部分或属性。例如：

① 最初的空调是一体机，工作时，压缩机会产生噪声。随着技术的发展，空调被分为室内机和室外机两部分。将压缩机放在室外机中，减少噪声对人的影响。

② 在巡航时，战斗机的两个副油箱挂在飞机下方，飞行中会优先使用副油箱中的燃油；在进入战斗前，抛弃副油箱，以减轻飞机的重量，增加飞机的机动性能。如图 A-1 所示。

图 A-1 战斗机悬挂的副油箱

③ 从口腔（整个系统）中拔掉（抽取）一颗坏的牙齿（有害部分），以改善整个口腔的健康状况。

④ 利用避雷针，把雷雨云中的电荷引入大地，从而避免建筑物遭受雷击（从物体中抽出可产生负面影响的部分或属性）。

(2) 从对象中抽出有用的（主要的、重要的、必要的）部分或属性。例如：

① 用狗叫声作为报警器的报警声，而不用养一条真正的狗（将狗叫声从"狗"中抽取出来，作为有用的部分来单独使用）。

② 将稻草人作为"人"的代表放在稻田中（将人的外形从整个"人"中抽取出来）。

③ 化学试验中的蒸馏、萃取和置换都是从混合物中抽取出有用物质的过程。

IP3：局部质量原理

本原理是指：在一个对象中，特殊的（特定的）部分应该具有相应的功能或条件，能够最好地适应其所处的环境，或更好地满足特定的要求。

指导原则如下：

(1) 将对象、环境或外部作用的均匀结构变为不均匀的。例如：对金属表面进行渗碳处理，可以增加材料表面的硬度（而金属内部的特性并没有改变），从而提高其耐磨性能。

(2) 让对象的不同部分具有不同的功能或特性。例如：

① 带橡皮的铅笔（橡皮的功能是擦除痕迹，铅笔的功能是产生痕迹）。

② 图钉一头尖（便于刺入物体内），一头圆（便于人手施加压力）。

③ 羊角锤（一头用来钉钉子，另一头用来起钉子）。

④ 瑞士军刀（包含多种工具，如螺丝起子、尖刀、剪子等，其功能各不相同）。

(3) 让对象的不同部分处于完成各自功能的最佳状态。例如：

① 键盘上各个健的位置和大小各不相同，使用频率较高的键位于最方便操作的位

置,最常使用的键在体积上往往比其他键大(如空格键和回车键)。

② 在食盒中设置间隔,在不同的间隔内放置不同的食物,避免相互影响。

③ 将一个大房间用隔断分成多个具有不同功能的小房间(厨房、卫生间、卧室、客厅、储藏室等)。

IP4:增加不对称性原理

本原理涉及从"各向同性"向"各向异性"的转换,或是与之相反的过程。各向同性是指,无论在对象的哪个部位,沿哪个方向进行测量,都是对称的。各向异性就是不对称,是指在对象的不同部位或沿不同的方向进行测量,测量结果是不同的。通过将对称的(均匀的)形式(形状、形态、外形)或结构变为不规则的(无规律的、不合常规的、不整齐的、不一致的、参差不齐的),可以增加不对称性。

指导原则如下:

(1) 将对象(形状或组织形式)由对称的变为不对称的。例如:

① 计算机的内存条、声卡、显卡、网卡的插槽都是采用不对称结构,这种不对称结构可以保证这些设备的正确插接(图 A-2)。

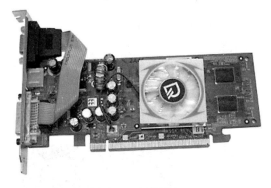

图 A-2　电脑板卡

② 坦克装甲的厚度,在不同部位是不同的。这种不对称结构既可以保证重点部位的高抗打击能力,又可以有效地减轻坦克的重量。

③ 飞机机翼的上面和下面的弧线是不同的,这种不对称结构能够在气流的作用下产生上升的力。

④ 从天平到杆秤的发展(图 A-3)。

图 A-3　天平和秤

(2) 如果对象已经是不对称的了,就增加其不对称程度。例如:

① 为提高焊接强度,将焊点由原来的椭圆形改为不规则形状。

② 杠杆原理。当支点在中间的时候,两边长度相等,是对称的;当支点两边的长度不相等的时候,会出现杠杆作用而进一步增加这种不对称性,将会使杠杆作用更加明显,可以用很小的力撬起很重的物体。

③ 锁及钥匙运用增加不对称性原理,来保证键合结构的唯一性。

IP5:组合(合并)原理

本原理既可以是空间上的,也可以是时间上的。其目的是将两个或多个相邻的对象(操作或部分)进行组合或合并。或者在多种功能、特性或部分之间建立联系,以便产生一种新的、想要的或唯一的结果。通过对已有功能的组合,可以生成新的功能。

指导原则如下:

(1) 在空间上,将相似的(相同的、相关的、同类的、接近的、时间上连续的)对象加以组合(合并)。例如:

① 利用网络将多台计算机联结起来。

② 将多种机床的功能"集成"到一起,形成加工中心(图 A-4)。

③ 将多根不同颜色的油笔集成为一根多色油笔。

④ 将多个单一插座集成到一起,组成插线板。

⑤ 将电视机、录像机、收音机和录音机的功能集成到一起,形成家庭影院。

图 A-4 加工中心

(2) 在时间上,将相似的(相关的、同类的、接近的、相同的、时间上连续的)操作或功能加以组合(合并)(最好是实现并行工作,以提高工作效率)。例如:

① 将多种机床按照特定产品的工艺规划排列起来,形成一条流水线。

② 将多种单一功能的农业机械按照一定的顺序集成到一起,形成联合收割机(图 A-5)。

③ 冷热水混合龙头可同时放出冷水和热水,根据需求调节为所需的温度。

图 A-5　联合收割机

IP6：多功能性（多用性、广泛性）原理

本原理是指：将不同的功能或非相邻的操作合并。使一个对象（如对象 X）具备多项功能（例如同时具备功能 A、功能 B、功能 C 等），从而消除了这些功能（如功能 B）在其他（相关）对象（例如，对象 Y 具有功能 A、对象 Z 具有功能 B）内存在的必要性（进而裁减对象 Y、Z 中承担该功能的子对象），结果就是对象 X 可以实现多个对象（如对象 Y、对象 Z 等）的功能，使对象具备多用性，可产生在其他情况下不存在的机会及协力优势。

指导原则如下：

使一个对象能够执行多种不同的功能，从而使其他只具有单一功能的对象成为多余的，进而可以将其他对象裁减掉。例如：

① 瑞士军刀可以提供多种功能。
② 具备多种技能的操作人员（复合型人才）。
③ 家庭娱乐中心（具有录音机、CD 机、电视机、录像机等功能）。
④ 可调扳手是一种具有多用性的扳手（一把扳手可适合多种螺母）。
⑤ 食品安全法也具有多功能性。它不仅能够督促国内企业提高其产品质量，而且可以用来设置贸易壁垒，将别国的食品拒之门外。

IP7：嵌套（套娃）原理

本原理是指：通过递归地将一个对象放入另一个对象的内部，或让一个对象通过另一个对象的空腔而实现嵌套。嵌套是指彼此吻合、彼此组合、内部配合的性质。嵌套原理的一个典型应用，就是俄罗斯套娃（图 A-6），因此，嵌套原理也被称为套娃原理。嵌套的本质是彼此吻合、彼此组合、内部配合的性质。

指导原则如下：

（1）把一个物体嵌入另一个物体，然后将这两个物体再嵌入第三个物体，依此类推。
（2）使一个对象穿过或处于另一对象的空腔。

IP8：重量补偿原理

本原理是指：通过用一个相反的平衡力（浮力、弹力或类似的力）来阻遏（抵消）一个

图 A-6　俄罗斯套娃

不良的(不希望有的)力。

指导原则如下：

(1) 将对象与另一个能提供上升力的对象组合，以补偿其重量。例如：

① 飞艇利用浮力来补偿人和货物的重量。

② 用氢气球悬挂广告条幅(利用氢气球提供的上升力来补偿条幅的重量)。

③ 在一捆原木中混杂一些泡沫材料，从而使原木捆更容易漂浮。

(2) 通过与环境的相互作用(利用空气动力、流体动力等)实现对象的重量补偿。例如：

① 机翼在空气中运动的时候，机翼上方空气密度减小，下方空气密度增加，产生升力。

② 直升机的螺旋桨与空气发生相对运动时，可以提升上升力。

③ 水翼船的水翼与水发生相对运动时，可以为船提供向上的力。

(3) 利用环境中相反的力(或作用)来补偿系统的消极的(负面的)属性。例如：利用船体周围的海水来冷却油轮中所装载的易挥发液体。

IP9：预先反作用原理

本原理是指：预先了解可能出现的问题，并采取行动来消除出现的问题、降低问题的危害或防止问题的出现。

指导原则如下：

(1) 事先施加反作用力，以抵消工作状态下过大的和不期望的应力。例如：

① 预应力钢筋混凝土(灌注混凝土之前拉伸钢筋，然后在拉伸状态把钢筋固定在模型里，并注入水泥。当水泥硬化后，把钢筋两头松开，钢筋缩短并使水泥收缩，从而提高了钢筋混凝土的强度)。

② 预应力构件(图 A-7)。

(2) 对于某种既具有有害影响又具有有用影响的作用 A，可以预先实施一种效果与 A 中的有害影响相反的作用 B，利用 B 所具有的影响来降低或消除 A 所产生的有害影响。例如：内有波纹层的包装箱纸在制作时使其波纹层和表面层反向弯曲，当胶水干燥

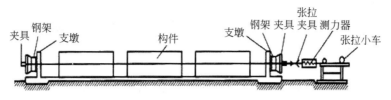

图 A-7 预应力构件

后,包装箱纸则达到平直状态。

(3) 对有害的作用或事件,预先采取相反的作用。例如:当建筑物着火的时候,如果某人要冲到建筑物里面去救人,通常先要用水将这个人的全身浇湿,这样就可以在短时间内防止其被火烧伤。

【故事】挖泥船的管线。

在靠近岸边约5公里的海上,一只挖泥船正在为航道进行清理工作,挖出的混着海水的泥巴通过一条管道被抽送到岸上。为保证管道浮在水面,管道上捆绑着一长溜的浮桶。

"天气预报说一场暴风雨即将来临!"船长说,"我们要立即停止工作,将管道拆开并带回岸上。暴风雨过后再带回来安装。大家行动要快,必须在暴风雨来临之前完成。"

"没有别的办法,"船员们说,"如果暴风雨将管道破坏,情况会更糟,赶快拆卸。"

……

这时,创新工程师出现了。

"不用拆卸管道,"他说,"不管什么样的暴风雨,我们都可以继续工作。"

于是,一个基于预先反作用原理的解决方案产生了。

管道不必浮于水面,而是沉入海水中。暴风雨的影响被消除了。

IP10:预先作用原理

本原理是指:在真正需要某种作用之前,预先执行该作用的全部或一部分。

指导原则如下:

(1) 预先对某对象进行所需的改变,这种改变可以是整体的,也可以是部分的。例如:

① 方便面。

② 建筑业中大量使用的预制件。

③ 纸上预先印刷好的表格。

④ 背面涂有不干胶的邮票。

⑤ 计算机软件中,根据用户当前状态而弹出的软件菜单列表。

⑥ 在大型机械设备的总装过程中,大量使用的预先装配好的组件(例如,在汽车的总装线上,只需安装一个已经装配好的发动机,而不需要在总装线上临时用零件组装出一个发动机)。

(2) 将有用的物体预置,以便使其在必要时能立即在最方便的位置发挥作用。例如:

① 制造业中的流水线。

② 商场内预先安置的灭火器。

③ 战争片中,进行阵地战的时候,战士们会预先将手榴弹的后盖打开(指导原则1),放在触手可及的地方(指导原则2)。

【故事】食用油的短缺。

一家粮油公司用油罐车来运装购买的食用油,每罐可装3000升。但老板发现每次卸出的油都短缺30升,经过核准流量仪、检查封条和所有可能漏油部位后,没有找到短缺的原因。

没办法,请来了老侦探调查这个问题,老侦探进行了暗地跟踪,发现油罐车在运送途中没有停过车,但依然短缺了30升,连老侦探也百思不得其解。

……

这时,创新工程师出现了。

"我们只要思考一下,"他说,"就知道是司机偷了油。"

接着,他解释了这个基于预先作用原理的问题答案。

原来司机事先在油罐内挂了一个桶,当油罐中注满食用油时,桶中就盛满了食用油。但是卸油后,桶中的油却保存了下来。司机随后伺机取出这一桶油。

这个司机真是费尽了心机啊!

IP11:预补偿(事先防范)原理

本原理是指:通过预先准备好的应急措施(如备用系统、矫正措施等)来补偿对象较低的可靠性。

指导原则如下:

用预先准备好的应急措施来补偿对象相对较低的可靠性。例如:

① 预先涂抹防晒霜,以避免被晒伤。

② 在F1赛车场,为了防止赛车在快速转弯的时候发生事故,会在赛道的拐弯处放置旧轮胎作为保护。

③ 跳伞运动员跳伞时会带一个备用伞,当主降落伞不能正常打开的时候,使用备用伞。

④ 为了防止驾驶员在发生意外事故的时候受到伤害,轿车上配备了安全气囊。

⑤ 建筑物中的防火通道是为了在火灾发生时供人们紧急疏散用的。

⑥ 建筑物中的应急照明系统是为了在停电的情况下提供紧急照明而设置的。

IP12:等势原理

本原理涉及三个既可以单独使用,也可以合并使用的概念:

① 在一个系统或过程的所有点或方面建立均匀位势,以便获得某种系统增益。

② 在系统内建立某种关联,以维持位势相等。

③ 建立连续的、完全互相联系的关联和联系。

指导原则如下:

以某种方式改变作业条件(工作状态),而不必升高或降低对象。例如:

① 电梯可以将乘客运送到高层建筑上,从而避免了人自己爬楼梯。

② 位于水运航线上的水坝都建有船闸,船在通过水坝的时候,需要在船闸中调整其位势,以便顺利地从一个水平高度调整到另一个水平高度(图 A-8)。

图 A-8　船闸

【故事】古塔是否在下沉。

城市的中心广场有一座古塔,似乎在逐渐下沉。名胜古迹保护委员会前来测量研究这个古塔的下沉问题。测量的第一步是要选择一个高度不变的水平基准,并且在塔上可以看到这个基准,以便进行比较测量。

很可能广场周围建筑也在一起下沉,所以需要寻找一个远离古塔而且高度不变的基准,最后他们选择了远离古塔 1500 英尺以外的一个公园的墙壁,但古塔和公园的墙壁之间被高层建筑物遮挡住了,无法直接进行测量。

"非常复杂的情况,"测量员沉思后说,"看来我们得求助于其他的专家。"

……

这时,创新工程师出现了。

"不必麻烦专家,"他说,"看一下初中物理书就可以找到此问题的解决办法。"

于是,一个基于等势原则的方案呈现了。

拿两根玻璃管,一个安装在塔上,一个安装在公园的墙壁上,用胶管将其连接起来,然后灌入液体,就组成一个水平仪,两只玻璃管中的液体应保持同样的高度,我们在玻璃管上标出这个高度。如果古塔下沉,则塔上玻璃管内的液体会升高。

IP13：反向作用原理

本原理是指:通过在空间上将对象翻转过来(上下翻转、左右翻转、前后翻转、内外翻转),在时间上将顺序颠倒过来(颠倒先后顺序),在逻辑关系上将原因与结果反过来,从而利用不同(或相反)的方法来实现相同的目的。

指导原则如下:

(1) 用与原来相反的作用实现相同的目的。例如:

① 用平车运送货物时,既可以推,也可以拉,来实现相同的结果。

② 在教育教学过程中,老师既可以使用惩罚,也可以利用鼓励手段,来达到相同的教育目的。

③ 利用黑笔和白板的组合代替传统的黑板和白粉笔的组合。

(2) 让物体或环境中可动的部分不动,不动的部分可动。例如:

① 在机加工过程中,既可以让工件旋转刀具保持静止,也可以让刀具旋转而工件保持静止。

② 除了通过上路驾驶来测试汽车的空气动力特性之外,也可使其进入一个风洞来模拟。这种方法可以用于任何需要气动或水动测试的系统。

(3) 将对象(物体、系统或过程)"颠倒"(上下颠倒、内外颠倒、前后颠倒、顺序颠倒等)过来。例如将物体从上面向下插入更快,特别是螺栓。

【故事】酒心巧克力的窍门。

这一天是一个漂亮女孩的生日,有一个客人带来了一大盒巧克力糖,这是一种酒瓶形的果汁巧克力糖,巧克力的中心是液态的果汁,大家都非常喜欢。吃着巧克力时,有位客人好奇地问道:"我很纳闷这种果汁巧克力的果汁是怎么装进去的。"

"先做好巧克力,然后往里面灌上果汁,再封口。"另一位客人猜测道。

"果汁必须非常的稠,要不然会影响巧克力成型,"第三位客人说,"但是果汁不容易灌进巧克力中。通过加热可以让果汁稀些,以便灌入,却会熔化巧克力。"

……

这时,创新工程师出现了。

于是一个基于逆向思维的解决方案产生了。

先将果汁降温,降到冰冻状态,将一颗颗冰冻的果汁颗粒放入巧克力中,然后进行成型,随后冰冻的果汁会在常温下恢复液体。果汁巧克力就完成了。

IP14:曲面化原理

本原理是指:

(1) 通过将二维或三维空间中的直线变为曲线、直线运动变为圆周运动,来增加曲率。

(2) 用曲线属性或球面属性代替线性属性。

指导原则如下:

(1) 用曲线(或曲面)代替直线(或平面),用球体代替多面体。例如:

① 在两表面间引入圆弧结构,以降低应力集中。例如,机械零件中的倒角、圆弧过渡结构。

② 在建筑领域中,常用拱形结构来提高建筑物的强度,例如拱门、石拱桥(图 A-9)、弯顶。

③ 为了避免物体上的裂纹扩大,通常在裂纹的顶端引入应力释放孔。

(2) 采用滚筒、辊、球、螺旋结构。例如:

① 螺旋齿轮可以提供均匀的承载能力。

② 圆珠笔和钢笔的球形笔尖,使书写流畅,下墨均匀。

③ 螺旋形的楼梯可以大幅提高空间的利用率。

(3) 利用离心力,用回转运动代替直线运动。例如:

图 A-9　石拱桥

① 通过高速旋转,甩干机利用离心力去除湿衣物中的水分。
② 利用离心铸造可以生产出壁厚非常均匀的产品。

【故事】莫比乌斯环。

科幻故事《黑暗的墙》中,哲人格里尔手里拿着一张纸,对同伴不里尔顿说:"这是一个平面,它有两个面。你能设法让这两个面变成一个面吗?"

不里尔顿惊奇地看着格里尔说:"这是不可能的。"

"是的,乍看起来是不可能的,"格里尔说,"但是,你如果将纸条的一端扭转180°,再将纸条对接起来,会出现什么情况?"

不里尔顿将纸条一端扭转180°后对接,然后粘贴起来。

"现在把你的食指伸到纸面上。"格里尔静静地说。

不里尔顿已经明白了这位智者同伴的智慧,他移开了自己的手指。"我懂了!现在不再是分开的两个面,而是只有一个连续的面。"

这就是以著名的德国数学家莫比乌斯命名的"莫比乌斯环"(图 A-10)。

图 A-10　曲面化原理:莫比乌斯环

很多人利用这个奇妙的"莫比乌斯环"来获得发明。大约有100多项专利均是基于这个奇妙的环。有砂带机、录音机、皮带过滤器等。

"莫比乌斯环"正是曲面化原理的典型代表。

IP15：动态特性原理

本原理是指：使构成整体的各个组成部分处于动态，即各个部分是可调整的、活动的或可互换的，以便使其在工作过程中的每个动作或阶段都处于最佳状态。

指导原则如下：

(1) 调整对象或对象所处的环境，使对象在各动作、各阶段的性能达到最佳状态。如：

① 汽车上可调的方向盘、座椅、后靠背或后视镜。

② 折叠椅和笔记本电脑都是通过分割物体的几何结构，引入铰链链接，使其各部分可以改变相对位置。

③ 形状记忆合金。

(2) 将对象分割为多个部分，使其各部分可以改变相对位置。例如：

① 装卸货物的铲车（装载机），通过铰链链接铲斗，可以自由开闭（图 A-11）。

图 A-11　装载机（铲车）

② 可分离键盘。

(3) 使不动的对象可动或可自动适应。例如：

① 电子像框可以顺序显示多幅照片。

② 电子广告牌可以顺序显示多幅平面广告。

③ 管道疏通机的柔性软管。

④ 在计算机软件中，根据用户当前状态的不同，鼠标右键菜单的内容也不同。

⑤ 充气床或水床可以根据人的不同卧姿自动调整形状。

IP16：未达到或过度作用原理

本原理是指：如果很难百分之百达到所要求的效果，则可以采用"略少一点"或"略多一点"的做法，这样可以大大降低解决问题的难度。既可以先采用局部的（不足的）作用来"略微不足地"初步完成某项任务，然后再进行最后的调整；也可以先采用过度的（过量的、过大的）作用来"略微过量地（超额地）"初步完成某项任务，然后再进行最后的调整。

指导原则如下：

当所期望的效果难以百分之百地实现时，"稍微大于"或"稍微小于"期望效果，会使问题大大简化。例如：

① 在喷漆的时候，很难精确地给对象喷上一定厚度的油漆，因此，可以先给对象喷过量的油漆，然后再设法去除多余的部分。例如，在给缸筒上油漆的时候，可以先将缸筒浸泡到盛油漆的容器中，让缸筒上附着过量的油漆，然后将缸筒取出，并快速旋转缸筒，利用离心力甩掉多余的油漆。

② 打土坯的时候，先向模具中放入过量的泥土与稻草的混合物，踩实以后，用木板沿模具的上端刮一下，将多余的混合物去除。

③ 在机械加工领域，对一个零件毛坯进行加工的时候，首先进行的是粗加工，目的是快速去除绝大部分多余的材料，然后再进行精加工，慢慢地去除剩余的少量材料，使零件的加工精度达到所要求的公差范围。

【故事】大直径钢管的切割。

现在要生产一种直径1m、长度12m的钢管。原材料为带状卷料，在钢管弯卷焊接设备上进行加工，此设备以连续的2m/s的速度输出焊接完成的钢管，所以，需要6s完成一次切割。因为切割设备的电锯切割1m直径的钢管需要一定的时间才可以完成，而钢管在连续向前输出，所以切割设备得在钢管同步前进中进行切割，切割完成后还需要快速返回到原来的位置，以开始对下一段钢管的切割，切割和返回的动作需要在6s之内完成。

现在的矛盾是，切割设备的功率选择和移动速度产生了矛盾，大功率的设备切割速度快，但比较笨重、移动起来缓慢，小功率的设备比较轻巧，可快速移动，但切割时间会比较长。

工程部被要求解决这个问题，工程师们陷入了激烈的争论，最后折中方案似乎占据了上风，那就是降低钢管弯卷焊接设备的输出速度。

"难道我们非得降低焊接设备的钢管输出速度吗？"总工程师说，"如果将输出速度降低到1m/s，我们的生产率将降低一半，根本无法按时交货。"

……

这时，创新工程师出现了。

"我们根本不必降低输出速度，切割工作可以预先来做一部分。"

于是，一个基于不足或超额行动的解决方案产生了。

可以事先切割带状原材料钢板，但是不能完全切断，要保留部分连接，以保证弯卷焊接过程中的足够连接强度。这样，在后续切割中，只切断那部分保留的部位就可以了。

最后，以一个振动来实现钢管的切割，生产效率大幅提升。

IP17：空间维数变化（一维变多维）原理

本原理是指：通过将对象转换到不同维度，或通过将对象分层或改变对象的方向来改变对象的维度。

指导原则如下：

（1）如果对象沿着直线（一维）运动（或配置）时存在某种问题，则可以使其沿平面（二维)运动(或配置),来消除存在的问题;相同道理,如果对象沿着平面(二维)运动(或配置)时存在某种问题,则可以使其过渡到三维空间来运动(或配置),从而消除存在的问题。例如:

① 螺旋滑梯的滑道比直线型滑梯更长(图 A-12)。

图 A-12　螺旋滑梯

② 台球选手利用弧线球来绕开母球与目标球之间的其他球。
③ 将刀子的刀刃由直线型改为锯齿型,可以提高切割效果。
④ 机械设计中的加强筋、工字钢、工字梁。
⑤ 建筑中的穹顶结构(图 A-13)、拱形结构。

图 A-13　建筑穹顶

⑥ 在固定电话上,连接听筒与机身的螺旋形电话线。
⑦ 从顺序操作(一维)变为并行操作(二维)。
(2) 单层变为多层。例如:
① 楼房代替平房。
② 立体车库。

③ 在仓库中,将货物堆垛码放。

④ 随着制造工艺的发展,小型电子设备中的印刷电路板已经从单层发展为多层。

（3）将对象倾斜或侧向放置。例如：

① 自动卸载汽车。

② 往汽车上装卸汽油桶的时候,在地面与车厢之间利用木板形成斜坡,使装卸变得容易。

（4）利用给定表面的反面。例如：双面胶带。

（5）利用照射到邻近表面或对象背面的光线。例如：

阳光无法直接照射到位于山坳里的小镇,居民们在附近的山顶上利用巨大的镜子,将太阳光反射到小镇里。

【故事】会变身的自行车。

对很多人来说,学骑自行车可能是件令人烦恼的事,经常会摔倒,尤其是儿童学骑自行车时可能会产生危险。

现在,人们将不再有这种顾虑了。美国帕杜大学的工业设计师利用维数变化原理发明出了一种"变身三轮车",当骑车者加速时,它的两个后轮会靠得越来越近,而减速或停车时,两个后轮又会分开,骑车者根本不用担心车子会侧翻。

IP18：机械振动原理

本原理是指：

（1）通过振动（振荡）或摇动（震动）对象而使对象产生机械振动,增加振动的频率或利用共振频率。

（2）利用振动（颤动、摇动、摆动）或振荡（振动、振荡、摆动）,在某个区间内产生一种规则的、周期性的变化。

指导原则如下：

（1）使对象发生机械振动。例如：

① 利用振动刀片的电动切肉刀。

② 浇注混凝土的时候,利用振动式励磁机（激励器）去除混凝土中的孔隙。

③ 筛选（筛分）的时候,利用振动可以提高效率。

④ 振动可以使生锈的、腐蚀的或拧得过紧的零件松动。

⑤ 利用振动,乐器可以发出悦耳的声音。

（2）如果对象已经处于振动状态,则提高振动的频率（直至超声振动）。例如：

① 利用振动来撒粉末。

② 利用超声波在液体中产生的空穴现象来清洗物体。

③ 犬笛可以发出超出人耳听力范围的声波,但狗可以听到这种声波。

④ 利用超声波进行无损检测。

（3）利用共振频率。例如：

① 音叉。

② 利用一个小小的振动装置可以摧毁一栋摩天大楼。

③ 清洗瓶子的时候,利用与瓶子的自振频率相同的脉冲可以很容易地将瓶子清洗干净。

(4) 用压电振动代替机械振动。例如:

① 石英表利用石英振动机芯代替了机械表的机械振动机芯。

② 利用压电振动器可以改善喷雾嘴对流体的雾化效果。

(5) 将超声波振动与电磁场合并使用。例如:

① 在高频炉中对液态金属进行电磁搅拌,使其混合均匀。

② 利用感应电炉制作合金。

③ 将超声波与加热组合用来进行烘干。

【故事】聪明的测量仪。

在化工厂车间里,一种强腐蚀性的液体装在一个巨大的容器中,生产时,让液体从容器流向反应器,但进入反应器的液体量需要进行精确的控制。

"我们尝试使用了各种玻璃或金属制作的仪表,"车间主任对厂长说,"但它们很快就被液体给腐蚀了。"

"如果不测量流量,只测量液体高度的变化怎么样?"厂长问。

"容器很大,高度变化很微小,"车间主任说,"我们无法得到准确的结果,而且容器接近天花板,操作上很不方便。"

这似乎是一个难以解决的问题。

……

这时,创新工程师出现了。

"我们需要一台聪明的测量仪,"他说,"不是测量液体,而是测量空隙。"

于是,一个基于振动原理的解决方案产生了。

原来,利用振动的原理,测量容器中液面以上的空气部分的共振频率,得到空气部分的变化量,从而准确推算出液面的细微变化量。

IP19:周期性作用原理

本原理是指:通过有节奏的行为(操作方式)、振幅和频率的变化以及利用脉冲间隔,来实现周期性作用。

指导原则如下:

(1) 用周期性作用或脉动代替非周期性作用。例如:

① 在建筑工地上,将打桩机周期性地作用于桩子,可以快速地将桩子打入地下。

② 脉冲式真空吸尘器可以改善清洁的效果。

③ 当汽车在结冰的路面上制动时,利用"多次轻踩刹车的方式"可以避免打滑。

④ 盘铣刀(其对金属的切割是周期性的)的加工效率比普通铣刀(其对金属的切割作用是连续的)要高得多。

(2) 如果作用已经是周期性的,则改变其作用频率。例如:

① 用调频(FM)代替莫尔斯电码来传递信息。

② 在不同的工作状态下,洗衣机(或洗碗机)会采用不同的水流喷射方式。

(3) 利用脉动的间隙,来完成其他的有用作用。例如:

① 在心肺呼吸中,每压迫胸部 5 次,呼吸 1 次。

② 当过滤器暂停使用时,通过倒流将其冲洗干净。

【故事】两根绳子。

在一个空房间里,有一个布娃娃放在窗台上,两根细绳从天花板上垂直下来。你的任务是将两根绳子的下端绑在一起。

但是,如果你拿着一根绳子却够不到另一根绳子,旁边没有人,所以就不会得到帮助。当然的想法是让绳子动起来。但是绳子又轻又软,根本就动不起来。

怎么办?

这时,创新工程师出现了。

"看到了窗台上的那只布娃娃了吗?"他说,"用它来解决这个难题。"

于是,一个基于周期性动作原理的解决方案产生了。

将布娃娃绑在绳子的下端,然后让绳子在布娃娃的重力作用下形成周期性的摆动,问题就迎刃而解了。

IP20:有益(效)作用的连续性原理

本原理是指:在时间、顺序、物质组成或范围广度上建立连续的流程,并(或)消除所有空闲及间歇性动作,以提高效率。

指导原则如下:

(1) 让工作不间断地进行(对象的所有部分都应一直满负荷工作)。例如:

① 在建设自动流水线的时候,是以整个流水线的产量为基础来设计的。只有当流水线上的所有设备都是连续地、同时满负荷工作的时候,才能达到流水线的设计产量。

② 混合动力汽车中输出功率恒定的燃气涡轮,或飞机上的辅助动力装置,在开机后可以始终保持最高效率的运行。

③ 心脏起搏器。

④ 炼铁的高炉始终处于一种连续的生产状态。

⑤ 改善生产流程中的瓶颈操作,达到最佳的效率。

(2) 消除空闲和间歇性动作。例如:

① 老式打印机的打印头只能沿一个方向进行打印,打印头从初始位置开始打印,直到极限位置,然后需要快速回到初始位置(称为回程),以开始进行下一次打印。而新式打印机在回程的时候也能执行打印工作。

② 在物流管理中,通过适当的调度,最大限度地减少运输工具的返程空载率。

③ 快速干燥的油漆,可以消除传统油漆等待干燥的时间。

④ 用加工中心代替多台机床,可以消除零件在不同机床之间的运输时间。

(3) 用旋转运动代替往复运动。例如:

① 用盘式铣刀(通过旋转运动进行切割)代替立式铣刀(通过往复运动进行切割)。

② 用计算机硬盘(旋转运动)代替磁带(往复运动,需要倒带)进行数据存储。

③ 用绞肉机代替菜刀来剁肉馅。

④ 用水车取水(系统旋转,子系统往复)代替水桶打水(系统往复)。

【故事】穿山甲。

《先驱者真理》杂志上刊登了一个问题:在地底下可以随意穿行的车子应该是一个什么样子的。

杂志社收到了很多解答。

用一辆拖拉机,前面装上铲子,把土挖开形成通道。

带翅膀的车子。

……

所有的设想基于挖掘原理,将土从车前移到车后,而车后的土需要运输处理掉才可以形成通道。车子要达到地下行动自如的目标,看来不大可能实现。

……

这时,创新工程师出现了。

"这是有一定的难度,"他说,"不过是可以实现的,让我们看看穿山甲是怎么工作的。"

穿山甲打洞的原理是:将土一点点地用头拍到隧道壁上,这连续的有效动作不断地重复,最后"挤"出一条隧道来。

基于穿山甲有效动作连续性原理的"人造穿山甲"专利在苏联诞生,是一种前边带有尖锥形的切土器的机器,不仅将土切下来,而且挤拍到隧道壁上去。

IP21:减少有害作用的时间(快速通过)原理

本原理是指:用尽可能短的时间,快速地通过某个过程中困难的或有害的部分。

指导原则如下:

若某事物在给定的速度下会出问题(发生故障,或造成破坏的、有害的、危险的后果),则可以通过加快其速度来避免出现问题或降低危害的程度。例如:

① 高速牙钻可防止牙组织受热损伤。

② 为避免塑料在切割过程中受热变形,以高速进行切割,从而减少扩散到塑料中的热量。

③ 超音速飞机高速通过音障区,以避免共振。

④ 巴氏灭菌法采用短时超热处理来杀菌。

【故事】"磁速"网球拍。

菲舍尔公司推出的"磁速"网球拍不但不会限制你的正手击球,反而能击中最有效的击球点,你将会体验到其中的不同。

正常击球时,球拍的结构在恢复前会稍微变形。然而,一旦拥有"磁速"网球拍,安装在拍头两侧的两个单极磁铁有助于加快球拍恢复的速度,这样,球就有了更大的力量可以弹回到球网的方向。德国网球选手格罗恩菲尔德和其他著名选手都使用这种球拍进行比赛。

磁铁就是在瞬间完成的球拍恢复原位的紧急行动。

IP22：变害为利原理

本原理是指：通过将有害的作用或情况变为有用的作用来利用有害的因素。

指导原则如下：

（1）利用有害的因素（特别是环境中的有害效应），得到有益的结果。例如：

① 燃烧垃圾发电，燃烧后的灰分还可以作为化肥或制成建筑材料。

② 在冬季，汽车发动机所产生的热量（这种热量对于发动机来说是有害的）可以用来对车厢内部进行加热。

③ 利用老鼠的高繁殖率，将其作为实验动物。

④ 在医学上，利用失去活性的病源菌制造疫苗，可以使人体获得后天的免疫能力。

⑤ 氧化作用可以使钢铁锈蚀，但是利用可控的氧化作用却可以保护钢铁。例如，黑色氧化物。

（2）将两个有害的因素相结合，进而中和或消除它们的有害作用。例如：

① 向腐蚀性溶液中加入一个缓冲材料。

② 潜水员使用氮氧混合气体，以避免单独使用时造成的氮昏迷或氧中毒。

（3）增大有害因素的幅度，直至有害性消失。例如：

① 森林灭火时，可以在大火蔓延方向的前方燃起另一场易于控制的火，将大火蔓延所需要的燃料烧光。

② 利用爆炸来扑灭油井大火。

【故事】渥伦哥尔船长的遭遇。

渥伦哥尔船长要从加拿大乘雪橇前往阿拉斯加，一个叫"倒霉蛋"的团伙给他买了一只"鹿"和一条"狗"，但他实际收到的不是鹿和狗，所谓的"鹿"实际是牛，"狗"是狼。

渥伦哥尔船长并没有被难住，他变害为利，巧妙地利用牛和狼之间的矛盾关系，顺利完成了旅行任务。

渥伦哥尔船长将牛和狼一前一后套在雪橇上，受惊吓的牛拼命地拉着雪橇向前奔，狼想扑牛，也拼命地拉着雪橇向前跑。

IP23：反馈原理

本原理是指：将系统的输出作为输入返回到系统中，以便增强对输出的控制。

指导原则如下：

（1）向系统中引入反馈，以改善性能。例如：

① 声控喷泉。

② 自动导航系统。

③ 利用恒温开关控制温度。

④ 加工中心的自动检测装置。

⑤ 运动敏感光线控制系统（厕所光线敏感冲水系统）。

(2) 如果已引入反馈,就改变它。例如:
① 在距机场 5 千米航程范围内时改变导航系统的灵敏度。
② 当温度由高变低时,改变恒温开关中负反馈装置的灵敏度,因为温度降低的时候运用能量的效率会降低。

【故事】聪明绳索。

任何一个消防队员或者攀岩者都可以告诉你,一条简单的绳子可以救你的命,条件是它不要磨损或突然断裂。如今科学家研制出了"聪明绳索",这种智能绳索里面有电子传导金属纤维,可以判断它所承受的重量,如果重量太大,它无法承受,绳索就会向使用者发出警告。智能绳索还可以用于停泊船只、保护贵重物品或者用于营救行动。

聪明的绳索就是在普通绳索上增加了反馈,从而提高安全性。

IP24:借助中介物原理

本原理是指:通过将某对象临时或永久地放置在两个或多个现有的对象中间作为一个"调停装置"来实现本原理。调停或协商就是指两个不相容的(互相矛盾的、性质相反的)参与者,功能,事件或条件(情形、环境、情境)之间的某种临时性的链接。通常利用某种易于去除的中间载体、中间阻断物或中间过程来实现这种链接。

指导原则如下:

(1) 利用中介物来转移或传递某种作用。例如:

① 用于演奏弦乐器的拨子(琴拨、拨弦片:用来弹拨某种乐器的小而薄的金属、塑料、骨制或类似材料的片子)。

② 将两相电转换为三相电的转换插头。

③ 电源开关(在手与电线之间传递作用)。

④ 计算机网络、通信网络、供电网络、货币(图 A-14)。

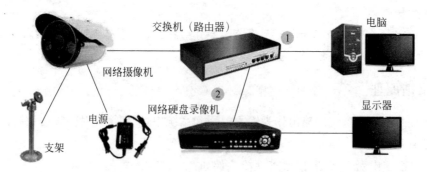

图 A-14 借助中介原理:网络摄像机(看一看,图中有多少中介物)

⑤ 代理人。

⑥ 签字仪式上的公证员(双方均可信任的独立的第三方)。

(2) 将一个对象与另一个容易去除的对象暂时结合在一起。例如:

① 饭店上菜的托盘。

② 化学反应中的催化剂。

③ 借助钳子、镊子等工具，人手可以完成许多原本难以完成的任务。

④ 机床上的夹具。

⑤ 带附件的 E-mail。

⑥ 药片上的糖衣（或胶囊）。

【故事】胶管上的孔。

现在需要在一根长胶管上钻出很多径向小直径的标准孔，因为胶管很软，钻孔操作起来非常不容易。

有人建议用烧红的铁棍来烫出小孔。经过尝试，发现烫出的小孔很毛糙，而且很容易破损，不能满足质量要求。

"有没有什么好的办法？"经理问。

大家面面相觑。

这似乎是一个不容易解决的问题。

……

这时，创新工程师出现了。

"有一个很简单的办法，可以帮助我们完成这项加工。"他说。

于是，一个基于中介物原理的解决方案产生了。

先给胶管里面充满水，然后进行冷冻，待水冻成冰态时，再进行钻孔加工。加工完成后，冰会融化成水很容易流出管道。

IP25：自服务原理

本原理是指：在执行主要功能的同时执行相关功能。

指导原则如下：

(1) 使对象能执行辅助性的或维护性的工作，以便进行自我服务。例如：

① 自清洁玻璃。

② 无人值守的自动售货机。

③ 环保型无针订书机。其工作原理如下：订书机会将纸张的部分区域切开，并把被切开的那部分纸"扣"在一个被切开的缝隙中，这样纸张就粘连在一起了。目前，它还只能装订少量的纸张，一般的打印纸在 10 页左右（图 A-15）。

图 A-15　无针订书机

(2) 利用废物(能量、物质)。例如：

① 利用钢铁厂的余热进行发电,将发的电再用于钢铁厂的生产。

② 在收割的过程中,将作物的秸秆粉碎后直接填埋,作为下一季庄稼的肥料。

③ 用生活垃圾做肥料。

(3) 水车(图 A-16)。

图 A-16　自服务原理：水车

【故事】钢珠输送管道的难题。

在一个输送钢珠的管道中,拐弯部位在工作一两个小时后就会坏掉。根本的原因是钢珠在高速气体的驱动下对弯曲部位的管壁进行着连续撞击,很快就会撞出一个洞来。

管道损坏后必须停止输送,进行维修,这就影响了生产效率。

"看来还需要一条管道,"工程师说,"当需要维修时,启动另一条管道来输送钢珠。"

"两条管道会增加成本,"经理说,"而且更替管道时仍然会影响生产效率。"

这似乎是一个难以解决的难题。

……

这时,创新工程师出现了。

"总是修补管道不是个办法,"他说,"我有一个主意,可以保证管道永远工作而不必修补。"

于是,一个基于自服务原理(IP25)的解决方案产生了。

在拐弯部位的管道外放置一个磁铁,当钢珠到达磁场范围内时,会被磁铁吸附到管道内壁上,从而形成保护层。钢珠的冲击将作用在由钢珠形成的保护层上,并不断补充那些被冲掉的钢珠。这样,输送管道就被完全保护起来。

IP26：复制原理

本原理是指：通过使用较便宜的复制品或模型来代替成本过高而不能使用的对象。

指导原则如下：

(1) 用经过简化的、廉价的复制品代替复杂的、昂贵的、易损的或不易获得的对象。例如：

① 服装店里的塑料模特（代替真人模特）。

② 利用网络上的虚拟博物馆代替真正的博物馆。

③ 利用快速原型技术所产生的模拟产品。

④ 利用三维 CAD 软件建立产品中各个零件的模型，然后利用这些三维实体模型对装配状况进行模拟。

⑤ 软件中的打印预览功能。

⑥ 先建立经济问题的数学模型，再利用数学模型来模拟经济的运行状况。

⑦ 手机卖场中摆放的模型手机（其外观与真正的产品完全相同）。

⑧ 利用成本较低的纸币来代替黄金、白银、铜等贵金属作为货币（价值符号），利用成本更低的电子货币代替纸币。

（2）用光学复制品（图像）代替实际的对象或过程，同时还可以利用比例的变化（按一定比例放大或缩小复制品）。例如：

① 通过测量卫星照片代替实际地理测量。

② 通过测量旗杆影子的长度，经过相应的换算就可以得到旗杆的实际高度。

（3）如果已使用了可见光的复制品，则可以考虑用红外线或紫外线等非可见光的复制品。例如：

① 在黑夜中，夜视仪可以利用红外线（检测热源）来观察物体。

② 用 B 超设备观察胎儿。

③ 在无损检测中，利用 X 光为被检测对象"照相"，通过 X 光片可以观察到对象内部的缺陷。

IP27：廉价替代品原理

本原理是指：用廉价的、易处理的或一次性的等效物来代替昂贵的、长使用寿命的对象，以便降低成本、增强便利性、延长使用寿命等。

指导原则如下：

用廉价的对象代替昂贵的对象。虽然降低了某些特性（如耐用性），但是能够实现相同的功能。例如：

① 一次性的餐具、水杯、医疗耗材、纸尿布、纸内裤、打火机、照相机等。

② 用布衣柜代替木制衣柜，不仅可以降低成本，还便于搬家。

③ 相对于打火机来说，火柴是廉价的替代品。

④ 在软件行业中，演示版和试用版虽然在外观上与正式版相同，但其内部结构却相差甚远。

IP28：机械系统替代原理

本原理是指：利用物理场（光场、电场、磁场等）或其他物理结构、物理作用和状态来代替机械的相互作用、装置、机构及系统。此原理实际上涉及操作原理的改变或替代。

指导原则如下：

（1）用光学、声学、电磁学、味觉、触觉或嗅觉系统来代替机械系统。例如：

① 用语音识别系统代替键盘作为计算机的输入。
② 用声音、指纹或视网膜代替传统的钥匙。
(2) 使用与对象相互作用的电场、磁场、电磁场。例如：
① 为混合两种粉末，让一种粉末带正电荷，另一种粉末带负电荷，然后利用场来驱动它们，或者机械地将它们混合，使粉末颗粒均匀地混合在一起。
② 利用磁性轴承来代替传统的轴承。
③ 电子标签。
(3) 用移动场代替固定场，用动态场代替静态场，用结构化场代替非结构化场，用确定场代替随机场。例如：
① 核磁共振成像扫描器。
② 在通信系统中，利用定点雷达预测代替早期的全方位检测，可以获得更加详细的信息。
(4) 把场和能够与场发生相互作用的粒子（如磁场和铁磁粒子）组合起来使用。例如：
① 用变化的磁场加热含铁磁粒子的物质，当温度达到居里点时，物质变成顺磁，不再吸收热量，从而实现恒温。
② 对光反应变色的玻璃。

IP29：气动与液压结构原理

本原理是指：利用空气或液压技术来代替普通的系统部件，即通过利用液体或气体，甚至利用可膨胀的或可充气的对象来实现气动和液压原理。

指导原则如下：

利用气体或液体部件代替对象中的固体部件，例如，充气结构、气垫、液体静力结构和流体动力结构等。例如：
① 用气垫船或橡皮艇代替木船。
② 各种充气产品，如充气的儿童城堡、充气靠枕、交通工具的充气内胎。
③ 运输脆的、易损坏的物品时，经常使用发泡材料进行保护。
④ 气垫运动鞋可以减轻运动对足底的冲击。
⑤ 汽车的安全气囊可以在交通事故中起到一定的保护作用。

IP30：柔性壳体或薄膜原理

本原理是指：利用柔性壳体或薄膜来代替传统的结构，或利用柔性壳体或薄膜将一个对象与其所处的外界环境隔离开。

指导原则如下：

(1) 使用柔性壳体或薄膜代替传统的结构形式。例如：
① 网状结构（如蜘蛛网、渔网、网式吊床、网兜）。
② 用布衣柜代替木制衣柜。
③ 北京奥运会游泳比赛场馆（水立方）采用了塑料充气薄膜代替传统的建筑结构。

④ 卫星的太阳翼板是由很薄的金属板构成的，在将卫星发射到空间指定位置之前，太阳翼板以某种形式紧密地折叠在一起，卫星被发射到指定位置后才打开太阳翼板。采用这种结构形式可以在运输时占用较小的空间，且重量轻，而在空间中展开时却可以变得非常巨大，且结构稳固。

(2) 使用柔性的壳体或薄膜将对象与其所处的外界环境隔离开。例如：
① 帐篷、雨伞、皮包、气球。
② 胶囊（易于吞咽，便于药物的缓释）。
③ 潜水服、游泳帽、塑料浴帽。
④ 茶叶包、鞋盒中的干燥剂包。
⑤ 用塑料大棚或地膜代替温室，降低成本。
⑥ 化妆品、指甲油、防晒霜可以提供保护并美化外貌。

IP31：多孔材料原理

本原理是指：通过在材料或对象中打孔、开空腔或通道来增强其多孔性，从而改变某种气体、液体或固体的状态。

指导原则如下：

(1) 使对象变为多孔的，或向对象中加入多孔的添加物，如多孔嵌入物（内部加入）、多孔覆盖物（外部加入）。例如：
① 泡沫材料或海绵状结构，例如，泡沫塑料、泡沫金属等。
② 在物体上钻孔可以减轻物体重量。
③ 空心墙隔层代替实心墙。
④ 建筑业中使用的黏土空心砖、轻砖（也叫充气砖）。
⑤ 活性炭过滤器、金属过滤器、陶瓷过滤器。

(2) 如果对象已经是多孔的，则可以利用这种多孔结构引入有用的物质或功能（在已有的孔中预先加入某种对象）。例如：
① 利用多孔金属网，通过毛细作用从焊接处吸除多余的焊料。
② 用海绵存储液态氢（作为氢燃料汽车的"油箱"，比存储氢气安全得多）。
③ 聚苯乙烯包装材料中的干燥剂。
④ 药棉、酒精棉球、创可贴。

IP32：颜色改变（拟态）原理

本原理是指：通过改变颜色或一些其他的光学特性来改变对象的光学性质，以便提升系统价值或解决检测问题。

指导原则如下：

(1) 改变对象或外部环境的颜色。例如：
① 光敏玻璃、电敏玻璃。
② 伪装（迷彩）。
③ 在暗室中使用不会对胶片产生影响的光。

④ 利用示温材料来检测温度,例如,热致变色的塑料调羹;在食品标签中使用热敏染料来标志食品所处环境的温度。

⑤ 在战争中,为了让敌人无法隐蔽,常常将阵地周围的草和树木等物体统统烧光。

⑥ 在表面结构上利用干扰带来改变颜色。例如,蝴蝶翅膀上的图案、斑马身上的条纹。

(2) 改变对象或外部环境的透明程度(或改变某一过程的可视性)。例如:

① 烟幕。

② 光敏变色玻璃可以随着光线的强弱改变透明度。

③ 用有机玻璃作外壳的透明家电。

④ 将绷带做成透明的,这样就可以在不揭开绷带的条件下观察伤情。

(3) 采用有颜色的添加物,使不易被观察到的对象或过程被观察到。例如:

① 为了更好地观察病人的肠道情况,检查前让病人服用钡餐。

② 利用相反的颜色来增强可视性,例如,屠夫用绿色包装物来包肉类,可以使瘦肉显得更红。

IP33:同质(均质)性原理

本原理是指:如果两个或多个对象之间存在很强的相互作用,那么,使这些对象的关键特征或特性一致,从而实现同质性。

指导原则如下:

与指定对象发生相互作用的对象,应该采用与指定对象相同的材料(或性质接近的材料)制成。例如:

① 用金刚石切割钻石。

② 为减少化学反应,尽量使被包装对象与包装材料一致。

③ 用糯米制成的糖纸来包装软糖(糖纸和软糖都可食用)。

IP34:抛弃和再生原理

本原理是两条原理合二为一而形成的一个发明原理。抛弃是指从系统中去除某些对象;再生是指对系统中的某些被消耗的对象进行恢复,以便再次利用。

指导原则如下:

(1) 对于系统中已经完成了其使命的部分(或已经成为不必要的部分),应当去除(采用溶解、蒸发等手段),或在系统运行过程中直接改变它。例如:

① 普通的子弹被使用后,往往子弹壳会被抛弃。

② 可降解的一次性餐具。

③ 用可溶性的胶囊包装药物小颗粒。

④ 火箭助推器在完成作用后会被抛弃掉。

(2) 对于系统中的消耗性部分,应该直接在工作过程中再生或得到迅速补充。例如:

① 自动铅笔。

② 自动步枪可以在发射出一发子弹后自动装填另一发子弹。

③ 收割机的自磨刃可以在磨损的同时产生新的刃口，始终保持刃口的锋利。

IP35：物理或化学参数改变原理

本原理是指：改变某个对象或系统的属性，以便提供某种有用的功能。这是所有发明原理中使用频率最高的原理（参见表5-1）。

指导原则如下：

（1）改变对象的物理聚集状态（如在气态、液态、固态之间变化）。例如：

① 将二氧化碳制成干冰。

② 利用果汁和果肉制造果冻。

③ 将水冷冻成小冰块，用于降低饮料的温度。

（2）改变对象的密度、浓度、黏度。例如：

① 脱水的橘子粉要比橘子汁更加便于运输，同理，奶粉比牛奶更易储存和运输。

② 改变硫酸的浓度，不同浓度的硫酸有不同的性质。

（3）改变对象的柔性。例如：

① 通过硫化过程来提高天然橡胶的强度和耐久性。

② 用可调节的消音器，通过减少油箱壁的运动减少油箱某些部位产生的噪声。

③ 为自行车轮子加上充气轮胎，可以降低其与地面之间相互作用而导致的震动。

（4）改变对象的温度。例如：

① 利用冰箱将食物冷冻起来，可以延长其保存的时间。

② 在烹饪过程中，提高食物的温度可以改变食品的色、香、味等。

③ 将铁磁性物体的温度提高到居里点以上，可以将磁性物体变为顺磁体。

④ 用液氮处理某些金属材料，可以诱导其产生超硬度，即使当这些金属材料恢复到正常温度之后，这种超硬度的特性仍然会保持。

⑤ 当温度改变的时候，可以利用形状记忆材料来施加或去除一个力。

IP36：相变原理

本原理是指：利用对象在相变过程中所出现的现象来实现某种效应或使某个系统发生改变。

指导原则如下：

利用对象在相变（相态改变）过程中所产生的某种现象或效应。如体积改变、吸热或放热等。例如：

① 利用材料相变时吸收热量的特性来制成降温服。

② 液晶显示器、热喷墨打印机。

③ 蒸汽机、制冷设备、热管。

④ 超导电性（在接近绝对零度或在高于绝对零度几百度的温度下，电流在一些金属、合金或陶瓷器中无阻碍地流动）。

IP37：热膨胀原理

本原理是指：利用对象受热膨胀的基本原理来产生"动力"，从而将热能转换为机械能或机械作用。

指导原则如下：

(1) 利用对象的热膨胀或热收缩特性。例如：

① 收缩包装。

② 制造火车车轮时，需要在车轮外包一层高耐磨性的轮箍，为了实现紧密配合，采用的是过盈配合。为了将轮箍顺利装配到车轮上，在实际生产过程中对轮箍进行加热，使其膨胀，在此状态下进行装配。等轮箍冷却收缩后，轮箍就紧紧地包在车轮上了。

(2) 将几种热膨胀系数不同的对象组合起来使用。例如：双金属片热敏开关（即双金属片：两条粘在一起的金属片，由于两片金属的热膨胀系数不同，对温度的敏感程度也不一样，温度改变时就能产生弯曲，从而实现开关功能）。

IP38：加速氧化（使用强力氧化剂）原理

本原理是指：通过更加丰富的"氧"的供应（如 O_2 或 O_3），使氧化作用的强度从一个级别增强到更高的级别。

指导原则如下：

(1) 用富载空气代替普通空气。例如：

① 用风箱或鼓风机将空气吹入火炉中，提高空气的流动速度，以便向炉中提供更多的氧气。

② 将病人放入氧幕（氧气帐）中，为其增加氧气供应量。

(2) 用纯载代替富载空气。例如：

① 乙炔切割中用纯氧代替空气（纯氧可以使乙炔燃烧更完全，能够提高乙炔燃烧的热效率）。

② 炼制超低碳钢时，为了减少钢中碳、磷和硫的含量，可以向钢液中吹入高压纯氧。

(3) 用离子化氧代替纯氧。例如：

① 空气过滤器通过电离空气来捕获污染物。

② 对食物进行放射处理，以改善其储藏质量。

(4) 用臭氧化氧代替离子化氧。例如：

① 在水处理中，利用臭氧杀菌系统杀灭水中的细菌。

② 利用粒子化空气来加速化学反应。

③ 通过离子化作用将氧气分开。

(5) 用臭氧代替含臭氧化氧。例如：

① 在化学实验中使用离子化的气体加速化学反应。

② 用臭氧来杀死谷物中的微生物。

③ 用溶解了臭氧的水去除舰船外壳上的有机污染物。

IP39：惰性环境原理

本原理是指：通过去除所有氧化性的资源（如氧气）和容易与目标对象起反应的资源建立一个惰性或中性环境。

指导原则如下：

（1）用惰性环境代替正常环境。例如：

① 在食物的加工、储存和运输过程中，利用惰性气体进行保鲜。

② 用氢气等惰性气体充入灯泡内，可以延长灯丝的使用寿命。

③ 利用二氧化碳灭火器灭火。

④ 向汽车轮胎中充入氮气（而不是空气），由于氮气的膨胀系数小于空气，因此受环境温度变化的影响较小。

⑤ 在商务或政治谈判中，将谈判地点定在第三方，以构建一个中性环境。

（2）向对象中添加中性或惰性成分。例如：

① 吸音板或隔音结构。这种隔音装置对于声音的传播来讲就是一种惰性环境。

② 将难以燃烧的材料添加到泡沫材料构成的墙体中。

③ 向航空燃油中加入添加剂，以改变其燃点。

④ 在困难的谈判过程中，引入公正的第三方当评判。

（3）使用真空环境。例如：

① 在零重力的条件下进行制造活动。在此问题中，重力就是"氧"，零重力就是一种重力的"真空"状态。

② 真空包装。

IP40：复合材料原理

本原理是指：通过将两种或多种不同的材料（或服务）紧密结合在一起而形成复合材料。

指导原则如下：

用复合材料代替均质材料。例如：

① 钢筋混凝土（是由钢筋、水泥、小石头等物质组成的复合材料）。

② 汽车轮胎（是由橡胶、钢丝等组成的多层复合结构体）。

③ 汽车的风挡玻璃（由玻璃层、塑料薄膜层和玻璃层组成）。

④ 利用空气或空隙形成蜂窝结构或波纹结构（包装用的波纹板纸箱）。

⑤ 双层玻璃（中空玻璃可以分为三层：玻璃层、真空层、玻璃层）。

⑥ 平底煎锅上的不粘锅涂料（特富龙涂层）。

附录 B　物 理 效 应

序号	要求的效应、功能	物理现象、效应方法
1	温度测量	振动频率,热电现象,放射光谱中的热膨胀和产生的相应的改变;材料光学电磁性能的改变,超越居里点,霍普金森效应,巴克豪森效应,热辐射
2	降低温度	热传导,对流,辐射,相变,焦耳-汤姆孙效应,冉克效应,电磁发动机热效应,热电现象
3	提高温度	热传导,对流,辐射,电磁感应,介质升温,电子升温,放电,材料的辐射吸收,热电现象,物体的收缩,核反应
4	稳定温度	相变(如超越库里点),热分离
5	对象条件和位置的指示	记号的引进——改造外部场(发光体)或创造它们自己的场(电磁铁)的材料(因此这些材料很容易识别),光的反射或发散,光电效应,改造,X射线或放射光,放电,多普勒效应,冲突
6	控制对象位置变化	运用磁铁影响对象或者跟对象相连的铁磁块,运用磁场影响负载或带电的对象,运用液体或气体转换压力,机械振动,离心力,热膨胀,光压,压电效应,马格纳斯效应
7	控制液体或气体流动	毛细管现象,渗透作用,电渗透,汤姆孙效应,伯努利效应,波的运动,离心力,魏森贝格效应,把气体导入液体,柯恩达效应
8	控制浮质(灰烟、雾)流动	电气化,电磁场,光压,冷凝,声波,低声
9	混合物的彻底混合	解决方法的产生,超高频声音,气穴现象,扩散,电场,跟铁磁材料相关的磁场,电泳,共鸣
10	混合物的分离	电磁分离,运用电场或磁场明显改变边界液体的厚度,离心力,相变,扩散,渗透作用
11	物质的位置稳定	电磁场,固定在磁场中变成固体的液体中的对象,吸湿效果,反应活动,改造,融化,扩散式融化,相变
12	力的影响、力的调节、高压的产生	运用铁磁材料影响磁场,相变,热膨胀,离心力,在磁场中明显改变磁或电传导液体的厚度
13	摩擦力的改变	约翰逊-拉贝克效应,辐射影响,克拉格斯基现象,振动,含有铁磁粒子的磁场影响,相变,超流动性,电渗透作用
14	对象的破坏	放电,电水压效应,共振,超高频声音,气穴现象,感应辐射,相变,热膨胀,爆炸
15	机械能和热能的积累	弹性再成形,摆动轮,相变,流体静力压力,热点现象

续表

序号	要求的效应、功能	物理现象、效应方法
16	机械能、热能、放射能、电能的转换	再成形,振动,亚历山德拉夫效应,波动,包括具有强大推进力的波辐射,热传导,对流,光的反射率(光传导),感应辐射,塞贝克效应电磁感应,超传导,能量从一种形式到另一种更容易传送的形式的转换次声,保存形状的效果
17	运动物质(可改变)和静止物质(不可改变)之间相互作用的产生	运用电磁场从"材料"到"场"连接,充分利用液体和气体的流动,保存形状的效果
18	物质尺寸的顺序	振动频率的尺寸,磁电系数的转移和读取,全息摄影术
19	物质形状和尺寸的改变	热膨胀,双金属结构,再成形,磁电致伸缩,压电效应,相变,保存形状的效果
20	空间中和表面上的状态和性能控制	放电,光反射,电子发射,波纹效应,辐射,全息摄影术
21	表面性能的改变	摩擦力,吸附,扩散,包辛格效应,放电,机械和声音振动,放射,凝固,热处理
22	空间中物质的状态和性能控制	记号的引进——由转换外部场(发光体)或者能自己创造场的材料(铁磁块)制成——取决于所研究对象的状态和性能,根据对象结构和性能的改变而产生的特定的电阻,吸收,反射,光的分离,光电和光磁现象,偏振光,X射线和放射光,电顺磁性和核磁性共振,磁力灵活效应,测量对象的本身振动,超高频次声,莫斯鲍尔效应,霍尔效应,全息摄影术,声音的散发
23	空间性能的改变	运用电磁场对液体(厚度、赫性)的性能改变,铁磁粒子核和磁场效应的引进,热效应,相变,电场的电离效应,紫外线,X射线,放射性光线,扩散,电磁场,包辛格效应,热电,电磁和光磁效应,气穴现象,彩色照相术效果,内部光电效应,运用气体对液体的"替代",起泡沫,高频辐射
24	创造给定的结构,稳定对象的结构	波的干扰,衍射,驻波,波纹效应,电磁场,相变,机械和声音振动,气穴现象
25	电场和磁场的展示	渗透作用,对象的电气化,放电,压电效应,驻极体,电子放射,光电现象,霍普金森和巴考森效应,霍尔效应,核磁共振,磁液和光磁现象,电致发光,铁磁学
26	辐射的展示	声光效应,热膨胀,光范性效应,放电
27	电磁辐射的产生	约瑟夫森效应,感应辐射现象,隧道现象,发光,汉妮效应,切连科夫效应,塞曼效应
28	电磁场的控制	保护,环境状态的改变,比如电传导性的上升和降低、跟场反应的对象的表面形状的改变、平奇效应
29	光束和光的调制控制	切断和反射光,电和光磁现象,照相灵活性,克尔和法拉第效应,海默效应,弗朗兹-凯尔迪什效应,光流向着电信号的转换和回转,受激光辐射

续表

序号	要求的效应、功能	物理现象、效应方法
30	化学变化的开始和加强	超高频声音,次声,气穴现象,紫外线,X射线和放射性光线,放电,再成形,具有强推进力的波,催化,加热
31	分析物质成分	吸附作用,渗透作用,电场,辐射效应,对象反射的辐射分析,声光效应,穆斯堡尔效应,电顺磁和核磁共振,偏振光

附录C 化学效应

序号	必要的效果、性能	性能、化学效应、现象、反应材料类型
1	温度测量	热色反应,随着温度改变的化学平衡运动,化学发光
2	降低温度	吸热反应,溶解材料,分离气体
3	升高温度	放热反应,燃烧,自我繁殖的高温合成,强氧化作用,铝热剂混合物的运用
4	稳定温度	金属氢氧化合物的运用,泡沫聚合体的热隔离应用
5	对象条件的条件和改变的试验	根据彩色材料运用记号,化学发光,与所释放的气体的反应
6	对象条件改变的控制	与所释放的气体的反应,燃烧,爆炸,表面活跃的材料运用,电解
7	液体和气体运动的控制	控光装置的运用,位移反应,与所释放的气体的反应,爆炸,氢化物的运用
8	浮质流和悬浮液的控制	喷射跟悬浮颗粒发生化学反应的材料,还原方法
9	混合物的混合	互相不发生化学反应的材料混合,增强效应,释放,位移反应,氧化-去氧反应,气体的化学键接,氢氧化物和氢化物的运用,配位组分的运用
10	材料的分离	电解,位移反应,去氧(还原)反应,化学键接气体的释放,化学平衡的运动,氢化物和吸收体的去除,配位组分的运用,控光装置的运用,一种成分进入另一种状态,包括相态
11	物质条件的稳定	聚合反应(运用胶水、液体玻璃、自硬性的合成材料),氨的运用,表面活跃的材料运用,解除键接
12	力的影响、粒度调节、高压和地压的产生	爆炸,氢氧化气体和氢化气体的分离,吸收氢气时的金属源,与所释放的气体的反应,聚合反应
13	摩擦力的改变	从结合物上去除金属,与所释放的气体的电解,表面和聚合层活跃的材料的运用,水合作用
14	物质的破坏	溶解,氧化-去氧作用,燃烧,爆炸,光化学和电化学反应,位移反应,把材料简化为它的成分,与水化合,混合物中化学平衡的移动

续表

序号	必要的效果、性能	性能、化学效应、现象、反应材料类型
15	机械,热和电能的积累	放热和吸热反应,溶解,把材料简化为它的成分(供储存),相变,电化学反应,化学机械效应
16	能量转换	放热和吸热反应,溶解,化学发光,位移反应,氢化物,电化学反应,能量从一种形式向另一种更适合传递的形式的转换
17	可移动和固定对象的相互作用的产生	混合,位移反应,化学平衡的移动,与水化合,自聚类分子,化学发光,电解,自我繁殖高温合成
18	物质的尺寸测量	根据与环境相互作用的速度和持续时间
19	物质的尺寸形状改变	位移反应,氢化物和氢氧化物的运用,消融(也向着简化的气体),爆炸,氧化反应,燃烧,向着化学键接形式的移动,电解,弹性和塑料材料的运用
20	表面的状态和性能控制	基本的再结合发光,吸水材料和防水材料的运用,氧化-去氧反应,光,电和热铬合金的运用
21	表面性能的改变	位移反应,氢化物和氢氧化物的运用,光铬合金的应用,表面活跃的材料的运用,自聚类分子,电解,蚀刻术,交换反应,漆的运用
22	空间中物质的状态和性能控制	运用有颜色反应的材料或指示材料的反应,光测量的化学反应,氮的产生
23	物质空间性能的改变(高浓度)	导致对象构成材料性能改变的化学反应(氧化、还原反应、交换反应),位移反应,向着化学键接形式的运动,与水化合,溶解,削弱溶解,燃烧,氦的运用
24	特定结构的产生、物质结构的稳定	电化学反应,位移反应,氢氧化物气体和氢化物气体,自聚类分子,复杂分子
25	电场的试验	电解,电化学(包括电铬)反应
26	电磁辐射的试验	光,热和放射化学反应(包括光、热和放射铬反应)
27	产生电磁辐射	燃烧反应,化学发光,气体中的化学反应-激光的活跃区域,发光,生物体之发光
28	电磁场的控制	电解液产生的消融,氧化物和盐中金属的产生,电解
29	光流控制,调节光	光铬反应,电化学反应,可逆电沉淀反应,周期反应,燃烧反应
30	化学变化的产生和强化	催化,较强氧化剂和还原剂的运用,分子刺激,反应产品的分享,磁化水的运用
31	物质的结构分析	氧化和还原反应,指示材料的运用
32	脱水	向着含水状态的运动,与水化合,分子膜的运用
33	相态的改变	分裂,气体的化学键接,溶液中的分离(去除),跟所释放的气体的反应,氦的运用,燃烧,消融
34	延迟和阻止化学变化	抑制剂,惰性气体的运用,防护材料的运用,表面性能的改变(参见表面性能的改变)

附录 D 几何效应

序号	必要的效果、性能	几何效应
1	物质范围的增加和减少	元素的压缩包装,压缩,单壳的双曲面
2	物质长度表面的增加或减少,不改变大部	在几个地面的建造,有着可变形轮廓的几何图形,默比乌斯带子,相邻表面的运用
3	一种方式向着另一种方式的转换	三角、锥形撞锤,曲柄凸轮推进
4	能量、粒子流动的集中	抛物面,椭圆形,摆线
5	加强过程	从线性过程向着在整个表面的过程转换,默比乌斯书,压缩,转动
6	减少材料和能量损失	压缩,工作地点切割表面的改变,默比乌斯带子
7	增加过程的精确度	处理工具运动的形状或路径的特殊选择
8	增加可控性	球,双曲面,螺旋,三角,运用形状能改变的物质,从线性运动向旋转运动的转换,无轴转动
9	降低可控性	离心率,用多角物体替代圆的物体
10	增加物质的寿命和可靠性	球,默比乌斯带子,接触面的改变,形状的特殊选择
11	简化努力	类推原理,正确视角的图表,双曲面,简单几何形状组合的运用

附录 E 部分习题与实验参考答案

第1章

1.7 习题

1. 单选题
（1）B　　　（2）C

2. 多选题
（1）AD　　　（2）ABCDE

第2章

2.5 习题

1. 单选题
（1）B　　　（2）C　　　（3）B　　　（4）D

第3章

3.5 习题

1. 单选题
（1）C　　　（2）C　　　（3）D　　　（4）A

3.6 实验与思考

（7）请使用多屏幕法分析如何安全地测量一条毒蛇的长度。

把放在透明玻璃容器中的毒蛇作为当前系统。

屏幕"过去"：毒蛇之前会爬行、吃东西、休息，利用毒蛇的这个特点，可以有如下想法：

① 在毒蛇爬行的时候，想办法对它进行测量。

② 在毒蛇吃东西的时候，把它拉直对其进行测量。

③ 在毒蛇休息的时候，对其进行测量。

④ 在毒蛇是小蛇或者是蛇蛋的时候，根据统计规律对它的长度进行估计。

屏幕"未来"：毒蛇以后还会爬行、吃东西、休息，并且还会冬眠，利用毒蛇的这个特点，可以有如下想法：

① 在毒蛇爬行的时候，想办法对它进行测量。

② 在毒蛇吃东西的时候，把它拉直对其进行测量。

③ 在毒蛇休息的时候，对其进行测量。

④ 创造让毒蛇能够冬眠的环境，在毒蛇冬眠的时候对其进行测量。

屏幕"超系统"：超系统可以是玻璃容器甚至房间，因此可以利用玻璃容器、树枝、空气，可以有以下想法：

① 利用毒蛇喜欢缠绕树枝的特点，可以在玻璃容器中架上一些树枝，当毒蛇爬过树枝的时候，对其进行测量。

② 可以改变玻璃容器中空气的成分，让毒蛇在这个环境中丧失攻击性。

③ 玻璃容器带有一个小孔，只允许毒蛇平直爬出来，然后在孔外放一个带有刻度的狭长玻璃管。可以在小孔外放上小动物，毒蛇看到了，就会自己从小孔爬到玻璃管中，也就测出了毒蛇的长度。

屏幕"子系统"：蛇的子系统包含蛇皮、蛇头，可以有如下想法：

① 测量蛇蜕掉的皮。

② 根据蛇头的大小推算蛇的长度。

通过上述分析，在图 E-1 中填空完成。

（8）请使用金鱼法，分析如何用空气赚钱。

步骤1：将不现实的想法分为两个部分。

现实部分：空气、钱、赚钱。

不现实部分：出售空气。

步骤2：解释为什么非现实部分是不可行的。

答：空气为大家共有，它在我们的身边取之不尽。因此，它不能卖钱。

步骤3：找出在哪些条件下想法的非现实部分可变为现实的。

答：在下列条件下，空气可以卖钱：空气资源缺乏，即它的供应有限；它包含某些特殊成分，或者具有某些特殊功能；它要通过特定手段来输送，而不能直接呼吸；周围的大气不适合呼吸。

步骤4：检查系统、超系统或子系统中的资源能否提供此类条件。

答：在超系统中，存在许多这样的情境：空气供给不充足，例如在飞机中、在飞船中、

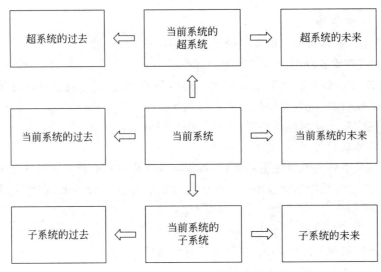

图 E-1　多屏幕法分析测量毒蛇的长度

在地下、在高山上、在水下；需要人工呼吸，例如在心脏病发作期间；需要空气中含有特殊成分，例如深潜水中可使用基于氦的混合物，肺病患者可使用桉树芳香化的空气；空气不适合呼吸，例如火灾期间空气中含有高浓度的一氧化碳。

步骤 5：如果能，则可定义相关想法，即应怎样对情境加以改变，才能实现想法的看似不可行的部分。将这一新想法与初始想法的可行部分组合为可行的解决方案构想。

答：在下列条件下，空气可以卖钱：在空气有限的场所出售空气（例如在水下或地下作业时，在污染严重的大城市中）；出售有益健康的空气供呼吸使用（如海上或山区的空气）；出售空气净化装置，或者可制备有益健康空气的装置；出售芳香化的空气。

步骤 6：如果我们无法通过可行途径来利用现有资源为看起来不现实的部分提供实现条件，则可将这一"看起来不现实的部分"再次分解为现实与非现实部分。然后，重复步骤 1～步骤 5，直到得出可行的解决方案构想。

答：虽然在许多情境下空气确实可以卖钱，但它仍然不能"在正常条件下"出售，即在空气充足且新鲜的地方出售。

以上过程如图 E-2 所示。

(12) 养兔子。

① 设计的最终目的是什么？

答：兔子能够吃到新鲜的青草。

② 问题的最终理想解是什么？

答：兔子永远自己能吃到青草。

③ 达到最终理想解的障碍是什么？

答：为防止兔子走得太远照看不到，农场主用笼子放养兔子，但放养兔子的笼子不能移动。

④ 出现这种障碍的结果是什么？

答：由于笼子不能移动，兔子只能吃到笼子下面面积有限的草，短时间内，草就会被吃光。

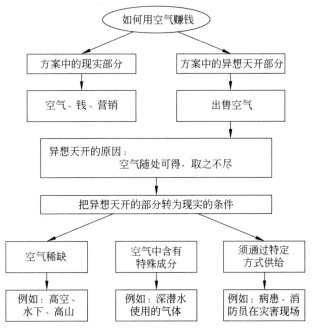

图 E-2 金鱼法：用空气赚钱

⑤ 不出现这种障碍的条件是什么？

答：笼子下永远有青草。

⑥ 创造这些条件时可用的资源是什么？

答：兔子、笼子、草。

解决方案：给笼子装上轮子，兔子自己推着笼子移动，去不断地获得青草。这个解决方案完全符合 IFR 的 4 个特点。这里解决问题的资源是兔子本身会自动找青草吃。

(13) 直立的熨斗。

① 设计的最终目的是什么？

答：衣服不会被熨斗烫坏。

② 最终理想解是什么？

答：熨斗能自行保持站立状态。

③ 达到 IFR 的障碍是什么？

答：熨斗无法自行站立，需要靠人来摆放成站立状态。

④ 出现这种障碍的结果是什么？

答：如果人忘记把熨斗摆放成站立状态，熨斗长时间与衣服接触，衣服被烫坏。

⑤ 不出现这种障碍的条件是什么？

答：有一个支撑力将熨斗从平行状态支起。

⑥ 创造无障碍条件的可用资源是什么？

答：熨斗的自重、形状。

解决方案：可以大脑中思考有什么东西可以自行保持站立状态，小孩子也马上能够想到一种最常见的玩具：不倒翁。那么不倒翁是如何实现这种神奇的状态的？是不是相同的原理可以应用在熨斗的设计上呢？

把熨斗的尾部一设计成圆柱面或者球面，让重心移到尾部，因此熨斗像不倒翁一样，平时保持自动站立的姿态。使用时轻轻按倒即可；不使用时，只要你一松手，熨斗就自动站立起来，脱离与衣服的接触。这样，你可以放心地去做别的事情了。

这里解决问题所使用的是一分钱不用花的资源：重力。

(14) 聪明草种的诞生。

① 设计的最终目的是什么？

答：漂亮整洁的草坪。

② 最终理想解是什么？

答：无须人工修剪，草坪上的草能始终保持在一个固定的高度。

③ 达到最终理想解的障碍是什么？

答：为了对付总在长高的草，不得不使用割草机。

④ 出现这种障碍的结果是什么？

答：割草机除了具有修剪草坪的一个有用功能之外，带来的是大量的无用功能（费钱、费时、费力、噪声、消能、污染、伤人等）。

⑤ 不出现这种障碍的条件是什么？

答：让草坪上的草能始终保持在一个固定的高度。

⑥ 创造无障碍条件的可用资源是什么？

答：草本身。

解决方案：于是，"聪明的草种"诞生了。这种草生长到一定高度就停止生长，人们不再需要割草机了，问题得到了理想的解决。

这里解决问题的资源是草本身，可以通过遗传培养或基因工程来筛选出长成固定高度的青草。

第4章

4.7 习题

1. 单选题

(1) C　　(2) A

2. 多选题

(1) AD　　(2) ABC

第5章

5.5 习题

1. 单选题

(1) C　　(2) D　　(3) B

2. 多选题

AB

附 录

第6章

6.12 习题

1. 单选题

(1) D　　(2) D　　(3) C　　(4) D

6.13 实验与思考

③ 案例分析与思考

案例1：亚历山大的灯塔

分析：亚历山大的灯塔。建造者把自己的名字藏在一层厚厚的灰泥下面，随着时间的推移，这层灰泥会自然地破碎剥落(第34个发明原理：嵌套。其核心是时间、材料和空间方法)。

案例2：莫泊桑和埃菲尔铁塔

分析：莫泊桑和埃菲尔铁塔：你可以藏在物体里面，这样你就看不到整个物体了。(第34条发明原理：嵌套，其核心是结构和空间上的矛盾解决方法。)

第7章

7.7 习题

1. 单选题

(1) C　　(2) D　　(3) A　　(4) B

7.8 实验与思考

(9) 应用技术矛盾和矛盾矩阵解决飞机发动机整流罩改进问题。

你选取的技术问题是：如何改进波音737飞机发动机的整流罩，而不降低飞机的安全性。

步骤1：确定技术系统的所有组成元素。

飞机发动机、发动机整流罩、起落架、跑道。

步骤2：问题描述。

在改进波音737的设计中，为加大发动机功率，需要加大发动机整流罩的截面积尺寸，整流罩与地面的距离将会缩小，而影响飞机起降的安全性。要考虑改进发动机的整流罩，而不降低飞机的安全性。

步骤3：定义技术矛盾，定义需要改善的参数和被恶化的参数。

改善的参数：运动物体的面积。

被恶化的参数：运动物体的长度(尺寸)。

步骤4：解决技术矛盾。在矛盾矩阵的交叉点单元格中得到的发明原理序号是：

在TRIZ矛盾矩阵表的横坐标上找出恶化参数"运动物体的长度"，纵坐标上找出改善参数"运动物体的面积"，在其相交的单元格中得到可能的发明原理集是[14,15,18,4]。

通过查阅，得到对应的发明原理及其指导原则如下。

原理(14)：曲率增加(曲面化)。

指导原则1：通过将二维或三维空间中的直线变为曲线、直线运动变为圆周运动来增加曲率。

指导原则2：采用滚筒、辊、球、螺旋结构。

指导原则3：利用离心力,用回转运动代替直线运动。

原理(15)：动态特性。

指导原则1：调整对象或对象所处于的环境,使对象在各动作、各阶段的性能达到最佳状态。

指导原则2：将对象分割为多个部分,使其各部分可以改变相对位置。

指导原则3：使不动的对象可动或可自动适应。

原理(18)：机械振动原理。

指导原则1：使对象发生机械振动。

指导原则2：如果对象已经处于振动状态,则提高振动的频率(直至超声振动)。

指导原则3：利用共振频率。

指导原则4：用压电振动代替机械振动。

指导原则5：将超声波振动与电磁场振动合并使用。

原理(4)：增加不对称性。

指导原则1：将对象(形状或组织形式)由对称的变为不对称的。

指导原则2：如果对象已经是不对称的了,就增加其不对称程度。

步骤5：结论：你所获得的创新问题解决方案。

考虑将飞机发动机整流罩的纵向尺寸保持不变,而加大横向尺寸,即让整流罩变成上下不对称的"鱼嘴"形状,这样飞机发动机整流罩的进风面积加大了,而其底部与地面的距离仍然可以保持一个安全的距离,因此飞机的安全性并不会受到影响。

解决方案：应用发明原理4,将飞机发动机整流罩改为不对称形状。

事实上,最终波音737飞机发动机整流罩改进设计的解决方案就是采用了"鱼嘴"形状,如图E-3所示,既解决了发动机面积增大的问题,又解决了整流罩与地面距离太近的问题。

图E-3 改进了引擎整流罩后的波音737飞机

第8章

8.6 习题

1. 单选题

(1) A   (2) D   (3) B   (4) D

8.7 实验与思考

(6) 问题：豆浆机里过滤罩容易堵塞又很难清洗。

请记录：

你所定义的物理矛盾是：这个过滤罩网既需要又不需要。

你所选择的分离方法是：空间分离。

你所给出的解决方案是：把过滤罩从豆浆机中分离出来，单做一个开放式的过滤盘，这样解决清洗方便问题。豆浆做好后再过滤，也可以视为时间分离。

第9章

9.8 习题

1. 单选题

(1) C　　　(2) C　　　(3) C

2. 多选题

ABCD

9.9 实验与思考

(14) 物场模型分析：汽车的清洗。

步骤1：确定物场模型的元素。

答：根据普通的水洗工艺，确定物场模型的元素为：污垢(S_1)、水(S_2)和机械力(F)。

步骤2：建立问题的物场模型。

答：图 E-4 为该技术系统物场模型。在现有情况下，该系统不能满足希望效应的要求。

步骤3：确定物场模型的一般解法。

答：该技术系统属于物场模型第(3)种类型，即 <u>不充分</u> 模型，有(3)种一般解法，即 <u>解法4、解法5和解法6</u>。

① 解法(4)，即 <u>引入第二个场增强有用的效应</u>。

例如：<u>利用磁场磁化水改善清洗，利用含有表面活性剂的化学特性水来改善清洗，利用热水的热能改善清洗和利用含有某种生物反应的特性水来改善清洗等</u>。

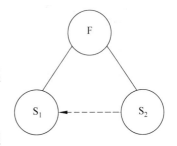

图 E-4　清除污垢的物场模型

② 解法(5)，即 <u>引入第二个场和第三个物质增强有用的效应</u>。

例如：<u>利用含有表面活性剂的过热水蒸气和高压力场来改善清洗</u>。

③ 解法(6)，即 <u>引入第二个场或第二个场和第三个物质，代替原有场或原有场和物质</u>。

例如：<u>使用超声波清洗、利用化学物质雾化清洗、引入某种放射场清洗、改变清洗环境温度清洗和利用高压力场清洗等</u>。

在本例中，最佳方案为解法(5)，其物场模型如图 E-5 所示。

其中：S_3 为含有表面活性剂的过热蒸汽，F_2 为高压力。

步骤4：开发新的设计。

答：根据解法5，确定新的清除污垢的工艺为：使用含有表面活性剂的过热水蒸气且

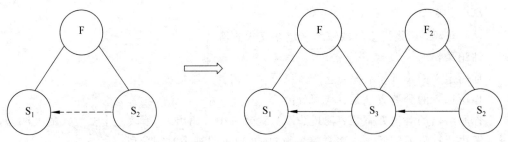

图 E-5 应用解法 5 的物场模型

与高压力相结合。含有表面活性剂的过热水蒸气在与汽车表面沉积的污垢发生化学反应的同时,将对污垢形成强烈的爆炸冲击,从而将污垢彻底从车体表面清除。

第 10 章

10.5 习题

1. 单选题

(1) A (2) D (3) B (4) C

10.6 实验与思考

(7) 钉子都是圆柱形的吗?

利用几何效应表(附录 D)1:探寻钉子可能的变化"原理"。发现表中第 9 条"降低可控性"中的建议:"用多角物体替换圆的物体"。

得到的解决方法是:用三角边的钉子可以比普通的钉子更好地固定在木头里。

利用几何效应表 2:发现表中第 10 条"增加物质的寿命和可靠性"的建议:"改变接触表面并选择特殊形状"。

得到的解决方法是:从三角边沿着长度均匀变粗的钉子进行切割,类似于与它一样长的木螺纹。也就是说,钉子上存在与四边形角对应的 4 圈螺纹。这种"钉子"具有一个组合结构,它比螺纹更容易生产,但在木头里面比钉子更稳固。

第 11 章

11.7 习题

1. 单选题

(1) B (2) B (3) A

2. 多选题

ABCD

第 12 章

12.5 习题

1. 单选题

(1) C (2) A (3) D (4) D